유창한 영어회화를 꼭 원하는 분
Fluent English

1

일러두기:
1. 본문 중 REC 표시는 녹음통역을 통해 훈련 하시길 바랍니다.

머리말

영어회화는 일종의 기술입니다

한국에서 영어 공부를 10년 이상 해도 소질 있는 극소수를 제외하고는 유창한 영어는커녕, 말 한마디도 못 알아듣고 구사 못 하는 이유는 아주 명확합니다. 영어교육을 문장과 발음 설명이나 듣고 TV나 보고 TAPE나 듣기 때문입니다.

문법 공부는 강의만 들어도 되나 회화 공부는 반드시 1대1로 입과 귀로 주고받고 실습해서 사용해 봐야 하는 것입니다. 이론이나 듣는 것만으로는 안 된다는 것이 해방 이후의 영어 교육이 입증했습니다.

많은 외국 팝송을 즐긴다고 해서 그 팝송 가사를 이해할 수 있고 더욱이 부를 수 있다는 뜻이 아닙니다. 팝송을 부르려면 가사를 외우고 수차례 이상 불러 보아야만 가능한 것입니다. 영어 회화도 이와 비슷한 이치입니다. 회화 강의만 듣거나 TV를 보는 것으로는 결코 간단한 몇 마디 외에는 유창한 회화는 불가능한 것입니다. 미국인 또는 영어를 잘하는 한국인과 실제 대화를 해서 숙달해야 하는 것입니다.

대한민국에서 영어를 잘 알아듣고 유창하게 말을 하는 사람, 단 한 사람이라도, 막연히 회화강의 (강습소, 학교, 테이프, TV 등)나 듣고 video를 본 후 Hearing이 되고 저절로 귀가 뚫려서 Speaking이 된 사람은 아무도 없습니다. Hearing(청취)은 테이프를 들어서 훈련할 수도 있습니다.

그러나 영어 회화, 그것도 몇 마디 생활영어가 아닌, 유창한 회화만큼은 반드시 사람이 직접 주고받고 하여 실제 대화를 해서 숙달시켜야 하는 일종의 기술인 것입니다.

미국에 들어만 가면 유창한 영어가 될까요?

한국에서 영어 공부는 듣기만 하는 말짱 헛일이니, 무조건 미국인과 직접 대화를 해야 한다는 결론에 도달하게 됩니다. 그리하여 미국인 회화를 해봅니다. 외국인 바이어를 만납니다. 또, 요즈음은 외국 유학이 자유화되어 미국이나 호주 등에 어학연수를 갑니다. 그러나 수년이 지나도 원하는 것처럼 Hearing과 Speaking이 급진전 되지 않습니다. 한국에서 영어 공부를 하는 것보다는 미국이나 호주에서 생활하는 것이 훨씬 영어 공부에 좋은 것은 사실입니다.

그래서 사람들은 미국이나 호주에 이민이나 유학만 가면 영어 회화를 쉽게 배울 수 있는 것으로 생각하나, 막상 미국에 들어가도 열심히 영어 문장과 단어를 외우고 즉시 사용해보고 하여 영어 회화 공부에 전념했을 때, 무수한 세월 (저자 통계로는 최소한 5년 이상)이 흘러야 비로소 유창한 영어가 가능하게 됩니다. 단순히 미국 생활을 한다는 것으로는, 매일 쓰는 생활 영어만으로는, 5년이 아니라 수십 년이 지나도 TV를 100% 알아들을 수도 없고 유창한 영어는 더욱 불가능한 것입니다.

따라서 성인이 된 후에 미국에 이민이나 유학을 간다고 해서 저절로 유창한 영어가 되는 것이 아닙니다.

기존 영어회화 책으로는 유창한 영어회화가 안 되는 이유

기존의 대부분 영어 회화책은 영화 대사 식이거나 그럴듯한 표현을 설명해 놓고, 청취나 하게 되어있습니다. "필요한 문장은 억지로 외워서 나중에 미국인에게 사용해 봐라." 하는 식입니다. 이런 책으로 영어 공부를 상당히 한 후 직접 미국인과 대화를 하면 외웠던 짧고 간단한 표현 외에는, 원하는 말이 금방금방 생각나지도 않고, 영작도 되지를 않고, 말은 더듬거리고, 장시간 대화나 토의를 할 수 없게 됩니다. 그 결과 영어의 초보자이건, 독해력이 상당히 있는 분이건 유창한 영어를 못하는 것으로 주위로부터 평가받게 되며, 실제로도 못 하는 것입니다. 이것이 우리 주위의 현실입니다.

본 저자는 이 사실을 피부로 느끼고 통감하여 어떠한 방법으로 공부하면 유창한 영어가 단시일에 가능할까, 연구와 연구를 거듭하였습니다.

최고의 회화 교육 방법

우리가 한국 노래를 모두 알아들어도, 그 가사를 외우고 숙달되지 않으면 단 한 곡도 제대로 부를 수가 없습니다. 마찬가지로, 미국 영화나 영어방송을 듣고 다소 청취가 되거나, 토익에서 좋은 점수를 얻었다고 해서 미국인을 만나서 자유롭게 영어를 구사할 수 있는 것이 아닙니다. 이 책이 다른 책과 다른 큰 특징이 바로 그것입니다. 회화 공부는 반드시 대화 상대가 있어야 한다는 문제점을 해결할 수 있도록 구성이 질문과 대답 형태로 되어있으므로, SPEAKING과 HEARING를 동시에 숙달합니다.

그 결과, 이 책의 통역훈련과 주제 대화 훈련이 최선, 최고의 지름길이라는 것을 실증하게 되었습니다. 즉, 이 책은 일상생활에서 가장 잘 쓰는 단어와 문장이 문법별로 체계화 되어 있으므로 이 책이 끝나면 상당한 단어와 구문론이 완성됩니다.

이 책의 한국어 질문을 영어로 통역하고 또 영어로 질문하고 영어로 대답하기를 주제별로 수차례만 훈련하십시오. 그러면 회화가 몸에 배게 되어 10년이 걸릴 회화 공부를 1년으로 단축할 수 있는 것을 실제 체험하시게 됩니다.

적극적일 때 소원이 이루어집니다!

간단한 생활영어 단계가 지난 사람들이 미국인을 만날 때 가장 필요로 하는 것은 장시간 동안 문장이 술술 입으로 나와야 하는 것입니다. 그러나 많은 영어 회화책을 공부해도 머리가 좋고 회화가 적성에 맞는 극소수를 제외하고, 대다수의 유창한 영어가 필요한 사람들은 몇 마디 생활영어에서 맴돌고 있는 것이 현실입니다. 듣거나 보기만 하면 저절로 귀가 뚫려서 영어 회화가 된다는 선전이 우리 주위에 만연돼있습니다. 이것은 진정으로 유창한 영어를 원하는 사람마저도 나태하거나 소극적으로 만드는 장사꾼들(?)의 무책임한 소리입니다.

전쟁이나 바둑, 운동경기에서 방어(receiving)만 해서는 절대 이길 수 없습니다. 모든 시합이나 전쟁은 공격이 최선의 방어이며, 승리의 길입니다. 영어 회화는 학문이 아니고 기술이라고 설명했습니다. "질문=공격(speaking)"을 하는 영어 공부를 하면 청취(receiving=hearing)는 저절로 이루어지며, 이 방법이야말로 최첨단 교육 방법이며 최단기에 원하는 영어를 구사할 수 있게 해주는 적극적 방법입니다.

유창한 영어를 원하는 분! 영어를 가르치는 선생님께.

이미 아시다시피, 영어 교과서와 회화 교재가 거의 모두 문장, 발음 설명과 청취 위주로 구성되어 있기에 Hearing과 Speakings 동시에 숙달할 수 없게 되어있습니다. 그런 책으로는 영어 회화를 가르치는 분이나 배우는 사람 모두 유창한 영어가 숙달되기를 기대한다는 것은 어불성설이며, 팝송을 불러 보지도 않고서 잘 부르기를 원하는 것과 똑같은 것입니다.

이 책의 지시대로 혼자서, 친구와 둘이 그룹을 만들어서, 또는 교실에서 통역 훈련과 주제 대화를 묻고 답하면서 회화 숙달을 하면, 가르치는 분과 배우는 분 모두가 최단기에 원하는 소원이 성취됩니다.

이 책은 1984년 출간 이후 지금까지 많은 분과 선생님들의 회화 숙달을 성공시켜 실제 증명을 거친 책입니다.

저자 (태공) 강 성 구

SPEAKING을 잘 할 수 있는 두 가지 훈련

첫째 : 영어 문장을 쉽게 암기하는 최고의 효과적인 방법
☞ 통역 SPEAKING 훈련

1단계 : 영어 문장을 소리 내어 읽고 해석한다.
2단계 : 지도자(선생)가 고딕체 문장을 한국어로 말하면 지정된 사람 (또는 전체 학생)은 상대방에게 영어로 통역하여 질문하고 답을 듣게 합니다.
한국어를 듣고 영어로 통역만 되면 억지로 영어 문장을 외우는 것보다 실제로 영어 구사가 훨씬 잘 되며 귀하의 회화 목표는 80% 이상 달성된 것입니다.

둘째 : 영어로 질문하고 답하는 대화 훈련

일반의문문   제1부는 '일반의문문'으로 선생이나 질문자가 영어로 물으면 대답자는 영어로 Yes나 No를 한 후 해당하는 답을 길게 끝까지 하여야 합니다. 간단히 Yes. 또는 Yeah 식의 대답은 말을 훈련하는 시작 단계에서 금물입니다. 끝까지 복창하는 식의 답을 하다 보면 청취력은 물론 영작 능력이 급진전하고 2부만 끝나도 자기가 원하는 대로 답이 만들어지기 때문입니다.

의문사의문문   제2부는 '의문사 의문문' 훈련이므로 Yes. No가 없이 해당하는 답을 하여야 하므로 영어 능력을 시험하기가 아주 좋은 훈련입니다. 이것도 외우는 과정은 통역으로 외워진 후 영어로 묻고 영어로 답하여야 합니다.

주제 대화   이것은 「제6부 최단기에 유창한 영어를 가능하게 해주는 주제 대화」 훈련으로서, 영어 공부를 많이 한 사람도, 막상 미국인을 대하면 또 한국인끼리라도 영어로 얘기를 하려면 무슨 말을 해야 할지 모르고, 외웠던 문장 몇 마디 사용해보고 말문이 막히고 맙니다.
그러나 이 6부 주제 대화를 완전히 몸에 밸 때까지 3번 이상 훈련하여 숙달되면, 생활영어를 아주 잘 구사할 수 있게 됩니다. 그리고 즉시 2권으로 넘어가서 주제 대화를 40개 이상 숙달하면, 자신이 확실히 유창한 영어를 최단기에 터득했음을 자부할 수 있습니다. 그 후에 더 유창하고 능통한 영어를 위해서 더 많은 주제 대화 훈련을 해야 합니다.

이 책을 혼자서 공부하는 방법

첫째 : 한국어 질문을 영어로 통역 훈련
고딕체 한국어 질문을 본인이 읽어서 녹음기에 녹음시킨 후, "당신은 TV를 봅니까?"를 듣게 되면, → "Do you watch TV?"로 통역하고, "당신은 돈을 버나요?"를 들으면 → "Do you make money?"처럼 통역을 합니다. 한국어를 영어로 모두 통역할 수 있으면, 여러분의 회화 목표는 80% 이상 달성한 것입니다.

둘째: 영어 질문을 듣고 영어로 대답과 영어를 그대로 복창하는 훈련
국내에서 판매하는 거의 모든 회화 TAPE는 청취 위주로 구성되어 있으나, 이 책은 SPEAKING과 HEARING을 동시에 숙달하게끔, **질문 위주**로 구성되어 있습니다.

★포인트: 한국어를 영어로 통역 또는 영어 질문을 영어로 대답 또는 영어 질문을 그대로 복창 또는 영어를 한국어로 통역을 할 때는 녹음기의 일시 정지(PAUSE) 스위치를 꼭 누르고 통역을 하여야 하며, 녹음기를 계속 돌아가게 해서는 안 됩니다.

공격만이 승리한다!

통역 훈련 (독학. 교실, 그룹에서 하는 분 모두 해당)

'고딕체 한글 부분'을 본인이 읽어서 녹음기에 녹음 시킨 후 듣고서 통역합니다. 영어 회화 테이프를 10번 듣는 것보다 한국어를 한번 영어로 통역해 보는 것이 영작 능력 향상에 10배 이상 효과적이며, 통역 훈련이 회화 공부에 얼마나 중요하고 최선의 길인가를 본인이 자각하게 됩니다. 가능한 장소면 어디서든지 완벽할 때까지 통역해야 합니다. TV나 영어 테이프를 듣는 것은 소극적 행동이고 녹음을 듣고 통역하는 것은 적극적 행동입니다.

CONTENTS

머리말 영어 회화는 일종의 기술입니다
스피킹을 잘 할 수 있는 두 가지 훈련 통역훈련과 주제 대화훈련
책을 혼자서 공부하는 방법 공격만이 승리한다

PART 1
만능동사와 관련된 회화 훈련

제 1 장: 영어의 문장 구조   14
제 2 장: 평문을 의문문으로 바꾸는 법   15
제 3 장: 일상생활에서 가장 잘 쓰는 동사 80개 통역과 회화 훈련   16
제 4 장: 부정사(to + V) 회화 훈련   22
제 5 장: 제 1 부 중간 실력 테스트   24
제 6 장: 영어회화의 만능동사 MAKE   26
제 7 장: PICK동사와 RUN 동사   28
제 8 장: 영어의 만능동사 HAVE   30
제 9 장: 동명사 회화 훈련   38
제 10 장: 영어의 만능동사 GET   40
제 11 장: LOOK 동사   44
제 12 장: TURN 동사   44
제 13 장: 영어의 만능 동사 KEEP   46
제 14 장: 제 1 부 공식정리   48
제 15 장: 영어의 만능동사 TAKE   50
제 16 장: 영어회화의 만능동사 PUT   54
제 17 장: SET 동사   56
제 18 장: 진행문장 회화 훈련 BE + ING   58
제 19 장: 제 1 부 종합시험 (필수 부분)   62

PART 2
의문사 의문문 회화 훈련

제 1 장: 의문사 의문문 기초 훈련   66
제 2 장: 제 2 부 중간 실력 시험   72
제 3 장: 대화와 수업 중 사용하는 표현들   73
제 4 장: HOW로만 된 문장   74
제 5 장: HOW + 형용사, 부사 문장 훈련   80
제 6 장: WHAT으로만 된 문장 훈련   94
제 7 장: WHAT + 명사로 된 문장 훈련   102
제 8 장: 의문사 자체가 주어인 경우   108
제 9 장: WHO, WHOM훈련   112
제 10 장: WHICH로 된 문장 훈련   118

제 11 장: WHEN으로 된 문장 훈련　122
제 12 장: WHERE으로 된 문장 훈련　126
제 13 장: WHY로 된 문장 훈련　130
제 14 장: 의문사 앞에 전치사가 있는 경우　138
제 15 장: 제 2 부 종합실력 시험　140

PART 3
복문 및 장문 회화 훈련

제 1 장: 형태조동사(MODAL AUXILIARY) MAY　144
제 2 장: 형태조동사 SHALL, SHOULD　146
제 3 장: 형태 조동사 MUST = HAVE TO　146
제 4 장: 형태 조동사 CAN　148
제 5 장: 형태 조동사 WILL, WOULD　150
제 6 장: 영어의 만능동사 LET　152
제 7 장: 가장 잘 쓰는 수여동사 훈련 (4형식)　154
제 8 장: 수여동사의 기본이며 영어의 만능동사 GIVE 훈련　156
제 9 장: 필수 사역동사, 지각동사 훈련　158
제 10 장: 영어의 만능동사 GO　162
제 11 장: 영어의 만능동사 COME　164
제 12 장: 영어의 만능동사 Do　168
제 13 장: 접속사(부사설) 등 회화 훈련　170
제 14 장: 가정문 훈련　178
제 15 장: 접속사를 이용한 장문 훈련　180
제 16 장: 제 3 부 중간시험 (수여동사, 사역동사, 접속사)　184
제 17 장: 완료문장(have + p.p) 회화 훈련　186
제 18 장: 영어의 만능 동사 BE동사 (2형식으로)　194
제 19 장: 동사를 명사로 사용하는 훈련　197
제 20 장: 영어의 만능동사 BE동사 (1형식으로)　198
제 21 장: 수동문장 회화 훈련 (BE+P.P)　204
제 22 장: 수동문장훈련: 공식정리　212
제 23 장: 수동문장 실력시험　213
제 24 장: 명사절 (화법) 등 회화 훈련　214
제 25 장: 수동, 완료, 명사절 실력 시험　220
제 26 장: 명사절의 여러 형태　222
제 27 장: 잘 쓰는 영어단어 200개 회화 훈련　224
제 28 장: 명령문　231

PART 4
형용사와 관련된 회화훈련

제 1 장: 회화 훈련에 앞서 알아야 할 형용사와 관련된 문법   234
제 2 장: 필수 형용사 300개 훈련   237
제 3 장: 공식형식으로 쓰는 형용사   249
제 4 장: IT으로 시작하는 문장 훈련   251
제 5 장: 한정사 (DETERMINER)   255
제 6 장: 형용사절(관계사) 회화 훈련   257
제 7 장 : 제 4 부 관계사 실력 시험   263
제 8 장: 형용사구 정리   265

PART 5
전치사, 부사와 관련된 회화훈련

제 1 장: 시간과 때로 사용할 때의 전치사 회화 훈련   268
제 2 장: 장소와 방향으로 사용할 때의 전치사 훈련   269
제 3 장: 수단·방법으로 사용할 때의 전치사 훈련   271
제 4 장: 전치사 종합시험   273
제 5 장: 중요한 부사구 100개 회화 훈련   274
제 6 장: 문장 중앙에 쓰는 부사 훈련   278
제 7 장: 중요한 관용구 100개 회화 훈련   280
제 8 장: 제 5 부 부사구 관용구 종합 실력 테스트   284

PART 6
최단기에 유창한 영어를 가능하게 해주는 주제대화 29개 훈련

01. 대화주제: LUNCH   288
02. 대화주제: 학교, 학원, 회사 오고가기   288
03. 대화주제: 영화구경   289
04. 대화주제: 영화구경   290
05. 대화주제: 영어공부   291
06. 대화주제: 미국여행   292
07. 대화주제: 미국여행   292
08. 대화주제: 초면대화   294
09. 대화 주제: 외국음식, 술   295
10. 대화 주제: 학교   296
11. 대화 주제: 직업을 찾고 있다고 가정하여   296
12. 대화 주제: 직업이 있다고 가정하여   297
13. 대화 주제: 결혼(미혼인 경우)   299
14. 대화 주제: 결혼(기혼인 경우)   300
15. 대화 주제: 친한 친구   301
16. 대화 주제: 군복무   302

17. 대화 주제: 여행　　303
18. 대화 주제: 기후와 날씨　　304
19. 대화 주제: 상담(무역)　　305
20. 대화주제: YES 와 NO 외의 대답 훈련　　306
21. 대화주제: 인사에 관한 표현과 소개하는 법　　308
22. 대화주제: 장보기　　309
23. 대화주제: 취직 인터뷰　　311
24. 대화주제: 미국이민 또는 유학 인터뷰　　312
25. 대화주제: 부정 의문문, 부가 의문문 회화 훈련　　313
26. 대화주제: 전화 대화 훈련　　317
27. 대화주제: 전화 문답 훈련　　318
28. 대화주제: 공중전화　　320
29. 대화주제: 최종 종합시험 (Final Total Test)　　322

PART 1
만능동사와 관련된 회화 훈련

만능동사란?

영단어에는 일상생활에 핵심이 되다시피 매일같이 쓰고 있는 만능동사(VITAL VERB)가 있습니다. 그것은 GO, COME, BE, HAVE, DO, GET, TAKE, PUT, GIVE, KEEP, MAKE, SEEM, LET, SEE, SAY, SEND 등 16개이며, 이것은 22개의 전치사와 결합하여 만개 이상의 관용구를 만듭니다. 따라서 만능 동사의 활용에 숙달하지 않고서 유창하고 능통한 영어를 구사한다는 것은 그 말 자체가 어불성설입니다.

제 1 장: 영어의 문장 구조

"회화를 배우는데 무슨 문법이 필요하냐?", "어린애가 무슨 문법을 알고 말을 배우느냐?" 하는 우스꽝스러운 말을 학원이나 영어 회화 얘기가 나오는 곳에서 거침없이 하는 사람들을 주위에서 가끔 볼 수 있습니다. 문법이란 말(회화)의 구조를 책으로 써놓은 것입니다. 즉, 남의 나라의 말을 배우려면 반대로 말의 구조(문법)를 알아야 하는 것입니다. 따라서 **영어의 문장구조(문법)를 모르고 영어 회화를 배운다는 것은 악보를 모르고 피아노를 배우는 것과 같습니다.** 영문을 읽고 해석 못 하면 들어서는 결코 이해할 수가 없는 것이며, 또한 원하는 말을 영작할 수가 없는 것입니다. 영어의 문법을 한마디로 줄여서 어떻게 돼 있느냐고 묻는다면 기꺼이 '주어+동사+목적어'+부사로 되어있다고 할 수 있습니다. 예를 들면,

1. 〈당신은 비행기로 미국에 간다.〉를 (1형식 문장) --- 영어순서로 하면

당신은 (주어)	간다 (자동사)	미국에 비행기로 (부사)
You	go	to America by plane

2. 〈나는 당신을 오늘 본다.〉를 (3형식 문장) --- 영어순서로 하면

나는 (주어)	본다 (타동사)	당신을 (목적어)	오늘 (부사)
I	see	you	today

주어	동사	목적어	부사
한 문장의 주인이 되는 말 '은, 는, 이, 가'로 끝나는 말	우리말의 끝에 오는 말. 다, 까로 끝남.	을, 에게 등으로 해석하나 타동사만 있음.	시간when 장소where 이유why 방법how의 의미가 들어있는 말.

여기서 go처럼 목적어가 없는 동사를 vi(자동사)라고 하며, 1형식과 2형식이 됩니다. see처럼 목적어가 있는 동사를 vt(타동사)라고 하며, 3, 4, 5형식으로 분류합니다. **자동사와 타동사를 구별하는 것이 문법을 터득하는데 가장 빠르고 중요합니다.** 부사는 자·타동사와 관계없이 몇 개라도 사용할 수 있고, 시간, 장소, 이유, 방법에 해당하는 말을 부사라고 하며 부사구를 만들 때 전치사가 수반되는 경우가 많습니다. 자세한 것은 5부에서 훈련합니다. 다음 문장의 주어, 동사, 목적어, 부사를 말해보십시오. 단어 모르는 것과는 상관없습니다. 모르는 단어는 외우면 되니까요.

3. 우리는 10분전에 여기에 도착했다 →   우리는   도착했다   여기에   10분전에
   We arrived here 10 minutes ago.   자동사 1형식

4. 그는 나에게 전화로 연락할 것이다 →   그는   연락할 것이다   나에게   전화로
   He will contact me by phone.   타동사 3형식

5. 나는 10년간 영어를 배워왔다. →   나는   배워왔다   영어를   10년간
   I have learned English for 10years.   타동사 3형식

제 2 장: 평문을 의문문으로 바꾸는 법

「당신은 나를 좋아한다.」는 "You like me."로서 영어는 <u>주어+타동사+목적어</u>로 구성되어 있는 것을 배웠습니다. 이것을

당신은 나를 「좋아한다」 [현재]	→You like me. [원형동사]
당신은 나를 「좋아했었다」 [과거]	→You liked me. [과거동사]
당신은 나를 「좋아할 것이다」 [미래]	→You will like me. [will~할 것이다]
당신은 나를 「좋아할 수 있다」 [능력]	→You can like me. [can~할 수 있다]

위와 같이 「타동사 like」의 의미를 구체적으로 「과거·현재·미래·능력」 등으로 바꿀 수 있습니다.
→ 위의 것은 평문이고, 회화를 하기 위해서는 의문문으로 바꾸어야 합니다.

1. You like me. → **Do you like me?** → 당신은 나를 좋아합니까? (현재)

평문 앞에는 Do를 붙이면 ~까? 로 바뀝니다.

긍정 대답 Yes, I do. (좋아합니다)   부정 대답 No, I don't. (안 좋아합니다)
또는, **Yes, I like you.**   **No, I don't like you.**

2. You liked me. → **Did you like me?** → 당신은 나를 좋아했었나요? (과거)

과거 문장은 Did를 문장 앞에 붙인다.

긍정 대답 Yes, I did. (좋아했었다)   부정 대답 No, I didn't. (안 좋아했다)
또는, **Yes, I liked you.**   **No, I didn't like you.**

3. You will like me. → **Will you like me?** → 당신은 나를 좋아할 것입니까?

미래의 의지를 나타낼 때는 Will 을 문두에 붙인다. will~ 할 것이다, 할 예정이다

긍정 대답 Yes, I will. (좋아할 겁니다)   부정 대답 **No, I won't**. (안 좋아할 것이다)
Yes, I'll like you.   **No, I won't like you.**
예스, 아울 라이큐유.   노우, 아이 원 라이큐유.

☆ won't 은 will not 의 약어이고 발음은 [원]으로 합니다.

4. You can like me. → **Can you like me?** → 당신은 나를 좋아할 수 있나요?

능력을 나타낼 때는 can을 붙입니다. can: ~할 수 있다.

긍정대답 Yes, I can. (좋아할 수 있다)   부정 대답 No, I can't (좋아할 수 없다)
    예스, 아이 캔.   노우, 아이 캔트. (강하게 발음)
Yes, I can like you.   **No, I can't like you.**
    예스, 아이 큰 라이큐유.   노우, 아이 캔 라이큐유.

☆ can't 은 can not 의 약어로서 위와 같이 발음에 숙달되도록 합니다.

☞ 여기서 do, did, will, can을 조동사라고 부르고 like를 본동사(원형동사)라고 합니다. 이제부터 공부하는 모든 동사는 자동사인지 타동사인지를 구별하면서 훈련합니다. 이 4가지 공식을 기억하면서 페이지를 넘기십시오.

제 3 장: 일상생활에서 가장 잘 쓰는 동사 80개 통역과 회화훈련

먼저 영어 문장을 읽고 해석한다. 그다음 아래의 한국어를 영어로 옮겨본다.

주어 타동사 목적어

01. [　　] you **have** lunch?　　　　　　당신은 점심을 먹는다.
02. [　　] you **meet** your friend?　　　 당신은 친구를 만난다.
03. [　　] you **watch** TV?　　　　　　　당신은 TV를 본다.
04. [　　] you **enjoy** your stay?　　　　당신은 체류를 즐긴다.
05. [　　] you **listen to** music?　　　　당신은 음악을 듣는다.
06. [　　] you **dislike** me?　　　　　　당신은 나를 싫어한다.
07. [　　] you **hate** her?　　　　　　　당신은 그녀를 증오한다.
08. [　　] you **miss** him?　　　　　　　당신은 그를 그리워한다.
09. [　　] you **remember** me?　　　　　당신은 나를 기억한다.
10. [　　] you **spend** money?　　　　　당신은 돈을 소비한다.

11. [　　] you **make** money?　　　　　 당신은 돈을 번다.
12. [　　] you **save** money?　　　　　　당신은 돈을 모은다.
13. [　　] you **write** a letter?　　　　　당신은 편지를 쓴다.
14. [　　] you **eat** breakfast?　　　　　당신은 아침을 먹는다.
15. [　　] you **speak** ill of me?　　　　당신은 나를 욕한다.
16. [　　] you **speak** well of me?　　　당신은 나를 좋게 말한다.
17. [　　] you **call** me up?　　　　　　당신은 나에게 전화한다.
18. [　　] you **take** a taxi?　　　　　　당신은 택시를 탄다.
19. [　　] you **take** a picture?　　　　당신은 사진을 찍는다.
20. [　　] you **borrow** the book?　　　당신은 책을 빌린다.
21. [　　] you **read** a newspaper?　　　당신은 신문을 읽는다.

강의

» 21개 영어문장을 큰소리로 읽은 후에, 한국어를 다시 큰소리로 영어로 옮길 수 있게 되면, 이번에는 다음과 같이 한국어를 영어로 통역하는 훈련을 합니다.

선생이 한국말로 "당신은 점심을 먹습니까?" 하면 지정된 사람이나 단체는 Do you have lunch? 식으로 Do를 붙여서 영어로 통역을 하면 마주보고 앉은 사람은 "Yes, I have lunch." 식으로 길게 답을 합니다. 다시 선생이 "당신은 나를 증오했나요?" 하면 통역자는 "Did you hate me?" 하고 통역하면, 답하는 쪽은 "Yes, I hated you." 처럼 답을 합니다. **답을 짧게**, Yes, I do. 또는 Yes, I did. 식으로는 **절대 해서는 안 됩니다.** Yes훈련이 끝나면 No로 답하는 훈련을 합니다. 이것은 훈련이기 때문에 대답자 마음대로 Yes, No를 하게 해서는 안 됩니다.

» 아기가 처음에 말을 배울 때 부모 말을 따라하다가 나중에 자기말을 하게 됩니다. 이처럼 대답자는 길게 복창하는 답을 어느 정도만 하면, 회화실력이 늘고 자기 말이 되는 것이 실제증명이 되었으므로, 이 책에서는 Yes, No만 하는 대답은 금물입니다.

☞ 4개의 공식 Do, Did, Will, Can을 넣어서 다음의 한국어를 영어로 통역하고, 영어로 물으면 영어로 답하십시오. 영어로 답을 할 때는 Yes로 합니다. REC

선생 또는 녹음 (한국어로) ↓	통역자 (영어로) ↓	대답자 (영어로. 선생지시에 따라) ↓
01. (당신은) TV를 봅니까?	→ Do you watch TV?	→ Yes, I watch TV
02. 돈을 법니까?	→ Do you make money?	→ Yes, I make money.
03. 나를 증오합니까?	→ Do you hate me?	→ Yes, I hate you.
04. 나에게 전화 했나요?	→ Did you call me up?	→ Yes, I called you.
05. 택시를 탔나요?	→ Did you take a taxi?	→ Yes, I took a taxi.
06. 친구를 만났나요?	→ Did you meet your friend?	→ Yes, I met my friend.
07. 돈을 소비 했나요?	→ Did you spend money?	→ Yes, I spent
08. 나를 욕 했나요?	→ Did you speak ill of me?	→ Yes, I spoke ill~
09. 편지를 썼나요?	→ Did you write a letter?	→ Yes, I wrote a ~
10. 점심을 먹었나요?	→ Did you eat lunch?	→ Yes, I ate lunch.
11. 신문을 읽었나요??	→ Did you read a newspaper?	→ Yes, I read a~
12. 사진을 찍었나요?	→ Did you take a picture?	→ Yes, I took a ~
13. 책을 빌릴 겁니까?	→ Will you borrow a book?	→ Yes, I'll borrow a book.
14. 아침을 먹을 겁니까?	→ Will you eat breakfast?	→ Yes, I'll eat~
15. 음악을 들을 겁니까?	→ Will you listen to music?	→ Yes, I'll ~
16. 그녀를 그리워 할 겁니까?	→ Will you miss her?	→ Yes, I'll miss
17. 나를 욕 할 거예요?	→ Will you speak ill of me?	→ Yes, I'll speak~
18. 돈을 모을 수 있나요?	→ Can you save money?	→ Yes, I can save money.
19. 사진 찍을 수 있나요?	→ Can you take a picture?	→ Yes, I can ~
20. 나에게 전화 할 수 있나요?	→ Can you call me up?	→ Yes, I can ~
21. 나를 좋게 말했습니까?	→ Did you speak well of me?	→ Yes, I ~
22. 여기서 체류를 즐기십니까?	→ Do you enjoy your stay here?	→ Yes,

발음과 연음

한국은 미국식 발음을 합니다. Did you는 '디쥬' 로 발음합니다. 이것을 연음(liaison)이라고 합니다. I'll 은 '아울'이라고 합니다. You'll-유울, He'll-히울, 식으로 합니다. breakfast-는 '브레익 버스(트)'이지, '브렉 퍼스트' 라고 해서는 안 됩니다. won't은 '원'이라고 읽고, 강조시에는 원래대로 will not 이라고 할 것. can의 문장 내의 발음에 특히 주의할 것.

  No, I can't call you. 노우, 아이 캔 컬유 (미)   영국은 can't를 칸으로 발음함
  Yes, I can call you. 예스, 아이 큰 컬유 (미)   영국은 can을 캔으로 발음함

☞ **필수 자동사 15개**　　　**영어를 먼저 읽는다.**　　　**아래를 영어로 옮긴다.**

	주어	자동사 (1형식) 부사	

22. [　　　] you　　go to the company?　　　　　　(당신은) 회사에 간다.
23. [　　　] you　　come here tomorrow?　　　　　　　　내일 여기에 온다.
24. [　　　] you　　go straight home?　　　　　　　　　집에 곧장 간다.
25. [　　　] you　　drop in the coffee shop? by　　　　다방에 들르다.
26. [　　　] you　　stop in the drug store? by　　　　　약국에 들르다.
27. [　　　] you　　stay here for an hour?　　　　　　　1시간 여기에 체류하다.
28. [　　　] you　　leave here after class?　　　　　　　수업 후 여기를 떠나다.
29. [　　　] you　　work for a company?　　　　　　　　회사에 근무하다.
30. [　　　] you　　work all day?　　*part time*　　　　종일 일하다.　　*부분시간*
　　　　　　 you　　work overtime?　　　　　　　　　　특근하다.

31. [　　　] you　　run home?　　　　　　　　　　(당신은) 집에 뛰어 가다.
32. [　　　] you　　walk to work?　　　　　　　　　　　일터에 걸어가다.
33. [　　　] you　　be with me?　　　　　　　　　　　　나와 같이 있다.
34. [　　　] you　　feel well today? bad.　　　　　　　좋게 느끼다.　　*나쁘게*
35. [　　　] you　　live near here?　　　　　　　　　　근처에 살다.
36. [　　　] you　　wake up at 6 o'clock?　　　　　　　6시에 눈뜨다.
37. [　　　] you　　go to bed at midnight?　　　　　　　자정에 자다.
38. [　　　] you　　go sightseeing? fishing　　　　　　관광 가다.　　*낚시*
39. [　　　] you　　oversleep every morning?　　　　　매일 아침 늦잠자다.
40. [　　　] you　　sleep soundly? well　　　　　　　　푹자다.　　　*잘*

	주어	타동사vt 목적어	

41. [　　　] you　　buy some gifts?　　　　　　　(당신은) 선물을 사다.
42. [　　　] you　　sell your car?　　　　　　　　　　당신차를 팔다.
43. [　　　] you　　drink much liquor?　　　　　　　　많은 술을 마시다.
44. [　　　] you　　want sugar in your coffee?　　　　커피에 설탕을 원하다.
45. [　　　] you　　cash the check?　　　　　　　　　수표를 현금으로 바꾸다.
46. [　　　] you　　send a fax?　　　　　　　　　　　fax를 보내다.
47. [　　　] you　　receive an invitation?　　　　　　초청을 받다.
48. [　　　] you　　play tennis?　　　　　　　　　　　테니스를 치다.
49. [　　　] you　　begin your work?　　　　　　　　　일을 시작하다.
50. [　　　] you　　finish working?　　　　　　　　　　일하기를 끝내다.
51. [　　　] you　　deposit money in the bank?　　　　은행에 돈을 예치하다.
52. [　　　] you　　withdraw money?　　　　　　　　　돈을 인출하다.

지시 한국어로 묻는 질문은 영어로 통역을 하고, 영어로 묻는 질문은 영어로 답을 합니다. 영어로 답할 때는 No로 합니다.

선생 또는 녹음 (한국어로)	통역자 (영어로)	대답자 (No 로 대답할 것)
1. (당신은) 회사에 갑니까?	→ Do you go to the company?	
	→ No, I don't go to the company.	
2. 이 근처에 삽니까?	→ Do you live near here?	→ No, I don't live-
3. 오늘 근무합니까?	→ Do you work today?	→ No, I don't work-
4. 독한 술을 마십니까?	→ Do you drink liquor?	→ No, I don't drink.
5. 테니스를 치십니까?	→ Do you play tennis?	→ No, I don't play ~
6. 내일 여기에 오시겠어요?	→ Will you come here tomorrow?	
	→ No, I won't come here tomorrow.	
7. 집에 곧장 가시겠어요?	→ Will you go straight home?	→ No, I ~
8. 커피숍에 들릴 겁니까?	→ Will you drop in the coffee shop?	→ No,~
9. 여기에 한 시간 체류할 겁니까?	→ Will you stay here for an hour?	→
10. 나와 같이 있겠어요?	→ Will you be with me?	→ No, I won't be~
11. 집으로 떠날 겁니까?	→ Will you leave for home?	→ No, I won't-
12. 6시에 눈을 뜰 수 있나요?	→ Can you wake up at 6 o'clock?	
	→ No, I can't wake up at 6 o'clock.	
13. 매일 늦잠 잤나요?	→ Did you oversleep every day?	
	→ No, I didn't oversleep every day.	
14. 선물을 사실 겁니까?	→ Will you buy some gifts?	→ No, I won't~
15. 은행에 돈을 예치했나요?	→ Did you deposit money in the bank?	
16. 일을 끝냈습니까?	→ Did you finish working?	→ No, I didn't-
17. fax를 보낼 수 있습니까?	→ Can you send a fax?	→ No, I can't ~
18. 어제 여기 왔었지요?	→ Did you come here yesterday?	→ No, I~
19. 여기 오늘 계실 겁니까?	→ Will you be here today?	→ No, I won't
20. 여기에 걸어왔습니까?	→ Did you walk here?	→ No, I didn't~
21. 당신 차를 팔 겁니까?	→ Will you sell your car?	→ No, ~
22. 당신 차에 설탕을 원하십니까?	→ Do you want sugar in your tea?	

강의

'walk'는 '와크', Did you walk here? "디쥬 와크 히어?", work는 '워-ㄹ크'
Did you work here?는 '디쥬 워-ㄹ크 히어?'로서 전혀 다름. leave는 약간 길게 '리브'. live는 짧게 '리브'. finish 는 삐니쉬-. 이것을 '피니시'라고 해서는 안 됩니다. feel 은 삐-일 이라고 해야하며, '필'이라고 하면 pill이나 peel의 p를 발음한 것 입니다. run은 입안에 바람을 넣은 것처럼 하면서 '뤈'이라고 하고, learn은 가볍게 '런'이라고 할 것. go, come 같은 동사를 완전자동사 1형식으로 분류하고, 여기 15개는 매일 사용하는 것이며, 보어를 요구하는 불완전자동사 2형식 동사는 3부에서 훈련합니다.

영어 문장을 먼저 읽는다.　　　　　　아래를 큰소리로 영어로 옮긴다.
　주어　타동사　목적어

53. [　　] you **need** my help? money　　　　(당신은) 나의 도움이 필요하다.
54. [　　] you **use** a vending machine?　　　자동판매기를 사용하다.
55. [　　] you **see** your aunt?　　　　　　　숙모를 보다.
56. [　　] you **visit** your boss?　　　　　　사장을 방문하다.
57. [　　] you **call** on your uncle?　　　　　삼촌을 방문하다.
58. [　　] you **mail** my letter?　　　　　　　편지를 부치다,
59. [　　] you **hear** airplane?　　　　　　　비행기 소리를 듣다.
60. [　　] you **brush** your teeth?　　　　　이를 닦다.
61. [　　] you **wash** your hands and face?　손과 얼굴을 씻다.
62. [　　] you **practice** the piano?　　　　피아노를 연습하다.

63. [　　] you **win** a first prize?　　　　　일등상에 당선하다.
64. [　　] you **rent** the house?　　　　　　집을 임대하다.
65. [　　] you **design** clothes yourself?　　옷을 디자인 하다.
66. [　　] you **prefer** warm weather?　　　따뜻한 날씨를 더 좋아하다
67. [　　] you **wear** casual clothes?　　　　평상복을 입다.
68. [　　] you **fix** TV?　　　　　　　　　　TV를 고치다.
69. [　　] you **repair** the door?　　　　　　문을 수리하다.
70. [　　] you **cancel** reservations?　　　　예약을 취소하다.
71. [　　] you **break** the regulations?　　*law*　규정을 어기다.　　법
72. [　　] you **agree with** me?　　　　　　나에게 동의하다.

73. [　　] you **support** your family?　　　가족을 부양하다.
74. [　　] you **bring** your lunch with you?　점심을 가져오다.
75. [　　] you **lead** me? guide　　　　　　나를 인도하다.
76. [　　] you **think** nicely of me?　　　　나를 좋게 생각하다.
　　　　think badly of me? much, nothing　　나쁘게, 대단히, 별거 아니게
77. [　　] you **explain** the project?　*plan*　계획을 설명하다.　　계획
78. [　　] you **ask** me for money? ask for help　나에게 돈을 부탁하다.
79. [　　] you **waste** your income?　　　수입을 낭비하다.
80. [　　] you **lose** your wallet?　　　　　지갑을 분실하다.
　　　　　you **lose** your sleep?　　　　　잠을 설치다.
81. [　　] you **forget** the reference number?　참고 번호를 잊어버리다.
82. [　　] you **stand** the heat?　*the pain*　더위를 참다.　　　고통

☆ No로 답이 제대로 되면, Yes는 문장이 짧으므로 쉽게 됩니다.

선생 또는 녹음시키는 부분 (한국어로)	통역자 (영어로)	대답자 (No로)

1. (당신은) 돈이 필요하세요? → Do you need money? → No, I don't need money.
2. 자판기를 사용하세요? → Do you use a vending machine? → No,
3. 나를 방문하시겠어요? → Will you visit me? → No, I won't~
4. 평복을 입을 수 있나요? → Can you wear casual clothes? → No,
5. 편지를 부칠 수 있나요? → Can you mail a letter? → No, I can't~
6. 점심을 가져올 수 있나요? → Can you bring lunch? → No, I can't-
7. 나를 좋게 생각하십니까? → Do you think nicely of me? → No, I ~
8. 나를 대단치 않게 생각하십니까? → Do you think nothing of me?
   → No, I don't think nothing of you.
9. 수입을 낭비 했나요? → Did you waste your income? → No, I~
10. 지갑을 분실 했나요? → Did you lose your wallet? → No, I didn't
11. 더위를 참을 수 있나요? → Can you stand the heat? → No, I~
12. 번호를 잊어 버렸지요? → Did you forget the number? → No, I~
13. 나에게 동의 할 수 있나요? → Can you agree with me? → No, I ~
14. 규정을 어길 겁니까? → Will you break the regulations? → No, I~
15. 예약을 취소 할 겁니까? → Will you cancel reservations? → No, I~
16. 문을 수리할 수 있나요? → Can you repair the door? → No, I can't repair the door.
17. 집을 임대 할 수 있나요? → Can you rent the house? → No, I ~
18. 나에게 돈을 부탁 하실 겁니까? → Will you ask me for money? → No, I ~
19. 계획을 설명 할 수 있나요? → Can you explain the project? → No, I ~
20. 더운 날씨를 더 좋아하세요? → Do you prefer warm weather? → No, I ~
21. 복권에 당첨될 수 있나요? → Can you win the lottery? → No, I can't win the lottery.
22. 가족을 부양할 수 있나요? → Can you support your family? → No, I ~
23. 세수를 하셨어요? → Did you wash your face and hands? → No,

발음지시

발음은 사전에 표기된 대로 하셔야지, 한국 생활에서 쓰는 오렌지-orange (오린지 또는 아린지 임), 레포트-report (리포트 임), 퍼니쳐-furniture(뻐니쳐 임)처럼 하면 안 됩니다. clothes는 '크로즈'이고, '크로드즈' 라고 발음하면 안 됩니다. prefer는 '프리뻐' 입니다. f는 '브'에 가깝게 발음하고, P는 '프'로 발음함.

think는 혀를 내었다가 들이 넣으면서, '스'를 하면 귀에는 '드' 나 '스'로 들려, th의 발음은 어려우므로 단어마다 다르게 합니다. thin-딘, sin 신, thick-딕, sick-씩 처럼 해야하며, think는 씽크 또는 딩크로 해야 합니다. sink-싱크와 같은 유사 발음 단어가 있을 때는 특히 조심할 것.

제 4 장: 부정사(to + V) 회화 훈련

☞ 우측 페이지를 읽고 이해한 다음 하나하나 훈련할 것.

1. **Do you want to** make reservations?   '원투' 또는 '워나' 로 발음
   → Yes, (I do) I want to make reservations.
   → No, (I don't) I don't want to make reservations.

2. **Do you have to** take a job in order to make money?
   → Yes, I have to take a job.   '햅투' 로 발음
   → No, I don't have to take a job.

3. **Did you use to** arrive here on time?   '유스투' 로 발음
   → Yes, I used to arrive here on time.   used to도 '유스투'로 발음
   → No, I didn't use to arrive here on time.

4. **Do you intend to** return the car?   '인텐투' 로 발음
   → Yes, I intend to return the car.
   → No, I don't intend to return the car.

5. **Do you happen to** know the accident? by chance
   → Yes, I happen to know the accident.
   → No, I don't happen to know the accident.

6. **Do you like to** use this phone?
   → Yes, I like to use this phone.
   → No, I don't like to use this phone.

7. **Do you plan to** cancel reservations?

8. **Do you need to** visit America?   '니-투' 로 발음

9. **Do you expect to** invite guests?   '익스펙투' 로 발음

☞ 이 이하는 제 3부 까지 끝낸 후에 추가시켜 훈련할 것

10. Does he want to take a break for a while?
    → Yes, he wants to take a break for a while.   '원스투' 로 발음

11. I tend to drink much coffee.   (pretend to. try to. hope to)

12. All you have to do is (to) come here tomorrow.

13. All I do is practice English.   All I study is-   All I eat is-

14. I have only to study Japanese.   Do you have only to -

15. We had better go.   We'd better go-   We'd better not go.

16. We would (had) rather go.-   We'd rather not go.

> 강의

주어 동사 목적어

you want coffee → 너는 커피를 원한다.

you want to go → 너는 가기를 원한다. 에서 to go가 목적어 자리에 와 있습니다. 이렇게 어떤 동사라도 앞에 to를 붙이면 「to + V」되어 부정사라고 부르고, 목적어나 주어 위치에 와서 명사 취급을 받습니다. 즉, to 이하의 전체가 한 단어 취급을 받습니다. 이것을 부정사의 명사적 용법이라 합니다. 또, 좌측 2번 문장의 in order to make money (~하기 위하여)는 why(이유)에 해당하므로 부정사의 부사적 용법이라고 부르고, Have동사 페이지에서 형용사적 용법이 나옵니다. 이 세 가지로 통상 사용합니다. 다음 부정사는 일상생활에서 공식처럼 사용하므로, 읽고 이해한 다음 지금까지 익힌 모든 동사를 목적어에 대입시켜 입으로 통역 훈련하십시오.

1. 당신은 예약하기를 원하십니까?   **want to** → 원하다. 바라다.
   → 예, 원합니다.   → 아니오, 원하지 않습니다.

2. 당신은 돈벌기 위해 직업을 얻어야 합니까?   **have to** → 해야만 한다.
   → 예, 해야 합니다.   → 아니오, 할 필요가 없습니다.

3. 당신은 정각에 여기에 도착하곤 했나요?   **used to** → 하곤 했다 (과거습관)
   → 예, 하곤 했습니다. → 아니오, 하지 않곤 했습니다.

4. 그 차를 반납할 작정 입니까?   **intend to** → 할 작정이다.
   → 예, 작정입니다.   → 아니오, 작정이 아닙니다.

5. 당신은 혹시 그 사건을 아십니까?   **happen to** → 혹시~ 하다.
   → 예, 공교롭게도 압니다. → 아니오, 공교롭게도 모릅니다.
                                                          (평문에서는 '공교롭게도' 로 해석합니다.)

6. 당신은 이 전화를 사용하고 싶습니까?   **like to** → 하고 싶다.
7. 당신은 예약을 취소할 계획입니까?   **plan to** → 계획이다.
8. 당신은 미국을 방문할 필요가 있습니까?   **need to** → 필요가 있다.
9. 당신은 손님을 초청하길 기대하십니까?   **expect to** → 기대하다.

★ have to + V는 must (~해야만 한다)의 뜻이지만, I don't have to go.(나는 갈 필요가 없다)처럼 부정문이 되면 need not (필요가 없다)로 뜻이 바뀝니다.

10. 그는 잠깐 동안 휴식을 취하길 원합니까?   → 예, 그는 원합니다.
11. 나는 많은 커피를 마시는 경향이 있다.   (척하다. 노력하다. 희망하다)
12. 당신은 내일 여기에 오기만 하면 됩니다.
13. 나는 영어를 연습하기만 하면 된다.   (다른 단어로 바꾸어 씀)
14. 나는 일어를 공부하기만 하면 된다.
15. 우리는 가는 것이 낫다.   우리는 안 가는 것이 더 낫다. (부정)
16. 우리는 차라리 가는 것이 낫다.   우리는 차라리 안 가는 것이 낫다. (부정)

제 5 장: 제 1부 중간 실력 테스트

공식 13개와 동사 80개가 숙달되었는지 아래 1번처럼 No로 대답을 하시기 바랍니다.

1. 당신은 예약하기를 원하십니까?   ←선생 또는 녹음시키는 부분

   → 아니오, 나는 예약하기를 원하지 않습니다.

   Do you want to make reservations?   ←통역자(interpreter)

   → No, I don't want to make reservations.   ←대답자

2. 당신은 미국에 가기를 원하십니까?   → 아니오, 원하지 않습니다.

   Do you want to go to America?   → No, I don't want to go ~

3. 당신은 직업을 얻기를 원하십니까?

   Do you want to take a job? →

4. 당신은 여기에 정각에 도착하기를 원하십니까?

   Do you want to arrive here on time? →

5. 당신은 당신 가족을 부양해야만 합니까?

   Do you have to support your family? →

6. 당신은 예약을 취소해야만 합니까?

   Do you have to cancel reservation? →

7. 당신은 나에게 돈을 부탁할 작정입니까?

   Do you intend to ask me for money? →

8. 당신은 수입을 낭비했나요?   **Did you waste your income?** →

9. 당신은 더위를 참을 수 있나요?   **Can you stand the heat?** →

10. 당신은 지갑을 분실 했나요?   **Did you lose your wallet?** →

11. 당신은 나를 나쁘게 생각 하십니까?   **Do you think badly of me?** →

12. 당신은 혹시 그 참고번호를 잊어버렸나요?

    Did you happen to forget the reference number? →

13. 작년에 당신은 평복을 입곤 했었나요?

    Did you use to wear casual clothes last year? →

14. 당신은 매일 자동판매기를 사용하곤 했었나요?

    Did you use to use a vending machine every day? →

15. 당신은 따뜻한 날씨를 더 좋아합니까?   **Do you prefer warm weather?** →

16. 당신은 교통법을 어길 작정이세요?   **Do you intend to break the traffic law?** →

17. 당신은 손님을 초청할 필요가 있나요?   **Do you need to invite guests?** →

18. 당신은 이빨 닦는 것을 좋아하십니까?

    Do you like to brush your teeth? →

19. 당신은 내일 점심을 가져올 수 있나요?

    Can you bring your lunch tomorrow? →

20. 당신은 은행에 돈을 예치할 겁니까?

    Will you deposit money in the bank? →

21. 당신은 집에 곧장 갈 겁니까?

    Will you go straight home? →

22. 당신은 수업 후에 여기를 떠나실 예정입니까?

    Will you leave here after class? →

23. 당신은 차를 팔 계획입니까?

    Do you plan to sell your car? →

24. 당신은 선물을 사기를 원하십니까?

    Do you want to buy some gifts? →

25. 매일 아침 당신은 늦잠 자곤 했나요?

    Did you use to oversleep every morning? →

26. 자정에 취침할 작정입니까?

    Do you intend to go to bed at midnight? →

27. 당신은 여기에 걸어왔습니까?

    Did you walk here? →

28. 당신은 무역회사에 근무하길 원하세요?

    Do you want to work for a trading company? →

29. 당신은 이 근처에 살기를 기대하십니까?

    Do you expect to live near here? →

30. 당신은 당장 일을 끝내야 합니까?

    Do you have to finish working right now? →

31. 당신은 약국에 들러야 합니까?

    Do you have to stop in the drug store? →

32. 당신은 나를 욕했나요?

    Did you speak ill of me? →

33. 당신은 나에게 전화를 해야 합니까?

    Do you have to call me up? →

34. 당신은 그날그날 회사에 가야 합니까?

    Do you have to go to the company each day? →

제 6 장: 영어회화의 만능동사 MAKE-1

☞ 먼저 영어문장을 읽고, 앞에서 배운 13개의 공식을 괄호 안에 넣어서 통역 할 것.
(3형식) 주어   동사   목적어

1. [   ] make a desk?   [   ] make an appointment?
2. [   ] make a fire?   [   ] make a promise?
3. [   ] make an answer?   [   ] make a response?
4. [   ] make a contract?   [   ] make a change?
5. [   ] make a decision?   [   ] make a bad start?
6. [   ] make an effort?   [   ] make a choice?
7. [   ] make an excuse?   [   ] make a gesture?
8. [   ] make a mistake?   [   ] make haste?
9. [   ] make a living?   [   ] make a guess?
10. [   ] make a present?   [   ] make a journey?

11. [   ] make a document?   [   ] make a request?
12. [   ] make reservations?   [   ] make a demand?
13. [   ] make friends?   [   ] make enemies?
14. [   ] make a good impression?   [   ] make a bad impression?
15. [   ] make money?   [   ] make a fortune?
16. [   ] make a speech?   [   ] make a phone call to him?
17. [   ] make familiar with me?   [   ] make progress?
18. [   ] make a bill?   [   ] make great strides?
19. [   ] make up a time frame?   [   ] make up a bed?
20. [   ] make up a fake name?   [   ] make a dish?

21. [   ] make up your face?
22. [   ] make up your mind?
23. [   ] make up your mind to take a job?
24. [   ] make up for lost time? make up for lost money?
25. [   ] make up sleep?

26. [   ] make up with her?
27. [   ] make fun of him?
28. [   ] make a fool of him?

29. [   ] I can't make him out at all.
30. [   ] I'll make Boston on the way to New York.

☞ 이 make 동사를 외우기에 앞서 부정사 공식을 완벽히 구별해 낼 수 있게 해야 합니다. 아래의 한국어를 수차례 영어로 옮겨본 후에 공식을 대입하여 훈련하십시오. 「~ 하다」라는 뜻의 관용구를 만드는 데는 make가 으뜸입니다.

1. (당신은) 책상을 만들다.　　　약속을 하다.
2. 불을 피우다.　　　약속(기약)을 하다.
3. 대답하다.　　　응답하다.
4. 계약하다.　　　변경하다.
5. 결정하다.　　　출발을 그르치다.
6. 노력하다.　　　선택하다.
7. 변명하다.　　　몸짓을 하다.
8. 실수 (잘못)하다.　　　급히 서둘다.
9. 생활비 (생계)를 벌다.　　　짐작 (추측)하다.
10. 선물하다.　　　여행하다.

11. 서류를 만들다.　　　요구 (청구)하다.
12. 예약하다.　　　요구하다.
13. 친구를 만들다.　　　적을 만들다.
14. 좋은 인상을 만들다.　　　나쁜 인상을 만들다.
15. 돈을 벌다.　　　재산을 만들다.
16. 연설하다.　　　그에게 통화하다.
17. 나와 친하게 만들다.　　　진보하다. 발전하다.
18. 계산서를 작성하다.　　　장족의 발전을 하다
19. 시간 일정표를 만들다.　　　잠자리를 만들다.
20. 가짜이름을 만들다.　　　음식을 만들다.

21. 화장하다.
22. 결심하다.
23. 직업을 얻기로 결심하다.
24. 잃어버린 시간을 보충하다.
25. 잠을 보충하다

26. 그녀와 화해하다.
27. 그를 놀려대다.
28. 그를 바보 취급하다.

29. 나는 그를 도무지 이해할 수 없다. (이해한다 = make him out)
30. 나는 뉴욕에 가는 도중에 보스턴에 들를 것이다.

　　　make Boston= make에 '도착하다' arrive나 get의 뜻이 있습니다.

제 6 장: 영어회화의 만능동사 MAKE-2

☞ 이 부분은 제 3 부 158쪽 5형식 사역동사가 끝난 후에 훈련할 것.

1. Can you make your family happy?
2. Does your job make you happy?
3. What makes you happy?
4. Does it make any difference to you?
   → Yes, it makes a great difference to me.   → It doesn't matter.
5. What difference does it make?
6. Can you make sense out of what I've told you?
7. I can't make sense out of it. It doesn't make sense.
8. Can you make $2,000 a month?
9. 2 and 2 make 4, right?
10. Do you think she'll make a good wife?
11. Do you want to make yourself at home (comfortable)?

제 7 장: PICK동사와 RUN 동사

1. [   ] run a store?   *company*   상점을 경영하다.   회사
2. [   ] run out of money?   돈이 떨어지다.
3. [   ] run into her on the street?   길에서 그녀와 마주치다.
4. [   ] run away from Korea?   한국에서 도망가다.

5. [   ] pick up your hat?   모자를 집다.
6. [   ] pick it up? pick them up?   그것(그것들)을 집다.
7. [   ] pick me up at my hotel?   나를 호텔에서 태워주다.
8. [   ] pick up your package at the airport?   공항에서 짐을 찾다.
9. [   ] pick up speed   속도를 올리다.
10. [   ] pick flowers?   꽃을 따다.
11. [   ] pick a pocket?   *pickpocket.*   소매치기하다.   소매치기
12. [   ] pick out a suit?   양복을 고르다.
13. [   ] pick on me?   내 흠을 들추어내다.
14. [   ] pick teeth?   이를 쑤시다.

1. 당신은 가족을 행복하게 만들 수 있나요?
2. 직업이 당신을 행복하게 만듭니까?
3. 무엇이 당신을 행복하게 만듭니까?   → 왜 행복합니까?
4. 그것이 당신에게 어떤 상관이 있습니까?
   → 예, 그것은 나에게 큰 상관이 있습니다.   → 그것은 상관이 없습니다.
5. 그것이 무슨 상관이 있어요?
6. 내가 당신에게 말한 것으로 부터 감을 잡을 수 있어요? (이해할 수 있어요?)
7. 나는 그것으로부터 감을 잡을 수 없다. 그것은 말이 안 된다.
8. 당신은 한 달에 2000 불을 벌 수 있나요?
9. 2 + 2 = 4, 그렇지요?
10. 당신은 그녀가 좋은 아내가 될 것이라고 생각하세요?
11. 당신은 자신을 편하게 만들고 (하고) 싶으세요?

MAKE, PICK, RUN 동사 통역훈련

1. 당신은 한국에서 도망가고 싶나요?   하고 질문하면 대답자는 NO로 대답할 것.
   Do you want to run away from Korea?
2. 당신은 나를 호텔에서 태워 줄 수 있나요?
   Can you pick me up at my hotel? →
3. 당신은 우체국에서 소포를 찾을 생각입니까?
   Do you intend to pick up a parcel at the post office? →
4. 당신은 길에서 나와 마주치고 싶나요? Do you want to run into me on the street? →
5. 당신은 매일 화장을 해야 합니까?   Do you have to make up your face every day? →
6. 당신은 직업을 얻기로 결심했나요?   Have you made up your mind to take a job?
7. 당신은 노력을 해야 합니까?   Do you have to make an effort? →
8. 당신은 일본에 통화를 해야 합니까?   Do you have to make a phone call to Japan? →
9. 당신은 계약을 할 계획 입니까?   Do you plan to make a contract? →
10. 당신은 청구를 하실 겁니까?   Will you make a request?
11. 당신은 생활비를 벌어야 합니까?   Do you have to make a living?
12. 당신은 발전을 하고 싶나요?   Do you want to make progress? →
13. 당신은 나와 친구를 만들고 싶나요?   Do you want to make friends with me?
14. 당신은 변명을 하곤 했지요?   Did you use to make an excuse?
15. 당신은 결정을 할 작정 이지요?   Do you intend to make a decision?
16. 당신은 좋은 인상을 만들 수 있나요?   Can you make a good impression?

제 8 장: 영어의 만능동사 HAVE-1

1. **Do you have cash?** money, coin, check, change, bill
   → No, I don't have cash.
   → Yes, I have cash.   식으로 대답

2. **Do you have** a sponsor?   ☞ Have you got 은 192쪽 참고 후 훈련
3. **Do you have** a major?   Have you got a minor?
4. **Do you have** a spouse?   Have you got a speciality?
5. **Do you have** a niece?   Have you got a nephew?
6. **Do you have** a relative?   Have you got citizenship?
7. **Do you have** an allowance?   Have you got a certificate?
8. **Do you have** a license?   Have you got a colleague?
9. **Do you have** a promise?   Have you got an acquaintance?
10. **Do you have** a co-worker?   Have you got an I.D card?
    ★identification card
11. **Do you have** a social security number?
12. **Do you have** a Bachelor's degree or a Master's degree?
13. **Do you have** a Bachelor of Arts degree or
                    a Bachelor of Science degree?
14. **Do you have** a Doctor of Philosophy degree?
15. **Have you got** a regular income?
16. **Have you got** courage or strength?
17. **Have you got** any religion or any philosophy?
18. **Do you have** a diploma?   Have you got any experience?
19. **Do you have** a problem?   Have you got any conviction?
20. **Do you have** any plans?   Have you got any policies?
21. **Do you have** any talents?   Have you got any benefits?
22. **Do you have** a stepbrother?   Have you got a father-in-law?
23. **Do you have** any technique?   Have you got any know-how?
24. **Do you have** any trouble?   Have you got some property?
25. **Do you have** confidence?   Have you got patience?
26. **Do you have** a weapon?   Have you got an opportunity?
27. **Does he have** ancestors?   Has she got a descendant?

당신은 배우자가 있습니까? 하고 물으면 → Do you have a spouse? 식으로 통역할 것. "가지고 있습니까?"라는 표현은 Do you have~, Have you got~, Have you ~, 등 세 가지입니다. Have you got~은 3부에서 다시 훈련합니다. 그러나 Have you~? 는 잘 쓰지 않습니다.　　　　　　　　　☞지금은 Do you have~? 로만 훈련하세요.

1.　당신은　현금을 갖고 있습니까? →　　　돈, 동전, 수표, 잔돈, 계산서　(지폐. 어음)

2.　당신은　보증인이 있습니까? →

3.　당신은　전공이 있습니까?　　　　당신은　부전공이 있습니까?
4.　당신은　배우자가 있습니까?　　　　당신은　주특기가 있습니까?
5.　당신은　조카딸(질녀)이 있습니까?　당신은　조카가 있습니까?

6.　당신은　친척이 있습니까?　　　　당신은　시민권이 있습니까?
7.　당신은　용돈이 있습니까?　　　　당신은　증명서(면허)가 있습니까?
8.　당신은　면허가 있습니까?　　　　당신은　동료가 있습니까?
9.　당신은　약속(기약)이 있습니까?　　당신은　아는 사람(지인)이 있습니까?
10.　당신은　동료가 있습니까?　　　　당신은　신분증이 있습니까?

11.　당신은　사회보장제도 번호가 있습니까?
12.　당신은　학사학위나 석사학위가 있습니까?
13.　당신은　문학사 학위나 이학사 학위가 있습니까?
14.　당신은　철학박사 학위를 갖고 있습니까?

15.　당신은　정규수입이 있습니까?
16.　당신은　용기나 힘이 있습니까?
17.　당신은　어떤 종교나 어떤 철학을 갖고 있습니까?

18.　당신은　졸업장이 있습니까?　　　당신은　어떤 경험이 있습니까?
19.　당신은　문제가 있습니까?　　　　당신은　어떤 신념이 있습니까?
20.　당신은　어떤 계획이 있습니까?　　당신은　어떤 정책이 있습니까?
21.　당신은　어떤 재능이 있습니까?　　당신은　어떤 이득이 있습니까?

22.　당신은　이복형제가 있습니까?　　당신은　장인 (시아버지)이 있습니까?
23.　당신은　(고도의)기술이 있습니까?　당신은　(축척된)기술이 있습니까?
24.　당신은　어떤 애로가 있습니까?　　당신은　재산 좀 있습니까?

25.　당신은　자신감이 있습니까?　　　당신은　인내심이 있습니까?
26.　당신은　무기가 있습니까?　　　　당신은　기회가 있습니까?
27.　그는　　조상이 있습니까?　　　　그녀는　후손이 있습니까?

제 8 장: 영어의 만능동사 HAVE-2 "가지고 있다" 외의 의미로 쓸 때

1. **Do you have much rain(snow) in the winter?** → Yes, we do.

2. **Do you have a cold?**
   a pain, an ache, a fever, a headache, a toothache,
   a backache, a stomachache, a sore throat. 로 바꾸어 훈련할 것.

3. **Did you have a good time yesterday?**
   Did you have a bad time? Did you have a hard time?

4. **Will you have leave?**
   Will you have a vacation?

5. **Do you have Saturday off?**
   Did you have 3 days off?

6. **Will you have an examination?**

7. **Do you have a choice?** → No, I have no other choice.

8. **Did you have a good sleep?**   Did you have a rest?
   Did you have a drink?   Did you have a walk?

9. **Did you have a short stay?**
   Did you have a major surgery?

10. **Do you have dinner?**
    Do you ever have a snack?

11. **Do you have Miss Kim beside you?** → Yes, I have her beside me.

12. **Do you have time available?**

13. Do you have the paperwork(coffee) on my desk? → Yes, I have it on the desk.

만능동사(VITAL VERBS)

영어 단어에는 그중에서도 가장 많이 쓰이고 핵심이 되다시피 하는 치명적인 동사 (vital verb)가 있습니다. 그것은 지금 훈련하고 있는 have, go come, be, get, do, take. put, give, keep, make, seem, send, let, see, say 등의 16개이며, 이것은 22개의 전치사와 결합하여 만개 이상의 관용구를 만듭니다. 그래서 이들 단어만 제대로 활용하면 미국 내에서 일상생활 영어에 지장이 없다고 말한 영어 교수나 언어학자가 한두 명이 아닙니다. 따라서 일상생활 영어는 물론 사회 전반에 걸친 어느 대화라도 자유자재로 능통하게 구사하려면 먼저 영어 회화의 기본이 되는 이들 단어의 핵심적인 표현을 완벽히 숙달해야만 가능합니다.

이 부분의 중요성은 말할 필요가 없을 것입니다.   REC

1. 겨울에 비가 많이 옵니까? → Yes, we do. 또는 No, we don't.
   예, 그렇습니다. (☞이것은 공통 주어로서 we로 답한다)

2. 당신은 감기 걸렸습니까? (병에 걸렸다를 갖고 있다고 합니다.)
   통증. 아픔 (쑤심). 열. 두통. 치통.
   등통. 복통. 목 아픔 등으로 바꾸어 훈련할 것.

3. 당신은 어제 재미있었습니까?
   당신은 재미없었습니까? 당신은 고생했습니까?

4. 당신은 휴가를 얻을 겁니까? annual leave (AL) 연차휴가
   당신은 방학을 할 겁니까? monthly leave (ML) 월차휴가

5. 당신은 토요일을 쉽니까? ☞ take로 바꾸어도 됨.
   당신은 3일을 놀았습니까?

6. 당신은 시험을 치를 겁니까? ☞ take로 바꾸어도 됨.

7. 당신은 방도 (선택권)가 있나요? → 나는 어떤 다른 방도가 없군요.

8. 당신은 잠을 잘 잤습니까? 당신은 휴식을 취했나요?
   당신은 술을 먹었나요? 당신은 산보했나요?

9. 당신은 짧은 체류를 했습니까?
   당신은 중대한 외과수술을 받았나요?

10. 당신은 저녁밥을 먹습니까?
    당신은 간식을 먹곤 하십니까?

11. 당신 옆에 미스김 있습니까? → 예, 내 옆에 있습니다.

12. 당신은 가용한 시간이 있습니까?

13. 내 책상에 공문 (커피)을 갖다 놨습니까? → 예, 갖다 놨습니다. ☞갖다놓다 란 말도 have 로 됩니다.

어휘 (VOCABULARY)

Iowa 대학의 조사에 의하면 500단어를 알면 보통 생활영어 문장의 82%를, 2,000단어를 알면 95.4%를 이해할 수 있다고 했습니다. 또한 Basic English(기초영어)라는 설을 내세운 Ogden 교수는 그의 저서 「The Basic Words」에서 850단어만 알면 일상생활에 불편을 느끼지 않는다고 했습니다. 또, 신문이나 모든 서적을 통틀어 잘 쓰는 단어는 22,000개로 조사되었습니다. 따라서 회화적으로 매일 쓰는 2,000단어를 듣고 말하기에 숙달되면 그 이상의 어휘는 숙달이 용이해집니다. 미국인과 똑같이 듣고 말하고, 모든 영어 신문과 서적과 잡지를 독파할 수 있기를 원한다면, 22,000단어까지 목표를 정하고 공부하시기 바랍니다.

제 8 장: 영어의 만능동사 HAVE-3 형용사구 훈련

	주어	동사	목적어	
1.	Do you	have	anything to do?	하고 질문하면,
	→ Yes, I have something to do.			또는 본인 의사대로 부정으로,
	→ No, I don't have anything to do.			식으로 이하 답할 것.

2.	Do	you	have	anything to see?	anything to eat
3.	Do	you	have	anything to tell me?	anything to show me
4.	Do	you	have	anything to drink?	anything to give me
5.	Do	you	have	anything to ask me?	anything to declare
6.	Do	you	have	a lot to do?	much to do
7.	Do	you	have	any place to stay?	anywhere to drop by
8.	Do	you	have	any place to visit?	anywhere to go
9.	Do	you	have	parents to support?	
10.	Do	you	have	a fiance to marry?	
11.	Do	you	have	permission to go out?	
12.	Do	you	have	an appointment to keep?	
13.	Do	you	have	anyone to meet?	
14.	Do	you	have	any way to go to America?	
15.	Do	you	have	an ability(capability) to get a job?	

☞ 이 이하는 다소 어려워도 철저히 훈련할 것

16.	Do	you	have	purpose to visit Japan?	
17.	Do	you	have	any probability to become a president?	
18.	Do	you	have	any authority to sign on the document?	
19.	Do	you	have	a right to say that?	
20.	Do	you	have	any prospect to travel all over the world?	
21.	Do	you	have	any facility to enjoy?	
22.	Do	you	have	a customer to have a business talk?	
23.	Do	you	have	a possibility to buy a house?	
24.	Do	you	have	a report to hand in?	
25.	Do	you	have	cosmetics to use?	
26.	Do	you	have	difficulties to overcome?	
27.	Do	you	have	time to call on me?	- time to call me?
28.	Do	you	have	some extra money to lend me?	
29.	Do	you	have	a hobby to enjoy?	- a hobby to recommend?
30.	Do	you	have	any intention to get in the company?	

> **강의** 돈 있습니까?→ Do you have money? 식으로만 사용하는 것이 아니고, "쓸 돈 있습니까?" → Do you have money to spend?처럼 money to spend라는 부정사가 돈 다음에 옵니다. 이것은 앞의 돈을 설명하는 표현으로서 '~ 할, ~하여야 할'이라는 의미로 해석합니다. 즉, 먹을 것, 만날 사람, 가야 할 장소처럼 명사를 길게 만들어 주는 말을 형용사구라고 하며 부정사의 형용사적 용법입니다.

☞ 1번처럼 훈련하십시오.

1. 당신은 할 어떤 것이 있습니까?
   → 예, 나는 할 것이 있습니다.   → 아니오, 나는 할 것이 없습니다.

2. 당신은 볼 것이 있습니까? →   먹을 것
3. 나에게 말할 것이 있습니까? →   나에게 보여줄 것
4. 마실 것이 있습니까? →   나에게 줘어
5. 나에게 물어볼 것이 있습니까? →   (세관) 신고할 것
6. 할 것이 많이 있습니까? →   할 것이 많이
7. 머물 장소가 있습니까? →   들를 곳이
8. 방문할 장소가 있습니까? →   갈 곳이
9. 부양할 부모가 있습니까? →
10. 결혼할 약혼자가 있습니까? →

11. 당신은 외출할 허가가 있습니까?
12. 지킬 약속이 있습니까? →
13. 만날 어떤 이가 있습니까? →
14. 미국에 갈 어떤 길이 있습니까? →
15. 직업을 얻을 능력(실력)이 있습니까? →
16. 일본을 방문할 목적이 있습니까? →
17. 대통령이 될 확률이 있습니까? →
18. 서류에 서명할 권한이 있습니까? →
19. 그렇게 말할 권리가 있습니까? →
20. 전 세계를 모조리 여행할 가망이 있습니까? →

21. 당신은 즐길 시설이 있습니까? →
22. 상담을 할 손님이 있습니까? →
23. 집을 살 가능성이 있습니까? →
24. 제출할 보고서가 있습니까? →
25. 사용할 화장품이 있습니까? →
26. 극복할 어려움이 있습니까? →
27. 나를 방문할 시간이 있습니까? →   – 나에게 전화할 시간이
28. 나에게 빌려줄 과외 돈이 있습니까? →
29. 즐길 취미가 있습니까? →   – 추천할 취미
30. 회사에 들어갈 의사(의도)가 있습니까? →

제 8 장: 영어의 만능동사 HAVE-4

31. Do you have a desire to become famous?
32. Do you have a favor to ask of me?
33. Do you have the qualifications to enter the beauty contest?
34. Do you have a garden to speak of?

의문사 + TO VERB= 하나의 명사로 만들기

1. **Do you know what to do today?**
2. **Do you know how to use the television?**
3. Do you want to learn **how to work the equipment?**
4. Do you know where to go this afternoon?
5. Do you know **what to get**(buy) for your family?
6. Can you decide **when to leave for Japan**?

3인칭 주어훈련

1. Does the hotel room have a bath? → Yes, it does.
2. Do most insects have six legs and fly?
3. Does your house have basements?
4. Do people in your country have picnics?
5. Do people in India speak English?
6. Does every city have a daily newspaper?
7. Does your bag have anything valuable inside?

사역동사로 쓸 때: have + 사람 + 동사원형 : 3부 참조

1. Would you have him come in?
2. Could you have her get the phone?
3. Would you have Mr. Taylor call me up?
4. Did you have Miss Brown go to the airport?

사역동사로 쓸 때: (have + 물건 + 과거분사)

5. Will you have your hair cut?
6. Will you have your photo taken?
7. Did you have the radio fixed?
8. Did you have your clothes washed and pressed?

☞ 이 부분은 3부에서 훈련하므로 그 후에 하면 더 쉽습니다.

31. (당신은) 유명해지려는 욕망이 있습니까?
32. 나에게 요청할 부탁이 하나 있습니까?
33. 미인 대회에 참가할 자격이 있습니까?
34. 말할만한 정원이 있습니까?

★의문사 + 부정사는 하나의 명사로 만들어 사용하니 철저히 훈련

1. 당신은 오늘 무엇을 할지 아십니까?
2. 당신은 그 텔레비전 사용법을 아십니까?
3. 당신은 그 장비의 작동법을 배우고 싶습니까?
4. 당신은 오늘 오후에 어디에 가는지 아십니까?
5. 당신은 당신 가족을 위해서 무엇을 사야 하는지 압니까?
6. 당신은 일본으로 언제 떠나는지 결정할 수 있나요?

☞ 3인칭을 주어로 하여 훈련을 해보시기 바랍니다

1. 호텔방은 목욕탕이 있습니까?
2. 대부분 곤충들은 6개의 다리와 날개를 가지고 있습니까?
3. 당신의 집은 지하실이 있습니까?
4. 당신 나라에 사는 사람들은 소풍을 갖습니까?
5. 인도에 있는 사람들은 영어를 말합니까?
6. 모든 도시는 일간 신문을 갖고 있습니까?
7. 당신 가방은 안에 어떤 귀중품이 들어 있습니까?

(사역동사로 쓸 때: 이 설명은 3부 사역동사=5형식 타동사 참조)

1. 당신은 그를 들어오라고 해 주시겠어요?
2. 그녀에게 전화를 받으라고 해 줄 수 있습니까?
3. 테일러씨보고 나에게 전화하라고 해 주시겠어요?
4. 미스 브라운에게 공항에 가라고 했나요?

(have + 물건 + 과거분사)

5. 당신 머리를 깎을 겁니까?
6. 당신 사진을 찍을 겁니까?
7. 그 라디오를 고치라고 시켰습니까?
8. 당신 옷을 빨아서 다리라고 했습니까?

제 9 장: 동명사(v+ing)를 목적으로 훈련

주어 동사 목적어
1. Do you want me to hand in the report?
   → Yes, I want you to hand in the report.
   → No, I don't want you to hand in the report.
2. Do you want him (her, Susie) to come back?
   → Yes, I want him to come back.
   → No, I don't want him to come back.
3. Would you like to major in Economics?
   → Yes, I'd like to major in Economics.
   → No, I wouldn't like to major in Economics.
4. Would you like me to specialize in Physics?
   → Yes, I'd like you to specialize in Physics.
   → No, I wouldn't like you to specialize in Physics.
5. Do you expect me to lock the door?
   → Yes, I expect you to lock the door.
   → No, I don't expect you to lock the door.

동명사를 목적어로 쓰는 타동사 훈련

1. Do you enjoy staying in Korea?
2. Do you feel like drinking?
   → Yes, I feel like drinking.   → No, I don't feel like drinking.
   예, 나는 술 마실 마음이 있습니다.   아니오, 나는 술 마실 마음이 없습니다.
3. Do you mind staying here?   당신은 여기에 머무는 것이 성가신가요?
   → Yes, I mind staying here.
   예, 나는 여기에 머무는 것이 성가십니다. (긍정으로 답하면 부정이 됨)
   → No, I don't mind staying here.
   아니오, 나는 여기에 머무는 것이 성가시지 않습니다. (부정으로 답해야함)

★위의 동사는 동명사를 목적어로 사용하는 타동사입니다.★

일반 동사 7개 회화 훈련

1. [   ] travel all over the world.   전 세계를 모조리 여행하다.
2. [   ] compute the income.   수입을 계산하다.
3. [   ] calculate the expense.   *calculator* 지출을 계산하다. 계산기
4. [   ] count all chairs.   모든 의자를 세어보다.
5. [   ] count on him.   그를 믿다. =believe in
6. [   ] carry your briefcase.   *hand-carry* 손가방을 들고가다.
7. [   ] leave your book here.   여기에 책을 놔두다.

강의 앞에서 공식 Do you want to~ 는 원하십니까? 이지만 Do you want me to~ 는 당신은 내가 ~하기를 원하십니까? 입니다. Do you want to go?는 부정사를 목적어로 사용했지만, Do you enjoy playing cards?는 동명사(v + ing)를 목적어로 사용했습니다. 이런 식으로 동사를 두 가지 형태, v + ing 나 to + v 로 명사를 만들어 사용합니다. 그러나 want처럼 부정사만을 목적어로 사용하거나, enjoy, mind처럼 동명사만을 목적어로 사용하는 구분이 있습니다. 동명사를 주어로 사용할 때는 아무 상관이 없습니다. "Making a living is hard. = 생활비를 버는 것은 어렵다." (동명사 훈련은 197쪽에서 다시 합니다.) Would you like to는 Do you want to의 경어로 봅니다.

» 추가시킬 공식

1. 당신은 내가 보고서를 제출하기를 원하십니까?
2. 당신은 그가 (그녀가, 스지가) 돌아오기를 원하십니까?
3. 당신은 경제학을 전공하고 싶으신가요?
4. 당신은 내가 물리학을 전공하길 원하시나요?
5. 당신은 내가 문을 잠그기를 기대하십니까?

» 동명사

1. 당신은 한국에 체류를 즐기십니까?
2. 당신은 술을 드실 마음이 있습니까?
3. 당신은 여기에 머무는 것이 성가십니까?

☆mind는 동사일 때 '성가시다.'

추가공식과 동명사 통역훈련

1. 당신은 전 세계를 모조리 여행하길 원하십니까?
   Would you like to travel all over the world? → Yes, I'd like~
2. 당신은 내가 수입을 계산하길 원하십니까?
   Do you want me to compute the income? → No, I don't want~
3. 당신은 지출을 계산할 마음이 있습니까?
   Do you feel like calculating the expense? → Yes, I feel like
4. 당신은 그를 믿을 마음이 있습니까?   **Do you feel like counting on him?**
5. 당신은 손가방을 들고 다니는 게 성가십니까?   **Do you mind carrying the briefcase?**
6. 당신은 여기에 책을 놔둘 마음이 있나요?   **Do you feel like leaving the book here?**
7. 당신은 그녀가 여기에 오기를 원하세요?   **Do you want her to come here?**
8. 당신은 나와 같이 있는 것이 성가시세요?   **Do you mind being with me?**
9. 당신은 내가 가기를 원하십니까?   **Do you want me to go?**
10. 내가 당신께 연락하길 원하십니까?   **Would you like me to contact you?**
11. 여기 체류를 즐기십니까?   **Do you enjoy staying here?**
12. 나와 같이 있을 마음이 있으세요?   **Do you feel like being with me?**
13. 나와 얘기하는 것이 성가십니까?   **Do you mind talking with me?**

제 10 장: 영어의 만능동사 GET – 1

» 먼저 영어문장을 읽는다　　　　　　　　　　　　　　　» 큰소리로 아래 한국어를 영어로 옮긴다.

01. [　　] you　get here on time?　　　　　(당신은)　　정각에 여기에 도착하다.
02. [　　] you　get to school early?　　　　　　　　　　일찍 학교에 도착하다.
03. [　　] you　get the phone?　a refund　　　　　　　전화를 받다.　　　　　상환
04. [　　] you　get a confirmation on that?　　　　　　그것을 확인받다.
05. [　　] you　get a souvenir?　　　　　　　　　　　　기념품을 받다.
06. [　　] you　get the document?　　　　　　　　　　서류를 받다.
07. [　　] you　get a job?　　　　　　　　　　　　　　직업을 얻다.
08. [　　] you　get colds once in a while?　　　　　　가끔 감기에 걸리다.
09. [　　] you　get a headache often?　　　　　　　　가끔 머리가 아프다.
10. [　　] you　get snow in Korea?　　　　　　　　　　한국에 눈이 오다.
　　　　　　　→ Yes, we do.
11. [　　] get　to come back? = have the chance to　돌아올 기회가 있다.
12. [　　] get　to see that movie?　　　　　　　　　　그 영화를 볼 기회가 있다.
13. [　　] get　back to me? = contact　　　　　　　　나에게 연락하다.
14. [　　] get　in touch with me?　　　　　　　　　　나에게 연락하다.
15. [　　] get　over the problem? = overcome　　　　문제를 극복하다.
16. [　　] get　on the bus?　　　　　　　　　　　　　버스에 오르다.
17. [　　] get　off the train?　　　　　　　　　　　　기차에서 내리다.
18. [　　] get　in the room?　　　　　　　　　　　　방에 들어가다.
19. [　　] get　out of the class?　　　　　　　　　　교실에서 나오다.
20. [　　] get　out of Korea?　　　　　　　　　　　　한국에서 나가다.

21. [　　] get　out of here?　　　　　　　　　　　　여기서 나가다
22. [　　] get　the telex out? get it out　　　　　　텔렉스를 내보내다.
23. [　　] get　your family out of Korea?　　　　　　가족을 한국에서 내보내다.
24. [　　] get　me off here?　　　　　　　　　　　　여기서 나를 내려주다.
25. [　　] get　your mind off work?　　　　　　　　일로 마음을 멀리하다 (잊다)
26. [　　] get　the kid on the bus?　　　　　　　　　꼬마를 버스에 올려주다.
27. [　　] get　through with work?　　　　　　　　　일을 끝내다.
28. [　　] get　up early?　　　　　　　　　　　　　　일찍 일어나다.
29. [　　] get　rid of your cough?　　　　　　　　　기침을 제거하다.
30. [　　] get　together? get people together　　　　모이다.　　　　사람을 모으다.

31.　Do you want Korea to get together?　　　　　　한국이 통일되기를 바라다.

> 강의

Get은 5형식이 모두 되는 만능 동사입니다. 자동사로 사용하여 「장소부사=여기에, 학교에」 등이 오면 arrive의 뜻으로 '도착하다'이며, 타동사로 목적어가 오면 받다, 사다, 가져오다 등이 됩니다. 「가져오다」인지 「사다」인지는 문장으로만 구별됩니다. get on, get off, get out, get in 등은 I get on the bus.「나는 버스에 오른다」이나 Get me on 은 「나를 올려 달라」가 되고 Get me off. 하면 「나를 내려 주세요.」가 되고, Get him out.「그를 내보내 주라.」Get him in.「그를 들여보내 주라.」가 됩니다. Did you get it out? 하면 「그것 내보냈니?」가 됩니다. 'get to go = 갈 기회가 있다.' 와 'get back to me=contact'의 해석을 잘 이해하세요. 「일 끝냈어요?」는 Have you got through with work? 이고, 「오늘 일 끝났습니까?」는 Are you through for today? 입니다. Are you through with Mr. Law?= "로씨하고는 끝장났니?"

GET동사 통역훈련

1. 당신은 여기에 일찍 도착 할 수 있습니까?

   Can you get here early? → No, I can't get here early. 식으로 훈련.

2. 당신은 확인받고 싶으세요?   Do you want to get a confirmation?→

3. 당신은 전화를 받을 작정이세요?   Do you intend to get the phone? →

4. 당신은 가끔 머리가 아프세요?   Do you get a headache often? →

5. 당신은 나에게 연락할 필요가 있나요?   Do you need to get in touch with me?→

6. 당신은 내가 당신에게 연락하길 원하세요? Do you want me to get back to you?→

7. 당신은 버스에 오르곤 했나요?   Did you use to get on the bus?→

8. 당신은 내가 기차에서 내리길 원하세요? Do you want me to get off the train?

9. 당신은 김씨와 끝낼 작정이세요?   Do you intend to get through with Mr. Kim?

10. 당신은 한국이 통일되길 원하세요?   Do you want Korea to get together?

11. 당신은 한국에서 나갈 마음이 있나요?   Do you feel like getting out of Korea? →

12. 당신은 가족을 한국에서 내보내고 싶으세요? Would you like to get your family out of Korea? →

13. 당신은 일을 끝내야 합니까?   Do you have to get through with work?

14. 당신은 일찍 일어나는 것이 성가십니까? Do you mind getting up early?

15. 당신은 사람들을 모을 수 있나요?   Can you get people together? →

16. (당신들은) 한국에 눈이 옵니까?   Do you get snow in Korea? →

17. 당신은 기침을 없애야 합니까?   Do you have to get rid of a cough?

18. 당신은 내가 직업을 얻기를 원하세요? Do you want me to get a job?→

제 10 장: 영어의 만능동사 GET -2

☞ 이 부분은 3부가 끝난 후에 훈련할 것

1. [   ] you get me some water?
2. [   ] you get me a doctor?
3. [   ] you get me dinner?
4. [   ] you get a bottle of beer from a refrigerator?
5. [   ] you get clothes from the laundry?
6. [   ] you get it back to me?
7. [   ] you get hold of him?
8. [   ] you get going?   Let's get going.
9. Don't get me wrong.   I can't get you.

★수동문장을 만들 때: get + p.p (과거분사) 또는 get + a (형용사)

10. [   ] you get married?
11. [   ] you get killed?
12. [   ] you get scolded?
13. [   ] you get caught in a traffic jam?
14. [   ] you get divorced?
15. [   ] you get paid?
16. [   ] you get injured?
17. [   ] you get hurt?
18. [   ] you get rained on? you get snowed on?
19. [   ] you get wet in the rain?
20. [   ] you get upset? Do you get angry?

사역동사로 쓸 때 : get + 사람 + to : 3부 참조

21. Would you get him to come in?
22. Could you get her to answer the phone?
23. Could you get Susie to expedite the paperwork?

사역동사로 쓸 때 : get + 물건 + 과거분사

24. Did you get your hair cut?
25. Did you get your photo taken?
26. Did you get your picture developed?

☞ 큰소리로 아래의 한국어를 영어로 옮길 것.

1. (당신은) 나에게 물을 가져오다.
2. 나에게 의사를 데려오다.
3. 나에게 저녁을 사다.
4. 냉장고에서 맥주를 가져오다.
5. 세탁소에서 옷을 가져오다.
6. 나에게 그것을 돌려주다.
7. 그와 연락이 닿다. (그를 붙들어주다. 그와 연락하다)
8. 출발하다. 갑시다.
9. 나를 오해하지 마세요. 나는 당신을 이해할 수 없다.

☞ 수동문장 참조: 3부 이후에 할 것

10. 결혼하다.
11. 살해당하다.
12. 꾸중 듣다.
13. 교통 혼잡에 걸리다.
14. 이혼당하다.
15. 급료를 받다.
16. 부상당하다.
17. 상처 입다.
18. 비를 맞다(눈 맞다).
19. 빗속에서 젖다.
20. 속상하다. 화를 내다.

사역동사

21. 그를 들어오라고 해주시겠어요?
22. 그녀에게 전화 받으라고 해주시겠어요?
23. 스지에게 서류작업을 빨리하라고 해주시겠어요?
24. 머리는 깎았습니까?
25. 당신 사진을 찍었습니까?
26. 당신 사진을 현상 시켰습니까?

GET동사 통역훈련

1. 당신은 나에게 맥주 한 병만 갖다 주시겠습니까?
   Would you get me a bottle of beer? → Yes, I'd like to get you~
2. 당신은 꾸중 듣고 싶으세요? Do you want to get scolded? →
3. 당신은 내가 부상당하길 원하십니까? Do you want me to get injured?
4. 당신은 비를 맞을 작정이세요? Do you intend to get rained on? →
5. 당신은 그녀를 들어오라고 해주시겠어요? Would you get her to come in? →
6. 당신은 사진을 찍을 필요가 있으세요?
   Do you need to get your photo taken? →
7. 당신은 교통 체증에 걸리고 싶으세요?
   Do you want to get caught in a traffic jam? →
8. 언제 당신은 머리를 깎을 겁니까? When will you get your hair cut?

제 11 장: LOOK 동사

☞ 먼저 문장을 소리 내어 읽고 해석 후 우측페이지의 지시를 따를 것

　　　　　　　주어 동사　　목적어

1. [　　] you look at the brochure?
2. [　　] you look for a job?
3. [　　] you look up the dictionary?
4. [　　] you look after your house?
5. [　　] you look forward to the reply?
6. [　　] you look in the room?
7. [　　] you look around(about) the market?
8. [　　] you look over the mistake?
9. [　　] you look out? =watch out
10. [　　] you look up to him? =respect
11. [　　] you look down on him? =despise
12. [　　] you look beautiful?
13. [　　] you look like a philosopher?　　　　*you look like a baby*
14. [　　] you act like a tourist?

(2형식) 주어　동사　　　보어

15. Does she look cute and naive?　　　　→ Of course. she does.
16. Does he look as if he is sleepy?　　　　→ Yes, he looks sleepy.
17. Do I look tired?　　　　→ Yes, you look tired.
18. Does it look like rain?　　　　→ Yes, it looks like rain.

제 12 장: TURN 동사

1. [　　] you turn on the equipment?　　　　*Turn it on!*
2. [　　] you turn the radio off?　　　　*Turn it off!*
3. [　　] you turn down the radio?
4. [　　] you turn your collar up?
5. [　　] you turn to the right?
6. [　　] you turn over a page?　　　　*turn your book.*
7. [　　] you turn upside down?
8. [　　] you turn the knob to the left?
9. [　　] you turn out the light?
10. [　　] you turn this way (around) and look back?
11. Did the meeting turn out OK?　　→ It turned out badly, nothing
12. Everything will turn out OK.
13. It's your turn.

> 강의

Look은 2형식 자동사이며 형용사 보어를 취합니다. "너는 행복해 보인다=You look happy." 또, 자동사는 전치사와 함께 타동사가 됩니다. 'look at = see = 보다'가 된 것처럼, 많은 자동사가 전치사와 함께 숙어구가 되는 것을 공부합니다.「한 번 봐주세요」하는 표현은「Look over me」입니다. 누가 차에 치일 것 같은 순간에「Look out! Watch out!」조심해! 하고 소리칠 수도 있고, 원래 뜻대로 look out은 밖을 보라는 의미도 됩니다.「turn the radio off」나「turn off the radio」처럼 의미가 같을 때는 목적어를 중앙이나 끝이나 어느 위치도 상관없습니다. 물론 turn it off처럼 대명사일 때는 발음이 잘 되므로, 중앙에 위치하는 것이 보통입니다.

She turns me off는「그녀는 밥맛 떨어진다.」라는 약간 속어표현 입니다.

1. 안내 책자를 보다.
2. 직업을 찾다.
3. 사전을 들쳐보다.
4. 집을 보다.
5. 회신을 학수고대하다.
6. 방을 들여다보다.
7. 시장을 둘러보다.
8. 실수를 눈감아주다.
9. 밖을 보다. (조심하다)
10. 그를 존경하다.
11. 그를 내려 보다. (깔보다)
12. 아름답게 보이다.
13. 철학자처럼 보이다. 애기처럼 보이다
14. 관광객처럼 행동하다.
15. 그녀는 귀엽고 순해 보입니까?
16. 그는 마치 졸린 것처럼 보입니까?
17. 나는 피곤해 보입니까?
18. 비올 것처럼 보입니까?

1. 장비를 켜다.   틀어라.
2. 라디오를 끄다.   끄세요.
3. 라디오를 줄이다.
4. 옷깃을 세우다.
5. 오른쪽으로 돌다.
6. 책장을 넘기다.   책을 뒤집다.
7. 위를 아래로 뒤집다.
8. 손잡이를 왼쪽으로 돌리다.
9. 불을 끄다.
10. 돌아서 뒤를 좀 보세요.
11. 회의의 결과가 좋게 나왔나요? 나쁘게 나왔다.   수포가 돼 버렸다.
12. 모든 것은 잘 될 겁니다.
13. 당신 차례입니다.

LOOK과 TURN 동사 통역훈련

1. 당신은 실수를 눈감아 줄 수 있나요? Can you look over my mistakes?
2. 당신은 미국에 가기를 학수고대 할 겁니까?
   Are you going to look forward to going to the United States?
3. 당신은 아기처럼 보이고 싶으세요? Do you want to look like a baby?
4. 당신은 내가 예쁘게 보이길 원하십니까? Do you want me to look~
5. 당신은 위를 뒤집어 보고 싶으세요? Would you like to turn upside down?
6. 당신의 시험은 결과가 잘 나왔습니까? Did your exam turn out OK?

제 13 장: 영어의 만능 동사 KEEP

먼저 영어문장을 읽는다.   아래 한국어를 영어로 옮긴다.

1. [   ] you keep the change?   잔돈을 가지다.
2. [   ] you keep a promise?   *the speed*   약속을 지키다.   속도
3. [   ] you keep the laws and regulations?   법과 규정을 지키다.
4. [   ] you keep your word?   말을 지키다.
5. [   ] you keep the time?   그 시간을 지키다.
6. [   ] you keep early hours?   (언제나) 일찍 일어나다.
7. [   ] you keep money in the bank?   은행에 돈을 보관하다.
8. [   ] you keep (to) the left?   좌측통행하다.
9. [   ] you keep off the grass?   *keep out*   잔디에 접근금지하다.
10. [   ] you keep my word in mind?   내말을 명심하다.

11. [   ] you keep quiet? *calm*   조용히 유지하다.   *고요히*
12. [   ] you keep a secret?   비밀을 지키다.
13. [   ] you keep him a long time?   오래 그를 붙들고 있다.
14. [   ] you keep accounts? *booking*   출납을 기입하다.   *부기*
15. [   ] you keep a diary?   일기를 쓰다.
16. [   ] you keep a dog? *keep a garden*   개를 기르다.   *정원 가꾸다.*
17. [   ] you keep (on) studying English?   계속영어 공부하다.
18. [   ] you keep up with the class?   수업에 따라 붙이다.
19. [   ] you keep company with her?   그녀와 사귀다.
20. [   ] you keep in touch with me?   나와 계속 연락하다.
21. [   ] you keep going on?   *keep saying*   계속 진행하다.   *계속 말하다.*

22. Does your watch keep time well?   당신 시계는 잘 맞습니까?
23. Does your watch work very well?   당신 시계는 잘 동작합니까?
24. Does your watch go very well?   당신 시계는 잘 갑니까?

☞ **이 부분은 3부 5형식 사역동사 이후에 훈련할 것**

25. Does your job keep you tired?   일 때문에 피곤합니까?
26. Does coffee keep you awake?   커피 먹으니 잠 안 옵니까?
27. I am sorry to have kept you waiting.   기다리게 해서 미안합니다.
28. What keeps you busy these days?   왜 요즘 바쁘십니까?
29. Could you keep the radio turned on?   라디오를 틀어서 놔둘 수 있나요?
30. Could you keep your mouth open?   입을 벌리고 있을 수 있나요?

강의 make an appointment(약속을 하다), keep an appointment(약속을 지키다), break an appointment(약속을 어기다), cancel an appointment(약속을 취소하다), postpone(연기하다) suspend(보류하다), delay(지연시키다) 입니다. keep은 '유지하다' 이고 off는 '떨어지다' 이니깐 떨어져 유지하다. 즉, '접근금지'가 됨. keep up with~ = catch up with~따라잡다, come up with~ 따라붙이다 와 비슷한 관용구임. 25번 직역하면 "일이 당신을 피곤하게 유지합니까?" → "일 때문에 피곤합니까?" 26번 직역하면, "커피가 당신의 눈을 뜨게 하나요?" → "커피 먹으니까 잠이 안 옵니까?"

» Keep it for yourself! : 가지세요, 가져라. ('반납하지 않고 소유하라'는 뜻)

» May I keep the change? : 잔돈 내가 가져도 될까요?

KEEP동사 통역훈련 (필수부분)

1. 당신은 잔돈을 가질 작정이세요? Do you intend to keep the change?

    → 아니오, 나는 잔돈을 가질 작정이 아니다.   식으로 이하 모두 대답.

    → No, I don't intend to keep the change.

2. 당신은 내가 일기를 쓰기를 원하십니까?

    Do you want me to keep a diary?

3. 당신은 규정을 지키곤 했나요? Did you use to keep the regulations?

4. 당신은 은행에 돈을 보관할 필요가 있나요?

    Do you need to keep money in the bank? →

5. 당신은 나를 오랫동안 붙들고 있을 겁니까? Will you keep me a long time?

6. 당신은 계속해서 영어 공부를 할 마음이 있나요?

    Do you feel like keeping studying English?

7. 당신은 내가 그녀와 사귀기를 원하세요?

    Do you want me to keep company with her?

8. 당신은 나와 계속 연락할 계획이세요?

    Do you plan to keep in touch with me? →

9. 당신 시계는 잘 맞습니까? Does your watch keep time well? →

10. 당신은 내 말을 명심할 수 있겠습니까? Can you keep my word in your mind? →

11. 당신 시계는 잘 작동합니까? Does your watch work very well? →

12. 당신은 당신 말을 지킬 수 있나요? Can you keep your word? →

13. 당신은 잔디에서 떨어져 있을 겁니까? Will you keep off the grass? →

14. 당신은 출납을 기입하는 것이 성가십니까? Do you mind keeping accounts?

15. 당신은 나를 따라잡을 마음이 있나요? Do you feel like keeping up with me? →

16. 당신은 내가 비밀을 지키길 원하세요? Do you want me to keep a secret? →

17. 당신은 좌측통행하는 것이 성가십니까? Do you mind keeping the left?

제 14 장: 제 1부 공식정리   ☆제일 중요한 부분임☆

지금까지 숙달했던 문장공식을 다시 정리해봅니다. **이 문법은 영어회화의 시작이자 끝이라고 할 정도로 중요하므로** 수십 번이라도 반복하여 입으로 물어보고, 끝까지 복창해 낼 수 있도록 해야만 2부 의문사 의문문을 쉽게 끝낼 수 있습니다. 여기서 추가되는 공식도 훈련하십시오.

1. [**Do you**] have a sponsor?　　　　　　　　　　　　←통역자
　　(현재) 당신은 보증인을 갖고 있습니까?　　　　　←선생 또는 녹음
2. [**Did you**] come here yesterday?
　　(과거) 당신은 어제 여기 왔었습니까?
3. [**Do you want to**] get in touch with me?
　　당신은 나와 연락하기를 원하십니까?　　~원하십니까? ~바랍니까?
4. [**Do you want me to**] save money?
　　당신은 내가 돈을 모으기를 원하십니까?　　~ 내가 하기를 원합니까?
5. [**Would you like to**] take a break?
　　당신은 휴식을 취하기를 원하시나요?　　I want to의 경어정도

6. [**Would you like me to**] confirm my reservations?
　　당신은 내가 나의 예약을 확인하기를 원하십니까?
7. [**Did you use to**] call him up every day?
　　당신은 그에게 매일 전화를 걸곤 했나요? (과거의 습관, 행위)
8. [**Do you happen to**] know him?
　　당신은 혹시 그를 아십니까?　　(의문문에서는 '혹시'로 해석)
　　→ Yes, I happen to know him.--나는 공교롭게도 그를 압니다.
　　　　　　☞ 평문에서는 '우연히 또는 공교롭게도' 로 해석.

9. [**Do you intend to**] quit your job?
　　당신은 직업을 그만둘 작정입니까?
10. [**Do you need to**] keep me long?
　　당신은 나를 오래 붙들고 있을 필요가 있나요?

11. [**Do you expect to**] become a section chief?
　　당신은 과장이 될 것을 기대합니까?
12. [**Do you expect me to**] be obedient?
　　당신은 내가 순종하기를 기대합니까?
13. [**Do you plan to**] visit Japan?
　　당신은 일본을 방문할 계획입니까?
14. [**Do you enjoy**] staying in Korea?
　　당신은 한국의 체류를 즐기십니까?
15. [**Do you feel like**] drinking?
　　당신은 술 먹을 마음이 나십니까?

16. [**Do you mind**] eating and living?
  당신은 먹고 사는 것이 성가십니까?   ~이 마음에 걸립니까?

(형태조동사 : MODAL AUXILIARY)

17. [**Will you**] go straight home?
  당신은 집에 곧장 갈 겁니까?

18. [**Are you going to**] look for a job?
  당신은 직업을 찾을 겁니까? = will

19. [**Can you**] spare me one hour?
  당신은 나에게 한 시간 짬 내줄 수 있습니까?

20. [**Are you able to**] offer me a job?
  당신은 나에게 직업을 제공할 수 있습니까? = can

21. [**I must**] drop in the drugstore.
  나는 약국에 들러야 한다.
  ☞ must는 의문문에서는 잘 쓰지 않고, have to를 씁니다.

22. [**Do you have to**] work overtime?
  당신은 특근을 해야 합니까?-----
  ☞ 이 경우 부정문이 되면 '~할 필요가 없다' need not으로 뜻이 바뀌므로 must not을 써야합니다.
  don't have to=need not= 할 필요가 없다.

23. [**Have you got to**] take a nap?
  당신은 낮잠을 자야 합니까? =have to

24. [**Shall I**] get the phone? → Please, do. → Please, don't
  내가 전화 받을까요? ~할까요? 그러세요. 받지 마세요.

25. [**Shall we**] get together? → Let's do. → Let's not.
  우리 모일까요? ~우리할까요? 그럽시다. 그러지 맙시다.

26. [**May I**] come in? → Yes, you may. → No, you must not.
  내가 들어가도 됩니까? 예, 됩니다. 아니오, 안됩니다.

27. [**Would you**] take this book to my room? → Yes, I'd be glad to.
  이 책을 내방에 갖다 주시겠습니까? 예, 기꺼이.

28. [**Could you**] get me some water? → Yes, I could.
  나에게 물 좀 갖다 줄 수 있겠습니까? 예, 줄 수 있습니다.

☞ 이상 28개 문법공식과 진행공식까지 숙달이 가장 우선 과제입니다.

제 15 장: 영어의 만능동사 TAKE

☞ 큰 소리로 읽고 통역훈련 하십시오.

1. Will you take this with you(along)? — 이것을 가져갈 겁니까?
2. Would you take this book to the taxi? — 이 책을 택시로 갖다주시겠어요?
3. Will you take me home in your car? — 당신 차로 나를 집에 데려다줄 겁니까?
4. Can you take your family abroad? — 당신 가족을 해외에 데려갈 수 있나요?
5. Would you take me to the city hall? — 나를 시청에 데려다주시겠어요?
6. Do you want to take my hand? — 내 손을 잡고 싶으세요?
7. Will you give and take money? — 돈을 주고받고 할 겁니까?
8. Will you take Miss Brown for your wife? — 브라운 양을 부인으로 택할 겁니까?
9. Are you going to take it seriously? — 그것을 진지하게 받아들일 겁니까?
10. Do you take me? = *Do you understand me?* — 내 말 알겠습니까?

먼저 영어문장을 읽을 것.   큰소리로 아래를 영어로 옮길 것.

11. [   ] take a bath?   목욕하다.
12. [   ] take a vacation?   휴가를 얻다.
13. [   ] take three days vacation?   3일 휴가를 얻다.
14. [   ] take medicine?   약을 복용하다.
15. [   ] take a nap?   낮잠 자다.
16. [   ] take a picture?   사진을 찍다.
17. [   ] take a trip?   여행을 하다.

18. [   ] take a job?   직업을 얻다.
19. [   ] take a rest?   휴식을 취하다.
20. [   ] take a break?   *a coffee break*   휴식을 취하다.   *커피휴식*
21. [   ] take pains(the trouble)?   애를 먹다. 수고하다.
22. [   ] take a taxi to company?   회사에 택시타고 가다.
23. [   ] take a cup of coffee?   커피 한잔을 들다.
24. [   ] take a deep breath?   심호흡하다.

25. [   ] take a newspaper at home?   집에서 신문을 받아보다.
26. [   ] take a walk?   산보하다.
27. [   ] take responsibility for this?   이것을 책임지다.
28. [   ] take charge of trading?   무역을 담당하다.
29. [   ] take action(measures, steps)?   조치를 취하다.
30. [   ] take offense at him?   그에게 성질내다.

강의

"Take your umbrella with you! 우산 가져가세요." 여기서 with you (along)은 '가져가다, 데려가다'는 뜻으로 쓸 때 붙여서 씁니다. 전치사 'to the city hall' 식으로 to가 와서 방향을 지시하게 되면 안 붙여도 됩니다. 아니면, '택하다, 집다, 잡다'의 의미가 됩니다.

* Take any book you want! → 원하는 책을 집어라.
* Will you take this book along and bring it back tomorrow? → 이 책을 가져갔다가 내일 가지고 올 겁니까?

지시 뒤쪽 46번까지 한 다음에 통역 훈련 할 것.

1. 당신은 나를 시청에 데려갈 수 있습니까?   하고 질문하면, 대답자는 긍정으로
   Can you take me to the city hall?
   → 예, 나는 당신을 시청에 데려갈 수 있습니다.   식으로 이하 모두 훈련할 것.
2. 당신은 내 손을 잡고 싶으세요? Do you want to take my hand? →
3. 당신은 책을 가져가실 겁니까? Will you take your book with you?
4. 당신은 그녀를 책임지고 싶으세요?
   Would you like to take responsibility for her? →
5. 당신은 내가 조치를 취하길 원하십니까? Do you want me to take action→
6. 우리 산보할까요? Shall we take a walk? →
7. 당신은 미스김을 부인으로 잡고 싶으세요?
   Would you like to take Miss Kim for your wife? →
8. 당신은 그 서류를 처리할 수 있습니까?
   Can you take care of the document? →
9. 당신은 혹시 부모를 돌보십니까?
   Do you happen to take care of your parents? →
10. 당신은 내일 쉴 작정이세요? Do you intend to take tomorrow off?
11. 당신은 휴식이 필요하세요? Do you need a break? →
12. 당신은 집에 도착하는 데 한 시간 걸립니까?
    Does it take you one hour to get home? →
13. 당신은 윗도리를 벗고 싶으세요?
    Do you want to take off your jacket? →
14. 당신은 주머니에서 돈을 꺼낼 필요가 있나요?
    Do you need to take money out of your pocket? →
15. 당신은 지갑에 돈을 집어넣을 겁니까?
    Are you going to put money in your wallet? →
16. 당신은 나를 은행에 넣어줄 수 있나요? Can you put me in the bank?
17. 당신은 내가 약을 복용하길 원하세요? Do you want me to take medicine? →

제 15 장: 영어회화의 만능동사 TAKE

31. [   ] take care of the equipment(house)?
32. [   ] take care of your parents?
33. [   ] take good care of my document?
34. [   ] take care of yourself?   (*Take care!*)
35. [   ] take money out of the pocket?   *take it out*

36. [   ] put money in the wallet?   *put me in the bank*
37. [   ] take today off? take 3 days off
38. [   ] take off today (right now)?   *=start, leave*
39. [   ] take a dollar off the price?
40. [   ] take off your coat?   *=take the coat off*
41. [   ] put on your jacket?   *put it on*

42. Does it take you 30 minutes to get home?
   → Yes, it takes me 30 minutes to get home.
43. Did it take one hour to do the paperwork?
44. Will it take 2 hours to get to Japan by plane?
45. Does it take much money to buy that house?
46. It takes a little courage to grow a tiger.

☞ 소리 내어 수차례 영작한 후 통역훈련 할 것

31. 장비를 관리하다.   32. 부모를 돌보다
33. 서류를 잘 처리하다.   34. 몸조심 하다. 조심해!
35. 주머니에서 돈을 꺼내다. 꺼내라   36. 지갑에 돈을 넣다. 나를 은행에 넣다.
37. 오늘 놀다(쉬다).   38. 당장 출발하다.
39. 값을 1불 깎다.   40. 코트를 벗다.
41. 윗도리를 입다. 입어라
42. 당신은 집에 가는데 30분 걸립니까?   → 예, 나는 집에 가는데 30분 걸립니다.
43. 그 공문을 하는데 1시간 걸렸나요?
44. 비행기로 일본 가는데 2시간 걸릴까요?
45. 그 집을 사는데 많은 돈이 듭니까?
46. 호랑이를 기르는 데는 약간의 용기가 필요하다.

> 강의

» Take care! 조심하세요! Take good care of that. 그것을 잘 돌보다.
» 다음 표현은 반대말까지 익혀야 합니다.
take off 벗다 → put on 입다. take out 꺼내다 → put in 넣다.
take apart 분해하다 → put together 조립하다.
take down 내리다, 걷어 내리다 → put up 치다, 올리다, (우산) 쓰다.
take over 인수하다 → hand over 인계하다.
여기서 take off가 '벗다, 제거하다'로 쓸 때는 목적어를 가운데나, 끝이나 상관이 없으나, '쉬다, 논다'로 쓸 때는 반드시 가운데에 써야만 합니다.
I take tomorrow off. 나는 내일 쉰다. / I take off tomorrow. 나는 내일 출발한다.
It takes me 30 minutes to get home. (또는 It takes 30 minutes for me to get home)에서 주어 me를 take 다음에 쓰거나, for me to처럼 부정사 앞에 for와 함께 씁니다. It은 가주어이며, It takes는 '시간이 걸리다, ~소요되다' 의 뜻임.

☞ 이 부분은 3부 후에 할 것!

47. [   ] take your mind off work?
48. [   ] take the cover off the camera?
49. [   ] take apart the radio?   반대말은 put together
50. [   ] take down the curtains?   반대말은 put up
51. [   ] take over the duty?   반대말은 hand over
52. [   ] take part in the meeting?   =participate in
53. [   ] take example by me (another)?
54. [   ] take a poll?
55. [   ] take 500 dollars a week?
56. [   ] take punishment?
57. [   ] take an objection?
58. [   ] take stock? =inventory
59. [   ] take a gloomy (fine) view?

47. 일로부터 마음을 멀리하다. (일을 잊다).
48. 사진기에서 뚜껑을 벗기다.
49. 라디오를 분해하다. (조립하다)
50. 커튼을 걷어 내리다. (치다)
51. 임무를 인수하다. (인계하다)
52. 회의에 참가하다.
53. 나의 (남) 본을 따다.
54. 여론조사 하다.
55. 주급 500달러를 받다.
56. 처벌을 받다.
57. 이의를 주장하다.
58. 재고조사하다.
59. 비관적 (낙관적) 견해를 가지다.

제 15 장: 영어회화의 만능동사 TAKE

이 부분은 나중에 훈련해도 됨

60. [　　] take up my time?
61. [　　] take up the receiver?　　　　　　　　　　　　　　　　=pick up
62. [　　] take it(your pay) for granted?
63. [　　] take this book for example?
64. [　　] take this brochure for reference?
65. [　　] take this desk away?　　　　　　　　　　　　　　　　*take it away*
66. [　　] take back your word(what you said)?
67. [　　] take me for your brother?
68. [　　] take after your mother?
69. [　　] take 2 from 5 ?
70. **Take it easy!**　☞ (발음)　테이키리지! 라고 연음시켜 발음함.
71. **Take your time(off)!**　☞ 테이큐어 타임!
72. **Take my word for it!**　(You may take it from me)

제 16 장: 영어회화의 만능동사 PUT　　　　　★필수적으로 훈련할 것

1. [　　] put　money in the bank?
2. [　　] put　the book on the desk?
3. [　　] put　this package on the truck?
4. [　　] put　this luggage in the front seat?
5. [　　] put　the document in the cabinet?
6. [　　] put　me in the Hilton hotel?
7. [　　] put　your name down here?
8. [　　] put　your signature on the envelope?
9. [　　] put　your briefcase down on the table?
10. [　　] put　curtains up?　　　　　　　　　　　　　　　　　take down
11. [　　] put　up the tent?　　　　　　　　　　　　　　　　put up the tire.
12. [　　] put　up at Lotte hotel?
13. [　　] put　up an umbrella?
14. [　　] put　him in your company?
15. [　　] put　things away and go home?　　　　　　　　　　put it away.
16. [　　] put　out the light?　　　　　　　　　　　　　　　out the cigarettes.

> 강의

» Take this for reference! (이것을 참고로 하세요.).

» Take it easy! 는 화를 내는 사람에게 "참으세요!"가 되고, (손윗사람에게는 쓰지 않음) 물건을 파는 사람에게는 "많이 파세요!", 어느 장소를 나오면서 근무하고 있는 사람에게 말하면, "수고 하세요"가 되나, 다리를 쭉 뻗고 담배 피우고 있는 사람에게는 Have a good time! 이나, Enjoy yourself! (즐기세요!) 또는 Have a nice work! (좋은 근무를 하세요!) 등으로 써야 합니다.

동료가 일하고 먼저 퇴근하는 경우에는 Take it easy, man!(자네 수고하게!) 라고 말하고, 상관에게는 Take it easy, sir! 를 붙여서 쓰기도 합니다. 정년퇴직한 분을 보고 "요즘 쉬엄쉬엄 지내고 계신가요? Are you taking it easy these days?"라고 합니다. "Take your time! (수고하십니다!)"는 어느 장소에 갔을 때(어느 곳을 방문했다가) 쓰는 말입니다.

☞ 큰 소리로 영어를 읽은 후에 통역 훈련하세요.

60. 나의 시간을 빼앗다.

61. 수화기를 들다.

62. 그것을 (당신 급료) 당연한 것으로 간주하다

63. 이 책을 예로 들다.

64. 이 팸플릿을 참고로 하다.   65. 이 책상을 치워버리다.(빼버려라)

66. 당신 말을 취소하다.   67. 나를 당신 형으로 착각하다.

68. 당신 어머니를 닮다.

69. 5에서 2를 빼다.

70. 수고하세요! 참으세요! 많이 파세요! 쉬엄쉬엄 하세요! 여유있게 하세요!

71. 수고하십니다! (시간을 좀 내십시오!)

72. 내말은 정말이야.

제 16 장: 영어회화의 만능동사 PUT동사 훈련 (필수부분)

☞ 아래를 영어로 옮겨 본 후에 동시통역할 것

1. 은행에 돈을 넣다.
2. 책상 위에 책을 놔두다.
3. 트럭 위에 짐을 싣다.
4. 앞 좌석에 짐을 놓다. (싣다)
5. 캐비닛에 서류를 넣다.
6. 힐튼호텔에 나를 넣어주다.
7. 여기에 당신 이름을 쓰다.
8. 봉투 위에 서명을 하다.
9. 책상 위에 서류 가방을 올려놓다.
10. 커튼을 치다.
11. 텐트를 치다. (타이어를 끼우다)
12. 롯데호텔에 투숙하다.
13. 우산을 쓰다.
14. 그를 당신 회사에 넣어주다.
15. 일을 치워버리고 집에 가다.
16. 불을 끄다. (담배를 끄다)

17. [   ] put off the conference?   =postpone
18. [   ] put the glass to your lips?
19. [   ] put on your shirt?   반대말 take off
20. [   ] put your hands on your head?
21. [   ] put your head forward?   *backward*
22. [   ] put the clock backward?   =the hand of a clock backward
23. [   ] put aside money for the future?

24. [   ] put English into Korean?
25. [   ] put him on the line?
26. [   ] put the receiver closer to your mouth?
27. [   ] put forward a new theory?
28. [   ] put me through to a person in charge?
29. [   ] put the plan (law) into action?
30. [   ] put up with your difficulties?   =stand, bear

17. 회의를 연기하다.   18. 입술에 글라스를 갖다 대다.
19. 셔츠를 입다.   20. 손을 머리에 올리다.
21. 머리를 앞으로 수그리다. 뒤로   22. 시계 바늘을 뒤로 돌리다.
23. 미래를 위해 돈을 떼어놓다.   24. 영어를 한국어로 옮기다.
25. 그를 전화에 대주다.   26. 당신 입에 수화기를 바짝대다.
27. 새로운 이론을 제안하다.   28. 나를 담당자에게 돌려주세요.
29. 계획(법)을 실행에 옮기다.   30. 당신의 시련을 견디다.

제 17 장: SET 동사

☞ 3부 이후에 훈련할 것 !

1. [   ] set flowers in a vase?   꽃병에 꽃을 꽂다.
2. [   ] set the table?   밥상을 차리다.
3. [   ] set a place and a date?   장소와 날짜를 정하다.
4. [   ] set a prisoner free?   죄수를 풀어주다.
5. [   ] set your watch for 6?   6시에 시계를 맞추다.
6. [   ] set up a telescope?   망원경을 설치하다.
7. [   ] set about the plan?   계획에 착수하다.
8. The sun sets in the west and rises in the east.   해는 서쪽으로 지고 동쪽에서 뜬다.
9. The jelly (his face) has set.   젤리 (그의 얼굴)가 굳었다.
10. Winter sets in.   겨울로 접어들다.

강의

put과 take의 반대 의미를 보면 put은 '놓다' take는 '가져가다'의 뜻임.

I put the money on the desk. → 돈을 책상 위에 놔뒀다.

I have the money on the desk. → 위와 같은 뜻입니다.

* 손을 머리에 올려놓으세요. : Put your hands on your head!
* 머리를 뒤로 젖히세요 : Put your head backward!
* 손을 허리에 올리십시오 : Put your hands on your waist!
* 이 천을 책상 위에 깔으세요 : Put this cloth on the table!
* 담뱃불 좀 꺼서 쓰레기통에 넣으세요 : Put out the cigarettes and put it in the trash can!

지시

여기서 「제6부 대화 훈련 313쪽 부정의문문」 쪽으로 넘어가십시오. 거기서 부정 의문문을 훈련한 다음에 다시 여기로 넘어옵니다. 그 이유는, 지금까지는 긍정 의문문만 훈련했지만, 이제부터는 부정 의문문과 혼합해서 답할 수 있도록 해야 합니다.

☆ **PUT과 TAKE를 통역 및 대화 훈련합니다. (필수)**

1. 당신은 윗도리를 입지 않을 겁니까?   하고 물으면, 대답자는 부정으로 대답.

   Aren't you going to put on your jacket?

   → No, I'm not going to put on my jacket. → 아니오, 안 입을 겁니다.

2. 당신은 손을 머리에 얹을 수 없나요?

   Can't you put your hands on your head? →

3. 당신은 내일 쉬고 싶지 않으십니까?

   Wouldn't you like to take tomorrow off? →

4. 당신은 어제 여기에 오지 않았나요?

   Didn't you come here yesterday?

5. 당신은 책상 위에 책을 놔두지 않았지요?

   Didn't you put the book on the desk? →

6. 당신은 우산을 쓰고 싶지 않으세요?

   Don't you want to put up an umbrella? →

7. 당신은 나를 회사에 넣어줄 수 없나요?

   Can't you put me in the company? →

8. 당신은 일을 치워버리고 집에 가지 않을 겁니까?

   Won't you put things away and go home?

9. 당신은 담뱃불을 안 껐습니까?

   Didn't you put out the cigarettes? →

제 18 장: 진행문장 :BE + ING (하고 있는 중이다) 훈련

01. Are you living alone?   하고 질문하면 대답자는 부정으로 모두 대답할것
    → No, I'm not living alone(by myself).
    → Yes, I'm living alone.
02. Are you looking for me?   → No, I'm not looking for you.
03. Are you looking forward to customers? →
04. Are you expecting anybody here? →
05. Are you expecting to get good grades? →
06. Are you waiting for me? →
07. Are you attending a university? →
08. Are you kidding me? →
09. Are you having a good time these days?   *hard time, trouble*
10. Are you feeling fine?   *sick, bad, well,*
11. Are you planning on taking a vacation? →
12. Are you enjoying your stay in Korea? →
13. Are you staying at a hotel? →
14. Are you taking care of your parents? →
15. Are you teasing me?
16. Are you bothering me? →
17. Are you preparing your wedding?
18. Are you interfering in my affairs? →
19. Are you majoring in Economics?

» 3인칭을 주어로 하여

20. Is it raining?   → *No, it's not raining.* → 아니오, 비가 오지 않습니다.
21. Is the sun shining outside?   *Is it blowing? Is it sleeting?*
22. Is it misting?   *Is it sprinkling? Is it snowing?*
23. Is your hand bleeding?
24. Is the radio working properly?   *badly*
25. Is the system functioning OK?

26. Are your flowers blooming yet?
27. Are the medicines beginning to take effect?
28. Is your department having a meeting tonight?
29. Are they making a lot of noises?
30. Is your company handling imported goods?

> 강의

'이다, 있다'의 뜻인 be = am, are, is를 통틀어 BE 동사라고 합니다. **동사 앞에 be를 붙이고 V+ing를 만들면 'be+v+ing'는 ~하고 있는 중이다, 라는 공식**이 됩니다. 여기서 be는 아무런 의미가 없는 조동사일 뿐입니다.

☞ 철저히 통역한 후 대화 훈련할 것

01. 당신은 혼자 사는 중입니까? → 아니오, 나는 혼자 사는 중이 아닙니다.
02. 당신은 나를 찾고 있습니까? → 아니오, 나는 당신을 찾고 있지 않습니다.
03. 당신은 손님을 학수고대하는 중입니까? →   to 다음에 동명사, 명사만 옴
04. 당신은 어떤 이를 기대하고 계십니까? →
05. 당신은 좋은 점수를 얻기를 기대하고 계십니까? →
06. 당신은 나를 기다리고 있습니까? →

07. 당신은 대학교에 다니고 계십니까? →
08. 당신은 나를 놀리고 계십니까?
09. 당신은 요즈음 좋은 시간을 갖고 계십니까?   *고생하다. 애를 먹다*
10. 당신은 좋게 느끼고 계십니까?   *아프게. 나쁘게, 좋게*
11. 당신은 휴가를 얻을 계획을 하고 계시는 중입니까?
12. 당신은 한국에서의 체류를 즐기고 있는 중입니까?

13. 당신은 호텔에 체류하고 있는 중입니까?
14. 당신은 당신 부모를 돌보고 계십니까?
15. 당신은 나를 약 올리고 계십니까?
16. 당신은 나를 귀찮게 굴고 계십니까?
17. 당신은 당신 결혼을 준비하고 계시는 중입니까?
18. 당신은 내 문제에 간섭하고 계십니까?
19. 당신은 경제학을 전공하고 있나요?

» 3인칭을 주어로 하여

20. 비가 내리고 있습니까?   → 아니오, 비가 오고 있지 않습니다. 식으로 대답할 것.
21. 밖에 해가 비치고 있습니까?   바람이 부나요? 진눈깨비가 오나요?
22. 안개가 끼고 있습니까?   가랑비가 오고 있나요? 눈이 오고 있나요?
23. 당신 손에 피가 나고 있나요?
24. 라디오가 제대로 작동하고 있습니까?   *나쁘게*
25. 그 제도가 이상 없이 기능을 발휘하고 있나요?

26. 당신의 꽃이 벌써 피고 있습니까?
27. 그 약이 효과를 발휘하기 시작하고 있습니까?
28. 당신 부서는 오늘 밤 회의를 가질 겁니까?
29. 그들은 많이 떠들고 있나요?
30. 귀사는 수입품을 취급하고 있나요?

제 18 장: 진행문장: be + ing의 관용적 사용훈련(will 뜻으로 사용)

1. **Are you coming back tomorrow?** → No, I am not coming back.
2. **Are you going through to Busan?**
3. **Are you going by the post office?**
4. **Are you leaving now?**
5. **Are you going abroad by air?**
6. **Are you returning to America soon?**
7. **Are you stopping anywhere else besides the library?**

be going to + V = will 뜻일 때 ~ 할 것이다. 할 예정이다

8. **Are you going to be here a long time?**   하고 물으면, 부정으로 답할 것.
   → No, I'm not going to be here a long time.
9. **Are you going to clear our table?**   → No, I'm not going to clear~
10. **Are you going to spend much time here?**
11. **Are you going to live economically?**
12. **Are you going to hit the nail?**
13. **Are you going to take my suggestion to heart?**
14. **Are you going to consume all energy?**
15. **Are you going to enclose photographs in the letter?**
16. **Are you going to retire this year?**
17. **Are you going to go to the art exhibition?**
18. **Are you going to take up a lot of time?**

19. **Are you willing to accept my plan?** → No, I'm not willing to~
20. **Are you trying to take a trip abroad?** → No, I'm not trying to~
21. **Is it going to rain tonight?** → No, it's going to rain tonight.

» **형용사 진행**: 이 부분은 제4부 형용사 편에서 하십시오.

22. Are you getting used to the food here?
23. Are the days getting longer and longer day by day?
24. Are the nights getting shorter?
25. Is it getting cold?   *warm, foggy*
26. Are you being childish?   *Are you being unfair?*
27. Are you getting older?

발음

I'm going to를 '아임 고나 (gona)'라고도 하고 I'm trying to를 '아임 트라이나'로도 발음 하나, 원래대로 더 많이 하므로 둘 다 익히기 바랍니다.

> 강의

진행은 I am going. He is going. You are going. 처럼 be + ing 로 되어 '~하고 있는 중이다.'가 첫 번째 용법이고, 두 번째는 'be going to + v는 ~ 할 예정이다'라는 공식으로 되어버린 것입니다. 또, 발착동사 또는 일반동사라도 진행문장 그 자체를 '~할 예정이다.'로 해석하는 경우가 있습니다.

☆발착 동사가 '할 것이다 (미래)'로 해석할 경우

1. 당신은 내일 돌아오실 겁니까? → 아니오, 나는 돌아오지 않을 겁니다.
2. 당신은 부산까지 직행하실 겁니까?
3. 당신은 우체국 옆으로 지나갈 겁니까?
4. 당신은 지금 떠나실 겁니까?
5. 당신은 비행기로 해외에 가실 겁니까?
6. 당신은 곧 미국으로 돌아가실 겁니까?
7. 당신은 도서관 외에 어느 장소에 들릴 겁니까?

☆ be going to + v = ~할 예정이다. 할 것이다. 필수적으로 훈련할 것☆

8. 당신은 오랫동안 여기에 계실 겁니까?   하고 질문하면 부정으로 답할 것.
       → 아니오, 나는 여기에 오래 있지 않을 겁니다.
9. 당신은 우리 탁자를 치울 겁니까? →
10. 당신은 여기서 많은 시간을 보내실 겁니까? →
11. 당신은 경제적으로 사실 겁니까? →
12. 당신은 못을 박을 겁니까? →
13. 당신은 가슴속에 (명심해서) 내 제안을 받아들일 겁니까? →
14. 당신은 모든 정력을 소모하실 겁니까? →
15. 당신은 편지에 사진을 동봉하실 겁니까? →
16. 당신은 금년에 정년퇴직하실 겁니까? →
17. 당신은 미술 전람회에 가실 예정입니까? →
18. 당신은 많은 시간을 뺏을 겁니까? →   take up은 '뺏다'

19. 당신은 내 계획을 기꺼이 받아들이겠어요? →   관용구임
20. 당신은 해외로 여행을 시도하고 있는 중입니까? →   관용구임
21. 오늘 밤 비가 올까요? →   날씨는 it를 주어로 하여 사용

> ☞ 이 부분은 그냥 통과하고 3부 형용사에서 이해한 후에 훈련할 것

22. 여기 음식에 익숙해지고 있나요?   23. 해가 점점 더 길어지고 있나요?
24. 밤이 짧아지고 있습니까?   25. 추워지고 있습니까? 따뜻, 안개
26. 당신은 치사하게 굴고 있습니까?   *당신은 정당하지 않고 있나요?*
27. 당신은 늙어가고 있습니까?

제 19 장: 제 1 부 종합시험 (필수 부분)

1. 당신은 여기에 오래 계실 겁니까? → 아니오, 여기에 오래 있지 않을 겁니다.

    Are you going to be here a long time?   ←통역자

    → No, I'm not going to be here a long time.   ←대답자

2. 당신은 많은 시간을 소비할 겁니까? Are you going to spend much time?
3. 당신은 올해에 퇴직할 겁니까? Are you going to retire this year?
4. 당신은 기꺼이 내 계획을 받아들일 겁니까? Are you willing to accept my plan?
5. 당신은 여행을 하려고 시도합니까? Are you trying to take a trip?

6. 손님을 학수고대하고 있나요? Are you looking forward to customers?
7. 당신은 미국에 가기를 학수고대하고 있습니까? Are you looking forward to going to the United States?
8. 당신은 점심을 준비하고 계십니까? Are you preparing your lunch?
9. 당신의 라디오는 제대로 동작하고 있나요? Is your radio working OK?

10. 은행에 돈을 넣고 싶나요? Do you want to put money in the bank?
11. 당신은 책상 위에 책을 놔두기를 원하시나요? Would you like to put the book on the desk?
12. 당신은 우산 쓰기를 원합니까? Would you like to put up an umbrella?
13. 당신은 일을 치워버리고 집에 가야 합니까? Do you have to put things away and go home?
14. 책을 집에 가져가야 합니까? Do you have to take the book home?
15. 나를 식당에 데려갈 수 있나요? Can you take me to a restaurant?

16. 너는 내 손을 잡고 싶니? Do you want to take my hand?
17. 당신은 집을 돌봐야 합니까? Do you have to take care of the house?
18. 몸조심 할 작정이세요? Do you intend to take care of yourself?
19. 당신은 내일 놀 계획이세요? Do you plan to take tomorrow off?
20. 집으로 출발하실 겁니까? Are you going to take off for your home?

21. 재킷을 벗을 마음이 있나요? Do you feel like taking off your jacket?
22. 조치를 취할 마음이 있나요? Do you feel like taking action?
23. 당신은 회사를 책임져야 합니까? Do you have to take responsibility for the company?
24. 내가 휴식을 취하길 원하십니까? Do you want me to take a break?

25. 당신은 당신 남편이 약속을 지키길 원하세요? Do you want your husband to keep a promise?
26. 그녀와 사귀길 원하세요? Would you like to keep company with her?
27. 당신은 버스 타는 것이 성가십니까? Do you mind riding a bus?
28. 나와 얘기하는 것이 성가십니까? Do you mind talking with me?
29. 당신은 나에게 연락할 마음이 있나요? Do you feel like getting in touch with me?
30. 그이와 끝낼 작정인가요? Do you intend to get through with him?

31. 당신은 내가 3일을 쉬기를 원하세요? Do you want me to take 3 days off?
32. 당신은 할 것이 있으세요? Do you have anything to do?
33. 당신은 방문할 곳이 있으세요? Do you have any place to visit?
34. 당신은 노력을 해야 합니까? Do you have to make an effort?
35. 자녀가 전화 받기를 원하세요? Do you like your child to get the phone?

36. 당신은 내가 버스에 타기를 기대하세요? Do you expect me to get on the bus?
37. 당신은 법을 지키곤 했나요? Did you use to keep the laws?
38. 당신은 매일 화장을 해야 합니까? Do you have to make up your face every day?
39. 당신은 머리가 안 아프세요? Don't you have a headache?
40. 집을 살 가능성이 있으세요? Do you have a possibility to buy a house?

41. 당신은 전 세계를 여행할 가망이 있으세요? Do you have any prospect to travel all over the world?
42. 당신은 지킬 약속이 있으세요? Do you have an appointment to keep?
43. 당신은 나에게 보여줄 것이 있나요? Do you have anything to show me?
44. 당신은 대통령이 될 확률이 있으세요? Do you have any probability to become a president?
45. 일본에 통화 안 하실 겁니까? Won't you make a phone call to Japan?

46. 당신은 오늘 실수를 안 했나요? Didn't you make mistakes today?
47. 서류를 안 만들 작정이세요? Don't you intend to make a document?
48. 당신은 결심을 할 마음이 없나요? Don't you feel like making up your mind?
49. 당신은 내가 약을 복용하기를 원하지 않으세요? Don't you want me to take some medicine?
50. 당신은 한국에서 도망갈 필요가 없나요? Don't you need to run away from Korea?

51. 당신은 조치를 취하지 않을 겁니까? Aren't you going to take steps?

52. 당신은 내일 여기에 오지 않을 겁니까? Won't you come here tomorrow?

53. 당신은 어제 여기에 오지 않았나요? Didn't you come here yesterday?

54. 당신은 할 것이 없으세요? Don't you have anything to do?

55. 당신은 쓸 돈이 없으세요? Don't you have any money to spend?

56. 당신은 점심을 먹지 않았나요? Didn't you eat lunch?

57. 당신은 나에게 물어볼 것이 없나요? Don't you have anything to ask me?

58. 당신은 오늘 밤에 영화 보러 가지 않을래요? Wouldn't you like to go see the movies tonight?

59. 내일 오고 싶지 않으세요? Wouldn't you like to come tomorrow?

60. 수업 후 약속이 없으세요? Don't you have any appointments after class?

PART 2
의문사 의문문 회화훈련

지금까지 훈련한 일반 의문문과는 달리 문장 앞에 의문사가 나와 있는 의문문입니다. WHEN, WHERE, WHY, HOW, WHO, WHOSE, WHOM, WHAT, WHICH 등 9개의 의문사가 있습니다.
"당신은 어제 여기 왔습니까?" → Did you come here yesterday? 에서 「어제」가 「언제」로 바뀌면 이때 When은 문장 앞으로 나갑니다.

9개의 의문사는 문장 앞에 위치하게 되며, 대답할 때는 'Yes, No'를 사용하지 않고 답을 해야 합니다. 따라서 이 훈련에 들어가기 전에 제1부 공식을 완전히 숙달했는가 점검하시고, 이 의문사 의문문은 영어 회화의 꽃이라고 할 정도로 중요합니다.
어느 정도만 숙달되어도 생활 영어에 자신이 생기고 회화 실력이 향상된 것을 실감하실 수 있습니다. 어떤 사람의 회화 능력을 측정하는 가장 쉬운 방법은 2부의 의문사 의문문 열 문장만 물어보면 단번에 알 수 있습니다.

제 1 장: 의문사 의문문 기초훈련

↓ 질문자는 고딕체문장을 큰소리로 묻는다.　　↓ 대답자도 큰소리로 답해야 합니다.

1. **When did you come here?** → I came here 10 minutes ago.
2. **When will you come here?** → I'll come here again tomorrow.
3. **When can you come here?** → I can come here any time.
4. **When may I come here?** → You may come here anytime.
5. **When shall we come here?** → Let's come here later on.

6. **When do you have to come here again?** → I have to come here from Monday to Friday.
7. **When do you want to come here again?** → I want to come here on Monday.

8. **When do you plan to go home?** → I plan to go home at 6 o'clock.
9. **When do you expect to go to America?** → I expect to go to America next year.
10. **When do you want me to take action?** → I want you to take action right now.
11. **When do you expect me to come here again?** → I expect you to come here any time.

12. **When would you like to take a trip abroad?** → I'd like to take a trip abroad this year.
13. **When would you like me to be here again?** → I'd like you to be here tomorrow.
14. **When are you leaving here for your home?** → I'm leaving soon.

15. **How did you come here?** → I came here by bus.
16. **How did you use to get here?** → I used to get here on foot.

(get를 travel, come으로 바꿔도 됨)

17. **How will you go home?** → I'll go home by taxi.
18. **How are you going to go to America?** → By airplane.

19. **Where do you have lunch?** → I have lunch in the restaurant.
20. **Where did you have breakfast?** → I had breakfast at home.
21. **What do you have for lunch?** → I have beef cutlet for lunch.
22. **What did you eat for dinner?** → I had rice and soup in addition to several side dishes.

*in addition to는 '인 어디션투'라고 하지 않고, '이너디션투-' 라고 함.

23. **What do you want to have for breakfast?** → I want to have toast and milk.
24. **Who do you have lunch with?** → I have lunch with a friend of mine.
25. **Why do you have lunch?** → Because I am hungry. In order to live. In order not to die.

1. 당신은 언제 여기에 왔습니까? → 나는 10분 전에 왔습니다.
2. 당신은 언제 여기에 올 겁니까? → 나는 내일 다시 여기에 올 겁니다.
3. 당신은 언제 여기에 올 수 있습니까? → 나는 언제든지 여기에 올 수 있습니다.
4. 나는 언제 여기에 오면 되겠습니까? → 당신은 언제든 와도 됩니다.
5. 우리 언제 여기에 올까요? → 나중에 여기에 옵시다.

6. 당신은 언제 여기에 다시 와야 합니까? → 월요일부터 금요일까지 와야 합니다.
7. 당신은 언제 다시 오시길 원하십니까? → 월요일에 오고 싶습니다.

8. 당신은 언제 집에 갈 계획입니까? → 6시에 집에 갈 계획입니다.
9. 당신은 언제 미국에 갈 걸 기대하십니까? → 내년에 가길 기대합니다.
10. 당신은 언제 내가 조치를 취하길 원하십니까? → 당장 조치를 취하길 바랍니다.
11. 당신은 언제 내가 여기 오기를 기대하십니까? → 언제든지 오기를 기대합니다.

12. 당신은 언제 해외 여행하기를 원하십니까? → 올해에 하기를 원합니다.
13. 당신은 언제 내가 여기에 다시 오길 원하십니까? → 내일 오길 바랍니다.
14. 당신은 언제 집으로 출발할 겁니까? → 나는 곧 떠날 겁니다.

15. 어떻게 당신은 여기에 왔습니까? → 버스로 왔습니다.
16. 어떻게 당신은 여기에 오곤 했나요? → 걸어서 오곤 했습니다.
17. 어떻게 당신은 집에 갈 겁니까? → 택시로 갈 겁니다.
18. 어떻게 당신은 미국에 갈 것입니까? → 비행기로.

19. 당신은 어디서 점심을 먹습니까? → 식당에서 먹습니다.
20. 당신은 어디서 아침을 먹었습니까? → 집에서 아침을 먹었습니다.
21. 당신은 무엇을 점심에 먹습니까? → 비프까스를 먹습니다.
22. 당신은 저녁에 무엇을 먹었습니까? → 반찬과 더불어 밥과 국을 먹었습니다.
23. 당신은 무엇을 아침에 먹기를 원하세요? → 토스트와 우유
24. 당신은 누구하고 점심을 먹습니까? → 친구하고 먹습니다.
25. 당신은 왜 점심을 먹습니까? → 배가 고파서. 살기 위해서. 죽지 않기 위해서

26. **What do you do for a living?** → I work for the hotel.
27. **What do you plan to do tomorrow?** → I don't have any special plan except working.
28. **What did you do yesterday?** → I didn't do anything special.

29. **What time do you have lunch?** → I have lunch at about 12:30.
30. **What time do you leave your house in the morning?** → I leave the house at about 8 o'clock.
31. **What time did you leave your company today?** → I left my company at 6:30.
32. **What company do you want to get in?** → I want to get in the trading company.
33. **What country would you like to visit?** → I'd like to visit any country.
34. **What day is today?** → Today is Sunday.
35. **What bus will you take?** → I'll take the bus marked 20.
36. **What season do you like best?** → I like fall best.
37. **What kind of music do you dislike?** → I don't dislike any music.

38. **How long will you be here?** → I'll be here for one hour.
39. **How long did you use to be here every day?** *How long were you-*
    → I used to be here for 2 hours every day.
40. **How many hours a day do you work?** → I work 8 hours a day.
41. **How many days a week do you work?** → I work 6 days a week.
42. **How many friends do you have?** → I have a lot of friends.

43. **How much money (time) do you have?** → I don't have money (time).
44. **How much do you pay for lunch?** → I pay 7,000 won for lunch.
45. **How much do you get paid a month? (How much a month)**
    → I get poorly paid. I don't want to mention it.
46. **How long does it take to get home?** → It takes 30 minutes to get home by bus.
47. **How well do you want to speak English?** → I want to speak English very well.

48. **What are you looking for?** → I am not looking for anything.
49. **What are you looking at?** → I am not looking at anything.
50. **What are you looking after?** → I am not looking after anything.
51. **What are you thinking about?** → I am not thinking about anything.
52. **What are you doing here?** → I am not doing here anything.
53. **What are you talking about?** → I am not talking about anything.
54. **What are you worrying about?** → I am not worrying about anything.

26. 당신은 먹고살려고 무엇을 하세요? (직업이 무엇입니까?) → 호텔에 근무합니다.
27. 당신은 내일 무엇을 할 계획입니까? → 일을 제외하곤 특별한 계획이 없습니다.
28. 당신은 어제 무엇을 했나요? → 특별히 한 것이 없습니다.

--what에는 명사를 붙여서 한 그룹을 형성한 후 의문 문장을 만듭니다.

29. 몇 시에 당신은 점심을 먹습니까? → 12시 30분에 먹습니다.
30. 몇 시에 당신은 아침에 집을 나옵니까? → 8시경에 집을 나옵니다.
31. 몇 시에 당신은 오늘 회사를 나왔습니까? → 6시 30분에 나왔습니다.
32. 무슨 회사에 당신은 들어가길 원하세요? → 무역회사에 들어가길 원합니다.
33. 무슨 나라를 당신은 방문하고 싶으세요? → 아무 나라나 방문하고 싶습니다.
34. 오늘은 무슨 요일입니까? → 일요일 입니다.
35. 당신은 무슨 버스를 탈 겁니까? → 저는 20번 버스를 탈거예요.
36. 당신은 무슨 계절을 좋아합니까? → 가을을 가장 좋아합니다.
37. 당신은 무슨 종류의 음악을 싫어합니까? → 아무 음악도 싫어하지 않습니다.

-how에는 형용사와 부사를 붙여서 한 그룹을 만들 수 있습니다.

38. 당신은 얼마 동안 여기에 있을 겁니까? → 1시간 있을 겁니다.
39. 당신은 얼마 동안 매일 여기에 있곤 했나요? → 2시간 있곤 했지요.
40. 당신은 하루에 몇 시간 일합니까? → 하루에 8시간 일합니다.
41. 당신은 일주일에 며칠 일합니까? → 일주일에 6일 일합니다.
42. 당신은 친구가 몇 명 있습니까? → 나는 친구가 많습니다.

43. 당신은 돈(시간)이 얼마나 있습니까? → 돈(시간)이 없습니다.
44. 당신은 점심에 얼마를 지불합니까? → 7,000원 냅니다.
45. 당신은 한 달에 급료를 얼마 받습니까? → 나는 조금 받습니다. 나는 그것을 언급하고 싶지 않군요.
46. 집에 가는 데 얼마나 걸립니까? → 버스로 30분 걸립니다.
47. 당신은 어느 정도 영어를 하기를 원하십니까? → 아주 잘하고 싶습니다.

48. 당신은 무엇을 찾고 있습니까? → 나는 아무것도 찾고 있지 않습니다.
49. 당신은 무엇을 보고 있습니까? → 나는 아무것도 보고 있지 않습니다.
50. 당신은 무엇을 돌보고 있습니까? → 나는 아무것도 돌보지 않습니다.
51. 당신은 무엇을 생각하고 있습니까? → 나는 아무것도 생각하고 있지 않습니다.
52. 당신은 무엇을 하고 있습니까? → 나는 아무것도 하고 있지 않습니다.
53. 당신은 무엇을 얘기하고 있습니까? → 나는 아무것도 얘기하고 있지 않습니다.
54. 당신은 무엇을 걱정하고 있습니까? → 나는 아무것도 걱정하고 있지 않습니다.

55. **What are you complaining about?** → I am not complaining about anything.
56. **Who are you waiting for?** → I am not waiting for anyone. I am just sitting.
57. **Who are you looking forward to meeting?** → I am not looking forward to meeting anyone.

◎의문사라 할지라도 「은, 는, 이, 가」로 문장이 시작되면 평문이면서, 물음표를 붙이면 그 자체가 의문 문장이 됩니다.

58. **Who came here yesterday?** → Nobody came here.
59. **Who will come here any minute?** → Everybody will be here soon
60. **What happened to you?** → Nothing happened to me.
61. **What hurts your pride?** → Poor salary hurts my pride.
62. **Which is the best season?** → Spring is the best season.
63. **When is your quitting time?** → My quitting time is 6.

55. 당신은 무엇을 불평하고 있습니까? → 나는 아무것도 불평하고 있지 않습니다.
56. 당신은 누구를 기다리고 있는 중인가요? → 나는 아무도 기다리지 않습니다.
57. 당신은 누구를 학수고대하고 있습니까? → 나는 아무도 학수고대하지 않습니다.

58. 누가 어제 여기에 왔었나요? → 아무도 오지 않았습니다.
59. 누가 곧 여기에 올까요? → 모두들 곧 올 겁니다.
60. 무슨 일이 당신에게 일어났었나요? → 아무 일도 일어나지 않았습니다.
61. 무엇이 당신의 자존심을 상하게 하나요? → 작은 봉급이 자존심 상하게 합니다.
62. 어느 것이 가장 좋은 계절인가요? → 봄이 가장 좋은 계절입니다.
63. 언제가 퇴근 시간인가요? → 나의 퇴근 시간은 6시입니다.

강의

How long will you be here? 에서   How long (얼마 동안)은
How many hours 몇 시간   How many weeks 몇 주
How many days 며칠   How many months 몇 달
How many years 몇 년 등으로 바꾸어도 됩니다.
How often(얼마나 자주)은 How many times (몇 번) 등으로 해도 됩니다.

» 주어에 대한 주의할 점과 부사에 관하여

우리나라 말은 주어가 없어도 문장이 됩니다. 예를 들어, "어디 갔었니?" 한다면, 영어로 옮길 때는 반드시 '주어'를 넣어야 합니다. 즉, '너는'이라는 주어를 꼭 넣어야 한다는 것을 주의하여야 합니다. 영어를 못하는 분들을 보면 주어가 없이 한국어식으로 엉터리 영작을 하는 것을 볼 수 있습니다. 「은, 는, 이, 가」로 끝나는 말이 능동 문장에서 주어이고, 없을 때는 '당신이'가 생략된 경우가 많습니다. 또, home, here는 부사이며 명사도 됩니다. I go home.='집에'라는 부사로 사용한 것입니다. I go to my home.=여기서는 '나의 집'으로 명사가 되었기에 to= 전치사를 붙인 것입니다. abroad, overseas도 '해외에'라는 부사입니다. 부사는 '시간, 장소, 이유, 방법'에 해당하는 말로 268page를 참고하세요.

제 2 장: 제 2 부 중간 실력 시험

☆ 63개의 기본문장이 완벽히 숙달되었는지 실력을 테스트해 봅시다.

↓ 선생 또는 녹음 또는 질문자

1. 누가 어제 여기에 왔습니까? (Who가 주어) → 내가 여기에 어제 왔었다.
   Who came here yesterday? → I came here yesterday. 식으로
2. 누가 내일 커피를 살 겁니까? Who will buy coffee tomorrow?
3. 무슨 일이 당신에게 일어났어요? What happened to you?
4. 당신은 얼마 동안 여기에 있을 겁니까? How long will you be here?
5. 집에 가는 데 얼마나 걸립니까? How long does it take to get home?
6. 하루에 당신은 몇 시간 근무하십니까? How many hours a day do you work?
7. 일주일에 며칠을 당신은 여기에 와야 합니까?
   How many days a week do you have to come here?
8. 당신은 얼마나 자주 그를 방문합니까? How often do you visit him?
9. 하루에 몇 번이나 당신은 이를 닦습니까?
   How many times a day do you brush your teeth?
10. 당신은 무엇을 생각하고 있습니까? What are you thinking about?
11. 누구를 학수고대하고 있습니까? Who are you looking forward to seeing?
12. 당신은 어느 정도 영어를 말하고 싶습니까? How well do you want to speak English?
13. 당신은 하루에 돈을 얼마나 씁니까? How much money do you spend a day?
    → 나는 평균적으로 5,000원 씁니다. (on the average 평균적으로)
14. 당신은 어느 나라를 가보고 싶습니까? What country would you like to go see?
15. 당신은 봉급을 얼마나 받고 싶습니까? How much do you want to get paid?
16. 몇 시에 당신은 집을 나옵니까? What time do you leave your house?
17. 오늘은 무슨 요일 입니까? What day is (it) today?
18. 무슨 요일에 당신은 교회에 갑니까? What day do you go to church?
19. 무슨 해에 당신은 일본에 갈 겁니까? What year will you go to Japan?
20. 내일 무엇을 할 계획입니까? What do you plan to do tomorrow?
21. 당신은 점심으로 무엇을 먹습니까? What do you eat for lunch? →
22. 당신은 누구하고 점심을 먹습니까? Who do you have lunch with? →
23. 왜 당신은 점심을 먹어야 합니까? Why do you have to eat lunch?
24. 어떻게 매일 여기에 옵니까? How do you come here every day?
25. 당신은 언제 여기에 다시 오기를 원하세요? When do you want to come here again? →

제 3 장: 대화와 수업 중 사용하는 표현들

1. 상대방 말을 못 알아들었으면 가만히 있지 말고,

    I beg your pardon! → Pardon! 뭐라고 그랬지요.

    Would you say it again? → Say again! 다시 말해주세요.

2. 위의 표현은 재차 요구할 때 사용하고 첫 번째는 반드시 점잖은 표현으로,

    I'll appreciate it if you say it again and speak slowly.
    (아울 어프리쉐이딧, 이뮤유 쎄이리어겐 앤 스피크 스로우리.) → 발음 주의

    다시 천천히 말해주면 고맙겠습니다.

    "I would appreciate it if you could say it again. → 다시 말해주면 고맙겠습니다."

3. 내가 한 말을 이해하시겠습니까? 내 말뜻을 아시겠어요?

    Do you understand what I say? → Yes, I understand.

    Do you see what I mean? → Yes, I see.

4. 아시겠어요? 이해했어? 알겠어?

    (Do) You see? You understand? You follow me? You get it?

5. 이것을 영어로 뭐라고 하지요?

    How do you say this in English?

6. 좀 쉬운 표현으로 얘기해 주세요?

    Would you tell me, on easier expression?

    Would you tell me, on easier word?→ 더 쉬운 말로 말해 주십시오!

    　　　　　　on another expression → 다른 표현으로

7. 어제 어디까지 했었나요? (공부 시, 대화 시, 일을 하다가 다시 원래로 돌아갈 때)

    Where were we yesterday?　Where were we?

8. 말씀하세요. 어서 말하세요. 계속하세요.

    Go ahead! Go right ahead! Go on! Continue!

9. 오늘은 그만합시다. That's all for today.

    수업 끝. Class is dismissed! This is the end of today lesson.

10. 시작합시다. Let's begin! = Let's get started! → 레쓰 겟 스타딧.

11. 끝냅시다. Let's finish! = Let's get finished! = Let's call it a day!

12. Thank you for your service. 수고했습니다. (일을 한 사람에게)

    Thank you for your class. (teaching) 수고했습니다. (공부가 끝나고) .

    Thank you for compliments. 칭찬해줘서 고마워요.

    Thank you for coming. 와줘서 고마워요.

    Thank you for your help. 도와줘서 고마워요.

13. 수고하십시오! → Take it easy! → 당신도! → You too!

제 4 장: HOW로만 된 문장

↓ 질문자는 큰 소리로 묻고 대답자도 큰 소리로 답한다 ↓

1. How are you?　　　How are you doing?　　　How have you been?
   → I'm fine and you.　　　→ I've been fine.
2. How is your mother?
   → She is fine.
3. How is the world using(treating) you?
   → Fair to middling.　　　→ Couldn't be better.
4. How do you do?
5. How is everything with you?
   → Everything's fine.
6. **How was your day today?**
   → Not busy.　　　→ The same as usual.
7. How are you getting along with your wife?
   → We're getting fine.
8. **How are the things with you?**
   → So-so.　　　→ Not so bad.

9. How is your appetite?
   → Not so good.　　　→ Food doesn't taste right.
10. **How is the sky?**　　　How is the weather today?
    → It's cloudy and chilly.
11. **How is your business going?**
    → It's going well.　　　→ Going slow.
12. How is your English coming along?
    → My English is improving day by day.
13. **How do you go to work?**　　　How are you going to work?
    → I go by bus.　　　→ I'm going on foot.
14. **How is your injury, is it any better?**　　　How is your hurt?
    → Much better.　　　→ Worse than before.
15. **How do I look now?**　　　How does Miss Kim look?
    → You look good.　　　→ She looks wonderful.
16. **How did your exam turn out?**
    → I failed it.　　　Ashamed to say.　　　→ I passed it.
17. **How are you coming (out) with my pictures?**
    → It's almost ready.　　　→ They came out nicely.

> 강의

*How are you? (당신은 어떻습니까?)를 How is she? (그녀는 어떻습니까?), How is coffee? (커피는 어때요?) 등으로 쓰며, 3인칭이므로 is로 바뀌면서 의미는 똑같이「안녕이나 상태」를 타진하는 표현이 됩니다.
*사업이 어떻게 되어가고 있습니까? How is your business coming along?으로 끝에 come along을 더 붙였습니다. "잘 돼 갑니다. going well". "잘 안 됩니다. –slow"로 답합니다.
*넥타이를 매고 있는 사람에게「어떻게 되어가니?」타이프치는 사람에게「다 쳐가고 있니?」하는 표현은 How are you coming with it? 입니다.
*How do you like Korea? (한국이 어떠십니까?)와 How about? (어때요?)와는 의미가 다릅니다. How do you like it? 은 "마음에 드신 지요?"의 뜻이고, How is Korea?는 단지 good이냐 bad냐 입니다. "How about? 커피 먹는 것이 어때요?"는 행동이나 의사를 묻는 말입니다.

★제2부의 고딕체로 되어있는 부분을 먼저 통역 훈련을 하여 문장을 익힌 다음
질문자는 큰 소리로 영어로 묻고 대답자는 답해야 합니다.★

1. 어떻게 지내세요? → 좋습니다. 당신은요?
2. 당신 어머니는 안녕하십니까? → 안녕하십니다.
3. 안녕하십니까? (어떠세요?) → 그저 그렇습니다. → 그렇게 좋을 수가 없군요.
4. 처음 뵙겠습니다.

5. 모든 것이 어떻습니까? → 모든 것이 좋습니다.
6. 오늘은 어떤 날 이었습니까? → 바쁘지 않았습니다. → 평소와 같습니다.
7. 부인과 어떻게 지내십니까? → 우린 잘 지내고 있습니다.
8. 경기가 어떻습니까? → 그저 그렇습니다. → 아주 나쁘지 않습니다.

9. 당신 식욕은 어떻습니까? → 좋지 않습니다. → 음식 맛이 나질 않습니다.
10. 하늘이 어떻습니까? 날씨가 어떻습니까? → 구름이 끼고 쌀쌀합니다.
11. 당신 사업은 어떻게 되어가고 있습니까? → 잘 돼 갑니다. → 잘 안돼 갑니다.
12. 당신 영어는 어떻게 되어가고 있습니까? → 내 영어는 나날이 개선돼갑니다.

13. 당신은 어떻게 일터로 갑니까?   당신은 어떻게 일터로 갈 겁니까?
   → 버스로 갑니다.   → 걸어서 갈 겁니다.
14. 당신 상처는 어때요, 좀 낫습니까? → 많이 나았습니다. → 전보다 더 나쁩니다.
15. 나는 지금 어떻게 보입니까?   김 양은 어떻게 보이나요?
   → 당신은 좋아 보입니다.   → 그녀는 아주 좋아 보입니다.
16. 당신 시험은 어떻게 됐습니까? → 떨어졌습니다, 부끄럽게도. → 붙었다.
17. 내 사진은 어떻게 돼가고 있나요?
                          → 거의 되었습니다. → 잘 나왔습니다.

제 4 장: HOW로 된 문장 훈련

↓ 질문자는 고딕체부분을 큰 소리로 묻고 대답자는 답한다. ↓

18. **How did the baseball game come out?**   How did it turn out?
    → I didn't see it.   → I don't know the result.
19. **How do you work this equipment?**   machine, appliance.
    → Working is simple. All you have to do is (to) turn on the S.W.
20. **How do you like your school?**   Korea, her
    → I like it very much.
21. **How do you spend your evening?**
    → I spend evening studying English.
22. **How do you spend most of your time on Sundays?**
    → Well, I guess I spend most of my time sleeping.
23. **How do many Koreans spend their holidays?**
    → Fishing, playing and watching TV.
24. **How about a cup of coffee?**   What about it?   ☞ 발음은 오른쪽 강의
    → It sounds great.   Let's have it.
25. **How about going now?**   =What do you say to going?
    → It's good.   → Sounds good. Let's go.

26. **How do you say 'this' in English?**
    → It is a desk.
27. **How do you say 'Good Morning' in Japanese?**
    → I have no idea. I never learned Japanese.
28. **How do you feel now?**   How are you feeling?
    → I feel so good.   → I don't feel well.
29. **How do you get to your place from here?**
    → I take a bus to my place.
30. **How would you like your steak?**
    → I'd like my steak well-done.   medium rare.

31. How can I reach you?
    → You can reach me by phone.
32. How did you succeed in succession?
    → Because of my efforts and good fortune.
33. How did you manage to find my place so easily?
    → I asked a traffic policeman for direction.

> 강의

* How about?는 What about? 와도 같은 표현으로 봅니다. 그러나 후자는 어떻게 됐나요? 의 표현으로 더 사용합니다. about이 전치사이므로 뒤에는 명사, 동명사만 와야합니다.
* How about going?(가는 게 어때?), How about a walk?(걷는 게 어때?)
  또, 동명사 앞에는 관사(a, an, the)를 안 씁니다.
* "이것을 영어로 무엇이라고 합니까?"를 "How do you say this?" 나 "How do you call this?"라고 합니다.
* What do you say to going? 하면 "우리 가는 게 어때요 ?"라는 뜻으로 What do you say?는 How about? 의 표현이 됩니다.

> 발음

How about coffee? "하우-바웃커피?" 어떤 경우에는 '핫빠커피'라고도 함. What about Miss Kim? (워러바웃 미스 김?) 이것은 '핫 어바웃'이 아니며, What do you say? 는 "워류쎄이?" 또는 "워두유쎄이"이며, "핫두유쎄이" 라고 하지 않으니 발음훈련 철저히 할 것.

☆고딕체문장 부터 먼저 통역 후 영어로 묻고 답한다.☆

18. 야구 경기는 결과가 어떻게 됐나요?   그것은 결과가 어떻게 됐나요?
    → 나는 안 봤습니다.   → 결과를 모릅니다.
19. 이 장비를 어떻게 동작시킵니까?   → 작동은 간단합니다.
                                → 당신은 S.W만 틀면 됩니다.
20. 당신은 학교가 어때요?   → 나는 아주 좋아합니다.   한국, 그녀
21. 당신은 저녁을 어떻게 보내십니까? → 영어 공부하면서 보냅니다.

22. 일요일엔 대부분 시간을 어떻게 보내세요? → 자면서 대부분 시간을 보냅니다.
23. 많은 한국인은 휴일을 어떻게 보냅니까?   → 낚시, 놀거나, TV 보면서.
24. 커피 한잔 어때요? 그것이 어때요?   → 좋은 소리입니다. 먹읍시다.
25. 지금 가는 게 어때요?   → 좋습니다.   → 좋은 소립니다. 갑시다.

26. 이것을 영어로 무엇이라고 하나요?   → 그것은 책상입니다.
27. '굳머닝'을 일어로 무엇이라고 하나요? → 모릅니다. 일어를 배운 적이 없군요.
28. 지금 어떻게 느끼세요?   어떻게 느끼고 있습니까?
    → 좋게 느낍니다.   → 나는 몸이 안 좋습니다. (fine은 기분, well은 몸)
29. 당신 있는 곳을 어떻게 도착합니까?   → 나 있는 곳까지 버스 타고 갑니다.
30. 스테이크를 어떻게 드시겠어요?   → 잘 구운 스테이크를 먹겠습니다. 중간 구운

31. 내가 어떻게 당신께 연락할 수 있나요? → 전화로 나에게 연락할 수 있습니다.
32. 어떻게 계속해서 성공했나요?   → 나의 노력과 운 때문이었습니다.
33. 어떻게 이렇게 쉽게 내 장소를 그럭저럭 찾을 수 있었나요?
                                      → 방향(길)을 교통경찰에게 물어봤지요.

제 4 장: HOW로 된 문장 훈련

34. How did you put the parts(pieces) together?
   → With screws.
35. How did you get so wet?
   → Because I didn't put up an umbrella.
36. How does he make his living?
   → He works for the bank.
37. How do you prefer to travel to your office?
   → I prefer to take a taxi.
38. How do you want your eggs?
   → I want them fried.

☞ 이 부분은 4부 후에 훈련할 것!

39. How are the public schools supported in Korea?
   → They are supported by tax paid by citizens.
40. How should a knife that is sharp be handled?
   → It should be handled carefully.

41. How are the states represented on the American flag?
   → They are represented by stars and stripes.
42. How are the public official selected in your country?
   → They are selected through an examination.

43. How do you know it's raining tomorrow?
   → I heard the weather forecast on the radio.
44. How do you feel when you come home from work?
   → I feel tired and hungry.

45. How did you say you come?
   → I said I come by bus.
46. How can you appreciate music if you don't understand it?
   → In that case, I don't enjoy such a music.

47. How would you spend it if you had a lot of money?
   → If I had a lot of money. I'd spend it for the poor.

제 4 장: HOW로 된 문장 훈련

☞ 먼저 소리내어 영어로 옮긴 후에 통역할 것 ☆

34. 어떻게 그 부품을 조립했나요?　　→ 나사로
35. 어떻게 그렇게 젖었습니까?　　→ 우산을 쓰지 않았습니다.
36. 어떻게 그는 그의 생활비를 법니까?　　→ 그는 은행에 근무합니다.
37. 당신 사무실까지 여행하는데 (가는데) 어떤 것이 더 좋습니까?
　　→ 나는 택시 타는 것이 더 좋습니다.
38. 당신은 달걀을 어떻게 원하십니까?　　→ 그것을 푸라이 한 것을 원합니다.
　　　　(want를 like로 해도 됩니다)

☞ 이 부분은 4부 후에 훈련할 것!

39. 공립학교는 한국에서 어떻게 유지합니까? (운용됩니까?)
　　→ 학교는 시민이 낸 세금에 의해 유지됩니다.
40. 날카로운 칼은 어떻게 취급해야 합니까?
　　→ 그것은 조심스럽게 취급해야 합니다.

41. 미국 국기에서 주는 어떻게 나타냅니까?
　　→ 줄과 별로서 표현됩니다.
42. 공무원은 당신 나라에서 어떻게 선출됩니까?
　　→ 그들은 시험을 통하여 선출됩니다.

43. 내일 비가 온다는 것을 어떻게 압니까?
　　→ 라디오에서 일기예보를 들었습니다.
44. 일에서 집에 돌아오면 어떻게 느낍니까?
　　→ 피곤하고 배고프게 느낍니다.

45. 당신은 어떻게 온다고 했나요?
　　→ 버스로 온다고 했습니다.
46. 음악을 이해할 수 없다면 어떻게 그것을 감상할 수 있을까요?
　　→ 그 경우에는 나는 그런 음악은 즐기지 않습니다.

47. 만일 많은 돈이 있다고 친다면 어떻게 그것을 쓰실 겁니까?
　　→ 만일 내가 많은 돈이 있다면 가난한 사람에게 쓸 겁니다.

제 5 장: HOW + 형용사, 부사 문장 훈련

↓ 고딕체 문장을 큰소리로 질문자는 묻고 대답자는 답한다. ↓

1. **How long are you going to stay here?**
    → I'm going to stay here for an hour.
2. **How long did it take you to arrive here?**
    → It took me 30 minutes to get here.
3. **How long is it going to take for a letter to get to the U.S.?**
    → It is going to take about 10 days by airmail.
4. How long will it take you to fix my typewriter?
    → It'll take 2 hours to fix your typewriter.
5. **How long does it take to get to your house?**
    → It takes 30 minutes to get to my house.
6. **How long will you be gone there?**
    → I'll be gone there for 2 days.
7. How long were you gone?
    → I was gone for a year.
8. **How long does your father work every day?**
    → He works for 8 hours a day.
9. How long did you work at the library?
    → I worked for 10 hours.
10. **How long does this class last?**
    → It lasts for an hour.
11. How long did the movie last?
    → It lasted about an hour and half.
12. **How long did you live in New York?**
    → I didn't live here.
13. How long do you have to wait for the next class?
    → I have to wait for 10 minutes.
14. **How long were you in the Army?**
    → I was in the Army for 3 years. → I wasn't in the Army.
15. **How long have you been working here?**
    → I've been working here for 2 years.
16. **How long have you been studying English?**
    → As you know, since middle school.

> 강의

How는 형용사나 부사를 붙여서 먼저 한 그룹을 형성하고 문장을 만듭니다. 가장 잘 쓰는 'How long (얼마 동안)'과 함께 언제까지, 몇 달, 몇 시간, 몇 분, 몇 사람 등등의 표현을 만들게 됩니다.

언제까지 영어를 공부할 겁니까? → How long (Until when) are you going to study English?

☞ 고딕체문장이 완벽해진 후에는 보통체 문장도 훈련해야 합니다.

1. 얼마 동안 당신은 여기에 체류할 것입니까?
   → 나는 한 시간 동안 여기에 체류할 것입니다.
2. 당신은 여기 도착하는 데 얼마나 걸렸습니까?
   → 나는 여기 도착하는 데 30분 걸렸습니다.
3. 편지가 미국에 도착하는 데 얼마나 걸립니까?
   → 항공우편으로 10일 걸립니다.
4. 당신은 내 타자기를 고치는 데 얼마나 걸릴까요?
   → 당신 타자기를 고치는 데 2시간 걸립니다.
5. 당신 집에 도착하는 데 얼마나 걸립니까?
   → 내 집에 도착하는 데 30분 걸립니다.
6. 당신은 거기에 얼마 동안 가 있을 겁니까? (「be gone-가 있다」라는 표현임)
   → 2일간 거기에 가 있을 겁니다.
7. 당신은 얼마 동안 가 있었나요?
   → 1년간 가 있었습니다.
8. 당신 아버지는 매일 얼마 동안 일합니까?
   → 그는 하루에 8시간 일합니다.
9. 당신은 도서관에서 얼마 동안 일했습니까?
   → 나는 10시간 일했습니다.
10. 이 수업이 얼마 동안 지속이 되나요? → 1시간 합니다. (last= 지속되다)
11. 그 영화는 얼마 동안 지속이 됐나요? → 약 1시간 반 했습니다.
12. 당신은 얼마 동안 뉴욕에 살았나요? → 나는 거기에 살지 않았습니다.
13. 당신은 다음 수업까지 얼마 동안 기다려야 합니까?
    → 10분간 기다려야 합니다.
14. 당신은 얼마 동안 육군에 있었나요?
    → 3년간 있었습니다. → 나는 육군에 복무하지 않았습니다. (번역 조심)
15. 당신은 얼마 동안 여기에 근무하고 있습니까?
    → 나는 2년간 근무하고 있습니다.
16. 당신은 영어를 얼마 동안 공부해 왔습니까?
    → 아시다시피, 중학교부터.

제 5 장: HOW + 형용사 문장 훈련

☞이 부분은 3부 현재완료 문장을 훈련한 후에 할 것

17. **How long have you been taking this magazine?**
    → I've been taking this magazine for 2 years.
18. How long have you been asking him for favors?
    → I've been asking him for favors long time.
19. **How long have you been married?**
    → I've been married for 10 years. → I am not married yet.
20. **How long have you lived in Korea?**
    → I've lived in Korea since I was born.
21. **How long have you been here?**
    → I've been here for an hour.
22. **How long have you had this sore throat?**
    → I've had it for 3 days. → I don't have sore throat.
23. **How long have you been away from home?**
    → I've been away from home for 2 years.
24. **How long has it been since you've been here in Korea?**
    → It's been 2 months since I've been in Korea.
    → It's been all my life since I've been in Korea.
25. **How long has it been ever since you got in this company?**
    → It's been 3 years ever since I got in this company.
26. **How long do you think it will take to get to America?**
    → I think it will take 10 hours by airplane.
27. How long do you think it takes a jet plane to circle the globe?
    → I think it takes 10 hours by a jet plane.
28. **How long do you think 10,000won will last to you?**
    → I think it'll last about 2 days to me.
29. How long was it before the whirlybird arrived?   (헬리콥터의 속어)
    → It was 10 minutes.
30. How long is it before we land at Kimpo airport?
    → It'll be 30 minutes before we land.
31. **How long (is it) to your birthday?**   (your quitting, your break)
    → It is one week.
32. How long do you think I ought to wait for my vacation?
    → I think you ought to wait until summer comes.

☞ 문장이 길어도 반드시 훈련할 것

17. 당신은 얼마 동안 이 잡지를 받아 봤습니까?
    → 2년간 이 잡지를 받아 봤습니다.
18. 당신은 그에게 얼마 동안 부탁을 해왔습니까?
    → 오랫동안 그에게 부탁을 해왔습니다.
19. 당신은 결혼한 지 얼마나 됐습니까? → 10년 됐습니다. → 아직 결혼 안 했습니다.
20. 당신은 한국에 얼마 동안 살아왔습니까? → 태어나면서부터 살아왔습니다.

21. 당신은 얼마 동안 여기에 있었습니까? → 1시간 있었습니다.
22. 당신은 얼마 동안 목이 아파왔습니까? → 3일간 아팠습니다. → 목이 안 아픕니다.
23. 당신은 집에서 얼마 동안 나와 있습니까? → 2년간 나와 있습니다.
24. 당신은 한국에 있은 지 얼마나 됐습니까?
    → 내가 한국에 있은 이후 2달이 됐습니다.
    → (또는) 나는 일생동안 한국에 있습니다. (번역 조심)
25. 당신은 이 회사에 들어온 이후 얼마나 됐습니까?
    → 내가 이 회사에 들어온 이후 3년이 됐습니다.
26. 당신은 미국에 도착하는 데 얼마나 걸릴 것 같습니까?
    → 비행기로 10시간 걸릴 것 같습니다.
27. 제트 비행기가 지구를 순회 하는데 얼마나 걸릴 것 같습니까?
    → 제트 비행기로 10시간 걸릴 것 같습니다.
28. 당신에게는 만원이 얼마나 지속될 것으로 당신은 생각합니까?
    → 나에게는, 그 돈은 약 이틀은 갈 것 같습니다.
29. 헬리콥터가 착륙하기 전까지 얼마 동안 있어야 했지요? → 10분이었습니다.
30. 우리가. 김포공항에 착륙하려면 얼마 동안이나 있어야 하나요?
    → 우리가 착륙하기까지 30분 있어야 합니다.
31. 당신 생일까지 얼마 동안 있어야 하지요? → 일주일입니다. (퇴근, 휴식) is it은 생략
32. 내 방학까지 나는 얼마를 기다려야 한다고 생각하세요?
    → 여름이 올 때까지 기다려야 한다고 생각합니다.

강의

How long is it since you saw her?	그녀를 본 후 얼마 만이죠?
How long has it been since you saw her?	그녀를 본 후 얼마나 됐죠?
How long since you saw her?	그녀를 본 후 얼마 만이죠?
How long since you first saw her?	그녀를 처음 본 후 얼마 만이죠?
How long since you last saw her?	그녀를 마지막으로 본 후 얼마 만이죠?

= 위 문장은 모두 같은 것입니다.

제 5 장: HOW + 형용사 문장 훈련

33. **How many languages do you speak?**
    → I speak 2 languages.

34. **How many hours did you sleep last night?**
    → I slept for 8 hours.

35. **How many hours a day did you use to work last year?**
    → I used to work for 10 hours a day.

36. **How many times will you visit America?**
    → I will visit America as many as I can.

37. **How many times will you take a trip all over the world?**
    → I will take a trip all over the world many times.

38. **How many passengers were on the train?**
    → There were a lot of passengers.

39. **How many are there in your family?**
    → There are 5 of us in my family.

40. **How many sisters and brothers do you have?**
    → I have 2 brothers and 1 sister.

41. **How many pictures are on the wall?**
    → There are 2 pictures on the wall.

42. **How many days are there in a year?**
    → There are 365 days in a year.

43. **How many days a week do you work?**
    → I work 5 days a week.

44. **How many people are there in Korea?**
    → There are 50 millions in Korea.

45. **How many phone calls do you make a day?**
    → I make about 5 calls a day.

46. **How many employees do you have?**
    → I have 5 employees.

47. **How many grades are there in the elementary school?**
    → There are 6 grades in the elementary school.

48. **How many years are there in the senior high school?**
    → There are 3 years in the high school.

49. **How many days are there left in this month?**
    → There are 7 days left in this month.

> 강의

How many hours는 「몇 시간」이고, How many times는 「몇 번」입니다.
가족이 몇입니까? 는 여러 표현이 있습니다. How many (members) do you have in your family?, How many are there in your family? 등등. 그러나 How many family이라고 해서는 안 됩니다. 그것은 「가정이 몇이냐?」라는 뜻이 됩니다.

☞ 여기 표현은 모두 잘 쓰는 중요한 것입니다.

33. 당신은 몇 개 국어를 말합니까? → 나는 2개 국어를 말합니다.
34. 당신은 지난밤에 몇 시간 잤습니까? → 8시간 잤습니다.
35. 당신은 하루에 몇 시간 작년에 일하곤 했습니까?
→ 나는 하루에 10시간 일하곤 했습니다.

36. 당신은 미국을 몇 번 이나 방문할 겁니까? → 할 수 있는 한 많이 방문할 겁니다.
37. 당신은 전 세계를 몇 번 이나 여행할 것입니까? → 나는 수차례 전 세계를 여행할 것입니다.
38. 기차 위에 승객이 몇 명 있었습니까? → 많은 승객이 있었습니다.
 ('~있다'. 라는 공식을 답할 때는 'There are~'를 사용했으나, 질문에는 There를 사용하지 않고 are만 사용했음. 질문 시에 are there 또는 are만 해도 됨)

39. 당신 가족은 몇 명입니까? → 우리 가족은 모두 5명입니다.
40. 당신은 형제자매가 몇이나 있습니까? → 저는 2명의 형제와 1명의 자매가 있습니다.

41. 몇 개의 사진이 벽 위에 있습니까? → 벽 위에 2개 있습니다.
42. 일 년에는 며칠이 있습니까? → 365일이 있습니다.
43. 일주일에 며칠을 일하십니까? → 일주일에 5일 근무합니다.
44. 한국에는 얼마나 많은 사람이 있습니까? → 약 5천 만 명이 있습니다.

45. 당신은 하루에 몇 통화를 하십니까? → 하루에 5통화를 합니다.
46. 종업원이 몇 명 있습니까? → 5명 있습니다.
47. 초등학교에는 몇 학년이 있습니까? → 초등학교에는 6학년이 있습니다.
48. 고등학교에는 몇 학년이 있습니까? → 고등학교에는 3학년이 있습니다.
49. 이달에는 며칠이 남아 있습니까? (left 대신에 remaining을 써도 됨.)
→ 이달에는 7일이 남아 있습니다.

☞ How many years, How many months로 바꿔 훈련도 할 것!

제 5 장: HOW +형용사 문장 훈련

50. How many states were there at the beginning in the U.S.?
    → There were 13 states at the beginning.

☞ '이, 가, 는' 으로 시작되는 문장---이 부분은 What 부분이 끝난 후에 할 것.

51. How many female workers work at your firm?
    → Approximately 10 female workers work.
52. How many people want to go to Canada?
    → As I know, a number of people want to go.
53. How many students come to your school?
    → A lot of students come every day.
54. How many divisions is your country made up of?
    → Our country is made up of 3 divisions.
55. How many branches is your government organized into?
    → Our government is organized into 20 ministries.
56. How many words is 'drugstore' composed of?
    → 'Drugstore' is composed of 2 words.
57. How many employees are promoted this year?
    → 2 people are promoted.

How much ~ ☞ 이 부분은 지금 훈련할 것.

58. How much is this rug? How much is one dollar in won?
    → This rug is 5000 won.
59. How much will it be?   How much was your bill?
    → It'll be 10,000 won.
60. How much do I owe you altogether?
    → It'll be 10 dollars, do you ask for them?
61. How much do you ask for them?
    → They are 20 dollars.
62. **How much does gas cost?**   this bread, this room, phone
    → I don't know exactly. Gas is 30 cents a gallon.
63. **How much money do you have in your possession?**
    → I have 2000 won in my possession.
64. **How much time do you have at present?**
    → I have much time at this moment.

강의

*값이 얼마입니까? : How much is it?
*요금이 얼마입니까? : How much is the fare?
*비용이 얼마입니까? : How much is the cost?
*임대료가 얼마입니까? : How much is the rent? 등으로 바꿔서 표현하고,
*시간이 얼마나 남았습니까? 돈이 얼마나 남았습니까? 는 How much time do you have left? 나 remaining 을 끝에 붙이면 됩니다. 대답은 I have 2 hours left. 또는 I have 2 hours remaining. 입니다.
또, I have 2 hours to go라고 해도 2시간 남았다가 됩니다.

☞ 이 부분은 그냥 통과하고 3부 후에 훈련할 것.

50. 처음에는 몇 개의 주가 미국에 있었습니까? → 처음에는 13개의 주가 있었습니다.
51. 몇 명의 여성 근로자가 당신 회사에서 일하나요? → 약 10명이 일합니다.
52. 몇 명의 사람들이 캐나다에 가기를 원합니까?
　　　　　　　　　→ 내가 알기로는, 많은 사람들이 가기를 원합니다.
53. 몇 명의 학생들이 학교에 옵니까? → 많은 학생들이 매일 옵니다.
54. 당신의 나라는 몇 개의 부로 구성되어 있습니까?
　　　　　　　　　→ 우리나라는 3부로 구성되어 있습니다.
55. 당신의 정부는 몇 개의 부로 조직되어 있습니까?
　　　　　　　　　→ 우리 정부는 20 부서로 조직되어 있습니다.
56. 'drugstore'는 몇 단어로 구성되어 있습니까?
　　　　　　　　　→ 'drugstore'는 2 단어로 구성되어 있습니다.
57. 올해에 몇 명의 종업원이 진급했습니까?
　　　　　　　　　→ 2명이 진급했습니다.

☞ 여기 있는 고딕체는 지금 훈련합니다.☆

58. 이 양탄자는 얼마입니까? → 5,000원 입니다. 1달러는 '원'으로 얼마입니까?
59. 이것은 얼마가 될까요? → 만원이 될 겁니다. 당신 계산서는 얼마였습니까?
60. 통틀어 내가 당신께 얼마를 드리죠? → 10달러 입니다.
61. 당신은 이것을 얼마에 요구하시죠 (얼마죠?) → 20불 입니다.

62. 휘발유는 비용이 얼마입니까?　　　　　　이 빵은, 이 방은, 전화요금은.
　　　　　　　　　→ 정확히는 모르지만, 일갈론에 30센트입니다.

63. 당신은 수중에 돈이 얼마나 있습니까? → 나는 수중에 2,000원이 있다.
64. 당신은 현재 시간이 얼마나 있습니까 → 나는 현재 많은 시간이 있다.

제 5 장: How + 형용사로 된 문장 훈련

65. **How much time is there left in this class? (remaining)**
    (How much time do you have left in this class? 라고 해도 됨)
    → There are 10 minutes remaining in this class.

66. **How much do you get paid?**
    → I get poorly paid. I don't want to mention it.

67. **How much does it cost to go to a movie?**
    → It'll cost about 9,000 won.

68. **How much did your camera cost?**
    → It didn't cost me a cent. I got it for nothing.

69. About how much a month does it cost to have the paper delivered?
    → It costs 7,000 won to have the paper delivered.

70. **How much did you pay for the book?**
    → I paid 2 dollars for it.

71. **How much did you pay the clerk?**
    → I paid him 2 dollars.

72. **How much do you weigh?**
    → I weigh 60 kilograms.

73. **How much does that table weigh?**
    → It's not too heavy. But I don't know the exact weight.

74. How much formal education did you have?
    → I had 10 years formal education.

75. How much are general admission tickets for the baseball game?
    → The general admission tickets are 9,000won.

☞ 이 부분은 4부 이후에 할 것

76. How much did you say you paid for it?
    → I said I paid 2,000won for that.

77. **How much money do you think you'll make?**
    → I think I can make as much as I can.

78. How much time do you think you'll have?
    → I think I'll have much time.

79. How much longer do you have to study to complete your education at the university? → I have to study 1 year more.

> 강의

'그것 얼마 주고 샀니?'는 How much did you pay for it? 으로 해야지 did you buy it? 이라고는 하지 않습니다. 'How often'은 '얼마나 자주'인데 '몇 시간마다, 몇 년마다'로 꼭 해야 한다면 「Every how many hours」「Every how many years」로 할 수 있습니다.

☞ 소리내어 아래 문장을 통역하시오☆

65. 이 수업에 시간이 얼마나 남았습니까? → 이 수업은 10분 남았습니다.
66. 당신은 급료를 얼마를 받습니까?
　　　　　　　　　→ 나는 조금 받습니다. 언급하고 싶지 않습니다.
67. 영화를 보러 가는 데 비용이 얼마나 드나요? → 약 9,000원 듭니다.
68. 당신 사진기는 비용이 얼마나 들었습니까?
　　　　　　　　　→ 나는 일 센트도 들지 않았습니다. 거저 생겼습니다.
69. 신문을 집에 배달시키려면 한 달에 비용이 얼마나 듭니까?
　　　　　　　　　→ 신문을 배달시키려면 7,000원 듭니다.
70. 그 책을 당신은 얼마 주고 샀습니까? → 2불 지불했습니다.
71. 점원에게 얼마를 지불했습니까? → 2불 지불했습니다.
72. 당신은 몸무게가 얼마나 나갑니까? → 나는 60킬로 나갑니다.
73. 그 책상은 무게가 얼마입니까?
　　　　　　　　　→ 그다지 무겁지 않습니다. 그러나 정확한 무게를 모릅니다.
74. 당신은 얼마나 많은 정규교육을 받았습니까?
　　　　　　　　　→ 나는 10년의 정규교육을 받았습니다.
75. 야구 경기의 일반 입장료는 얼마입니까?
　　　　　　　　　→ 일반 입장료는 9,000원입니다.

☞ 이 이하는 4부 후에 할 것

76. 당신은 그것을 얼마 주고 샀다고 했지요?
　　　　　　　　　→ 나는 그것을 2,000원에 샀다고 했습니다.
77. 당신은 돈을 얼마나 벌 것으로 생각하십니까?
　　　　　　　　　→ 나는 할 수 있는 만큼 벌 수 있다고 생각합니다.
78. 당신은 시간이 얼마나 있을 것 같습니까?
　　　　　　　　　→ 나는 많은 시간이 있을 것 같습니다.
79. 당신은 대학에서 교육을 끝마치려면 얼마나 더 있어야 합니까?
　　　　　　　　　→ 나는 1년 더 공부해야 합니다.

제 5 장: HOW+ 형용사로 된 문장 훈련

80. **How far is the bank?**   How far is the airport from the town?
    → The bank is near here.

81. **How far is it to the university?**
    → The university is far from here.

82. **How far is it from the shore of the east sea to Seoul?**
    → It's about 100 kilometers away.

83. **How often do you drink coffee?**
    → I drink coffee once a day. I don't drink coffee.

84. **How often should you take this medicine?**
    → I should take this medicine every 4 hours.

85. **How often do you write to your parents?**
    → I don't write a letter these days.

86. **How often do you have a checkup by a doctor?**
    → I have a checkup once a year.

87. **How often are the Olympic games held?**
    → The Olympic games are held every 4 years.

88. **How often are you examined by a doctor?**
    → I'm examined by a doctor twice a year.

89. **How soon will you be through with your class?**
    → I'll be through in 10 minutes.

90. How soon will the game be over?
    → The game will be over in 5 minutes.

91. **How soon will you be back to your company?**
    → I'll be back to my company after class.

92. How soon is he expected back(to be back)?
    → He's expected back in a minute.

93. **How old are you?**   How old is the school?
    → I'm 30 years old by American count.

94. **How old do you have to be to drive?**
    → I have to be 18 years old to drive.

95. **How old do you think she is?**
    → I think she's 20 years old by Korean count.

☞ 아래 문장 중에서 수동이나 명사절 등은 빼고 훈련할 것.
☞ 먼저 소리 내어 영어로 옮긴 후에 통역할 것.

80. 은행이 얼마나 멉니까?   마을에서 공항은 얼마나 멉니까?
→ 은행은 여기 근처에 있습니다.

81. 대학까지 얼마나 멉니까?   → 대학교는 여기서 멉니다

82. 동해안에서 서울까지는 얼마나 멉니까?
→ 약 100킬로 떨어져 있습니다.

83. 당신은 얼마나 자주 커피를 마십니까?
→ 하루에 한 번 마십니다.   → 나는 안 마십니다.

84. 당신은 얼마나 자주 이 약을 먹어야 합니까?
→ 나는 4시간마다 약을 먹어야 합니다.

85. 당신은 얼마나 자주 부모에게 편지를 씁니까?
→ 나는 요즈음 편지를 쓰지 않습니다.

86. 당신은 얼마나 자주 의사에게 진단을 받습니까?
→ 나는 일 년에 한 번 진단을 받습니다.

87. 올림픽 게임은 얼마나 자주 개최합니까?   (수동문장)
→ 올림픽 게임은 4년마다 열립니다.

88. 당신은 얼마나 자주 의사에게 검진받습니까?
→ 나는 일 년에 두 번 의사에게 검진받습니다.

89. 당신은 얼마나 빨리 수업을 끝낼 겁니까?   → 10분 있다가 끝낼 겁니다.

90. 그 경기는 얼마나 빨리 끝날까요?   → 그 경기는 5분 있으면 끝날 겁니다.

91. 당신은 얼마나 빨리 회사에 돌아갈 겁니까?
→ 나는 수업 후에 돌아갈 겁니다.

92. 그는 얼마나 빨리 돌아올 것으로 기대합니까?
→ 그는 곧 돌아올 것으로 기대됩니다.

93. 당신은 몇 살입니까?   당신 학교는 얼마나 오래됐지요?
→ 나는 만 나이로 (미국인 계산으로) 30살입니다.
(만 나이라는 표현을 이렇게 하니, full age 어쩌고 하면 안 됩니다)

94. 당신은 운전을 하려면 몇 살이 돼야합니까?
→ 운전을 하려면 18살이 돼야 합니다.

95. 그녀는 몇 살이라고 생각하십니까?
→ 나는 그녀가 한국 나이로 (한국인 계산으로) 20살이라고 생각합니다.

제 5 장: How + 형용사로 된 문장 훈련

96. **How tall are you?**
    → I'm 180 cm tall. → I am 6 feet tall.

97. **How well do you want to speak English?**
    → I want to speak English as well as I can.

98. **How late were you yesterday morning?**
    → I was 10 minutes late.

99. **How wide is Korea, do you happen to know?**
    → Korea is as wide as Britain.

100. **How big is your apartment?**
    → My apartment is small.

101. **How hot is it today?**
    → It's not hot.   → It's warm today.

102. **How expensive is your jacket?**
    → It's not expensive.   → It's reasonable.

103. **How high is that window?**   Will you measure it?
    → It's forty inches in height.

104. **How come you're late?**   =Why are you late?
    → Because of the traffic jam.

105. **How come you look tired?**
    → Because I worked hard all day.

106. **How come you are not working today?**
    → Because today is my off-day.

107. **How come you didn't come here Saturday?**
    → Because I was sick on Saturday.

108. **How fast had you driven before you had the accident?**
    → I had driven 60 miles an hour.

강의

「How come? = Why = 왜!」라는 뜻으로 회화에서는 상당히 사용합니다.
「How come you are late? = 왜 늦었어?」처럼 다음에 평문이 와야 합니다.
문장 공식을 바꿀 수 있는 만큼 최대한 바꾸어서 훈련하시기 바랍니다.
예를 들어, How cold is it? 은 How cold will it be? 식으로.

☞ How의 마지막 쪽입니다. 철저히 훈련하셔야 합니다.

96. 당신은 키가 얼마나 큽니까? → 나는 180센티입니다. → 6피트입니다.
97. 당신은 어느 정도 영어를 말하고 싶습니까?
→ 할 수 있는 만큼 말하고 싶습니다.

98. 당신은 어제 아침 얼마나 늦었습니까? → 10분 늦었습니다.
99. 한국은 얼마나 넓습니까, 혹시 아십니까?
→ 한국은 브리튼 (영국 본토)만큼 넓습니다.

100. 당신의 아파트는 얼마나 큽니까? 내 아파트는 작습니다.
101. 오늘은 얼마나 덥습니까? → 덥지 않습니다. → 오늘은 따뜻합니다.

102. 당신 웃옷은 얼마나 비쌉니까? → 비싸지 않습니다. → 적절합니다.
103. 저 창문은 얼마나 높습니까?   그것을 잴 것입니까?
→ 그것은 높이가 40인치입니다.

104. 당신은 왜 늦었습니까?   → 교통 혼잡 때문에.   → 교통 혼잡으로 인하여
105. 당신은 왜 피곤해 보입니까? → 종일 열심히 일했기 때문입니다.

106. 당신은 오늘 왜 근무를 하지 않습니까?
→ 오늘은 쉬는 날입니다. (비번)
107. 당신은 왜 토요일에 여기에 오지 않았나요?
→ 토요일에 나는 아팠기 때문입니다.

108. 당신은 사고를 당하기 전에 얼마나 빨리 달렸습니까?
→ 나는 1시간에 60마일을 달렸습니다.

제 6 장: WHAT으로만 된 문장 훈련

1. **What's your name?**   What's your nationality?   *hobby.*

2. **What's the matter with you? What's wrong with you?**
   → Nothing's the matter with me.   → I'm OK.
3. **What is the trouble with the radio?**
   → Nothing's the trouble with it.   → It works OK.
4. **What's up? You look worried?**   → I lost my money on my way here.

5. **What's new with you?**   What's on your mind?
   → Nothing's new.
6. **What is the big idea, you buying coffee?**   → Because today is my payday.
7. **What is on Tv tonight? = What is showing on TV tonight?**
   → I have no idea. Because I seldom watch TV.

8. **What is your favorite pastime?**   *food, music, season*
   → My favorite pastime is watching TV.
9. What is your rank and serial number?   → My rank is Sergeant(E-5).
10. **What is your plan for today?**   → I don't have a special plan for today.
11. **What is the date today?**   → Today is August 15, 2023.
12. **What is the price of that electric iron?**   → It's 20 dollars.

13. **What is the bus fare in downtown?**   taxi fare, airfare. (빼어)
    → The ordinary bus fare is 1,200 won.
14. **What is the cost of going abroad?**   → It depends upon the country.   '잇 디펜즈어폰 더 칸츄리'
15. **What is the room rate for overnight in a hotel?**   → It depends on the room and hotel.
16. **What is the doctor's fee in a hospital?**   *charge, rent. fine=penalty.*
    → It depends on the sickness.

강의

* What is the big idea? 는 웬일이냐? 어쩐 일이냐? 하는 뜻입니다.
* What's the fare? 는 How much is the fare? 와 같은 의미가 됩니다.
* fine 벌금, rent 임대료, charge 부과금, penalty 벌금, fee (삐) 수수료, utility rate (유틸러티 뢰잇) 시설 사용 요금, room rate 방 요금.

☞ What도 많이 사용합니다. 질문자와 대답자는 큰소리로 묻고 답할 것!

1. 당신의 이름이 무엇입니까?　　　　　　　　당신 국적은 무엇입니까?　　　　　　*취미*
2. 당신에게 무엇이 문제인가요?　　　　　　　당신에게 무엇이 잘못인가요?
　　　→ 나에겐 아무 문제도 없습니다.　　　→ 나는 좋습니다.
3. 그 라디오가 무엇이 고장인가요?
　　　→ 아무 고장도 없습니다.　　　　　　→ 잘 작동합니다.
4. 무슨 일이요? 걱정되어 보이는군요?　　　→ 여기에 오는 길에 돈을 잃어버렸습니다.

5. 당신에게 무슨 새로운 일이 있습니까?　　　당신에게 무슨 일이 있나요?
　　　→ 새로운 것은 없습니다.
6. 웬일이세요, 커피를 사시고?　　　　　　　→ 오늘이 내 봉급일이니까요.
7. 오늘 밤 TV에 무엇을 하지요?　　　　　　오늘 밤 TV에 무엇을 상영합니까?
　　　→ 모르겠군요. 나는 TV를 거의 보지 않기 때문입니다.
　　　'상영하다'를 on과 showing으로 표현함. Showing is continued=연속 상영)
8. 당신이 좋아하는 취미는 무엇입니까?　　　　　　　　　　　　　　　　*음식. 음악. 계절*
　　　→ 내가 좋아하는 취미는 TV 보는 것입니다.

9. 당신의 계급과 군번이 무엇입니까?　→ 내 계급은 하사관입니다.
10. 당신의 오늘 계획은 무엇입니까?　→ 오늘은 특별한 계획이 없습니다.
11. 오늘은 며칠입니까?　→ 오늘은 2023년 8월 15일 입니다.
12. 저 전기다리미의 값이 얼마입니까?　→ 20불입니다.
13. 시내에서 버스요금이 얼마입니까?　→ 보통 버스는 1,200원입니다.　　*택시요금. 항공요금*

14. 해외에 가는 비용이 얼마입니까?　→ 그것은 국가에 달렸습니다.
15. 한 호텔에서 하룻밤 방값이 얼마입니까? → 그것은 방과 호텔에 달렸습니다.　(overnight=하룻밤)
16. 한 병원에서 진찰료가 얼마입니까? → 그것은 병에 달렸습니다.　　*부과금. 임대료. 벌금*

제 6 장: WHAT으로만 된 문장 훈련

17. **What is your school tuition for one semester?**
    → My school tuition is about 600,000 won.

18. **What is the weather like today?**
    → The weather is nice today.

19. **What will the weather be like tomorrow?**
    → The weather will be cloudy tomorrow.

20. **What is the coffee shop like?**
    → The coffee shop is a meeting place in a word.

21. **What is the starting salary?** *former salary, current salary*
    → My starting pay is 2,00,000 won.

22. **What is the purpose of your visit here?**
    → I'm here to improve English.

23. **What is the temperature today?**
    → The temperature is 25 degrees centigrade.

24. **What is your first name and surname?** *family name*

25. **What is short for Thomas?**
    → Tom is short for Thomas.
    What is short for 'the Republic of Korea'?

26. **What is the easiest and best way to go home?** the quickest way
    → The best and easiest way is to take a bus.

27. **What is the name of the first-year college student?**
    → The first-year college student is freshman.

28. **What is the national game of your country?**
    → Our national game is Taekwondo.

29. **What is used for transportation in modern times?**
    → Bus, taxi, subway, airplane, train and boat are used.

30. **What is the best way to cure a headache?**
    → Resting is the best way to cure a headache.

31. **What is an economical way to travel to the States?**
    → Taking a bus is an economical way.

32. **What is a good way to spend your leisure time?**
    → Watching TV is a good way.

> 강의

» 「그녀는 무엇 하는 여자입니까?」 하면 What's she like?, 「날씨는 어떻습니까?」는 What's the weather like?처럼 끝에 like(~같은, 닮은) 형용사를 씁니다.
» 이름을 물어볼 때 이름은 given name 또는 first name이고, 성은 family name 또는 surname입니다.
» 「잠자는 것이 좋은 길입니다」는 Sleeping is a good way라고 하든, A good way is to sleep. 이라고 하든 마음대로 하면 됩니다.

☞ 이쪽에 있는 표현도 생활에 잘 쓰입니다.

17. 한 학기 동안 당신 학교의 수업료가 얼마입니까?
    → 우리 학교 수업료는 약 60만 원입니다.
18. 오늘 날씨가 어떻습니까? → 날씨는 좋습니다.
19. 내일 날씨는 어떻습니까? → 내일 날씨는 구름이 낄 것 같습니다.
20. 커피숍이 무엇 하는 곳입니까?   (표현 조심)
    → 한마디로, 커피숍은 만나는 장소입니다.
21. 초봉이 얼마입니까?   전 봉급. 현 봉급.
    → 내 초봉은 200만 원입니다.
22. 당신 방문한 목적이 무엇입니까? → 영어를 개선하려고 왔습니다.
23. 오늘 온도가 얼마입니까? → 온도는 섭씨 25도입니다.
24. 당신의 이름과 성이 무엇입니까?   성
25. 토마스에 대한 줄인 이름은 무엇입니까?   '한국'의 약어가 무엇인가요?
    → 톰이 토마스의 줄인 것입니다.   → ROK입니다.
26. 집에 가는 가장 쉽고 그리고 최선의 길이 무엇입니까?   가장 빠른 길
    → 쉽고 최선의 길은 버스를 타는 것입니다.
27. 대학 1학년 학생 명칭(부르는 말)이 무엇입니까?
    → 대학 1학년 명칭은 freshman입니다.
28. 당신 나라의 국기(국가경기)는 무엇입니까?
    → 우리의 국기는 태권도입니다.
29. 현시대에서 교통으로 무엇이 사용되나요?   (수동문장)
    → 버스, 택시, 지하철, 비행기, 기차 그리고 배가 사용됩니다.
30. 두통을 치료하는 최선의 길이 무엇입니까?
    → 휴식이 두통을 치료하는 최선의 길입니다.
31. 미국을 여행하는 경제적인 방법이 무엇입니까?
    → 버스 타는 것이 경제적인 길입니다.
32. 여가 시간을 보내는 좋은 길이 무엇입니까?
    → TV를 보는 것이 좋은 길입니다.

제 6 장: WHAT으로만 된 문장 훈련

33. **What is the difference between you and me?**
     → You are a male. I am a female.
34. **What is the advantage of living in the country?**
     → Air is fresh and surroundings are quiet.
35. What is the average work week in the U.S.A?
     → The average work week is 5 days.
36. What is the freezing point on a fahrenheit scale?
     → The freezing point is 32 degrees.
37. What is the function of the skeleton?
     → To support and protect the body.

38. **What are some good things about coffee shops?**
     → Good things are to rest and listen to music.
39. **What are the requirements for becoming an engineer?**
     → Requirements are aptitude and talent.
40. **What is the mood of the patient?**
     → Lonely and worried.

41. **What are you worrying about?**
     → I'm not worrying about anything.
42. **What are you majoring in?**   =specialize in
     → I'm majoring in English literature.
43. **What are you staring at so intensely?**
     → I'm not staring at anything.
44. **What are you filling out?**
     → I'm not filling out anything.
45. **What are you wearing today?**
     → I'm wearing a blue sweater.
46. **What are you trying to find?**
     → I'm not trying to find anything.
47. **What are you studying English for?**
     → My job requires English and for my future.
48. **What are you going to do with that money?**   → 발음 조심
     → I'm going to buy books with this money.

33. 당신과 나 사이에 다른 점이 무엇입니까?
→ 당신은 남성, 나는 여성입니다.
34. 시골에서 사는 이점이 무엇입니까?
→ 공기가 신선하고 환경이 조용하다.
35. 미국에서 주 평균 근무일이 얼마입니까? → 주 평균 근무일은 5일이다.
36. 화씨 눈금에서 빙점이 무엇입니까? → 빙점은 32도입니다.
37. 뼈대의 기능이 무엇입니까? → 몸을 보호하고 지지하기 위한 것.

38. 커피숍에 대한 좋은 점이 무엇입니까?
→ 좋은 점은 휴식을 하고 음악을 듣는 것입니다.
39. 기술사가 되기 위하여 요구되는 것이 무엇입니까?
→ 요구사항은 재능과 적성이다.
40. 환자의 기분은 어떻습니까? → 고독하고 걱정스러운 것

41. 당신은 무엇을 걱정하고 있습니까?
→ 나는 아무것도 걱정하고 있지 않습니다.
42. 당신은 무엇을 전공하고 있습니까?
→ 나는 영문학을 전공하고 있습니다.
43. 당신은 그렇게 강렬하게 무엇을 노려보고 있나요?
→ 나는 아무것도 노려보고 있지 않습니다.
44. 당신은 무엇을 써넣고 있나요?　☞ fill in (out)은 서식을 쓸 때만 씀
→ 나는 아무것도 써넣고 있지 않습니다.

45. 당신은 오늘 무엇을 입고 있습니까?
→ 나는 푸른 스웨터를 입고 있습니다.
46. 당신은 무엇을 찾으려고 노력하고 있습니까?
→ 나는 아무것도 찾으려고 노력하고 있지 않습니다.
47. 당신은 무엇 때문에 영어를 공부하고 있습니까?　(What for =무엇 때문에)
→ 내 직업이 영어를 요구합니다. 그리고 내 장래를 위해서.
48. 당신은 그 돈으로 무엇을 하실 겁니까?
→ 나는 이 돈으로 책을 살 겁니다.

발음

What are you thinking about? 은 '워라유 띵킹 어바웃?' 또는 '워류 띵킹 어바웃?', What are you doing? 은 워라유 두잉? 또는 워류 두잉? 하지만 What are you going to do?는 워라유 고잉투 두? 또는 워류 고나 두? 또는 워츄 고나 두? 라고 합니다. 워츄 라는 발음에 주의. What do you want to do?는 "워두유 원투 두?" 또는 "워두유 원나 두?"라고 합니다.

제 6 장: WHAT으로만 된 문장 훈련

49. **What will you go to Japan for?**
    → For opening market and surveying market.

50. **What did you do yesterday?**   What does the usher do?
    → I didn't do anything special.   → He shows the seats.

51. **What does it say in the newspaper?**   "웟다즈잇쎄이" 또는, "워쓰잇쎄이"
    → I didn't see the paper.

52. **What do you smell?**   What do you hear?
    → I smell burning. → I don't smell anything.   → I hear plane.

53. **What do you do for recreation?**
    → Watching TV, going to the movies have been my recreation.

54. **What do you like about the cold weather?**
    → Because I can go skating.

55. **What do you mean by heavy traffic?**
    → Heavy traffic means there are lots of automobiles.

56. **What do drugstores in most countries sell?**   → They only sell medicine.

57. **What do you spend most of your income for?**
    → I spend for living expenses.

58. **What have you got in your hand right now?**
    → I've got a pen in my hand.

> 이 부분은 4부 후에 할 것

59. What is the biggest animal you saw?
    → The biggest animal is an elephant.

60. What was the first thing you wanted in the morning?
    → The first thing I wanted was a toothbrush.

61. Ted said, it's time to get going. What does that mean?
    → To get going means to start.

62. What will you need if it gets cold?
    → If it gets cold. I'll need warm clothes.

63. What would you do if today were Monday?
    → If today were Monday, I'd be at work.

49. 당신은 무엇 때문에 일본에 가십니까? (What for 또는 For what=무엇 때문에)
   → 시장 개척하고 시장 조사하러.
50. 당신은 어제 무엇을 했습니까?   안내인은 무엇을 합니까?
   → 나는 특별히 아무것도 안 했습니다.   → 그는 좌석을 안내합니다.
51. 신문에 무엇이라고 쓰여 있나요? (쓰여있다는 것을 「말한다」라고 표현함.)
   → 나는 신문을 안 보았습니다.
52. 당신은 무엇을 냄새 맡습니까? (무슨 냄새가 납니까?)   무슨 소리가 들립니까?
   → 나는 타는 냄새가 납니다. 아무 냄새도 안 납니다. → 비행기 소리가 납니다.
53. 당신은 오락으로 무엇을 합니까?
   → TV 보는 것, 영화 보러 가는 것이 내 오락이었습니다.
54. 당신은 추운 날씨를 어떻게 좋아하십니까? (어떤 점이 좋으십니까? 라는 의미)
   → 스케이팅을 탈 수 있으니깐요.
55. 해비트래픽이란 무엇을 의미합니까?
   → 해비트래픽이란 많은 차량이 거리에 있다는 의미입니다.
56. 대부분 나라에 있는 약국은 무엇을 팝니까?
   → 약만을 팝니다. (주어에 유의)
57. 당신은 당신 수입의 대부분을 무엇에 씁니까?
   → 나는 생활비에 씁니다.
58. 당신은 손에 현재 무엇을 갖고 있나요? → 내 손엔 펜이 있습니다.

☞ 이 부분은 4부 후에 할 것

59. 당신이 본 가장 큰 동물은 무엇입니까?
   → 가장 큰 동물은 코끼리입니다.
60. 아침에 당신이 원했던 첫 번째 것은 무엇이었나요?
   → 내가 원했던 첫 번째 것은 칫솔입니다.
61. 테드는 말했다. Get going 할 시간이다. 그것은 무슨 뜻입니까?
   → Get going은 출발하다는 뜻입니다.

62. 만일 추워지면 당신은 무엇이 필요할까요?
   → 만일 추워지면, 나는 따뜻한 옷이 필요할 겁니다.
63. 만일 오늘이 월요일이라고 가정하면, 당신은 무엇을 하실까요?
   → 오늘이 월요일이라고 가정한다면, 나는 근무하겠지요.

제 7 장: WHAT + 명사로 된 문장 훈련

1. What time shall I come tomorrow?
   → I want you to come by 2 o'clock. → Please, come anytime.

2. What time will this class be over?
   → It'll be over in 5 minutes.

3. What time will it be convenient for you to call me up?
   → It'll be convenient anytime. → Anytime'll be convenient.

4. What time shall we meet tomorrow?
   → Let's meet at this time of tomorrow.

5. What time shall we take off here? *= start, leave*
   → Let's take off after class.

6. What time is it now? = What time do you have?
   → It's 6 o'clock.

7. What time do you finish working every day?   *start, begin, end*
   → I finish working at 6:30.

8. What time can I drop in to see you on Sunday?
   → You can drop in to see me before lunch time.

9. What time does your school begin and finish?
   → My school begins at 9 o'clock and finishes at 5.

10. What time do you leave the house and where do you work?
    → I leave the house at 9 and I work for the store.

11. What time did you get here today?
    → I was a little late. I got here on time.

12. What time did you return home last night?
    → I returned home at about 10 PM.

13. What kind of climate do you have in your country?
    → We have distinctive four seasons.

14. What kind of doctor would you like to be?
    → I'd like to be a dentist.   *physician, surgeon.*

15. What kind of drama are you fond of?
    → I am fond of comedy drama.

16. What kind of grades did you make in college?
    → I made all straight A's.

☞ **What**에 명사를 붙여서 먼저 한 그룹을 만든 다음 의문 문장을 만듭니다. 이런 문장 중에서 아주 잘 쓰는 것부터 훈련합니다.

1. 제가 내일 몇 시에 올까요?
   → 나는 당신이 2시까지 오기를 원합니다. → 또는 아무 때나 오세요.
2. 이 수업이 몇 시에 끝날까요?   → 이 수업은 5분 있다가 끝날 겁니다.
3. 당신은 나에게 전화하려면 몇 시가 편리할까요?
   → 아무 때나 편리할 겁니다. = (같은 표현)
4. 몇 시에 우리 만날까요?
   → 내일 이 시간에 만납시다. 또는 "1시 어때요" 한다면 How about 1!
5. 몇 시에 우리 여기를 출발할까요?
   → 수업 후에 떠납시다.
6. 지금 몇 시인가요? (옆의 '갖고 있다' 는 것도 몇 시입니까? 란 의미.) → 6시입니다.
7. 당신은 매일 몇 시에 일을 끝내십니까?   *시작하다. 시작하다. 끝내다*
   → 나는 6:30 분에 일을 끝냅니다.
8. 일요일에 당신을 보기 위해서 내가 몇 시에 들릴 수 있을까요?
   → 점심 전에 나를 보시기 위해서 들리면 됩니다.
9. 당신 학교는 몇 시에 시작해서 끝납니까?
   → 나의 학교는 9시에 시작해서 5시에 끝납니다.
10. 당신은 몇 시에 집을 나오고, 어디서 근무합니까?
    → 니는 9시에 집을 나오고 가게에서 일합니다.
11. 오늘 몇 시에 당신은 여기에 도착했나요?
    → 나는 약간 늦었습니다. → 정각에 도착했습니다.
12. 지난밤 몇 시에 집에 돌아갔습니까?
    → 10시경에 집에 돌아갔습니다.
13. 당신 나라에는 어떤 종류의 기후가 있습니까?
    → 우리는 명확한 4계절을 갖고 있습니다.
14. 당신은 어떤 종류의 의사가 되고 싶습니까?
    → 나는 치과의사가 되고 싶습니다.   *내과, 외과.*
15. 당신은 어떤 종류의 연속극을 좋아하십니까?
    → 나는 코미디 연속극을 좋아합니다.
16. 당신은 대학에서 어떤 종류의 등급 (점수)을 만들었나요?
    → 나는 전부 A를 만들었다. (받았다는 뜻)

발음

What kind of를 '왓카인더, 왓 카이나 또는 왓카인업' 하여 뒤 문장과 연음을 시켜 발음합니다. 연음은 듣기 좋게, 발음하기 좋게 되었을 때 맞는 문장이 됩니다.

제 7 장: WHAT + 명사로 된 문장 훈련

17. What kind of work do you do?
    → I am a salaried worker. salaried man. working woman.

18. What kind of impression can you give me?
    → I can give you a good impression.

19. What kind of political parties do you take part in?
    → I don't take part in any political parties.

20. What hours do you work each day?
    → I begin at 9 and finish at 5.   9 to 5.

21. What year were you born in?
    → I was born in 2000.

22. What language are you studying right now?
    → I'm studying English now.

23. What sort of house do you own?
    → I own 2-story house.

24. What floor is your apartment on?
    → My apartment is on 5th floor.

25. What grade are you in?   = What's your grade?
    → I'm in 3rd grade.

26. What year are you in?
    → I'm in my third year of college.   junior.

27. What girl do you want to have a date with now?
    → I want to have a date with Miss Kim.

28. What musical instrument do you play?
    → I play the piano.

29. What company did you decide to work for?
    → I decided to work for the Hyundai company.

30. What size is your company?
    → My company is a medium size company.

31. What bus do you take to get to the airport?
    → I take the bus marked 100.

32. What day is today?   What day was yesterday?
    → Today is Monday.   → Yesterday was~ .

☞ 이 쪽도 중요한 표현입니다

17. 당신은 어떤 종류의 일을 하십니까?
　　　　　　　→ 나는 봉급쟁이입니다.　　　　　　봉급쟁이, 직장여성
　　　　　(salary man이라고 하면 안 되고, salaried man이라고 할 것.
　　　　　business woman은 창녀를 의미하므로, 직장여성은 working lady라고 함)
18. 어떤 종류의 인상을 당신은 나에게 줄 수 있나요?
　　　　　　　→ 나는 당신에게 좋은 인상을 줄 수 있습니다.
19. 어떤 종류의 정당에 당신은 참가하고 있나요?
　　　　　　　→ 나는 어떤 정치 정당에도 참가하지 않습니다.
20. 그날그날 당신은 몇 시에 근무를 시작하고 끝납니까? (표현주의)
　　　　　　　→ 나는 9시에 시작하고 5시에 끝납니다.

21. 당신은 무슨 해에 태어났나요? → 나는 2000년에 태어났습니다.
22. 무슨 언어를 당신은 지금 공부하고 있습니까? → 영어를 공부합니다.
23. 무슨 종류의 집을 소유하고 있습니까? → 2층 집을 소유하고 있습니다.
　　　　　(sort는 분류하다는 동사이고 명사는 부류, 종류란 뜻)
24. 당신 아파트는 몇 층에 있습니까? → 내 아파트는 5층에 있습니다.
　　　　　(story는 개인 집에서, floor는 빌딩에서 '층'이라는 뜻)
25. 당신은 몇 학년입니까? → 나는 3학년입니다.
　　　　　(고등학교까지는 grade school이라고 해서 학년을 의미함)
26. 당신은 몇 학년입니까? → 나는 3학년입니다. (대학교에서는 year라고 함)
　　　　　(freshman, sophomore, junior, senior= 1, 2, 3, 4학년이라고 해도 됨)
27. 당신은 지금 어떤 여자와 함께 데이트하기를 원합니까?
　　　　　　　→ 나는 미스김과 같이 데이트하기를 원합니다.
28. 무슨 악기를 당신은 연주합니까? → 나는 피아노를 칩니다.

29. 당신은 무슨 회사에서 근무하기로 결정했나요?
　　　　　　　→ 나는 현대 회사에서 근무하기로 결정했습니다.
30. 당신 회사는 무슨 크기입니까? (회사가 얼마나 큽니까?)
　　　　　　　→ 내 회사는 중기업입니다.
31. 무슨 버스를 당신은 공항에 가기 위하여 탑니까?
　　　　　　　→ 나는 100번이라고 표시된 버스를 탑니다.
32. 오늘은 무슨 요일입니까?　　　　어제는 무슨 요일이었나요?
　　　　　　　→ 오늘은 월요일입니다.　→ 어제는 ~ 요일이었다.

33. What season do most people look forward to?
　　　→ Most people look forward to Spring.

34. What month is next month?　　　What month is this?
　　　→ Next month is January.　　→ This month is ~.

35. What number should I dial to get the operator?
　　　→ You should dial 114 to get the operator.

36. What part of the world do you want to go see?
　　　→ I want to go see all over the world.

37. What type of program do you prefer?
　　　→ I prefer show program.

38. What flight will you be on?　　What plane will you take?
　　　→ I will be on KAL flight.

39. What flight are you taking?
　　　→ The KAL will do, I think.　　　→ I am taking KAL.

40. What type of person is your superior in the office?
　　　→ He is the type who likes to talk.　→ Talkative type.

41. What else can you buy at the drugstore besides medicine?
　　　→ I can buy cigarettes.

42. What tool or device do you use in your working place?
　　　→ I use all kinds of tools.　　　→ Tool is not used.

43. What colors do the leaves turn in Fall?
　　　→ Hie leaves turn into red color.

☞ 수동문장이므로 이 부분은 4부 이후에 할 것

44. What material is your coat made of?
　　　→ It is made of wool and cotton.

45. What instrument is used to measure temperature?
　　　→ Thermometer is used to measure temperature.

46. What important products are made from milk?
　　　→ Cheese and butter are made from milk.

47. What tools are used to cut wood?
　　　→ Saw is used for cutting wood.

48. On what days are church services held?
　　　→ Church services are held on Sundays.

33. 대부분 사람들은 무슨 계절을 학수고대합니까?
→ 대부분 사람들은 봄을 학수고대합니다.
34. 다음 달은 무슨 달입니까?   이달은 무슨 달입니까?
→ 다음 달은 일 월달 입니다.   → 이달은 ~ 달입니다.
35. 내가 교환원을 댈려면 몇 번을 돌려야 합니까?
→ 당신은 교환원과 통화하려면 114번을 돌려야 합니다.
36. 세상 어느 지역을 당신은 가보고 싶은가요?
→ 나는 전 세계를 가보고 싶습니다.

37. 무슨 타입의 프로를 당신은 더 좋아합니까?
→ 나는 쇼 프로를 더 좋아합니다.
38. 당신은 무슨 기종을 승선하실 겁니까?   무슨 비행기를 탈 겁니까?
→ 나는 대한항공을 승선할 겁니다.
39. 당신은 무슨 비행기를 탈 것입니까?
→ 대한항공으로 할 것 같습니다. → 나는 칼을 탈것입니다.
40. 사무실에서 당신의 상관은 무슨 타입의 사람입니까?
→ 그는 얘기하기를 좋아하는 타입입니다.   → 수다 떠는 타입
41. 당신은 약국에서 그 밖에 무엇을 살 수 있나요? 약을 제외 하고.
→ 나는 담배를 살 수 있습니다.
42. 당신은 근무처에서 무슨 공구나 기구를 사용합니까?
→ 나는 모든 종류의 공구를 사용합니다.   → 공구는 사용 안 합니다.
43. 나뭇잎은 가을에 무슨 색으로 바뀝니까? → 잎은 빨간색으로 바뀝니다.

☞ **이 이하는 4부 이후에 할 것**

44. 당신의 코트는 무슨 재료로 만들었나요?
→ 그것은 양모와 면으로 만들어졌습니다.
45. 온도를 측정하는데 무슨 기구를 사용합니까?
→ 온도계가 온도를 측정하는 데 사용됩니다.
46. 우유로 무슨 중요한 상품을 만듭니까?
→ 치즈와 버터를 우유로 만듭니다.
47. 나무를 자르는데 무슨 공구가 사용됩니까?
→ 나무를 자르기 위하여 톱이 사용됩니다.
48. 무슨 요일에 예배를 봅니까?
→ 예배는 일요일에 봅니다.   (법회는 Temple service)

제 8 장: 의문사 자체가 주어인 경우(이, 가, 는)

1. What time is the wedding ceremony?   *lunch*
   → The wedding ceremony is 2 o'clock.
2. What kind of building is in front of your company?
   → South gate is in front of our company.
3. What store sells TV sets cheap?
   → Electronic whole sale stores sell TV sets cheap.
4. What animals go into hibernation?
   → Frog and snake go into hibernation.

5. What recreational facilities are available in your company?
   → Video room and table tennis are available.
6. What types of entertainment are popular for the evening?
   → TV dramas are most popular entertainment.
7. What happened to you?
   → Nothing happened to me.   → Good thing happened to me.
8. What will happen to Korea next year?
   → Good thing will happen to Korea.
9. What keeps you busy?   = Why are you busy?
   → My job keeps me busy.
10. What's kept you late? =What's held you late? = Why are you late?
    → Bus kept me late.
11. What makes you say that?
12. What makes you so certain?

13. What makes you angry? = Why are you angry? worried, serious
    → His behavior makes me angry.
14. What brought you here?   = Why are you here?
    → I am here to improve English.
15. What brought him back?   = Why is he back here?
    → In order to take his umbrella with him.
16. What do you need(What is needed) in order to go to America?
    → Visa and money are needed to go to America.
17. What appears on the first page of a newspaper(in the paper)?
    → Election article appears on the first page.
18. What seems to be wrong with your radio?
    → Nothing seems wrong.   → It's working OK.

> 강의

What happened? (무슨 일이 발생했나?)는 What이 주어이고 happen 이 동사입니다.
이런 식으로 의문사 자체가 '은·는·이·가'로 시작되면 그것은 의문사 자체가 평문이면서 의문문입니다. Who와 What에서 그런 문장이 가장 많이 나옵니다.

1. 몇 시가 결혼식입니까?   (점심, 수업, 퇴근 시간, 회의 등으로 바꾸어 볼 것)
   → 결혼식은 2시입니다.
2. 무슨 종류의 빌딩이 당신 회사 앞에 있습니까? → 남대문이 회사 앞에 있습니다.
3. 무슨 상점이 텔레비전을 싸게 팝니까?   (상점을 사람으로 간주한 것임)
   → 전자 도매 상가가 텔레비전을 싸게 팝니다.
4. 무슨 동물이 동면에 들어갑니까? → 개구리와 뱀이 동면에 들어갑니다.

5. 무슨 오락시설이 당신 회사에서 이용할 수 있나요?
   → 비디오와 탁구가 이용가능합니다.
6. 무슨 종류의 오락이 저녁 시간에 인기있나요?
   → 텔레비전 연속극이 가장 인기 있는 예능입니다.
7. 당신에게 무슨 일이 발생했나요?   (손가락에, 한국에, 몸에 등으로 바꾸어서)
   → 아무 일도 없었습니다.   → 좋은 일이 생겼습니다.
8. 내년에 한국에 무슨 일이 생길까요? → 좋은 일이 생길 것입니다.

9. 무엇이 당신을 바쁘게 합니까? - 왜 바쁘십니까?
   → 내 일이 나를 바쁘게 합니다. = 일 때문에 바쁘다.
10. 무엇이 당신을 늦게 했나요? = 왜 늦었나요? → 버스가 나를 늦게 했다.
11. 무엇이 당신을 그렇게 말하게 만듭니까?   = 왜 그런 말을 하세요?
12. 무엇이 당신을 그렇게 확신하게 만듭니까?   = 왜 그렇게 확신하세요?

13. 무엇이 당신을 화나게 만듭니까?   = 왜 화를 내십니까?
    → 그의 행동이 나를 화나게 만듭니다.
14. 무엇이 당신을 여기에 데려왔나요? = 당신은 왜 여기에 오셨나요?
    → 영어를 개선시키러 왔습니다.
15. 무엇이 그를 다시 데려왔나요? = 그는 왜 다시 여기에 왔나요?
    → 우산을 가지러 왔습니다.
16. 미국에 가기 위하여 무엇이 필요합니까?
    → 비자와 돈이 필요합니다.
17. 신문 첫 장에 무엇이 나왔습니까?   (한쪽은 on이고 신문 전체는 in입니다)
    → 선거 기사가 1면에 나왔군요.   --What appears in the newspaper?
18. 당신 라디오에 무엇이 고장인 것 같습니까?
    → 잘못이 없는 것 같군요.   → 작동이 잘되는 중입니다.

제 8 장: 의문사 자체가 주어인 경우

19. What started you studying the piano?
    → Because I like music very much.
20. What started (made) you drinking last night?
    → Because I met a friend of mine incidentally.

21. What accounted for the accident?
    → Carelessness accounted for the accident.
22. What causes rust of some tools?
    → Humidity causes rust.

23. What causes most of the fires?
    → Careless people cause most of the fires.
24. What word means about the same as comparatively?
    → Relatively is the same.
25. What kept you from coming yesterday? = Why didn't you come?
    → My sickness kept me from coining.
26. What about going to the movies tonight?
    → It sounds great. → Let's go.
27. What about Mr. Brown?
    → Who knows?   → He won't come here.

28. What's eating you?   = What are you talking about?
29. What's going on here?   = What are you doing now?

30. What in the world do you do for a living?
31. What profession on earth are you engaging in?
    → I am engaging in the field of trade.

32. What is that to you? =What difference does it make?
33. What if you lose money?
    → If I lose money I'll report to a policeman.
34. What happens when people don't cooperate smoothly in an organization?
    → There won't be any progress.

19. 무엇이 당신을 피아노를 배우게 출발시켰나요? = 배우게 했나요?
   → 나는 음악을 아주 좋아하기 때문입니다.
20. 무엇이 당신을 지난밤에 술을 마시게 만들었나요?
   → 우연히 친구 한 명을 만났기 때문입니다.
21. 무엇이 그 사건을 야기 시켰나요?   (account for~일으키다. 발생시키다)
   → 부주의가 그 사건을 야기시켰다.
22. 무엇이 공구의 녹을 초래시킵니까?   (cause~원인되다. 초래하다)
   → 습기가 녹을 초래합니다.

23. 무엇이 대부분 화재를 초래합니까?
   → 부주의한 사람들이 대부분 화재를 초래합니다.
24. 무슨 단어가 '비교적으로'와 같은 의미를 나타냅니까?
   → Relatively가 같습니다.
25. 어제 무엇이 당신이 여기 오는 것을 못 오게 했나요? = 왜 안 왔나요?
   → 내 병이 나를 여기 오는 것으로부터 잡았다.=병 때문에 못 왔다.

26. 오늘 밤에 영화 보러 가는 게 어때요?   (이때는 'How about'과 같은 의미)
   → 좋습니다.   → 갑시다.
27. 브라운 씨는 어떻게 되었지요?   (What about은 "어떻게 된 겁니까?" 로 많이 씀)
   → 누가 알겠어요.   → 그는 여기에 오지 않을 겁니다.

28. 무엇이 당신을 먹고 있습니까? (무슨 얘기를 하고 있습니까? 라는 의미)
29. 무엇이 여기서 가고 있습니까? (당신은 여기서 무엇을 하고 있습니까? 의 뜻)

30. 도대체 당신은 생활로 무엇을 하십니까? (in the world가 중간에 들어갈 때)
31. 도대체 당신은 무슨 직업에 종사하고 있나요? (on earth가 중간에 쓸 때)
   → 나는 무역 분야에 종사하고 있습니다.

32. 그것이 당신과 무슨 상관이요? = 그것이 무슨 상관입니까?

33. 만일 당신은 돈을 잃어버리면 어떻게 하시겠어요?
   → 만일 내가 돈을 잃어버리면 경찰에 신고하겠습니다.

34. 사람들이 조직에서 순조롭게 협조하지 않을 때 어떤 일이 발생할까요?
   → 발전이 없을 겁니다.

제 9 장: WHO, WHOM훈련

1. Who is there?

2. Who is the postcard from?   Who is it from?
   → It's from one of my friends.

3. Who is this package for?   Who is this for?
   → It is for me.

4. Who did you inform of the departure time?
   → I informed him of the departure time.

5. Who (whom) are you looking for?
   → I am not looking for anyone.

6. Who do you want to speak to?
   → I want to speak to the general manager.

7. **Your closest friend is who?**   Who is your close friend?
   → My closest friend is Jane.

8. **Whom must you ask where to get off on the bus?**
   → I must ask the driver.

9. To whom did you send a luggage?
   → I sent a luggage to my father.

10. By whom is the child's first name chosen?
    → Child's first name is chosen by parents.

11. **Who would you name as the greatest man of our times?**
    → I know nothing about that.

12. **Who do you want to call in the morning?**
    → I don't want to call anyone in the morning.

13. **Who are you writing(letters) to?**
    → I'm not writing to anyone as you see.

14. **Who did you have lunch with yesterday?**
    → I had lunch with my co-worker.

WHO가 이·가·는 으로 시작되어 직접 평문형태

1. **Who is in the room?**   Who is out?
   → My mother is in the room.

2. Who is talking on the phone?
   → Mr. Kim is talking on the phone.

☞ 회화에서는 Whom으로 되는 것도 전부 Who로 해버립니다.
☞ Who는 이·가·는 으로 문장이 시작되어 직접 평문 형태가 되기도 합니다.

1. 거기에 누구입니까?　　　(누구야? 라는 「수하」에 해당하는 질문)
2. 그 우편엽서는 누구에게서 왔나요?　　　그것은 누구에게서 왔나요?
　　　　　　　　→ 이것은 내 친구에게서 왔습니다.
3. 이 소포는 누구에게 온 것입니까? 이것은 누구의 것입니까?
　　　　　　　　→ 그것은 나의 것입니다.　(나에게 온 것 , 나를 위한 것, 이라는 뜻임)
4. 당신은 출발시간을 누구에게 알렸나요?
　　　　　　　　→ 나는 그에게 출발시간을 알렸습니다.

5. 당신은 누구를 찾고 있습니까?
　　　　　　　　→ 나는 아무도 찾고 있지 않습니다.
6. 당신은 누구와 대화하고 싶나요?
　　　　　　　　→ 나는 지점장과 대화를 하고 싶습니다.
7. 당신의 가장 가까운 친구는 누구입니까?　　누가 당신의 가까운 친구입니까?
　　　　　　　　→ 나의 가장 가까운 친구는 제인입니다.
8. 당신은 버스에서 어디서 내려야 하는 지를 누구에게 물어야 합니까?
　　　　　　　　→ 나는 운전사에게 물어야 합니다.

9. 당신은 누구에게 소포를 보냈습니까?
　　　　　　　　→ 나는 나의 아버지에게 소포를 보냈습니다.
10. 어린애의 이름은 누구에 의해서 선택됩니까?
　　　　　　　　→ 어린애의 이름은 부모에 의해서 선택됩니다.

11. 당신은 우리 시대에서 누구를 가장 위대한 사람이라고 이름을 대겠습니까?
　　　　　　　　→ 나는 거기에 대해서 모르겠습니다.
12. 당신은 아침에 누구에게 전화하고 싶습니까?
　　　　　　　　→ 나는 아침에는 아무에게도 전화하고 싶지 않습니다.
13. 당신은 누구에게 편지를 쓰고 있습니까?
　　　　　　　　→ 보시다시피, 나는 어떤 사람에게도 편지를 쓰고 있지 않습니다.
14. 당신은 어제 누구하고 같이 점심 먹었습니까?
　　　　　　　　→ 동료와 같이 먹었습니다.

who가 직접 평문 형태

1. 누가 방 안에 있습니까?　→ 어머니가 방에 있습니다.　　　누가 밖에 있나요?
2. 누가 전화에서 얘기를 하고 있습니까?
　　　　　　　　→ 미스터 김이 얘기하고 있습니다.

제 9 장: WHO의 훈련 (이·가·는 으로 직접 주어일 때)

3. Who is your financial sponsor?   Who is your teacher?
    → My father is my financial sponsor.

4. Who is wanted on the phone?
    → Miss Kim is wanted on the phone.
    → You are wanted on the phone.

5. Who is to blame for the wrong education?
    → Government is to blame.

6. Who is going with you?   Who will come with you?
    → Miss. Kim is going with me.

7. Who is tutoring you in English?
    → Mr. Kim is tutoring me.

8. Who is absent now?   Who will be absent?
    → Mr. Brown is absent.

9. Who took my camera?   Who stole my money?
    → I took your camera.   → Nobody stole your money.

10. Who invited you to America?
    → My parents invited me.

11. Who makes a lot of money in Korea?
    → Big company owners make a lot of money.

12. Who wants to get married?
    → I want to get married.

13. Who came here yesterday?   Who will come?
    → Everyone came here.

14. Who bought this book?   Who will buy coffee?
    → I bought this book.   → I'll buy coffee.

15. Who brought this umbrella?
    → I brought this umbrella.

16. Who appoints the principal of schools?
    → Educational ministry appoints the principal.

17. Who opened the window?
    → I opened the window.

18. Who threw away my envelope?
    → I threw it away.

☞ Who가 직접 주어입니다. 쉬운 문장이지만 열심히 훈련하십시오.☆

3. 누가 당신의 재정보증인입니까?   누가 당신의 선생입니까?
   → 나의 아버지가 재정보증인입니다.
4. 누구한테 온 전화입니까?   ☞수동문장: 전화 부분에서 훈련함
   → 미스김한테 온 전화입니다.
   → 당신에게 온 전화입니다.
5. 누가 잘못된 교육에 대해서 책망을 받아야 합니까? (be to=must로 해석함)
   → 정부가 책망을 받아야 합니다.
6. 누가 당신과 같이 갈 겁니까?   누가 당신과 같이 올 겁니까?
   → 미스김이 나와 같이 갈 겁니다.
7. 누가 영어로 당신을 개인 교수하고 있습니까?
   → 미스터김이 나를 개인 교수하고 있습니다.
8. 누가 지금 결석했나요?   누가 결석할까요?
   → 미스터 브라운이 결석했습니다.

9. 누가 내 사진기를 가져갔습니까?   누가 내 돈을 훔쳐 갔습니까?
   → 내가 당신 사진기를 가져갔었습니다.   → 아무도 당신 돈은 훔치지 않았습니다.
10. 누가 당신을 미국에 초청했나요?
    → 내 부모가 나를 미국에 초청했습니다.
11. 누가 한국에서 많은 돈을 법니까?
    → 큰 회사 소유자들이 많은 돈을 법니다.
12. 누가 결혼하기를 원합니까?
    → 내가 결혼하기를 원합니다.
13. 누가 어제 여기에 왔었나요?   누가 올까요?
    → 모두 왔었지요.
14. 누가 이 책을 샀습니까?   누가 커피를 살 건가요?
    → 내가 이 책을 샀습니다.   → 내가 살 겁니다.

15. 누가 우산을 가져왔나요?
    → 내가 우산을 가져왔습니다.
16. 누가 학교의 교장을 임명합니까?
    → 교육부가 교장을 임명합니다.
17. 누가 창문을 열었나요?
    → 내가 열었습니다.
18. 누가 내 봉투를 던져 버렸나요?
    → 내가 그것을 던져 버렸습니다.

제 9 장: WHO로 된 문장 훈련

19. Who turned off the TV at home?
    → I turned off the TV.

20. Who took you home yesterday?
    → Nobody took me home.

21. Who bought you lunch today?
    → My manager bought me lunch.

22. Who gave you a ride(lift) to your company?
    → The bus driver gave me a ride to my company.

23. Who invented the lamp to your knowledge?
    → Edison invented the lamp to my knowledge.

24. Who regulates television in Korea?
    → Government regulates television.

25. Who works at the office now?
    → My colleagues work now.

26. Who takes care of the equipment at your job site?
    → The person in charge takes care of the equipment.

27. Who serves the customer in a supermarket?
    → The owner and employees serve the customer.

28. Who wants to take a break?
    → I want to take a break.

29. Who stays with you on Sundays?
    → My wife stays with me all the time.

30. Who pays the workers in the national park?
    → Government pays the workers.

31. Who will meet you at the airport?   Who will see you off?
    → My customer will meet me.

32. Who must set the example in the military camp?
    → Officers must set the example.

33. Who will get you a copy of magazine?
    → My mother will get me a copy of magazine.

34. Who had been studying when you arrived?
    → Miss Kim had been studying when I arrived.

☞ 고딕체 문장은 통역 훈련한 후, 상대방에게 영어로 묻고 답하고 훈련할 것

19. 누가 집에서 텔레비전을 껐습니까?
　　　　　　　　　　→ 내가 텔레비전을 껐습니다.
20. 누가 당신을 집에 데려다주었나요?
　　　　　　　　　　→ 아무도 나를 집에 데려다주지 않았습니다.
37. 누가 당신에게 점심을 샀습니까?
　　　　　　　　　　→ 나의 지점장이 나에게 점심을 샀습니다.
38. 누가 당신을 회사에 태워다 주었습니까?
　　　　　　　　　　→ 버스 운전사가 나의 회사까지 태워다 주었습니다.

23. 누가 전등을 발명했나요, 당신이 알기로는?
　　　　　　　　　　→ 에디슨이 전등을 발명했습니다, 내가 알기로는.
24. 누가 한국에서 텔레비전을 규제합니까?
　　　　　　　　　　→ 정부가 텔레비전을 규제합니다.
25. 누가 지금 사무실에서 근무합니까?
　　　　　　　　　　→ 나의 동료가 근무합니다.
26. 누가 장비를 관리합니까, 당신의 근무처에서?
　　　　　　　　　　→ 담당자가 장비를 관리합니다.
27. 누가 슈퍼마켓에서 손님에게 봉사합니까?
　　　　　　　　　　→ 주인과 종업원이 손님에게 봉사합니다.
28. 누가 휴식하길 원합니까?
　　　　　　　　　　→ 내가 휴식하길 원합니다.
29. 누가 일요일에 당신과 같이 있습니까?
　　　　　　　　　　→ 나의 부인이 항상 나와 같이 있습니다.

30. 누가 국립공원에서 일하는 사람에게 급료를 줍니까?
　　　　　　　　　　→ 정부가 일꾼에게 급료를 줍니다.
31. 누가 공항에서 당신을 맞이할까요?　　　　누가 당신을 배웅할까요?
　　　　　　　　　　→ 나의 고객이 나를 맞이할 겁니다.
32. 누가 군부대에서 시범을 보여야 합니까?
　　　　　　　　　　→ 장교가 시범을 보여야 합니다.
33. 누가 당신에게 잡지 한 부를 사다 줄까요?
　　　　　　　　　　→ 나의 어머니가 나에게 잡지 한 부를 사다 줄 겁니다.
34. 누가 공부하고 있었습니까? 당신이 도착했을 때.
　　　　　　　　　　→ 미스김이 공부하고 있었습니다. 내가 도착했을 때.

제 10 장: WHICH로 된 문장 훈련 (Which + 명사)

1. Which do you prefer, farm life or city life?
    → I prefer city life to farm life.
2. Which would you prefer, living in the city or living in the country?
    → I prefer living in the city.
3. Which would you rather do, go dancing or go to a play?
    → I'd rather go to a play.
4. Which would you rather have, steak or fish?
    → I'd rather have fish.
5. Which way will you go in front of this building?
    → I'll go to the left way.
6. Which nights are you going to stay here?
    → I am going to stay here 5 nights.
7. Which man would you rather work for Mr. Kim or White?
    → I would rather work for Mr. Kim.
8. Which one of movies do you like to see?
    → I like to see the war movies.

9. In which respect do you like me?
    → I like you in all respects.
10. In which season of the year do most tourists come?
    → Most tourists come in fall season.
11. Which apartment do you live in?
    → I live in the Hyundai apartment.
12. Which thermometer do you use in your country?
    → We use centigrade(farenheit) thermometer.
13. Which kind of sports event do you like to see?
    → I like to see baseball game.
14. On which floor is the room? **On which floor do you live?**
    → My room is on the 3rd floor.
15. Which bolt should you remove first?
    → I should remove this bolt first.
16. Which bus should you take to get home?
    → I should take the bus number 30.

↓ 고딕체 부분은 큰 소리로 영어로 상대방에게 묻는다. ↓ 명조체는 답하는 사람

1. **당신은 어느 것을 더 좋아하십니까, 농촌 생활과 도시 생활 중?**
   → 나는 농촌 생활보다 도시 생활을 더 좋아합니다.
2. **당신은 어느 것을 더 좋아하십니까, 도시에 사는 것과 시골에 사는 것 중?**
   → 나는 도시 생활을 더 좋아합니다.
3. **당신은 차라리 어느 것을 하시겠습니까, 춤추러 가는 것과 연극을 보러 가는 것 중?**
   → 나는 차라리 연극을 보러 갈래요.
4. **당신은 차라리 어느 것을 먹겠습니까, 스테이크와 생선 중?**
   → 나는 차라리 생선을 먹겠습니다.

Which + 명사로 구성된 문장 ☆

5. **당신은 이 건물 앞에서 어느 길로 갈 겁니까?**
   → 나는 왼쪽 길로 갈 겁니다.
6. **당신은 여기서 어느 밤 (며칠 밤)을 체류하실 겁니까?**
   → 나는 여기서 5일 밤을 체류할 겁니다.
7. **당신은 어느 사람을 위해서 일하겠어요, 미스터 김과 화이트 중?**
   → 나는 미스터김을 위해서 일하겠습니다.
8. **당신은 어느 영화를 보기를 좋아하세요?**
   → 나는 전쟁 영화를 보기를 좋아합니다.
9. **당신은 어느 면에서 나를 좋아합니까?**
   → 나는 모든 면에서 당신을 좋아합니다.
10. **연중에서 어느 계절에 대부분 관광객이 옵니까?**
    → 대부분 관광객은 가을철에 옵니다.
11. **당신은 어느 아파트에 삽니까?**
    → 나는 현대 아파트에 삽니다.
12. **당신은 어느 온도계를 당신 나라에서 사용합니까?**
    → 우리는 섭씨(화씨)온도계를 사용합니다.
13. **어느 종류의 스포츠 (경기)를 당신은 보기를 좋아합니까?**
    → 나는 야구 경기를 보기를 좋아합니다.
14. **어느 층에 방이 있습니까?** **어느 층에 사십니까?**
    → 내 방은 3층에 있습니다.
15. **당신은 어느 나사를 먼저 제거해야 합니까?**
    → 나는 먼저 이 나사를 뽑아야 합니다.
16. **당신은 어느 버스를 집에 가기 위해서 탑니까?**
    → 나는 30번 버스를 타야 합니다.

제 10 장 : WHICH로 된 문장 훈련

17. Which one of my sisters do you like?
    → The one who goes to college.
    → The one who majors in English.
18. Which article did you read in the paper?
    → I read the article about the election.

☆Which 로 시작하는 평문 형태☆

19. Which is faster, a plane or boat?
    → Plane is faster.
20. Which is the most beautiful season in Korea?
    → Autumn is the most beautiful season.
21. Which branch makes the laws and rules for the country?
    → The legislative branch makes the laws and rules.
22. Which book costs more?
    → This book costs more.
23. Which student came here?
    → All students came here.
24. Which way is the bus station from here?
    → Right way is the bus station.
25. Which kind of checking account is best for me?
    → Ordinary checking account is best for you.
26. Which organ is used to pump blood?
    → The heart is used to pump blood.
27. Which direction is it to the theater in front of this building?
    → The theater is on the left way.
28. Which foot hurts?   Where does it hurt?
    → My foot doesn't hurt.
29. Which seat(room) is occupied?   reserved
    → All seats are reserved.   → No seats are occupied.
30. Which of your arms is sore? Is it the left one?
    → My right arm is sore.
31. Which one of these men is Mr. Lee?
    → The one sitting beside me.

☞ 질문자는 질문 부분을 큰 소리로 영어로 묻고, 답하는 사람은 명조체 문장을 답하시오

17. 내 누이 중 어떤 이를 당신은 좋아합니까?
    → 대학에 다니는 사람
    → 영어를 전공하는 사람
18. 당신은 어느 기사를 신문에서 읽었나요? → 선거에 관한 기사를 읽었다.

☆Which가 이·가·는 으로 평문 형태☆

19. 어느 것이 더 빠릅니까, 비행기 또는 배중에서?
    → 비행기가 더 빠릅니다.
20. 어느 것이 한국에서 가장 아름다운 계절입니까?
    → 가을이 가장 아름다운 계절입니다.
21. 어느 부서가 국가에 관한 법과 규칙을 만듭니까?
    → 입법부가 법과 규정을 만듭니다.
22. 어느 책이 비용이 더 나갑니까?
    → 이 책이 비용이 더 나갑니다.
23. 어느 학생이 여기 왔었나요?
    → 모든 학생이 여기 왔었습니다.
24. 어느 길이 여기서부터 버스 정류장입니까?
    → 오른쪽 길이 버스 정류장입니다.
25. 어느 종류의 예금이 나에게 가장 좋습니까?
    → 보통 예금이 당신에게 가장 좋습니다.
26. 어느 장기 (몸) 가 피를 펌프질하는 데 사용됩니까?
    → 심장이 피를 펌프질 하는 데 사용됩니다.
27. 어느 방향이 극장입니까, 이 건물 앞에서?
    → 극장은 왼쪽 길에 있습니다.
28. 어느 발이 아픕니까?   *어디가 아프세요?*
    → 나의 발은 아프지 않습니다.
29. 어느 좌석이 잡혀있나요?   예약된
    → 모든 좌석이 예약되었다.   → 잡아놓은 좌석은 없다.
30. 당신의 어느 팔이 시큰거립니까? 그것은 왼쪽입니까?
    → 나의 오른팔이 시큰거립니다.
31. 이 사람 중에 어느 것(사람)이 미스터리입니까?
    → 나의 옆에 앉아 있는 사람.

제 11장: WHEN으로 된 문장 훈련

↓ 질문자와 대답자는 큰소리로 묻고 답해야 합니다 ↓

1. When do you get up in the morning?
    → I get up at about 7 o'clock.
2. When does the class begin?   start. finish=end.
    → The class begins at 11 o'clock.
3. When do you take your vacation?
    → I take my vacation in summer.
4. When do you get paid?
    → I get paid on the 25th of the month.
5. When do you take a cab instead of the subway?
    → When I am busy.
6. When do you have to go home?
    → I have to go home after working.
7. When do cherry trees bloom in Korea?   azelea=어젤리어
    → Cherry trees bloom in Spring.
8. When did you graduate from grammar school?
    → I graduated from grammar school 10 years ago.
9. When did you come to Korea?
    → I came to Korea last year.
10. When will you open your grocery store?
    → I'll not open any grocery store.
11. When are you going to apply for a passport?
    → When go abroad, I am going to apply for it.
12. When will you ask me for money?
    → I won't ask you for money.

13. When are you coming back to America?   returning
    → I'm coming back to America next month.
14. When are you going to get married?
    → I'm going to get married coming spring.
15. When shall we get together?
    → Let's get together anytime. How about tomorrow?
16. When shall I call you up?
    → You can call me up before 12 o'clock.

☞ 큰소리로 질문자와 대답자는 영어로 묻고 답할 것. 그러나 고딕체 한국어를 먼저 영어로 통역해야 합니다.☆

↓ 이 부분을 통역 후 영어로 묻고 답할 것.
1. 당신은 아침에 언제 일어납니까?
   → 나는 7시경에 일어납니다.
2. 언제 수업이 시작합니까? *시작, 끝나다*
   → 수업은 11시에 시작합니다.
3. 언제 당신은 방학을 합니까?
   → 나는 여름에 방학을 합니다.
4. 언제 당신은 봉급을 받습니까?
   → 나는 매달 25일에 받습니다.
5. 당신은 언제 지하철 대신에 택시를 탑니까? cab=taxi= 택시
   → 바쁠 때
6. 당신은 언제 집에 가야 합니까?
   → 일과 후에 집에 가야 합니다.
7. 언제 한국에서 벚꽃이 핍니까? *진달래*
   → 벚꽃은 봄에 핍니다.
8. 언제 당신은 초등학교를 졸업했나요?
   → 나는 10년 전에 초등학교를 졸업했습니다.
9. 언제 당신은 한국에 왔습니까?
   → 나는 작년에 한국에 왔습니다.
10. 언제 당신은 식료품점을 오픈 할 겁니까?
    → 나는 어떠한 식료품점도 열지 않을 것입니다.
11. 언제 당신은 여권을 신청할 겁니까?
    → 내가 해외에 갈 때 그것을 신청할 것입니다.
12. 언제 당신은 나에게 돈을 부탁할 것입니까?
    → 나는 당신에게 돈을 부탁 안 할 겁니다.
13. 당신은 언제 미국에 돌아갈 겁니까?
    → 다음 달에 미국으로 돌아갈 겁니다.
14. 당신은 언제 결혼할 겁니까?
    → 오는 봄에 결혼할 겁니다.
15. 우리는 언제 모일까요?
    → 아무 때나 모입시다. 내일이 어때요?
16. 나는 언제 당신에게 전화할까요?
    → 12시 전에 나에게 전화하세요.

제 11 장: WHEN으로 된 문장 훈련

17. When will you be through with the book?
    → I'll be through with it in an hour.
18. When would you like to leave here?
    → I'd like to leave here right after class.
19. When will the weather probably clear up? When will it be cold?
    → The weather will clear up in the afternoon.
20. When can you take a break while working?
    → I can take a break during lunch hour.

21. When does this law(medicine) take effect?
    → This law takes effect as of tomorrow.
22. When will you take me out for dinner?
    → When I get paid I'll take you out.
23. When is your lunch hour?   When is your class?
    → My lunch hour is 12 o'clock.
24. When does the school year begin in Korea?
    → The school year begins in March.
25. When is the plane taking off?   landing
    → The plane is taking off in a minute.

> ☞ 이 부분은 4부 후에 할 것

26. When did you say you're moving?
    → I said I'm moving tomorrow.
27. When did you decide to take a trip around the world?
    → I decided to take a trip when I was younger.
28. When is it convenient for you to come here?
    → Anytime is convenient for me to come here.
29. When would it be possible for me to see you?
    → Afternoon would be possible.
30. When do you think we'll be able to travel to the moon?
    → I think 10 years later would be possible.
31. When can you leave if you have leave?
    → I can leave as soon as I have leave.
32. When was the last time you saw Miss Kim?
    → I can't recall when I saw her.

↓ 질문자 고딕체 　　　　　　　　　↓ 대답자 명조체

17. 당신은 언제 그 책을 끝낼 겁니까?
　　　→ 나는 1시간 만에 그것을 끝낼 겁니다.
18. 당신은 언제 여기를 떠나기를 원하십니까?
　　　→ 나는 수업 후에 곧바로 여기를 떠나고 싶습니다.
19. 언제 날씨가 개일까요?　　　　　　　　　　　　　　　　　*언제 추워질까요?*
　　　→ 날씨는 오후에 개일 겁니다.
20. 당신은 언제 휴식을 취할 수 있나요?
　　　→ 점심동안에 나는 휴식을 취할 수 있습니다.
21. 언제 이 법(약)이 효과를 발휘합니까?
　　　→ 이 법은 내일부로 효과를 발휘합니다.
22. 당신은 언제 나를 저녁 식사를 위해서 데리고 나갈 겁니까?
　　　→ 내가 급료를 받을 때, 데려 나가지요.
23. 당신의 점심이 언제인가요?　　　　　　　　　　　　　　　*언제가 수업입니까?*
　　　→ 내 점심은 12시입니다.
24. 언제 한국에서는 새 학기가 시작됩니까?
　　　→ 학년은 3월에 시작합니다.
25. 언제 비행기가 이륙합니까?　　　　　　　　　　　　　　　*착륙*
　　　→ 비행기는 1분 있다가 이륙합니다.

☞ 이 부분은 4부 후에 할 것

26. 당신은 언제 이사한다고 했지요?
　　　→ 나는 내일 이사한다고 했습니다.
27. 당신은 언제 전 세계를 여행할 것을 결심했나요?
　　　→ 나는 어렸을 적에 여행할 것을 결심했습니다.
28. 당신은 여기에 오는 것이 언제가 편리합니까?
　　　→ 아무 때라도 여기에 오는 것이 편리합니다.
29. 내가 언제 당신을 보는 것이 가능할까요?
　　　→ 오후가 가능하겠습니다.
30. 당신은 우리가 언제 달까지 여행할 수 있을 것이라고 생각하세요?
　　　→ 나는 10년 후면 가능할 거라고 생각합니다.
31. 당신은 언제 떠날 수 있나요, 만일 당신이 휴가를 얻으면?
　　　→ 나는 휴가를 얻자마자 떠날 수 있습니다.
32. 당신이 김 양을 본 것이 언제가 마지막이었습니까?
　　　→ 언제 내가 그녀를 보았는지 기억이 안 납니다.

제 12 장: WHERE로 된 문장 훈련

☞ 대답자는 대답을 빨리 못 하겠으면, 훈련 목적상 이 책의 답대로 할 것

1. Where are we? *Where am I now?*
   → We are in the classroom. Here is --
2. Where were you last night?
   → I was at home last night.
3. Where is there a map? Where is the post office?
   → There is a map on the wall.
4. Where are you from? '웨어아유 프럼' 또는 '웨이유 프럼' 이라고 발음
   → Where do you come from? → I'm from Japan.
5. Where is your company located? '로케이닛' 으로 발음.
   → My company is located across this building.
6. Where are you going now? → I'm not going anywhere.
7. Where are you headed for? '웨어아유 헤뎃뻐?' 또는 '웨이유 헤뎃뻐?'
   → I'm headed for my home.
8. Where are you leaving for?
   → I'm leaving for my home.
9. Where are you going to be tonight?
   → I'm going to be at home.
10. Where are you calling from? *Where are you calling to?*
    → I am calling from my company.
11. Where were you born, raised and educated?
    → I was born, raised and educated in Seoul.
12. Where were you during the month of July last year?
    → I was in Seoul during the month of July last year.
13. Where is that movie playing? *Where is it showing?*
    → That movie is playing at the Daehan theater.
14. Where do you get on the bus and get off the bus?
    → I get on near the city hall and get off near the station.
15. Where did you run into your friend?
    → I ran into him right in front of the city hall.
16. Where did you grow up and spend your childhood?
    → I grew up and spent my childhood in Seoul.

☞ 빨리 대답하기가 어려운 문장은 질문을 듣고 이 책의 대답을 그대로 할 것☆

1. 여기가 어디죠?   (길을 물을 때 쓰는 말)
2. 당신은 지난밤에 어디에 있었지요?
   → 나는 지난밤에 집에 있었습니다.
   (일을 하다가, 또는 수업 도중에 어디까지 했지요? 할 때 "here were we?"라고 합니다.)
3. 지도가 어디에 있죠?   우체국이 어디에 있죠?
   → 벽 위에 지도가 있습니다.
4. 당신은 어디서 왔습니까? → 나는 일본에서 왔습니다.
   ☞ 출신지 또는 고향이 어디입니까? 하는 말로서 "어디서 오시는 길이세요?"
      Where are you on your way from?과 혼동하지 말 것.
      I am on my way from home. (=나는 집에서 오늘 길임)
5. 당신 회사는 어디에 위치해 있나요?
   → 나의 회사는 이 건물 건너편에 위치해 있습니다.
6. 당신은 지금 어디에 가고 있는 중이세요?
   → 나는 아무 곳도 가고 있지 않습니다.
7. 당신은 어디로 향해 가고 있나요?   능동으로 heading for로 해도 됨
   → 집으로 향하고 있습니다.
8. 당신은 어디로 향해 떠나십니까?   leave, start는 for 와 같이 씀.
   → 나는 집으로 향하고 있습니다.
9. 당신은 오늘 밤 어디에 있을 겁니까?   → 나는 집에 있을 겁니다.
10. 당신은 어디서 전화하고 계십니까?   *당신은 어디에 전화하고 있나요?*
    → 나는 회사에서 전화하고 있습니다.

11. 당신은 어디서 태어나서, 자라서 그리고 교육을 받았나요?
    → 나는 서울에서 태어나서, 자라서 그리고 교육을 받았습니다.
12. 당신은 작년 7월 달 동안에 어디에 있었습니까?
    → 나는 작년 7월 달 동안에 서울에 있었습니다.
13. 그 영화가 어디서 상영합니까?   *그것은 어디서 상영합니까?*
    → 그 영화는 대한극장에서 상영합니다.
14. 당신은 어디서 버스를 타고 내립니까?
    → 나는 근처 정류장에서 내리고 시청에서 탑니다.
15. 당신은 어디서 친구와 마주쳤습니까?
    → 나는 바로 시청 앞에서 그와 마주쳤습니다.
16. 당신은 어디서 컸고, 어린 시절을 보냈습니까?
    → 나는 서울에서 커서 어린 시절을 보냈습니다.

제 12 장: WHERE로 된 문장 훈련

17. Where do you live? → I live in the suburbs.

18. Where did you leave your guitar? → I left it in the office.

19. Where do you work? *Where are you working?*
    → I work in the grocery store.

20. Where do you keep your money? → I keep my money in the bank.

21. Where does the earth get its light? → The earth gets its light from the sun.

22. Where do most traffic accidents take place? *occur 발생하다*
    → Most traffic accidents take place at the street.

23. Where will you take your book to? → I will take my book to my office.

24. Where can I get in touch with you?

25. Where can I reach you? = Where can I contact you?
    → You can contact me at my office.

26. Where can you exchange your money for the U.S. dollar?
    → I can exchange it at the foreign exchange bank.

27. Where is the restroom? *Where is the ladies' room?*
    → Go straight ahead! You can't miss it.

28. Where can I wash my hands? → It's the second door on the left.

29. Where will you be next year at this time? → I'll be here next year at this time.

30. Where shall we eat? *meet, go*
    → Anyplace is OK. Let's eat in this restaurant.

☞ 이 부분은 4부 후에 할 것

31. Where are the books borrowed?
    → The books can be borrowed at the library.

32. Where are vending machines found? *used*
    → Vending machines are found on the subway station.

☞ 대답자는 빨리 대답하기가 어려운 문장은 이 책의 대답대로 할 것

17. 당신은 어디에 삽니까? → 나는 변두리에 살고 있습니다.
18. 당신은 어디에 기타를 놔두었나요? → 나는 사무실에 놔두었습니다.
19. 당신은 어디서 근무를 하십니까? → 나는 식료품점에서 일합니다.
20. 당신은 어디다 돈을 보관합니까? → 나는 은행에 돈을 보관합니다.

21. 지구는 어디서 그의 빛을 받습니까? → 지구는 태양으로부터 빛을 받습니다.
22. 어디서 대부분 교통사고가 발생합니까? → 대부분 교통사고는 거리에서 발생합니다.
(교통사고를 화재 fire, 폭발 explosion 등으로 바꾸어 훈련할 것)
23. 당신은 어디로 책을 가져가실 겁니까? → 나는 내 사무실로 책을 가져갈 겁니다.

24. 내가 어디로 당신에게 연락할 수 있을까요?
    → 당신은 내 사무실로 연락할 수 있습니다.
25. (contact, reach, get back to, get in touch with ⇒ 모두 '연락하다' 임)
26. 당신은 어디서 돈을 미국 돈으로 바꿀 수 있나요?
    → 나는 외환은행에서 바꿀 수 있습니다.

27. 화장실이 어디 있습니까?　　　　　　　　　　　　　*숙녀 화장실이 어디 있지요?*
    → 똑바로 가세요. 찾을 수 있습니다.
    (발음을. '고 스트레잇해드, 유캔미쓰잍!' 이라고 할 것. ahead를 별도로 '어헤드'라고는 절대 안 함)

28. 내가 손을 어디서 씻을 수 있나요? (변소가 어디 있나요? 라는 뜻임)
    → 왼편에 2번째 문입니다.
    ☞ toilet. W.C.(water closet)는 영국 영어로서 이 뜻을 모르는 미국인도 있음.)
29. 당신은 내년 이 시간에 어디에 있을 겁니까?
    → 내년 이 시간에 여기 있을 겁니다.
30. 우리 어디서 식사할까요?　　　　　　　　　　　　　*만나다. 가다*
    → 어느 장소나 좋아요. 이 식당에서 먹읍시다.

31. 그 책은 어디서 빌립니까?
    → 그 책은 도서관에서 빌릴 수 있습니다.
32. 자동판매기는 어디서 발견할 수 있나요?　　　　　　　used=사용됩니까
    → 자동판매기는 지하철역에서 찾을 수 있지요.

제 12 장: WHERE로 된 문장 훈련

☞ 이 부분은 4부 이후에 할 것

33. Where is the bus that goes to the suburbs?
→ Most of buses go to the suburbs.

34. Where do you want the newspaper delivered?
→ Please, send it to my home.

35. Where do people work who live in the suburbs?
→ They work in the city.

36. Where do you want the magazine sent?
→ I'd like it sent to my home.

37. Where does the money come from to operate the schools?
→ The money comes from students and tax.

38. Where can I plug in the TV?
→ Here is outlet.

39. Where would you go if you had a new car?
→ If I had a new car I'd go on a picnic.

40. Where would you go if this were summer?
→ If this were summer I'd go on a picnic.

41. Where have you been all this time?
→ I've been out all this hour.

42. Where had Alice gone?
→ He had gone to Japan.

43. Where had you been studying before you came?
→ I'd been studying at home before I came.

제 13 장: WHY로 된 문장 훈련 1

1. Why do you wish to go to the USA?
→ In order to survey market. → In order to open market.

2. Why do you work so hard every day?
→ So as to make more money.

3. Why do you want to quit your job?
→ Because my job is not suitable for my talent.

4. Why do you need new clothes?
→ Because I don't have many clothes.

☞ 이 부분은 4부 이후에 할 것

33. 변두리에 가는 버스가 어디 있습니까?
→ 대부분의 버스가 변두리에 갑니다.
34. 당신은 신문이 어디로 배달되기를 원하십니까?
→ 그것을 내 집으로 배달하시오.
35. 변두리에 사는 사람은 어디서 근무합니까?
→ 그들은 도시에서 일합니다.
36. 당신은 어디로 잡지를 보내주길 원합니까?
→ 내 집으로 보내주길 원합니다.
37. 학교를 운영하기 위하여 돈이 어디에서 들어옵니까?
→ 돈은 세금이나 학생으로부터 들어옵니다.
38. 내가 어디다 텔레비전을 꼽을 수 있나요?
→ 여기에 콘센트가 있습니다.
39. 만일 당신이 새 차가 있다면, 어디에 가시겠어요?
→ 만일 내가 새 차가 있다면 소풍을 가겠지요.
40. 만일 지금이 여름이라면 어디에 가시겠어요?
→ 만일 지금이 여름이라면 나는 소풍을 가겠지요.
41. 여태껏 어디 갔다 왔나요?
→ 여태껏 밖에 나갔다 왔습니다.
42. 앨리스는 어디에 가버렸지요?
→ 그는 일본에 가버렸습니다
43. 당신은 여기 오기 전에 어디서 공부를 했었나요?
→ 나는 집에서 공부했었어요.

제 13 장: WHY로 된 문장 훈련

↓ 질문자는 고딕체 ↓ 대답자는 명조체

1. 왜 당신은 미국에 가기를 원하십니까?
→ 시장 조사하러. → 시장 개척하러.
2. 왜 당신은 매일 열심히 일하십니까?
→ 돈을 더 벌기 위하여
3. 왜 당신은 직업을 그만두기를 원하십니까?
→ 내 직업이 나의 재능에 맞지 않기 때문에.
4. 왜 당신은 새 옷을 필요로 하십니까?
→ 나는 많은 옷이 없기 때문입니다.

5. Why didn't you come study here yesterday?
→ I was busy and had an appointment.

6. Why didn't you bring your girlfriend with you?
→ I don't have any girlfriend.

7. Why didn't you become a professional musician?
→ I don't have any musical talent.

8. Why didn't you come over to see me?
→ I was sick and I wanted to take a break.

9. Why didn't you specialize in French literature?
→ I didn't have an opportunity.

☞Why didn't you를 '와이 디든츄' 와 '와이 디든 유' 로 두 가지 다 발음하여 훈련할 것.

☞ 이 부분은 4부 이후에 할 것

10. Why can't you come here tomorrow?
→ Because tomorrow is my busy day.

11. Why won't you listen to music?
→ I am busy and I don't have time to listen.

12. Why can't your baby dress himself yet?
→ Because he is too young.

13. Why aren't you going to the post office?
→ I don't have to go to the post office.

14. Why have you bought such an expensive things?
→ Because I liked to buy pretty things.   '프리리띵쓰'

☞ 여기는 지금 훈련합니다.

15. Why does the patient go to the dentist?
→ Because he has a loose filling or decayed tooth.

16. Why are you tired?   Why are you late?
(발음을 "와이아유 타이어드" 또는 "와이유 타이어드?" 라고 합니다. "와이유 레잇?" 이라고 할 것)

17. Why are you nervous?   Why are you embarrassed?

18. Why are you bored?   Why are you scared?

19. Why are you discouraged so much?
→ Because I am out of money.

20. Why are you still here?
→ I am waiting for you.

☞ 이 부분도 고딕체부터 질문자와 대답자는 영어로 묻고 답합니다.

5. 왜 당신은 어제 공부하러 오지 않았나요?   → 나는 바빴고 약속이 있었습니다.
   (come and study라고 해야 하지만 회화에서는 and를 쓰지 않고 come study라고 한다는 것을 이후부터는 주지하시기 바랍니다. go find out! 가서 알아보라! go get it to me! 가서 나에게 가져오라! 등으로)

6. 왜 당신은 여자 친구를 데려오지 않았습니까?
   → 나는 여자 친구가 없습니다.

7. 왜 당신은 직업적인 음악가가 되지를 않았습니까?
   → 나는 음악에 재능이 없습니다.

8. 왜 당신은 나에게 놀러 오지 않았습니까?
   → 나는 아파서 쉬고 싶었습니다. (come to see me는 '놀러 오다'는 뜻으로 사용합니다. play라는 단어를 어른이 사용하면 이상하므로 아이들만 사용합니다.)

9. 왜 당신은 불문학을 전공하지 않았습니까?
   → 기회가 없었습니다.

☞ 여기는 4부 이후에 할 것

10. 당신은 왜 내일 여기에 올 수 없나요?
    → 내일은 바쁜 날이기 때문에

11. 당신은 왜 음악을 듣지 않나요?
    → 나는 바쁘고 들을 시간이 없습니다.

12. 당신 아기는 왜 아직 혼자서 옷을 못 입습니까?
    → 그는 너무 어리기 때문입니다.

13. 당신은 왜 우체국에 가지 않을 겁니까?
    → 나는 우체국에 갈 필요가 없습니다.

14. 당신은 왜 그렇게 비싼 물건을 샀습니까?
    → 나는 예쁜 물건을 사고 싶었기 때문입니다.

15. 왜 환자는 치과에 갑니까?
    → 그는 충치나 뽑을 것을 갖고 있으니까요.

16. 왜 당신은 피곤하세요?   당신은 왜 늦었나요?
17. 왜 당신은 신경질 내세요?   당신은 왜 당황하세요?
18. 왜 당신은 지겨우세요?   당신은 왜 겁나십니까?
19. 왜 당신은 그다지도 용기가 쳐집니까?
    → 나는 돈이 떨어졌기 때문입니다.
20. 왜 당신은 아직도 여기에 계십니까? (왜 아직도 안 갔습니까? 라는 뜻임)
    → 당신을 기다리고 있습니다.

제 13 장: WHY로 된 문장 훈련

21. Why do you prefer summer season?
→ Because I can enjoy swimming.

22. Why do you prefer to go on living in the country?
→ Because air is fresh and good.

23. Why do people look forward to the fall?
→ Because fall is the best season in Korea.

24. Why do you dislike the medicine so much?
→ Because the medicine is harmful and bitter.

26. Why do you have to study English?
→ Because English is an international language.

26. Why does the doctor weigh and measure you?
→ In order to check my health conditions.

27. Why does the government build roads and bridges?
→ So that we can use them conveniently.

28. Why don't you stay longer?   Why don't you sit down?
→ I want to stay longer but I have to go early.

29. Why don't you stay overnight?
→ I have to return my home as soon as possible.

30. Why don't you take a day off?
→ I want to but I have to go to my firm.

31. Why don't you smoke less every day?
→ It would be hard to do it.

32. Why don't you give up your job and get a different job?
→ It's difficult to find an another job.

33. Why don't you come over to my place to pick me up?
→ I'll come over and pick you up at 9.

34. Why don't you go home by taxi, it would be faster?
→ I have enough time and I don't need to do it.

35. Why don't you go over to the front desk and ask for it?
→ I'll go over to the front desk.

36. Why don't we watch TV instead of playing cards?
→ That's better. I want to watch TV.

☞ Why don't you는 Why not으로 줄여서도 사용합니다. Why not stay here?
→ 「여기에 머무르지 그래?」 306쪽의 2번 대답으로 쓸 때와 구별하십시오.

☞ 금방 대답하기가 어려운 문장은 이쪽의 대답을 그대로 할 것

21. 당신은 왜 여름 날씨를 더 좋아하십니까?
    → 수영을 즐길 수 있기 때문입니다.
22. 왜 당신은 시골에 사는 것을 더 좋아하십니까?
    → 공기가 신선하고 좋기 때문입니다.
23. 왜 사람들은 가을을 학수고대합니까?
    → 가을은 한국에서 가장 좋은 계절입니다.
24. 왜 당신은 그렇게도 약을 싫어합니까?
    → 약은 쓰고 해로우니까요.
25. 왜 당신은 영어를 공부해야 합니까?
    → 영어는 국제 언어이니까요.
26. 왜 의사는 당신을 재고 몸무게를 답니까?
    → 나의 건강 상태를 조사하기 위해서.
27. 왜 정부가 길과 다리를 건설합니까?
    → 우리가 그것을 편리하게 사용할 수 있도록 하기 위해서.
    (in order to = so as to = so that + 평문 ⇒ '하기 위하여')
28. 왜 더 놀다 가지 않으시겠어요?   좀 앉으세요?
    → 더 놀다 가고 싶지만 일찍 가야 합니다.
    (Why don't you~하세요? 하고 권하는 표현으로 사용합니다.
    그러나 어떤 경우에는 본래의 의미인 "왜~ 하지 않으세요?"로 씁니다.)
29. 하룻밤 지내다 가세요?
    → 나는 집에 가능한 빨리 가야 합니다.
30. 하루 놀지 않으시겠어요?
    → 원하지만 회사에 가야 한답니다.
31. 매일 담배를 줄이지 그러세요? = 담배를 더 적게 피우세요?
    → 그러기가 어렵군요.
32. 일을 포기하고 다른 직업을 얻어보는 것이 어때요?
    → 다른 직업을 찾기가 어렵습니다.

33. 나를 태워주러 내 장소로 와주지 않으시겠어요?
    → 9시에 가서 태워드리겠습니다.
34. 택시로 집에 가지 않으시겠어요? 그것이 더 빠를 겁니다.
    → 나는 시간이 충분히 있고, 그럴 필요가 없습니다.
35. 현관(front desk)으로 가서 그것을 문의해 보시지 않겠어요?
    → 현관으로 가 보겠습니다.
36. 카드놀이 대신에 텔레비전 보는 것이 어때요?
    → 그게 더 낫겠어요. 나는 텔레비전을 보고 싶군요.

제 13 장: WHY로 된 문장 훈련 2

☞ 이 부분은 4부 이후에 철저히 할 것

1. **Why is farming important? Why do you think farming is important?**
   → Farming gives us food. If there is no food, we should die.
   So farming is important.

2. **Why is English essential?**　　　　　　　　*indispensable significant*
   → English is an international language and it is used worldwide.
   Also, my job requires fluent English.

3. **Why is Education so important today?**
   → We must have an adequate education for our job as well as for
   the responsibility as a citizen.

4. **Why is medicine so essential today?**　Why do you think~
   → If there is no medicine, we may have much trouble
   or die and medicine cures sickness.

5. **Why is it difficult for you to take a taxi in the morning?**
   → Morning time is a rush hour.
   There are a lot of people who want to take a taxi but there aren't
   lots of vacant taxes. So it's hard to catch a taxi.

6. **Why is it easy for you to come here each day?**
   → Because I have time at this hour and traffic is convenient.
   My office is near here.

7. **Why is it difficult for young men to get a job?**
   → Because things are bad and there are a lot of young men who want
   to take a job. On the other hand, there aren't enough vacant seats.

8. **Why is it important to find a right career?**
   → If the job is not suitable for your talent,
   you are not happy and you aren't doing a good job.

9. **Why is there a great need to speak English fluently?**
   → Because Korean society demands good English.

10. **Why was today a good day for you?**　　　　　　*bad day, sad day*
    → Because I try to make each day happy and worthwhile,
    so today was a happy day.

11. **Why is it warmer in the upper parts of the room?**
    → Because warm air goes upside.

12. **Why is it hard for you to buy a large house at present?**
    → Because my salary is small and the house price is high.

13. **Why is it possible for you to contact me?**　　　　→ Because I ~

☞ 고딕체는 질문자, 대답자는 "→ 문장"을 큰 소리로 주고받고 할 것☆

1. 왜 농사가 중요합니까?   왜 당신은 농사가 중요하다고 생각합니까?
   → 농사는 우리에게 음식을 줍니다. 만일 음식이 없으면
   우리는 죽어야 합니다. 그래서 농사는 중요합니다.

2. 왜 영어가 필수적입니까?   없어서는 안 될, 의미심장한
   → 영어는 국제 언어입니다. 그리고 세계적으로 사용합니다.
   또한 내 직업이 유창한 영어를 요구합니다.

3. 왜 교육은 그렇게 중요합니까? 또는 왜 교육이 중요하다고 생각합니까?
   → 우리는 직업뿐만이 아니고 시민으로서 책임을 위해서 적절한 교육을
   가져야 합니다.

4. 왜 약은 오늘날 필수적입니까?
   → 약이 없다면 우리는 죽거나 많은 고통을 가질지도 모릅니다.
   약은 병을 치료합니다.

5. 왜 당신은 아침에 택시 타기가 어렵습니까?
   → 아침시간은 출퇴근 시간입니다. 택시 탈 사람이 많습니다.
   그러나 빈 택시는 없습니다. 그래서 택시잡기가 어렵습니다.

6. 왜 당신은 그날그날 여기 오기가 쉬운가요?
   → 나는 이 시간에 시간이 있고 교통이 편리하니까요.

7. 왜 젊은이가 직업을 얻기가 어려운가요?
   → 경기가 나쁘기 때문에, 직업을 원하는 젊은이는 많으나,
   반면에 충분한 빈자리가 없습니다.

8. 왜 올바른 직업을 찾는 것이 중요합니까?
   → 직업이 당신의 재능과 적성에 맞지 않으면, 당신은 행복하지 않고
   일을 잘하지 못할 겁니다.

9. 왜 유창하게 영어를 말할 커다란 필요성이 있나요?
   → 한국사회가 좋은 영어를 요구합니다.

10. 왜 오늘은 당신에게 좋은 날 이었나요?   나쁜 날, 슬픈 날
    → 나는 그날그날을 행복하고 가치 있게 만들려고 노력하기 때문입니다.

11. 왜 방의 윗부분이 더 덥습니까?
    → 더운 공기는 위로 올라가기 때문에.

12. 왜 당신은 현재 큰 집을 사기가 어렵습니까?
    → 집값은 비싸고 봉급은 적기 때문에.

13. 왜 당신은 나에게 연락하기가 가능합니까?
    → 나는 당신의 전화번호를 아니까요.

제 14 장: 의문사 앞에 전치사가 있는 경우

1. At what time did you come here?
    → I came here just now.   *a minute ago*
2. In what month does school begin and end in Korea?
    → School begins in March and ends in December.
3. By what time do you have to be at work?
    → I have to be at work by 9.
4. About what time did you use to go out for lunch?
    → I used to go out for lunch about 12:30.
5. To what religion do you belong?   *Christianity, Buddhism*
    → I don't belong to any religion.
6. Until when are you going to study English?
    → Until I speak English fluently and perfectly.
7. Since when have you known me?
    → I've known you since I came here.
8. In how long will you go home? After how long will you go?
    → I'll go home in 30 minutes.
9. In how many hours will you go to bed?
    → I'll go to bed in 5 hours from now on.

☞ 이하는 4부 이후에 할 것

10. At what age did you complete university?
    → I completed university at 27 years old.
11. At what age does a child in Korea enter elementary school?
    → A child enters elementary school at 7 by Korean count.
12. In what respect is the US very fortunate?
    → In the respect of natural resources.
13. In what ways is Korea different from Japan?
    → In the ways of language and custom.
14. On what days are church services held?
    → Church services are held on Sundays.
15. In what season of the year do tools rust most?
    → In summer season tools rust most.
16. On what ground did you say like that?
    → I didn't say anything about that.
17. From (since) how long ago did you know him?

☞ 이 부분은 지금 철저히 훈련하시오.

1. 몇 시에 당신은 여기에 왔습니까? (at은 정각을 나타내며 통상 생략함)
   → 나는 금방 여기에 왔습니다.   조금 전에, just now= 금방
2. 어느 달에 학교는 시작하고 끝납니까?
   → 학교는 3월에 시작하고 12월에 끝납니다.
3. 몇 시까지 당신은 출근해야 합니까? (by~까지, 는 꼭 정해진 기간일때)
   → 나는 9시까지 출근해야 합니다.
4. 몇 시경에 당신은 점심 먹으러 나가곤 했나요?
   → 나는 12시 30분경에 나가곤 했지요.   (about은 경에)
5. 당신은 무슨 종교에 속하십니까?   기독교, 불교
   → 나는 아무 종교에도 속하지 않습니다.
6. 언제까지 당신은 영어를 공부할 겁니까?
   → 내가 영어를 유창하고 완벽하게 구사할 때까지.
   (꼭 정해진 기간이 아니면 until을 사용함)
7. 언제부터 당신은 나를 알았습니까?
   → 내가 여기에 온 이후부터 당신을 알았습니다. (since=from=부터)
8. 얼마 동안 있다가 당신은 집에 가실 겁니까?
   → 30분 있다가 갈 겁니다. (in은 있다가, ~만에, 라는 뜻이고 after는 '후에'라는 뜻임.
                           in을 장소로 썼을 때 '안에'라는 뜻으로만 생각해서는 틀리게 됩니다.)
9. 몇 시간 있다가 당신은 잘 겁니까?
   → 나는 지금부터 5시간 있다가 잘 겁니다.

10. 몇 살에 당신은 대학교를 마쳤습니까?
    → 나는 27살에 대학교를 이수했습니다.
11. 몇 살에 한국에서 어린이는 초등학교에 들어갑니까?
    → 어린이는 한국인 나이로 7살에 초등학교에 들어갑니다.
12. 어느 점에서 미국은 아주 행운인가요?
    → 천연자원의 면에서.
13. 어느 면에서 한국은 일본과 다릅니까?
    → 언어와 풍습 면에서.
14. 어느 날에 예배가 열립니까?
    → 예배는 일요일에 열립니다.
15. 연중 어느 계절에 대부분 공구가 녹이 습니까?
    → 여름철에 녹습니다.
16. 무슨 근거로 당신은 그런 말을 하세요?
    → 나는 거기에 대해서 아무 말도 하지 않았습니다.
17. 얼마 전부터 당신은 그를 알았었나요?   (From과 Ago를 함께 씀)

제 15 장: 제 2 부 종합 실력 시험

제1부와 2부는 매일같이 반복해서 묻고 답하고 숙달될 때까지 합니다. 문법 공부처럼 이해한 것만으로는 절대 안 됩니다. 책을 보지 않고 자유자재로 입으로 나오고 답할 수 있어야만 비로소 자신의 실력이 된 것입니다.

1. 당신은 언제까지 영어를 공부 할 겁니까?   하고 질문하면, 적당히 대답할 것.
   Until when are you going to study English?
   → 나는 유창하고 완벽하게 영어를 말할 때까지 공부 할 겁니다.

2. 언제부터 당신은 나를 알았나요? **Since when have you known me?**
   → 내가 여기에 온 이후부터 당신을 알았지요.

3. 얼마 있다가 당신은 집에 갈 겁니까? **In how long will you go home?**
   → 2시간 있다가 나는 집에 갈 겁니다.

4. 몇 년 있다가 당신은 집을 이사할 수 있나요?
   In how many years can you move your house?

5. 몇 시경에 당신은 점심 먹으러 밖에 나가곤 했지요?
   About what time did you use to go out for lunch?

6. 몇 시 까지 당신은 출근해야 합니까?
   By what time do you have to be at work?

7. 몇 시까지 당신은 여기에 올 수 있나요?
   By what time can you get here?

8. 왜 당신은 어제 여기 안 왔었지요?
   Why didn't you come here yesterday?

9. 어디서 교통사고가 발생합니까?
   Where do the traffic accidents take place?
   → 대부분 교통사고는 고속도로에서 발생합니다.

10. 당신은 이 책을 어디로 가져갈 겁니까?
    Where will you take this book to?

11. 언제 우리가 다시 모일까요?
    When shall we get together?

12. 당신은 도시 생활하고 시골 생활하고 어느 것이 더 좋습니까?
    Which do you prefer, farm life or city life? → 나는 ~~

13. 누가 현재 결석했나요? **Who is absent at present?**
    → 아무도 결석하지 않았습니다.

14. 무엇이 대부분의 화재를 초래합니까? **What causes most of the fires?**
    → 부주의가 대부분의 화재를 초래합니다.

15. 도대체 오늘 무엇을 하실 작정입니까? **What on earth do you intend to do today?**
    → 나는 집에 있을 작정입니다.

16. 무슨 동물이 동면에 들어갑니까? **What animals go into hibernation?**
    → 개구리, 뱀, 곰이 동면에 들어가지요.

17. 왜 늦었나요? **What's kept you late? = Why are you late?**
    → 버스 때문에 늦었습니다. The bus kept me late

18. 당신은 세상의 어느 부분을 가보고 싶나요? **What part of the world do you want to go see?**

19. 당신은 어느 정당에 참가해있나요?   → 나는 어느 정당에도 참가하지 않습니다.
    What kind of political parties do you take part in?

20. 시골에서 사는 이점이 무엇입니까?   → 공기가 깨끗하고 조용하지요.
    What is the advantage of living in the country?

21. 내일 날씨는 어떻게 될까요?   → 날씨는 추울 겁니다.
    What will the weather be like tomorrow?

22. 이달은 며칠 남았습니까?   → 10일 남았습니다.
    How many days are there remaining in this month?

23. 당신은 3월 달 동안에 어디에 있을 겁니까? → 나는 해외에 있을 겁니다.
    Where will you be during the month of march?

24. 이 수업이 끝나려면 시간이 얼마나 남았나요? → 약 10분 남았습니다.
    How much time is there left until this class finishes?

25. 여가 시간을 보내는 좋은 길이 무엇인가요?
    What is a good way to spend your leisure time?

26. 당신은 집에 가는 가장 빠른 수단이 무엇입니까?
    What is the quickest means for you to go home?

27. 왜 당신은 오늘 일을 안 하십니까? → 오늘은 쉬는 날이기 때문에.
    How come you are not working today?

28. 당신이 영화를 보러 가는데 비용이 얼마가 들까요?
    How much does it cost for you to go see the movies?

29. 수업은 얼마동안 합니까? **How long does the class last?** →

30. 당신은 달걀을 어떻게 원하세요? **How would you like your eggs?**
    → 나는 반숙을 원합니다. soft boiled.

31. 당신은 어떻게 텔레비전을 동작시킵니까? **How do you work the TV?**
    → 스위치만 누르면 됩니다. All I have to do is push the switch.

32. 당신 시험은 어떻게 됐지요? **How did your exam turn out?**
    → 결과를 발표 안했어요. The result is not announced yet.

33. 당신은 대부분의 시간을 어떻게 보내십니까? → 공부에 시간을 보냅니다
    How do you spend most of your time?

34. 몇 년 있다가 당신은 결혼할 작정입니까? → 2년 있다가 결혼할 겁니다.
    In how many years do you intend to marry?

PART 3
복문 및 장문 회화훈련

☞ 4형식(수여동사), 5형식(사역, 지각동사)단어훈련. 현재완료, 수동문장, 긴 문장을 만드는 종속접속사와 명사절을 훈련합니다.

제 1 장: 형태조동사(MODAL AUXILIARY) MAY

지시

형태 조동사(may, must, can, will, shall)는 알고 있는 부분이 있으므로, 필요한 부분만 공부하고 154쪽 제7장 수여동사부터 훈련을 시작하세요.

1. May I come in? → Yes, you may.
2. May I go now? → No, you may not.
3. May I show you around Seoul? → No, you must not.
4. May I show you in? → Yes, you may please.
5. May I come to see you?
6. May I ask you something?
7. May I ask a favor of you? = May I ask you a favor?

8. May I use a dictionary?
9. May I have your name?
10. May I have the check?
11. May I have something to read?
12. May I take your order?
13. May I ride along?
14. May I ask what business you are in?

15. May I ask how far you're going? → I'm going as far as Busan.
16. Might I ask your name?   May I pay back later?
17. As you might guess, it might be true.
18. It may look easy, but very hard.
19. He may die.   It might rain.
20. May you succeed!   May you be happy!
21. You may as well begin at once. = (You'd better~)
22. You may well ask that.

23. Might he have gone to the movies? → Yes, he might have.
24. Might I have watched TV last night?
25. Mightn't he have gone home?

*May는 '해도 된다' 허가와 '일지도 모른다' 가능성의 두 가지 용법이 있습니다.
*May I ~「내가 해도 됩니까?」의 답은 Yes, you may.「해도 됩니다」이나 No, you may not.「아니오. 해서는 안 됩니다.」또는 No, you must not.「아니오, 하지 말아야 합니다.」의 두 가지가 있습니다.
*Are you allowed to ~해도 됩니다, 는 May의 과거형이 없으므로 이 관용어를 씁니다. 지금 배우는 shall, may(be allowed to), will (be going to), can (be able to), must (have to)따위를 modal auxiliary =형태조동사 또는 서법조동사라고 합니다. 이것들은 단일문장에서 should, might, would, could, must는 과거가 아니고 독립된 의미를 갖고 있습니다. may가 might이 되면 추측이 약해지면서 경어식으로 바뀝니다. 또 과거 표현은 위의 괄호 안에 들어있는 표현으로 대체됩니다.
15번에서 '어디까지 가는지를'=how far you're going?= 얼마나 멀리 가는지? 로 표현하고, 그 대답은 I'm going as far as Busan.「나는 부산까지 갑니다.」라고 합니다. 또, 21, 22번 you may as well은 관용구입니다. 23번 이하는 가정문장(178쪽)을 참고하세요.

1. 내가 들어가도 되겠습니까?
2. 내가 지금 가도 됩니까?
3. 당신께 서울을 안내해도 되겠습니까?
4. 당신께 안을 안내해도 되겠습니까?
5. 당신께 놀러 가도 되겠습니까?
6. 당신께 무엇을 물어도 되겠습니까?
7. 당신께 부탁 하나 해도 되겠습니까?
8. 사전을 사용해도 괜찮겠습니까?
9. 당신이름 좀 알 수 있겠습니까?
10. 계산서 좀 주시겠어요?

11. 읽을 것 좀 가질 수 있을까요?
12. 당신 주문을 받을 수 있을까요?
13. 같이 좀 탈 수 있을까요?
14. 당신이 하는 사업을 물어볼 수 있을까요?
15. 어디까지 가는지 물을 수 있을까요? → 나는 부산까지 갑니다.
16. 당신 이름을 물어봐도 괜찮을지요? (may보다 정중) 나중에 지불해도 됩니까?
17. 짐작하실는지 모르겠습니다만, 그것은 사실일는지도 모르겠군요. (may보다 확률이 약함)

As you guess, = 짐작하시다시피, As you may guess, = 짐작하시겠습니다만, (50%)
As you might guess, =혹 짐작하실는지 모르겠습니다만, (확률 30% 정도로 약해짐)

18. 그것은 쉽게 보이지요, 그러나 어렵습니다.
19. 그는 죽을지 모릅니다.   비가 올는지 모르겠군요.
20. 성공을 빕니다.   행복을 빕니다. (기원문을 만듭니다)
21. 당신은 즉시 시작하는 것이 좋습니다. (may as well~하는 것이 낫다)
22. 당신이 그렇게 묻는 것도 당연합니다.

23. 그가 극장에 갔을까요? (might have + p.p ~했었을 런지도 모른다)
24. 내가 지난밤 TV를 시청했었을까요?
25. 그가 집에 안 갔을까요?

제 2 장: 형태조동사 SHALL, SHOULD

☆Shall I ~ 내가 할까요? 훈련

1. Shall I get you some water? → Please, do. 그러세요.
2. Shall I introduce you to Mr.Puller? → Please, don't. 하지 마세요.
3. Shall I have him come here? Shall I phone him now?
4. Shall I get the phone? Shall I answer the phone?
5. Shall I talk slowly? Shall I explain the procedure?

☆Shall we ~ 우리 할까요? 훈련

1. Shall we record music? → Let's do. 그럽시다.
2. Shall we buy something to drink? → Let's not. 하지 맙시다.
3. Shall we talk over coffee? → Let's do that. 그럽시다.
4. Shall we put out a cigarette?
5. Shall we go to the shop for a drink?
6. Shall we go somewhere where it's quiet?
7. What time shall we get together?
8. How about 6 o'clock! → It's good to me. (It sounds good.)
9. What shall we do after a get together? → Let's have a date.

☆Should. Ought to 훈련

1. Should I go this way? → Yes, you should.
2. Should we co-operate with the government authorities?
3. You ought to start right now.
4. You should have taken the plane to save time.
5. Should I have come early?

제 3 장: 형태 조동사 MUST = HAVE TO

1. You must work long hours, right? → Yes, I must.
2. You must do it all over again, right? → No, I must not.
3. You must be busy today.
4. He must be tired, right? → No, he may not.

제 2 장: 형태 조동사 SHALL, SHOULD

☆Shall I ~ 할까요? 의 훈련

1. 내가 당신께 물 갖다 드릴까요? → Please, do. 그러세요.
2. 내가 당신을 풀러 씨에게 소개할까요? → Please, don't. 하지 마세요.
3. 내가 그를 여기로 오라고 할까요? 내가 그에게 지금 전화할까요?
4. 내가 전화 받을까요? 내가 전화 받을까요?
5. 내가 천천히 얘기할까요? 내가 절차를 설명할까요?

☆Shall we ~ 우리 할까요? 의 훈련

1. 우리 음악을 녹음할까요? → Let's do. 그럽시다.
2. 우리 마실 것 좀 살까요? → Let's not. 하지 맙시다.
3. 우리 커피 마시면서 얘기할까요? 4. 우리 담배를 끌까요? 그럽시다.
5. 우리 한잔하러 가게로 갈까요? 6. 우리 조용한 어느 곳으로 갈까요?
7. 우리 몇 시에 모일까요? 8. 6시가 어때요? → 그것 좋습니다. (좋은 소립니다)
9. 우리 만나서 무엇을 할까요? → 데이트합시다.

☆Should. Ought to~ (꼭 하여야 한다) --의 훈련

1. 내가 이 길로 가야 합니까? → 예, 그렇습니다.
2. 우리는 정부당국에 협조해야 합니까?
3. 당신은 지금 당장 출발해야 합니다. (의문문에서는 ought to를 잘 안 씀)
4. 당신은 시간을 절약하기 위해서 비행기를 탔어야 하는 건데.
   ☞ should have + p.p ~ 했었어야 하는 건데 (못했다는 의미)
5. 내가 일찍 왔어야 했나요? (늦었다는 의미)

제 3 장: 형태 조동사 MUST: 해야 한다. MUST BE: 임에 틀림없다

MUST는 의문문으로는 잘 쓰지 않기 때문에 have to나 have got to를 대신 씁니다. Do you have to go?의 부정 대답은 No, I must not.(나는 가지 말아야 합니다)입니다. No, I don't have to. (나는 할 필요가 없습니다) 이기 때문입니다.

must의 두 번째 용법은 'must be= 임에 틀림 없다' 입니다. You must be busy. = 당신은 바쁨에 틀림없다.

1. 당신은 오랜 시간 근무해야 합니까? → 예, 해야 합니다.
2. 당신은 그것을 몽땅 다시 해야 합니까? → 아니오, 하지 말아야 합니다.
3. 당신은 오늘 바쁨에 틀림없다.
4. 그는 피곤함에 틀림없지요? → 아니오, 피곤 안 할지도 몰라요.

제 4 장: 형태 조동사 CAN

1. **Can you** lift this rock by yourself?
2. Can you afford time? → Yes, I can. 예스, 아이캔.
3. Can you afford money to lend me? → No, I can't. 노, 아이 캔트.
4. Can you be here by 10?
5. Can you see me after work?
6. Can you drive me home?
7. Can you take shots?
8. Can I catch a bus near here?
9. Can you guess how old I am?
10. Can the trouble be something besides the battery?
11. Can everybody use a public phone?

☆be able to 를 다른 조동사와 합쳐 쓴 예문

1. Are you able to stay longer? → Yes, I am able to.
2. Will you be able to call me up? → Yes, I'll be able to.
3. Are you going to be able to call me up?
4. **Won't you** be able to call me up?
5. I should be able to start now.
6. I may be able to go.
7. I might be able to go.
8. I may not be able to go.
9. I might not be able to go.
10. I'll probably be able to go.

☆이런 식으로 훈련해 보십시오.

11. **Are you able to contact me?**
12. **Could you come over and see me?**
13. **Could you spare me a copy?**
14. **Can't you join me tonight?**
15. **Can't you reduce the expense?**
16. **Can't you(the doctor) get your weight down?**
17. **Couldn't you afford to pay the bill yesterday?**
18. **Couldn't you have done it?**
19. **Couldn't you have passed French?** → Yes, I could have.

강의 Can you come again? =다시 올 수 있습니까?, Could you come again? =다시 올 수 있겠는지요?(경어)로서 과거 문장이 아닙니다. 과거형에는 be able to를 써야 합니다. Were you able to come here? = 여기에 올 수 있었습니까? (can의 과거 문장)이나, "Could you save a lot of money last year? = 작년에 많은 돈을 모을 수 있었습니까?" 이런 경우는 경어문장을 쓴 것이 아니고 과거 문장입니다. 그러나 대부분의 경우 can의 과거 문장은 be able to로 합니다.

1. 당신은 혼자서 이 바위를 들 수 있습니까?
2. 당신은 시간 여유가 있습니까?
3. 나에게 빌려줄 돈 여유가 있나요?
4. 10시까지 여기 올 수 있습니까?
5. 일과 후 나를 볼 수 있습니까?
6. 집까지 나를 태워줄 수 있습니까?
7. 당구칠 수 있습니까?
8. 내가 이 근처서 버스 잡을 수 있나요?
9. 내가 몇 살인지 알아맞힐 수 있나요?
10. 그 고장이 배터리 외에 딴것이 될 수 있을까요?
11. 모든 사람은 공중전화를 사용할 수 있나요?

☆be able to와 합쳐서 사용한 예
1. 당신은 더 체류할 수 있습니까? → 예, 할 수 있습니다.
2. 당신은 나에게 전화할 수 있을까요? → 예, 할 수 있을 겁니다.
3. 당신은 나에게 전화할 수 있을까요?
4. 당신은 나에게 전화할 수 없을까요?
5. 나는 지금 출발할 수 있어야 합니다.
6. 나는 갈 수도 있을 것이다. (확률 50% 정도)
7. 나는 갈 수 있을지도 모른다. (확률 50% 이하)
8. 나는 갈 수 없을 수도 있습니다. (확률 50% 정도)
9. 나는 갈 수 없을는지도 모른다. (확률 50% 이하로 떨어짐)
10. 나는 아마도 갈 수 있을 것이다.

☆이런 식으로 훈련해봅니다
11. 당신은 나에게 연락할 수 있습니까?
12. 당신은 와서 나 좀 볼 수 있습니까?
13. 당신은 나에게 한 부를 남겨줄 수 있습니까?
14. 당신은 오늘 밤 나와 어울릴 수 없나요?
15. 당신은 지출을 줄일 수 없나요?
16. 당신은 (의사는) 당신의 몸무게를 내릴 수 없나요?
17. 당신은 어제 계산서를 지불할 여유가 없었습니까?
18. 당신은 그것을 할 수 없었던가요? (could have + p.p- 할 수도 있었을 텐데)
19. 당신은 불어에 합격할 수 없었을까요? → 예, 나는 할 수도 있었을 겁니다.

발음 Can you come here?→ Yes, I can. "캔유 캄 히어?→ 예스, 아이 캔."
No, I can't. (노, 아이 캔트) 또는, No, I can not.(노, 아이 캔낫)으로 합니다.
Yes, I can come here.(예스, 아이 큰 캄 히어) 처럼 문장 안에 있을 때 주의.

제 5 장: 형태 조동사 WILL, WOULD

1. Will it take long?   Will this do?   Will a red one do?
2. Will you drop me a line? If you have time.
3. Will you be gone all year around?
4. Will it rain tonight?
5. Will it be possible to call me up?
6. Will the stores be open tomorrow?
7. Will you have him come in?
8. Will someone please switch on the light?
9. Won't you sit down a moment? -- 본인 의지로 남에게 권할 때.
   → Won't you be seated a moment? -- 대중 앞에서 또는 높은 사람에게 권할 때
10. Won't you come in?
11. Won't you have some coffee?

12. Would you mind if I use your pen?
13. Would you mind helping me cook?

» Do you want to~ 의 경어로 쓸 때 : 원하십니까?

14. **Would you** like some fruits?
15. Would you like to do some mountain climbing?
16. Would you care for more rice?   → No, I don't want it.

» ~해주시겠습니까? : 부탁 ☆

17. **Would you** take care of my house while I am away?
18. **Would you** be willing to help me with my homework?
19. **Would you** give me a lift to the town?   Hop in!   Hop out!
20. **Would you** be so kind as to open the door?
                          → Yes, I'd be glad to.
21. **Wouldn't you** like another cup of tea?

1. 그것 오래 걸릴까요?　　　이것이면 됩니까?　　빨간 것이면 될까요?
2. 당신은 나에게 편지할 것입니까? 시간이 있다면.
3. 당신은 일 년 내내 가 계실 겁니까?
4. 오늘 밤 비가 올까요?
5. 나에게 전화하는 것이 가능할까요?
6. 상점이 내일 문을 열까요?
7. 당신은 그에게 들어오라고 해주시겠어요?
8. 누구 불 스위치 좀 올려주시겠어요?
9. 잠깐 앉지 않겠어요?
10. 들어오지 않겠어요?
11. 커피 좀 들지 않겠어요?

» Would you mind ~ 당신은 ~지장이 있겠습니까? ☆

12. 당신은 내가 당신 펜을 사용하면 지장이 있겠습니까?
13. 당신은 내가 요리하는 것을 도와주면 지장이 있겠습니까?

» Would you like(to) ~ 하고 싶으십니까? ☆

14. 당신은 과일 좀 먹고 싶으십니까?
15. 당신은 등산 좀 하고 싶으십니까?
16. 밥 좀 더 드시겠습니까?　　　　　　→ 아니오, 원하지 않습니다.

» Would you ~ (부탁) 해주시겠습니까? ☆

17. 내가 없는 동안 나의 집을 봐주시겠습니까?
18. 내 숙제를 기꺼이 도와주시겠습니까?
19. 읍까지 태워주시겠습니까?　　　　뛰어 타세요. 뛰어내리세요.
20. 친절하게도 문 좀 열어 주시겠습니까?　→ 예, 기꺼이, 열어드리지요.
21. 차 한 잔 더 드시지 않겠습니까?

강의

* Will you는 ~할 것입니까, ~할 예정입니까? 의 뜻입니다.
* "Will you hit me? → 당신은 나를 때릴 겁니까?" = "Are you going to hit me?"와 똑같습니다.
* "당신은 나를 때리려고 했나요? Were you going to hit me?" → be going to로 will의 과거를 표현합니다.
* "Would you~ 해주시겠습니까?"는 부탁할 때 쓰는 경어입니다.
* Won't you는 「~안 하시겠습니까?」, Would you like는 「~하시고 싶으십니까?」

* I would go to church when I was younger. (나는 어렸을 적에 교회에 나가곤 했지요.)
  여기서 would는 "하곤 했다"라는 불규칙적인 과거의 습관을 나타냅니다.

제 6 장: 영어의 만능동사 LET

☆ Let ~하게하다. ~내버려두다.

1. Let George do it.   Let him pay for it.
2. et the telephone ring.   Don't get the phone.
3. Let him answer for himself.
4. Don't let him have his own way.
5. You let go of my arm.   Let it go.   Let me go.
6. Let go of me. You can talk to me without holding my arm.
7. I'll let you have it forever.
8. Let you clean up.   Let him off, he's all cleared.

☆ Let me ~ 내가 하지요

9. Let me help you.   Let me help you with your bag.
10. Let me take a look at the picture.   Let me close the door.
11. Let me ride your home.   Let me take you home.
12. Let me use your pen.   Let me pour a drink.
13. Let me pay for lunch.   → No, it's on me.
14. Let me try it.   Let me try on it.   Let me do it.
15. Let me see if he's available.
16. Let me know when you are through.
17. Let me know your name.

☆ Let's ~ 합시다.

18. Let's eat first.   Let's light the stove.
19. Let's stop drinking.   Let's stop to drink.
20. Let's continue our work.   Let's put things away and go home.
21. Let's wait and see.   → No, let's not wait.
22. Let's walk for a change.   Let's go dutch.=Let's pay separately.
23. Let's hurry and get through.
24. Let's hurry so we can leave on time.
25. Let's go in before it's raining.
26. Let's move to a place with a fine view.
27. Let's review some of these expressions.
28. Let's not give him our presents individually but together.
29. Let's not take along some apples.

☆ Let ~하게하다. ~내버려두다.

1. 죠지에게 그것 하도록 놔둬!　　　　　　　　　　그가 돈 내게 내버려 둬!
2. 전화 울리게 내버려 둬!　　　　　　　　　　　　전화 받지 마.
3. 그가 혼자 대답하게 내버려 둬.
4. 그를 자기 멋대로 하게 내버려 두지 마세요. (관용어)
5. 내 팔을 놓으세요.　　　그것을 놓으세요.　　　나를 가게 해주세요.
6. 놓으세요. 내 팔을 안 잡(쥐)고도 얘기할 수 있잖아요.
　　　　Let go (let it go를 Let go로 한 것임) ='놓아라'는 Take나 Hold '잡다, 쥐다'의 반대말이 됩니다.
　　　　Take my hand (내 손 잡아!)　Hold my hand! (내 손을 꼭 쥐어라!)
7. 나는 당신이 그것을 영원히 갖도록 할 것이다.
8. 당신 몸을 씻으세요.　　그를 놓아주라.　　그는 모든 것이 깨끗하다.

☆ Let me ~ 내가 하지요.

☞ 실제로 돈을 내면서 "내가 점심값 내지 (Let me pay for lunch.)" 하면,
　　　→ 그래 =Please, do.　　　→ 내지마=Please, don't. 이라고 합니다.

9. 내가 도와줄게.　　　　　　　　　　가방을 들어주지요.
10. 어디 사진 좀 봅시다.　　　　　　　내가 문 닫을게.
11. 집까지 태워다 주지.　　　　　　　집까지 데려다주마.
12. 당신 펜 좀 쓰자.　　　　　　　　내가 술을 따르지.
13. 내가 점심값을 내지.　　　　　　　▸ 아니오, 제가 사는 겁니다.
14. 내가 해보지.　　　내가 그것을 입어(발라)보지.　　내가 해보지.
15. 그 사람 가능한지 어떤지 봅시다.
16. 끝나면 알려주세요.　　　　　　　17. 당신 이름 좀 알려주세요.

☆ Let's ~ 우리 합시다 (Shall we ~ 우리 할까요? 와 비교)

☞ **Shall we** (~우리 할까요?) 보다 강한 표현임. **Let us do it.** (우리가 그것을 하도록 하세요.)는
　　Let's~ (합시다) 와는 다른 표현입니다.

18. 먼저 식사를 합시다.　　　　　　　난로에 불을 붙입시다.
19. 술 먹는 것을 끊읍시다.　　　　　　술 먹으러 들립시다.
20. 우리 일을 계속합시다.　　　　　　일을 치워버리고 퇴근합시다.
21. 기다려 봅시다.　　　　　　　　　→ 아니오, 기다리지 맙시다.
22. 기분전환 할 겸 걸읍시다.　　　　　각자 냅시다.
23. 서둘러 끝냅시다.　　　　　　　　24. 정각에 떠나겠끔 서두릅시다.
25. 비 오기 전에 들어갑시다.　　　　　26. 좋은 경관이 있는 곳으로 옮깁시다.
27. 이들 표현을 복습합시다.
28. 우리 선물을 각자가 아닌 함께 그에게 줍시다. (개인플레이 하지 맙시다.)
29. 사과는 가져가지 맙시다.

☞ 여기서부터 3부의 훈련을 시작 하십시오.

제 7 장: 가장 잘 쓰는 수여동사 30개 훈련 (주어+동사+목적어 + 목적어)

1. **[Can you]** give me a pen? → [Can you] give a pen **to me**?
2. **buy** me lunch? → buy lunch **for me**?
3. **get** me lunch? → get lunch **for me**?
4. **bring** me a pen? → bring a pen **to me**?
5. **get** me some water? →
6. **ask** me a favor? → ask a favor **of me**?
7. **ask** me something? →
8. **do** me a favor? →
9. **tell** me when to leave? →
10. **show** me the picture? →
11. **recommend** me a book? →
12. **lend** me money? →
13. **loan** me money? →
14. **offer** me a job? →
15. **pass** me the salt? →
16. **send** me flowers? →
17. **fix up** me with a nice girl? →   (fix lunch?점심을 해주다)
18. **pay** me money? →
19. **hand** me the letter? →
20. **read** me the newspaper? →
21. **spare** me a few minutes? → spare me one hour?
22. **leave** me some of apples? → save me apples?
23. **call** me a taxi? →
24. **choose** me a sensible wife? →
25. **cook** me a delicious meal? →
26. **wish** me a safe journey? → wish me my success?
27. **owe** me 10 dollars? →
28. **spare** me a cigarette? →
29. **make** me a cup of coffee? →
30. **find** me a right job? →
31. **teach** me English? →

☆Can you로 훈련이 끝나면, Could you=해주실 수 있겠습니까? (경어), Would you=해주시겠습니까?, Shall I=내가 할까요?, Will you로 바꾸어 확실히 연습할 것☆

> 강의

「주어+동사+목적어」로 되어 있는 소위 vt(타동사)의 기본인 3형식 문장을 지금까지 집중적으로 훈련했습니다. 동사 다음에 목적어를 두 개까지 쓸 수 있는 수여 동사(주고받고 한다는 뜻)를 4형식 문장이라고 합니다. 아무 단어나 동사 다음에 단어를 두 개 쓸 수 있는 것이 아니고 여기 있는 30개가 가장 많이 사용되는 수여 동사이며 전체적으로 많지 않습니다. 동사를 선정하면 목적어의 숫자가 결정됩니다.

(문장형식이 있는 것이 아니고, 동사로서 문장형식이 결정되는 것입니다.)

수여동사 다음에, 첫 번째는 간접목적어 (인간이나 동물)로 「에게」로 해석이 되고 두 번째는 직접목적어(물건)라 하고 「을」로 해석하나 꼭 그렇게 해석하라는 규정이 아니므로 적당히 번역해야 합니다. 쉽게 말하면, 인간(동물)이 먼저 오고 물건이 옵니다. 즉 인간, 물건 순으로 단어가 옵니다. **해석순서는 반드시 인간을 먼저하고 물건을 합니다.**

이때 순서를 잘못 쓰면 3형식이 되고 한 단어만 목적어가 되므로 나머지는 to나 for 등을 붙여서 부사로 바꾸어 버립니다. 즉, 4형식은 전부 3형식이 될 수 있는 것입니다.

```
        [4형식 일 때]                              [3형식 일 때]
  I      give      you      money         I       give      money    to you
 주어    동사     목적어    목적어        주어     동사     목적어     부사
 나는    준다    너에게      돈을          나는     준다     돈을     너에게
```

» 녹음시킨 후 통역을 하고 난후에 영어를 듣고 답합니다.

1. [당신은] 나에게 연필을 줄 수 있습니까?   하고 질문하면, Yes나 No를 택하여,
→ 예, 나는 당신에게 연필을 줄 수 있습니다.   식으로 이하 모두 훈련할 것.

2. [당신은] 나에게 점심을 사주실 수 있나요? →

3. 나에게 점심을 사주실 수 있나요? →   4. 나에게 펜을 깆다 줄 수 있나요 ? →
5. 나에게 물 좀 갖다 줄 수 있나요? →   6. 나에게 부탁을 요구할 수 있나요? →
7. 나에게 어떤 것을 물어볼 수 있나요? →   8. 나에게 부탁하나 들어 줄 수 있나요? →
9. 나에게 언제 떠날지 말해줄 수 있나요?→   10. 나에게 사진을 보여 줄 수 있나요? →
11. 나에게 책을 추천할 수 있나요? →   12. 나에게 돈을 빌려 줄 수 있나요? →
13. 나에게 돈을 대부해 줄 수 있나요? →   14. 나에게 직업을 제공할 수 있나요? →
14. 나에게 소금을 전해 줄 수 있나요? →   16. 나에게 꽃을 보낼 수 있나요? →
17. 나에게 멋있는 여자를 소개할 수 있나요? →   18. 나에게 돈을 지불할 수 있나요? →
19. 나에게 편지를 넘겨 줄 수 있나요?→   20. 나에게 신문을 읽어줄 수 있나요? →
21. 나에게 몇 분만 짬을 내줄 수 있나요? →   22. 나에게 사과 좀 남겨줄 수 있나요? →
23. 나에게 택시를 불러줄 수 있나요? →   24. 나에게 분별 있는 아내를 골라줄 수 있나요?
25. 나에게 맛있는 식사를 요리해 줄 수 있나요? →
26. 나에게 무사한 여행을 기원해 줄 수 있나요?   수여동사는 '원하다'가 아님
27. 나에게 10불을 빚질 수 있습니까? →   28. 나에게 담배 한 개비 줄 수 있나요? →
29. 나에게 커피 한 잔 만들어 줄 수 있나요? →   30. 나에게 올바른 직업을 찾아 줄 수 있나요? →
31. 나에게 영어를 가르칠 수 있나요? →

제 8 장: 수여동사의 기본이며 영어의 만능동사 GIVE 훈련

1. [Can] you give me a chance once more? →
2. [   ] you give me time to think about it? →   *to reflect, repent.*
3. [   ] you give me a week to make up my mind? →
4. [   ] you give me a good impression? →
5. [   ] you give me the date of interview? →
6. [   ] you give me a smile? →   *wry face*
7. [   ] you give me the reason? →
8. [   ] you give me a call? →   phone=ring=buzz=call
9. [   ] you give him a farewell banquet? →
10. [   ] you give me a lift(ride) to my home? →
11. [   ] you give your mind to your trade? →   give me your mind,
12. [   ] you give a recital? →
13. [   ] you give the book back to me? →
14. [   ] you give a special lecture? →
15. [   ] you give an English lesson? →   =teach
16. [   ] you give lessons in Economics? →
17. [   ] you give your parents a lot of trouble? →
18. [   ] you give your seat to an old lady? →
19. [   ] you give me an appointment? →
20. [   ] you give me a rain check?   =give me a chance?
21. [   ] you give me a ballpark figure?   =approximate figure

(Idom)

22. [   ] you give away all the money to the poor?
23. [   ] you give up the patient? →
24. [   ] you give in your examination papers?   →
25. [   ] you be given an important post?   be given=받다

(기타 응용 예)

26. The dictionary doesn't give this word. = doesn't have this word.
27. Ladies and gentlemen, I give you the Governor of New York.
28. The floor gives creaks when you walk on it.
29. The floor gave under the weight of the piano.
30. The thermometer gives 75°
31. I don't want to give in.

☞ **3부 부터는 대답자 의사대로 Yes와 No를 택하여 답할 것☆**

1. 당신은 나에게 한 번 더 기회를 줄 수 있습니까? 하고 물으면, 본인 의사대로
   → 예, 나는 당신에게 한 번 더 기회를 줄 수 있습니다. 또는, 부정으로
   (Yes, I can give you a chance once more.)
   → 아니오, 나는 당신에게 한 번 더 기회를 줄 수 없습니다. 식으로 답할 것.
   (No, I can't give you a chance once more.)
2. 당신은 나에게 생각할 시간을 줄 수 있습니까? →　　　　　　　　　　반성할, 회개할
3. 당신은 나에게 결심할 수 있도록 일주일을 줄 수 있나요?
4. 당신은 나에게 좋은 인상을 줄 수 있나요? →
5. 당신은 나에게 인터뷰 날짜를 줄 수 있나요? →
6. 당신은 나에게 웃음을 줄 수 있나요? →　　　　　　　　　　　　　　찡그린 얼굴
7. 당신은 나에게 이유를 댈 수 있나요? →
8. 당신은 나에게 전화를 걸 수 있나요? →　　　　　　　　　　　　　(모두 같은 표현)
9. 당신은 그에게 송별회를 열어줄 수 있나요? →
10. 당신은 나를 집까지 태워다줄 수 있나요? →　　　　　　　　　　　　　　관용어
11. 당신은 장사에 마음을 줄 수 있나요? → 나에게 마음 주다.
12. 당신은 리사이틀을 열 수 있나요?　　　　　(연다고 해서 open을 사용하지 않습니다)
13. 당신은 나에게 그 책을 돌려줄 수 있나요? →　　　(back을 뒤에 붙이면 '돌려주다')
14. 당신은 특별강의를 줄 수 있나요? (강의히디) →
15. 당신은 영어교습을 할 수 있나요? →　　　　　　　　　　　　　　(영어를 가르치다)
16. 당신은 경제학을 가르칠 수 있나요? →
17. 당신은 부모에게 많은 걱정을 끼칠 수 있나요? →
18. 당신은 노인에게 자리를 양보할 수 있나요? →
19. 당신은 나에게 약속을 줄 수 있나요? →
20. 당신은 나에게 기회를 줄 수 있나요?　　　(야구에서 생긴 말) =1번과 같은 말 --속어
21. 당신은 나에게 어림 숫자를 댈 수 있나요?　　　　　　　　(야구에서 생긴 말)--속어
22. 당신은 가난한 사람들에게 모든 돈을 줄 수 있나요?　(형용사 앞에 the는 복수명사)
23. 당신은 그 환자를 포기할 수 있나요? →
24. 당신은 시험지를 제출할 수 있나요? →
25. 당신은 좋은 직책을 받을 수 있나요?　　　　　　　　　　　　　　　　수동문장 참조

(기타)

26. 그 사전은 이 단어가 수록돼 있지 않습니다.　　27. 여러분, 뉴욕 시장을 소개합니다.
28. 그 마루는 그 위를 걸을 때 삐걱 소리가 난다.　29. 마룻바닥이 피아노 무게로 휘었다.
30. 온도계는 75도를 나타내고 있다.　　　　　　　31. 나는 지고 싶지 않다.

제 9 장: 핵심 사역동사 5개 훈련 (주어+동사+목적어+보어)

1. Can you make your son a scholar?
 → Yes, I can make my son a scholar.
2. Can you make your family happy? →
3. Can you make him leave the room?
4. Can you make yourself understood in English?
 = Can you express yourself in English?
5. Does your job make you tired? →
6. Does the exercise make you healthy?
7. What makes you so funny?
8. Can you keep me waiting?
9. Can you keep the door locked?
10. Can you keep the windows open? →
11. Does your job keep you busy?
12. What keeps you tired?
13. What kept you from coming?
14. What's kept you late?   → '워쓰켑츄 레잇?' 으로 발음. has kept의 줄임
15. What's held you late?

16. Can you have him come in? →
17. Can you have Miss Brown contact my office?
18. Can you have her call me up?
19. Can you get her to put out the light?
20. Can you get him to get the phone? →
21. Can you let me know your name? →
22. Can you **let** pay for lunch?

★MAKE, KEEP, LET 의 비교

23. Can you make the door open?
24. Can you keep the door open?
25. Can you let the door open?

★get, have 다음에 사물이 올 때는 보어가 과거분사임: get(have)+물건+p.p

26. Can you get your hair cut?   Do you want your hair cut?
27. Can you get your photo taken?   Do you want your photo taken?
28. Can you get the thesis approved?   Do you want something done?

> 강의

I make a desk= 나는 의자를 만든다. (3형식)
I make you lunch=나는 너에게 점심을 만들어준다. (4형식 : 너≠점심)
I make you a doctor=나는 너를 의사로 만든다. (5형식: 너=의사)
동사 다음에 한 개만 목적어이고, 목적어를 보충하는 말(보어)이 올 때 이것을 5형식 타동사라고 합니다.
'I have Jim come in=나는 짐을 들어오라고 하겠다.' 식으로 남에게 「~하도록 시키다」종류의 단어를 사역동사라고 하며, make= 강제, let=방임, keep=지속, have, get= 보통의 강도로 사용합니다. 목적어를 보어보다 먼저 해석할 것!

> REC

1. 당신은 아들을 학자로 만들 수 있습니까?   *라고 질문하면, Yes와 No를 택하여,*
   → 예, 나는 아들을 학자로 만들 수 있습니다.   *식으로 이하 모두훈련.*
2. 당신은 가족을 행복하게 할 수 있습니까? →
3. 당신은 그를 방에서 나가게 할 수 있어요?
4. 당신은 영어로 의사소통을 할 수 있습니까? =당신은 영어로 표현할 수 있나요?
5. 일 때문에 피곤하십니까? = 일이 당신을 피곤하게 만듭니까? (직역) →
6. 운동하니깐 건강하십니까? = 운동이 당신을 건강하게 만듭니까?
7. 왜 그렇게 재미있나요? = 무엇이 당신을 재미있게 만듭니까?
8. 당신은 나를 기다리게 할 수 (유지) 있습니까?
9. 당신은 문을 잠가서 놔둘 수 있습니까?
10. 당신은 창문을 열어서 놔둘 수 있습니까? →

11. 일 때문에 바쁩니까? = 일이 당신을 바쁘게 유지시킵니까?
12. 왜 피곤하십니까?
13. 왜 안 왔었나요? = 무엇이 당신을 오는 것으로부터 잡았나요?
14. 왜 늦었나요? →   *15번도 같은 의미임.*
16. 당신은 그에게 들어오라고 할 수 있나요? →
17. 당신은 브라운 씨에게 내 사무실로 연락하라고 할 수 있나요?
18. 당신은 그녀에게 나한테 전화하라고 할 수 있나요?
19. 당신은 그녀에게 불을 끄라고 할 수 있나요?
20. 당신은 그이에게 전화를 받으라고 할 수 있나요? →
21. 당신은 나에게 당신 이름을 알려 줄 수 있나요? →
22. 당신은 그에게 점심값을 내라고 할 수 있나요?
23. 당신은 문을 열리게 만들 수 있나요? ⎫
24. 당신은 문을 열어서 놔둘 수 있나요?   ⎬ 3개비교
25. 당신은 문이 열리게 내버려 둘 수 있나요? ⎭

》사물이 목적어로 올 때는 과거분사가 끝에 옴

26. 당신은 머리를 깎으라고 할 수 있나요?   머리 깍길 원합니까?
27. 당신은 사진을 찍으라고 할 수 있나요?   사진 찍길 원합니까?
28. 당신은 논문을 승인받을 수 있나요?   당신은 어떤 일을 시키고 싶습니까?

29. Can you have your watch repaired? →

30. Can you have the present wrapped?

☞ Will you get your hair cut?은 Will you get a haircut? 으로도 씀

※ 필수 5형식 타동사 [지각, 감각동사 등] 20개 훈련: 4부 이후에 해도 됩니다.

1. Did you **see** me come into the garden? →   come, coming-모두가능

2. Did you **see** anyone coming in just now? →

3. Did you **notice** a girl going out? →

4. Do you **think** him honest? →   목적어로 목적격을 사용함

5. Did you think him a foreigner?   → I thought him a foreigner.

6. Do you **believe** her a patient person?

7. Did you **find** it easy(difficult) to study English? →

8. Did you hear your name called? →

9. Did you hear her sing in a sweet voice? →

10. Did you **feel** your heartbeat? → I felt my heartbeat with Joy.

11. My job makes it possible for me to buy a car.

사역동사 등

12. Will you **tell** him to stay here? →

13. Will you **ask** him to take off now? →

14. Will you ask Miss Brown if she speaks French? →

15. Will you **direct** him to fill out the form? →

16. Will you **persuade** him to purchase house appliances? →

17. Will you **help** her put the curtains up? →

일반동사

18. Will you **appoint** him a manager?

19. Will you **call** me Johns?

20. Will you **name** the baby John?

21. Will you **declare** him enemy?

22. Will you **paint** the house green?

23. Will you **drive** me crazy?

24. Will you **select** him as president?

☆Get him to come in에서 부정사 to come앞에 to가 있으나, make, have, let, keep, help동사에서는 부정사 앞의 to를 생략하며, 이것을 원형부정사를 쓴다고 합니다.

29. 당신은 시계를 고치도록 시킬 수 있나요?   =시계를 고칠 겁니까?
30. 당신은 선물을 포장하도록 시킬 수 있나요?

강의

남에게 시켜서 ~ 하게 하는 것은 꼭 이렇게 표현해야 합니다. 우리말에서, 「나는 머리를 깎는다.」는 내가 남을 깎아 주는 것인지 아니면 내가 이발소에서 깎아 달라고 하는 건지 명확하지 않지만, 영어는 이 사실을 명확히 구별해야 합니다.
"I take a picture"는 내가 사진을 찍는다는 것이고, I get my picture taken은 '남에게 내 사진을 찍어달라고 시킨다.'는 의미입니다.

☆필수 지각, 감각. 사역동사 등 20개 훈련☆

1. 당신은 내가 정원에 들어오는 것을 보았나요?
   → 예, 나는 당신이 정원에 들어오는 것을 보았습니다.
2. 당신은 어떤 사람이 금방 들어오는 것을 보았습니까? →
3. 당신은 소녀가 나가는 것을 목격했나요? →
4. 당신은 그가 정직하다고 생각합니까? →
5. 당신은 그를 외국인이라고 생각했나요?   → 나는 그를 외국인이라고 생각했지요.
6. 당신은 그녀를 인내심 있는 사람으로 믿습니까?
7. 당신은 영어공부 하는 것이 쉽다고 알았나요? →   (it은 가목적어 라고 함)
8. 당신은 당신 이름이 불리는 것을 들었나요? →
9. 당신은 그녀가 달콤한 목소리로 노래하는 것을 들었나요? →
10. 당신은 당신 가슴이 뛰는 것을 느꼈나요? → 나는 내 가슴이 뛰는 것을 느꼈다.
11. 내 직업은 내가 차를 사는 것을 가능하게 합니다. (it을 가목적어라고 하고 for me to buy a car를 진짜 목적어라고 함). 이런 식으로 가짜 목적어 it을 써놓고 진목적어를 뒤로 빼는 단어는 find와 make입니다. 유의할 것.

사역동사, 일반 동사의 종류

12. 당신은 그에게 여기 체류하라고 말할 겁니까?
13. 당신은 그에게 지금 출발하라고 부탁할 겁니까? →
14. 당신은 미스 브라운에게 불어를 하는지 물어볼 겁니까? →
15. 당신은 그에게 양식을 써넣으라고 지시할 겁니까? →
16. 당신은 그에게 가정기구를 구매하라고 설득할 겁니까? →
17. 당신은 그녀가 커튼 치는 것을 도와 줄 겁니까? →
18. 당신은 그를 매니져로 임명할 겁니까?
19. 당신은 나를 죤스라고 부를 겁니까?
20. 당신은 그 아기를 죤이라고 이름지을 겁니까?
21. 당신은 그를 적이라고 선언할 겁니까?
22. 당신은 집을 녹색으로 칠할 겁니까?
23. 당신은 나를 미치게 만들 겁니까? (drive-는 강압적으로 이끌다. make와 비슷함)
24. 당신은 그를 대통령으로 선출할 겁니까?

제 10 장: 영어의 만능동사 GO

1. Will you go abroad? =overseas
   → Yes, I'll go abroad.   → No, I won't go abroad.
2. Will you go for a walk? →   *for a drive, for a swim*
3. Will you go shopping?   *hunting, fishing*
4. Will you go to bed and go to sleep right away? →
5. Will you go to blows with him?
6. Will you go hungry?
7. Will you go through the book?
8. Will you go through his pockets? →
9. Will you go out for lunch at about 12:30?
10. Will you go (and) get me some water? →
11. Will you go without money? →
12. Will you go about (around) downtown all day? →
13. Will you go on a business trip?   Will you go on a picnic?
14. Will you go about with a young girl?

15. Does this train go at 70 miles an hour? → Yes, it does.
16. Is your watch going very well? →   Does your watch go?
17. Does this machine go by electricity or battery?
18. Does everything go fine?   → Yes, everything goes OK.
19. Does this road go to the city hall?   → Yes, this road goes there.

☞ Do you think와 결합하여 훈련

20. Do you think your pain will go soon? →   *fever, cold*
21. Do you think people were coming and going?
22. Do you think the light comes and goes quickly?
23. Do you suppose fish goes bad sooner in hot weather? →
24. Do you think American dollar goes anywhere?   dollar is used의미.
25. Do you suppose victory goes to the strong?
26. Do you suppose your money goes for food and rent?
27. Do you think the whole day will go pleasantly? →
28. Do you think the old man went peacefully?   =old man died의미.
29. Do you think the clothes went out of fashion?
30. Do you think your pulse goes quickly or normally?

1. 당신은 해외에 갈 겁니까?　　　　하고 질문하면. Yes와 No 중 본인 의사대로,
　　→ 예, 나는 해외에 갈 겁니다.　또는
　　→ 아니오, 나는 해외에 안 갈 겁니다.　식으로 이하 모두 적절히 훈련.
2. 당신은 산보 갈 겁니까? →　　　드라이브가다. 수영 가다
3. 당신은 장 보러 갈 겁니까?　　사냥 가다. 낚시 가다
4. 당신은 잠자러 가면 곧바로 잠들 겁니까? →
5. 당신은 그와 치고받고 할 겁니까?　　☞ (주먹이 왔다 갔다 하면 바람(blow)이 일어나므로)
6. 당신은 굶주릴 겁니까?
7. 당신은 책을 다 끝낼 겁니까?　(처음부터 쭉 훑어봤다는 뜻임)
8. 당신은 그의 주머니를 뒤질 겁니까? →　　get through with=끝내다, 와는 뜻이 다르니 주의할 것.
9. 당신은 12:30분 경에 점심 먹으러 나갈 겁니까?
10. 당신은 가서 나에게 물 좀 갖다 줄 겁니까?
　　　　　　→ 회화에서는 go and get에서 and를 생략하는 것이라고 앞에서 말한 적이 있습니다.
　　　　　Go find out! 가서 알아봐! 식으로 씀.
11. 당신은 돈 없이 지낼 겁니까? →
12. 당신은 종일 시내를 돌아다닐 겁니까? →
13. 당신은 출장 갈 겁니까?　　당신은 소풍 갈 겁니까?
14. 당신은 젊은 여자와 어울려 다닐 겁니까?
15. 이 기차는 1시간에 70마일로 달립니까?　　→ 예, 그렇습니다.
16. 당신 시계는 잘 가고 있습니까? →　　당신 시계는 갑니까?
17. 이 기계는 전기로 아니면 배터리로 갑니까?
18. 모든 것이 잘 돼갑니까?　　　→ 예, 모든 것이 이상 없이 갑니다.
19. 이 길은 시청으로 통합니까?　　　→ 예, 이 길은 거기로 통합니다.

☞ **Do you think와 결합하여 훈련**
20. 당신의 통증은 곧 사라질 거라고 생각합니까?　　　　　　　열, 감기
21. 사람들이 오고 가고 있었다고 생각합니까?
22. 빛(불)이 금방 왔다가 간다고 생각합니까?
23. 생선은 더운 날씨에는 금방 상한다고 생각합니까? →
　　→ '상한다, 나빠진다'를 꼭 go bad로 한다는 뜻이 아니고 이렇게도 표현할 수 있다는 것입니다.
　　'나빠진다 = become bad 또는 get bad'입니다.
24. 미국 달러는 어느 곳에서나 통용된다고 생각합니까?　　　be used=사용되다.
25. 승리는 강한 사람에게 돌아갈 것 같습니까?
26. 당신 돈은 음식과 임대료에 들어갈 것 같습니까?
27. 온 하루가 기쁘게 지나갈 것 같습니까? →
28. 노인이 조용히 죽었다고 생각합니까?　　　die의 뜻.
29. 그 옷은 유행이 지났다고 생각하세요?
30. 당신의 맥박은 빨리 아니면 정상으로 뛴다고 생각합니까?　　pulse beats 의미

제 10 장: 영어의 만능동사 GO , COME

☞ GO 동사의 기타표현 : 질문자와 대답자간에 입으로 주고받고 훈련하기가 어려우니, 읽고 이해만 할 것

1. What's going on here?
2. As times go,   As the world goes,   As years go,
3. How goes the world with you?
4. As years go on, when do you think Korea will get together?
5. How many ounces go to one pound?
6. Do you think she goes with baby?
7. It goes without saying that she is famous.
8. You go too far.   Don't you think she goes too far?
9. Seven into fifteen goes twice and one over.
10. His land goes to the river.
11. The fuse went.
12. We have three days to go.
13. Here goes.   Here comes.
14. Let go!   Let it go!   Go on!

제 11 장: 영어의 만능동사 COME

1. May I come to your house?
2. Do you want to come to see me?
3. May I come in?
4. Do you think the picture would come out well?
5. How is the baseball coming(out)?
6. Will you come down from the tree?   *from your building*
7. Did you come across him on your way here?
8. Do you think your dream will come true?
9. Where do you come from?
10. Whatever comes to you, can you get it over?
11. Do you think light(ly) come, light(ly) go?
12. Do you think things will come all right?
13. Do you have to come up with me?
14. Does toothpaste come in a tube?
15. Is he going to be six come April?

제 10 장: 영어의 만능동사 GO

1. 여기서 무엇을 하고 있습니까? = What are you doing here?와 같음.
2. 요즘 추세로는 (시간이 가는 걸로 봐서는) , 세상이 가는 것으로는, 세월이 가므로.
3. 요즘 잘 돼 갑니까?
4. 세월이 가는 추세로는, 언제 한국이 통일될 것 같습니까?
5. 몇 온스로 1파운드가 되나요?
6. 그녀는 애기를 임신했다고 생각하세요? → She is pregnant. 를 먼저 알 것.
7. 그녀가 유명하다는 것은 말할 필요가 없습니다.

8. 당신은 너무 심합니다. 그녀가 너무 심하다고 생각지 않으세요?
9. 15 나누기 7은 2에 1이 남습니다. → 15 is divided by 7을 먼저 알 것.
10. 그의 땅은 강까지 뻗쳐있습니다.
11. 퓨즈가 끊어졌습니다.
12. 우리는 아직 사흘 남았습니다.
13. 자, 갑니다.   ☞ 무엇을 시작하거나, 던지거나 할 때 쓰는 말 (둘 다 같은 표현)
14. 놔! 풀어놔!   놔라!   계속해!

제 11 장: 영어의 만능동사 COME

☞ 이 부분도 묻고 답하기가 곤란하므로 이해만 하고 필요시에 훈련할 것

1. 내가 댁으로 놀러 가도 좋겠습니까?
2. 당신은 나를 만나러 오고 싶습니까?
3. 내가 들어가도 되겠습니까?
4. 당신은 그 사진이 잘 나올 것 같습니까?
5. 야구가 어떻게 돼가고 있습니까?
6. 당신은 나무에서 내려올 수 있나요?   건물에서
7. 당신은 오는 길에 그를 마주쳤습니까?

8. 당신 꿈이 현실로 나타날 것 같습니까?
9. 고향이 어디세요?
10. 어떠한 일이 당신에게 와도 그것을 극복할 수 있습니까?
11. 쉽게 얻은 것은 쉽게 없어진다고 생각하세요?
12. 만사가 잘될 것 같습니까?
13. 당신은 나를 따라잡아야 합니까?
14. 치약은 튜브로 나옵니까?
15. 4월이 오면 그는 6살이 됩니까?

제 11 장: 영어의 만능동사 COME

☞ 읽고 이해한 후 필요시에 훈련할 것 (질문하고 답하기가 곤란한 문장임) ☆

1. First come, first served.
2. How come!　　　　　　　　How come you came alone?
3. It doesn't come to me.
4. If any chance comes to me.
5. The train is coming in now. = Here comes train!
6. Here comes bus!　　　　　　Here comes Mr. Brown!
7. Here we go!　　　　　　　　Here we come!

☞ 이 부분은 4부 후에 할 것

8. How did you come to know that?
9. When you **come to do so**, do you find it difficult? →
10. When you **come to use English**, do you think it hard? →
11. Do you think the game will come off next week?
12. Do you think your turn has come?
13. Do you think winter has gone?
14. Do you suppose your bill will come to 20 dollars?
　　　☆How much does your lunch come to?

15. Do you suppose your illness comes of drinking too much?
16. How do you think the baseball game will come out?
17. Do you suppose Mr. Brown will come and go quickly?

제 11 장: 영어의 만능 동사 COME

1. 선착순.
2. 왜!   왜 당신 혼자 왔지?
3. 생각이 떠오르지 않는군요.
4. 만일 어떤 기회가 나에게 온다면.
5. 기차는 지금 들어오고 있습니다.
6. 버스가 오네요. 브라운씨가 오네요!
   → Bus is coming in은 문법적으로 맞고 그렇게 쓰기도 합니다만, Here comes bus! 라고 합니다. 그들이 쓰는 표현을 그대로 외워서 사용하는 것이 옳은 것입니다.
7. 자, 갑니다!   ☞ 공을 던질 때, 무슨 일을 시작할 때 쓰는 말입니다.

☞ **이 부분은 4부 후에 할 것**

8. 당신은 어떻게 그것을 알게 되었나요?
9. 당신은 막상 그렇게 하려고 하면, 그것이 어렵다는 것을 알게 되지요? →
10. 당신은 막상 영어를 쓸려고 하면, 그것이 힘들다고 생각합니까? →
    (come to ~ 막상 하려고 하다. ~하게 되다.)
11. 당신은 그 경기가 다음 주에 거행될 것이라고 생각합니까?
12. 당신 순서가 왔다고 생각합니까?
13. 겨울이 갔다고 생각합니까?
14. 당신의 계산서는 20불이 나왔다고 짐작하세요?
    ☆당신의 점심값은 얼마가 나옵니까?

15. 당신의 병은 술을 많이 마신 데서 왔다고 생각하세요?
16. 그 야구 경기가 어떻게 될 것이라고 생각하세요?
17. 브라운 씨가 왔다가 금방 갈 것 같습니까?

강의

come과 go는 우리말의 '오다, 가다'와 반드시 일치하지는 않습니다.
May I come in? (들어가도 될까요?), I've got to come to my house. (나는 집에 가야겠다.) 식으로 어떤 장소로 본인의 의사로 옮기는 것은 come이고 go는 막연히 '가다'라는 뜻입니다.
Dinner is ready. (저녁 준비가 되었어요.) 할 때 대답으로, I'm coining. (갑니다)라고 대답합니다. 따라서 회화적인 문장에 숙달하여야 합니다. come to처럼 come다음에 to가 오면 '가다'로 해석한다는 것을 이해해야 합니다.

제 12 장: 영어의 만능동사 Do

1. **Do you want to do it now?**   하면, 대답자는 Yes와 No중에서 임의대로
    → Yes, I want to do it now.   또는
    → No, I don't want to do it now.   식으로 이후 적절히 훈련할것.

2. **Did you do it yesterday?** →

3. **Can you do typing?** →   *mountain climbing, exercise.*

4. **Do you have to do it all over again?** →

5. **Do you have anything to do?** →

6. **Are you going to do your hair?**   Do your hair!

7. What do you do for your living?

8. What do I have to do tomorrow?

9. What are you doing with that money?

10. What shall we do with this book?

11. Will this do?

12. **Will you do me a favor?** →

13. **Are you doing a good job?** →
    ☆ Can you do a good job on typing?

14. **Can you do nice work?** →

15. **Are you doing well in the school?** →

16. **Can you do your best?** →   Will you do your worst?

17. **Do you have something to do with him?** →   =relationship

18. What can I do for you?

19. Do come again! Do be quiet!

20. Do in Rome as the Romans do!   Don't talk. Only do.

21. Will you do away with your bike?   = get rid of

☞ 이 이하는 3부 후에 할 것

22. Have you done that?

23. Have you got anything to be done?

24. Have you ever done composing?

25. Have you been doing a physical exercise?

26. Can you call me up when the work is done?

강의

* 문장 앞에서는 '까?'의 의문문을 만드는 조동사이나 문장 내에 있으면 본래의 뜻인 '하다'입니다.
"태권도합니까? → Do you do Taekwondo?" 식으로 쓰는 아주 중요한 단어입니다.
* do writing → 저술하다. do packing → 포장하다. do washing → 세탁하다. do dancing → 춤추다 등으로 씁니다. 문장을 강조시는 I do love you → "나는 정말로 당신을 사랑합니다."로 동사 앞에 붙여 씁니다.
* have something to do with~ 와 관계가 있다.
나는 당신과 아무 관계도 없어요. → I don't have anything to do with you. 즉, relationship(관계)이라는 관용어가 됨.

1. 당신은 그것을 하고 싶으세요?   하고 물으면, '예, 아니오'는 본인의 의사대로
   → 예, 나는 그것을 지금 하고 싶어요.
   → 아니오, 나는 그것을 지금 하고 싶지 않아요. 식으로 적절히 훈련할 것.
2. 당신은 어제 그것을 했나요?
3. 당신은 타이핑할 수 있나요? →   등산. 운동
4. 당신은 그것을 몽땅 다시 해야 합니까? →
5. 당신은 할 것이 있습니까? →
6. 당신은 당신 머리를 할 겁니까? → (본인이 자기머리를 한다는 뜻)   머리를 해라!

7. 생활로 무엇을 하세요?
8. 나는 내일 무엇을 해야 합니까?
9. 당신은 그 돈으로 무엇을 할 겁니까?   10. 우리는 이 책을 어떻게 할까요?
11. 이것이면 됩니까?
12. 나에게 부탁 하나 들어주시겠어요? →
13. 당신은 일을 잘하고 있는 중입니까? →   당신은 타이핑을 잘 칠 수 있나요?
14. 당신은 일을 잘할 수 있습니까? →   ☞일 잘한다, ~을 잘한다에 주의
15. 당신은 학교에서 잘하고 있나요? →
       ☞우리가 공부 잘한다"하는 표현은 미국에는 없습니다. '학교에서 잘한다'로 함.
16. 당신은 최선을 다 할 수 있나요? →   do worst=발악을 하다
17. 당신은 그와 관계가 있나요? →
18. 어떻게 도와 드릴까요? (무슨 일이세요?)
19. 꼭 다시 오세요.   꼭 조용히 하세요. (강조)
20. 로마에서는 로마풍습을 따르자.   말을 말고 실행해라.
21. 당신은 자전거를 없애버릴 겁니까?   ('제거하다'라는 관용어)

☞ 이 이하는 3부 후에 할 것

22. 그것을 해놨습니까?   23. 해야 할 것이 있습니까?
24. 작곡을 해본 적이 있나요?   25. 맨손체조를 해오고 있나요?
26. 그 일이 되면 나에게 전화할 수 있나요?

제 13 장: 접속사(부사절) 등 회화훈련

이제부터는 문장을 길게 만들기 위해서 접속사를 훈련합니다. 일반 문법책에서는 여러 이론으로 분류되어 이해하기가 어렵게 되어 있으나 여기서는 회화 문장으로 모두 한꺼번에 모았습니다. 접속사에는 and, but 등의 등위접속사와 when, as soon as 등의 종속접속사가 있습니다. 등위접속사는 간단하나 종속접속사는 많고 다소 어려우므로, 필수적으로 숙달해야 합니다.

등위 접속사

1. Do you have to go to the store **and** buy something to eat?
    → Yes, I have to go to the store and buy some food.
2. Will you fix this car **and then** go on a drive?
3. Do you have to study right now?
    → Yes, I have to study **but** it is too noisy.
4. Do you plan to go today **or** leave on Sunday?
5. You didn't sleep last night **so** you are tired.

종속 접속사 ☞ 고딕체 문장부터 먼저 철저히 훈련할 것

1. **When you get home**, will you get in touch with me?
    → Yes, when I get home I'll get in touch with you.
2. **When you are through,** would you get back to me immediately?
    → Yes, when I get through I'd get back to you.
3. **When you become 30 years old**, are you going to get married?
    → Yes, when I become 30 I am going to get married.
    ☞ 질문자와 대답자는 이상과 같은 식으로 이후 계속 훈련할 것
4. **When you get through with it,** would you let me know? →
5. Do you make mistakes **when you speak English?** →
6. Do you become discouraged **when you run out of money?** →
7. Do you understand me **when I speak Chinese?** →
8. Will you lock the door **when you leave?** →

9. Did you have any luck when you went fishing?
10. Did anyone call on you when you were sick?
11. **When it's 12 o'clock**, do you go to bed? →
12. Do you want to lead a peaceful life in the country when you grow old?

> 강의

When 다음에 평문이 오면 '면, 때' 등으로 해석합니다. 다음의 것들을 먼저 이해한 다음 영어문장을 읽고 훈련하십시오. when 면, before 전에, after 후에, as soon as 하자마자, while 동안에, as 같이, 처럼, because, since 때문에, in case 경우에는, until 까지, even though 비록, although 이지만, if 만일, as long as ~한, whenever ~때는 언제든지 등은 아주 잘 쓰입니다.

등위 접속사

1. 당신은 상점에 가서 그리고 먹을 것을 사야 합니까?
   → 예, 나는 상점에 가서 그리고 음식을 사야 합니다.
2. 당신은 이 차를 고치고 그러고 나서 드라이브 갈 겁니까?
3. 당신은 당장 공부를 해야 합니까?
   → 예, 해야 합니다. 그러나 너무 시끄럽습니다.
4. 당신은 오늘 갈 계획입니까, 아니면 일요일에 갈 계획입니까?
5. 당신은 지난밤 잠을 못 잤다. 그래서 당신은 피곤하다.

   and (그리고), **but** (그러나), **then** (그리고나서), **or** (또는, 아니면), **so** (그래서)

종속 접속사

☞ 질문자의 물음에 대답자는 큰소리로 문장 전체를 복창 대답해야 함★

1. 당신은 집에 도착하면 나에게 연락할 겁니까?
   → 예, 나는 집에 가면 당신께 전화로 연락할 겁니다.
2. 당신은 끝나면 즉시 나에게 연락해 주시겠습니까?
   → 예, 나는 끝나면 당신께 연락하겠습니다.
3. 당신은 30살이 되면 결혼할 겁니까?
   → 예, 나는 30살이 되면 결혼할 겁니다.
4. 당신은 그것이 끝나면 나에게 알려 주시겠습니까? →
5. 당신은 영어로 말할 때 실수를 합니까? →
6. 당신은 돈 떨어지면 용기가 쳐지게 됩니까? (풀이 죽나요?) →
7. 내가 중국어로 말하면 이해합니까? →
8. 당신은 떠날 때 문을 잠글 겁니까? →
9. 당신은 낚시 갔을 때 운이 있었나요?
10. 당신은 아팠을 때 어떤 이가 당신을 방문했나요?
11. 12 시가 되면 잠자러 갑니까? →
12. 당신은 늙으면 시골에서 평화로운 생활을 영위하고 싶으세요?

★When you get home → '집에 가면'을 '집에 도착하면'이라고 영작해야 합니다.
When it snows나 When the snow comes는 같은 영작입니다.

제 13 장: 종속접속사(부사절)등 회화훈련

13. Does the lake get filled with water when it rains?

14. **When it comes to** speaking English, can you beat Jimmy?

15. Do you smoke **when you drink?** →

16. **When you work**, do you like to talk? →

17. Do you need to rest **when you get tired?** →

18. **When November goes,** what month comes? →

19. **When you sleep, (When sleeping,)** do you dream? →　　　　　괄호 안은 분사

20. Did you glance at the application form **before you signed it?** →

21. **Before you came here**, did you stop by the coffee shop? →

22. **Before you left your house**, did you turn off the light? →

23. **Before you went to bed**, did you read a book? →

24. Before going to bed, did you read a book?

25. Before going to the coffee shop, did you call me?

26. **As soon as you finish working**, will you go straight home? →

27. **As soon as you get the fax**, do you have to answer back? →

　　※ **On arriving home,** will you have dinner? →　　=On(Upon) ~ing,

28. **After the class is over**, will you leave here right away? →

29. After the church service is over, will you phone me?

30. **After it rains**, do you like to go for a walk? →

31. After you ate, did you sleep?

32. After eating, did you sleep?

33. Do you try to study **after coming home from school?** →

34. **While you are in Korea**, do you want to be friends with me? →

35. **While you are here**, have you got to cultivate your English? →

36. **While we are staying in this country**, can you see many things?

37. While I was having breakfast, what were you doing?

38. Do you enjoy music while you are eating?

39. Did you worry about while I was away?

40. While you read, do you listen to music?

41. While reading, do you listen to music?　　　　　　　　　　　　분사구문

42. Do you have time to read books **while riding the bus?** →

43. While speaking of him, shall we have a talk more?

13. 비가 오면, 호수는 물이 찹니까?
14. 영어를 말하는 것에 관한 한, 당신은 지미를 이길 수 있나요?　　　　　　　　　　(관용어임)
15. 당신은 술 먹으면 담배 핍니까? →
16. 당신은 일할 땐 말하기를 좋아합니까? →
17. 당신은 피곤할 땐 휴식할 필요가 있나요? →
18. 11월이 가면, 무슨 달이 옵니까? →
19. 당신은 잠잘 때 꿈을 꿉니까? →

(두 문장의 주어가 같을 때, 접속사 쪽을 진행문장으로 간주하고 you are를 생략하고 sleeping만 사용한 것을 현재 분사구문이라고 합니다. 두 문장의 주어가 같을 때, 같은 단어를 반복하기가 싫을 때 사용함. 분사구문이 되는 단어는, when, before, after, while, as, as soon as (15번 참조) 등입니다.

20. 당신은 지원서를 서명하기 전에 그것을 훑어보았나요? →
21. 당신은 여기에 오기 전에 커피숍에 들렀나요? →
22. 당신은 집을 나오기 전에 불을 껐나요? →
23. 당신은 잠자러 가기 전에 책을 읽었나요? →
24. (위 문장을 분사구문 시킨 것)
25. 커피숍에 들르기 전에 나한테 전화했나요?
26. 당신은 일을 끝내자마자 집에 곧장 갈 겁니까? →
27. 당신은 팩스를 받자마자 회신을 해야 합니까? →
　　※ 집에 도착하자마자, 당신은 저녁을 먹을 겁니까? →
　　　　　　　　　　　　'On (Upon) ~ing = 하자마자'는 As soon as이 분사로 간주함.
28. 수업이 끝난 후에 당신은 곧바로 여기를 떠날 겁니까? →
29. 예배가 끝난 후에 당신은 나에게 전화를 할 겁니까?
30. 비가 온 후에 당신은 산보하기를 좋아합니까? →
31. 당신은 식사 후에 잠을 잤습니까?
32. 위 문장의 분사구문
33. 학교에서 집에 온 후에 공부하려고 노력합니까? →

34. 당신은 한국에 있는 동안 나하고 친구가 되기를 원합니까? -
35. 당신은 여기에 있는 동안 영어를 다듬어야 합니까? →
36. 우리가 이 나라에 체류하는 동안 당신은 많은 것을 볼 수 있습니까? →
37. 내가 아침을 먹고 있는 동안에 당신은 무엇을 하고 있었습니까?
38. 당신은 식사를 하고 있는 동안에 음악을 즐기나요?
39. 내가 없었던 동안에 걱정했나요?
40. 당신은 읽는 동안에 음악을 듣습니까?
41. 위 문장의 분사구문
42. 당신은 버스 타고 있는 동안에 책을 읽을 시간이 있나요? →
43. 이왕 그 사람 얘기를 하는 김에 더 대화를 할까요? ('이왕'으로 해석)

제 13 장: 종속 접속사(부사절) 등 회화훈련

44. **Because you are healthy,** can you do anything?
    → Of course, I can do anything because I am healthy.
    → Of course not, I can't do anything because I'm not healthy.

45. **Because you are rich,** can you buy many houses? →

46. **Since you have a job,** can you buy me dinner? →

47. Would you interpret to me **since I don't understand English?** →

48. **Now that you can afford it,** will you buy a brand new car?

49. **Just** because **you run out of money,** do you become disappointed?

50. Did you obtain it **as you planned to?** →   as you said,

51. Are you able to stay **as long as you want to?** →

52. Did the machine function OK **as you expected it to?** →

53. Did you see the statue **as well as you used to?** →

54. Do you touch the cigarettes **as you used to?** →

55. In case you go to the market, would you mind buying some food?

56. **In case you meet me,** will you give me a gift? →

57. **In case of a fire,** do you have to report to the fire station? →

58. **In case it rains,** will you put up umbrella? →

59. **Just in case it snows,** do you want to take a train? →

60. Did you wait **until I came here?** →

61. Can you solve the problem **until October comes?** →

62. **Even though you are tired,** do you want to study? →

63. Even if I am tired I want to study.

64. **Even though you are late,** do you have to go? →

65. Although he is rich he is not happy.

66. Though the restaurant was crowded we managed to find a table.

67. **If you are tired,** do you get some sleep? →

68. **If it is quiet,** do you want to review English? →

69. **If he doesn't come,** will you probably call him? →

70. **As long as he is good,** will you give him candy? →

71. **As long as I keep studying,** will you let me study here? →

72. **Whenever I try to repay money,** will you take it? →

73. **Every time you go to Busan,** do you like to take a train? →

74. **No matter when you have time,** can you come over to see me?

44. 당신은 건강하니깐 무엇이든지 할 수 있습니까?   하면, 대답자는 Yes와 No 중에서
    → 물론입니다. 나는 무엇이든지 할 수 있습니다, 건강하니깐.   또는
    → 물론 아니다. 나는 아무것도 할 수 없습니다, 건강하지 않으니까.   식으로 훈련.

45. 당신은 부자이기 때문에 많은 집을 살 수 있나요? →
46. 당신은 직업이 있으므로 나에게 저녁 한번 살 수 있습니까? →
47. 당신은 내 말을 통역해주겠어요 나는 영어를 이해 못 하니까요? →
48. 당신은 여유가 있으니깐 새 차를 살 겁니까? →
49. 당신은 단지 돈 떨어졌다고 실망이 됩니까? →   (단지~하다고)
50. 당신은 계획한 것처럼 그것을 입수했나요? →
51. 당신은 원하는 것처럼 더 체류할 수 있나요? →   (더 놀다 갈 수 있나요?)
52. 당신이 기대한 것처럼 기계가 이상 없이 기능이 발휘됐나요? →
53. 당신은 과거에 했던 것처럼 동상을 보았나요? →
54. 당신은 전처럼 (과거처럼) 담배에 손을 댑니까? →

    ※as: 이므로, 이니까, 시피, 깐, 하면서 ex) As years go by = 세월이 가니깐

55. 당신은 시장에 가는 경우에 음식을 사는 것이 성가십니까?
56. 당신은 나를 만나는 경우에 나에게 선물을 줄 겁니까?
57. 화재의 경우에는 소방서에 신고해야 합니까? →   이것은 전치사구임
58. 비오는 경우에는 우산을 쓸 겁니까? →
59. 꼭 눈이 오는 경우에는 기차를 타기를 원하십니까?

60. 내가 올 때까지 당신은 기다렸나요? -
61. 10월이 올 때까지 문제를 해결할 수 있나요? →
62. 비록 당신은 피곤할지라도 공부하기를 원하십니까? →
63. 비록 나는 피곤할지라도 공부하기를 원합니다.
64. 비록 당신은 늦었어도 가야 합니까? →
65. 그는 부자이지만 행복하지 않습니다.
66. 식당은 만원이었지만 식탁은 그럭저럭 찾을 수 있었습니다.
67. 만일 당신은 피곤하다면, 잡니까? →
    (이것은 가정문으로 보지 않습니다. In case, When 등으로 바꿀 수 있을 때, 실제상황일 때)
68. 만일 조용하다면, 영어를 복습하기를 원합니까? →
69. 만일 그가 오지 않으면, 당신은 아마도 그에게 전화할 겁니까? →
70. 그가 착하게 구는 한, 당신은 그에게 사탕을 줄 겁니까? →   (~ 하는 한)
71. 내가 계속 공부하는 한, 당신은 내가 공부하도록 내버려 둘 겁니까? →
72. 내가 돈을 갚으려고 시도할 때마다, 당신은 그것을 받을 겁니까? →
73. 당신은 부산에 갈 때마다 (매번) 기차를 타기를 좋아합니까? →
74. 당신은 시간이 있을 때마다 저를 보러 올 수 있나요? →   =Whenever

제 13 장: 종속 접속사(부사절) 등 회화훈련

75. **No matter how tired you are**, do you try to work hard?
    → Of course, I try to work hard no matter how tired I am.
76. No matter how rich you are, don't you need to waste money?
77. **No matter how much you work**, can't you earn enough money? →
78. No matter how well he does the job, do you always complain?

79. Is the coffee **too hot to drink?** →
80. Are you **too upset to talk?** →
81. Are you so tired that you can't even watch television? →
82. The room was so dirty you needed to clean it, right?
83. You ate so much (that) you don't eat more?
84. You played tennis so much that you got tired, right?
85. Did you purchase the computer in order to study?   =so as to
86. Did you purchase the computer **so that you can study?**   →
87. Did you give him the cash so (that) he can't complain?
88. Did you leave early **so you wouldn't be late?** →

89. Don't you like to go there with me?
    → It's not that but I already have another appointment.
90. Are you hungry?
    → It's not that but I just feel bad now.
91. It's not that I am tired, it's just that I don't feel like leaving.
92. It's not that I don't want to meet him but it's because I'm really busy now.
93. **Unless I come here**, will you start alone? →
94. **Unless I am wrong**, do you have a boyfriend? →

95. Can you help me **as well as you can?** →
96. Can you make yourself understood in English **as well as you can?**
97. Do you want to see Seoul as much as you can?
98. Can you make money **as much as you can?**
99. Will you work in the company **as long as you can?**
100. Do you want to take a walk **as long as you can?**
101. Have you got to leave here **as soon as possible(you can)?**
102. Do you have to cancel reservations **as soon as possible?**
103. Can you drive **as far as you can?**

75. 당신은 아무리 피곤해도 열심히 일하려고 노력합니까?
→ 물론입니다. 나는 아무리 피곤해도 열심히 일하려고 노력합니다.
76. 당신은 아무리 부자여도 돈을 낭비할 필요는 없지요?
77. 당신은 아무리 열심히 일해도 충분히 돈을 못 법니까? →
78. 그가 아무리 일을 잘해도 당신은 항상 불만입니까?

79. 커피는 너무 뜨거워서 마실 수 없나요? →   (too와 뒤쪽 to에 강세를 줄 것)
80. 당신은 너무 속상해서 말을 못 합니까? →   (to쪽에 not이 있는 것으로 해석)

81. 당신은 너무 피곤해서 TV조차 볼 수 없나요? →   (that은 생략해도 무방)
82. 방이 너무 더러워서 당신은 그것을 청소할 필요가 있었다, 그렇죠?
83. 당신은 너무 먹어서 더 이상 안 먹지요?
84. 당신은 테니스를 너무 많이 쳐서 피곤했죠?
85. 당신은 공부하기 위하여 컴퓨터를 샀나요?
86. 당신은 공부할 수 있게 하기 위하여 컴퓨터를 샀나요? →   (that은 생략해도 무방)
87. 그가 불평할 수 없도록 그에게 현금을 주었나요?
88. 당신은 늦지 않으려고 일찍 떠났습니까? →

89. 당신은 나와 같이 거기에 가고 싶지 않으세요?
→ 그런 것이 아니고요, 나는 이미 다른 약속이 있어요. (그런 게 아니고)
90. 당신은 시장합니까?   → 그런 것이 아니고, 나는 지금 기분이 나쁩니다.
91. 그건 내가 피곤한 것이 아니고, 그건 단지 떠날 마음이 없어요.
92. 그것은 내가 그를 만나길 원하지 않는 것이 아니고 내가 바쁘기 때문입니다.

93. 내가 여기에 오지 않는 한, 당신은 혼자 출발할 겁니까? →
94. 내가 틀린 것이 아니라면, 당신은 남자친구가 있죠? →
                                unless는 if not과 같은 뜻임~이 아니라면,

95. 당신은 할 수 있는 한 나를 도와줄 수 있나요? →
96. 당신은 할 수 있는 만큼 영어로 의사소통시킬 수 있나요? →
97. 당신은 할 수 있는 한 서울을 구경하고 싶으세요? →
98. 당신은 할 수 있는 만큼 돈을 벌 수 있나요? →
99. 당신은 할 수 있는 기간만큼 오래 회사에 근무할 겁니까? →

100. 당신은 할 수 있는 한 오랫동안 산책하고 싶으세요? →
101. 당신은 할 수 있는 한 빨리 여기를 떠나야 합니까? →
102. 당신은 가능한 한 빨리 예약을 취소해야 합니까? →   (asap으로 줄여서 쓰기도 함)
103. 당신은 할 수 있는 한 멀리까지 드라이브 할 수 있나요? →

제 13 장: 종속 접속사(부사절) 등 회화훈련

104. Can you take **as many suitcases along as you can?** →

105. Would you like to run a grocery store **if possible?** →

106. Would you find out about the trip **if necessary?** →

107. This work is easy, even I can do it.

108. Rich as he is you don't envy him, right?

109. **No matter how hard(whatever) you try**
    you cannot find any occupation? →

110. That's because I am not rich. = That's why I am not rich.

111. Do you leave the house **at the same time as I do?** →

112. Do you leave the house **earlier than your father does?** →

113. Do you work **longer than 8 hours a day?** →

114. Do you work **less than 8 hours a day?** →

★ 윗 부분의 해석은 여기입니다.

104. 당신은 할 수 있는 한 많이 옷 가방을 가져갈 수 있습니까? →

105. 만일 가능하다면, 당신은 식품점을 경영하고 싶으세요? →

106. 만일 필요하다면, 당신은 여행에 대하여 알아보시겠습니까? →

107. 이 일은 쉽다. 나조차(마저)도 할 수 있다.   even Sunday,=일요일마저,

108. 그는 부자지만 당신은 부러워하지 않죠? (rich가 as 앞으로 도치됨)

109. 당신은 아무리 노력을 해도 직업을 찾을 수가 없나요?

110. 그것은 내가 부자가 아니기 때문입니다.

111. 당신은 나와 똑같은 시간에 집을 나옵니까? →

112. 당신은 당신 아버지보다도 더 일찍 집을 나옵니까?

113. 당신은 하루에 8시간 이상 길게 일합니까? →   more than 8 hours=8시간 이상

114. 당신은 하루에 8시간 이하로 일합니까? →

제 14 장: 가정문 훈련 (이 부분은 3부 후에 해도 됨)

앞서 말한 것처럼 If I have money라고 하면 이것은 실제상황으로 말한 것이므로, 가정문으로 보지 않고 In case나 When 등으로 바꿀 수 있습니다.

가정문장은 If 다음에 과거 동사가 오면 현재 (미래) 가정으로, 실제로는 "만일 ~이라고 가정합시다." 식으로 표현해야 합니다. 막연히 '만일(If)'이라는 글자만 있다고 해서 가정문으로 간주해서는 안 됩니다.

또, If 대신에 When, Provided(단), Suppose, Supposing, Assuming 등도 사용할 수 있습니다.

☆다음 세 문장은 엄격히 말해서 가정문장이 아닙니다.☆

1. **Will you call me up if I am at home?** 내가 집에 있으면,
2. **If it doesn't snow tomorrow, will you go on a picnic?** 눈이 안오면,
3. **We shall go provided (if) the weather is fine.** 날씨가 좋으면,

● 현재(미래)가정문: would, could의 조동사 또는 동사가 과거일때 ●

1. 당신은 미국에 간다고 가정하면, 금년에 돌아올 수 있을까요?
   -If you went to America, would you be back this year?
2. 만일 비가 온다고 가정하면, 택시를 탈 수 있을까요?
   -If it would rain, could you take a taxi?
3. 만일 당신이 대통령이라고 가정하면, 나에게 좋은 직책을 주실까요?
   -If you were a president, would you give me a good position?
   (be 동사는 격 (You, He, They, I)에 관계없이 were로 함.)

● 과거 가정문: if쪽은 had + p.p 이고, 한쪽은 would (조동사과거) +have+p.p ●

1. 당신이 시간이 있었다고 가정하면, 나에게 전화했을까요?
   - If you had had time, would you have called me?
2. 당신이 돈이 많았다고 가정하면, 무엇을 했을까요?
   - If you had had a lot of money, what would you have done?
3. 당신이 대통령이었다고 가정하면, 나에게 좋은 자리를 주었을까요?
   - If you had been a president, would you have given me a good seat?

(be 동사는 had been이 됨. 그리고 과거 문장이므로 "전화했을까요" 나 "했었을까요" 나 "했었었을까요" 나 모두 맞는 해석입니다. 우리말은 동사를 가지고 여러 형태로 표현하나, 영어는 과거이면 단지 과거일 뿐입니다. 또, If를 생략하고 Had you been a president로 바꿔도 됩니다.)

◎ 다음과 같이 if 쪽을 빼 버리고 단문으로도 사용합니다.

4. I would have seen him. 나는 그를 봤었을 텐데.
5. I could have seen him. 나는 그를 볼 수도 있었을 텐데.
6. I should have seen him. 나는 그를 봤었어야 하는 건데. (했어야했는데)
7. I must have seen him. 나는 그를 봤었던 게 틀림없다. (했었음에 틀림없다)
8. I might have seen him. 나는 그를 볼 수 있었는지도 모르는데.

☞ 가정법 '현재(미래)'와 '과거' 두 가지 문장은 이 책 제2권에서 다시 훈련합니다.

제 15 장: 접속사를 이용한 장문훈련: 필수

☞ 본인이 상상하면서 꼭 훈련

1. 집에 도착 후 잠잘 때 까지

Q 수업 후에, 당신은 이 건물을 내려갑니다. 그리고 집으로 갑니다. 집에 도착한 후, 잠잘 때까지를 자세히 묘사해 보시겠습니까?

After the class is over, you'll go down(out of) this building and go to your home. After you get home and until you go to bed, would you describe it in detail, please?

물론입니다.
아시다시피, 수업이 끝난 후에, 나는 내 자리에서 일어납니다. 그리고 문을 열고 급우에게 인사한 후, 이 건물을 내려갑니다. 이 건물 앞에서, 나는 버스 정류장으로 갑니다. 나는 버스를 기다립니다. 버스가 오면, 올라탑니다. 만일 빈 자리가 있으면, 나는 앉습니다. 그러나 만일 빈 자리가 없으면, 서야 합니다. 나는 버스를 30분 정도 탑니다. 버스가 집 근처에 서면, 나는 내립니다. 집에 도착하자마자, 나는 웃옷을 벗고, 세수하고, 저녁을 먹습니다. 저녁을 먹은 후, 텔레비전을 보고, 가족과 얘기하고 12시가 되면 자러 갑니다.

→ Of course.
As you know, after the class is over. I'll stand up from my seat, open the door, say good-bye to my classmates and go down(out of) this building. In front of this building, I walk to the bus stop and I wait for the bus. When the bus comes I'll get on the bus. If there is a vacant seat I'll take a seat, but if there is no vacant seat I'll have to stand up. I ride the bus for 30 minutes or so.
When the bus stops near my house I'll get off the bus. As soon as I get home I'll take off my jacket, wash my face and hands, and then I'll have dinner. After dinner, I'll watch TV and talk with my family. When it's 12 o'clock I'll go to bed.

» and 가 두 번 이상 반복될 때는 앞의 것은 숨을 멈추고 문장을 올리고 마지막 하나만 and를 붙이고 문장 끝을 내려서 발음합니다.
I stand up, open the door, say goodbye to my teacher and go down the building.--',' 가 and이며 올려서 발음. 접속사가 중복되지 않도록 하고, 억지로 문장을 외우려고 하지 말고 실제 생활을 연상하면서 입으로 영작합니다.

2. 신혼여행을 간다고 가정하여.

Q 내가 알기로는, 당신은 오는 토요일 날 결혼합니다. 결혼식이 끝나고 신혼여행을 갈 것입니다. 어떻게, 어디로 갔다가 올 것인지, 당신은 나에게 그 계획을 자세히 묘사해 볼 수 있겠습니까?

To my knowledge, you'll get married coming on Saturday. After the wedding ceremony, you'll go on a honeymoon. How will you go, where will you go, and when will you come back? Would you give me a detailed description of that?

→ 예. 당신이 아시다시피, 나는 오는 토요일에 결혼합니다. 결혼식이 끝나고 나는 신혼여행을 갈 겁니다. 먼저, 나는 택시로 김포공항으로 가서 제주도로 날아갑니다. 거기에 도착한 후에, 나는 호텔로 갈 겁니다. 그리고 거기에 옷 가방을 놔두고, 내가 할 수 있는 만큼 관광을 갈 겁니다. 나는 3일간 머물 겁니다. 신혼여행이 끝난 후에, 나는 공항으로 가서 서울로 돌아올 겁니다. 이것이 내 신혼여행 계획입니다.

→ Sure. As you know, I am getting married coming on Saturday. After the wedding ceremony, I'm going on a honeymoon. First, I'll take a taxi to Kimpo airport and fly to Jeju Island. When I get there I'll go to the hotel and leave my suitcase there and then go sightseeing as much as I can. I'll stay there for 3 days. After the honeymoon, I'll go to the airport and fly back to Seoul. (come back to Seoul) This is my honeymoon plan.

3. 미국에 간다고 가정하여.

Q 내가 알기로는, 오는 일요일 날 당신은 미국에 간다면서요. 어떻게 갈 것인지, 그리고 미국에 있는 동안 어디를 방문할 것인지, 당신의 여행계획을 자세히 묘사해보시겠어요?

To my knowledge, you'll go to America coming on Sunday. How will you go and while you are in America, what places do you want to visit? Would you give me a detailed description of your trip?

→ 당신이 아시다시피, 나는 오는 일요일에 미국에 갑니다. 먼저, 택시 타고 공항에 가서 비행기로 미국에 날아갈 겁니다. 미국에 도착하자마자, 호텔로 갑니다. 그리고 거기에 짐을 맡기고 차를 빌려서, 가고 싶은 곳은 어디든지, 운전하고 다닐 겁니다. 예를 들면, 시카고, 뉴욕 등 전국을 여행할 겁니다. 그리고 시간과 돈의 여유가 있다면, 미국 여자와도 사귈 것입니다. 관광이 끝난 후에, 차를 반납하고 비행기로 한국에 돌아올 겁니다. 이것이 나의 계획입니다.

→ As you know, I'll go to America coming on Sunday. First, I'll take a taxi to the airport and fly to U.S. When I get there I'll go to the hotel, leave my suitcase there, rent a car and drive wherever I want to go. For example, I am going to go see Chicago, New York and all over the U.S. If I can afford time and money. I'll make friends with American girls. After the sightseeing is over. I'll return the car and fly to Korea. This is my plan.

4. 당신이 우리집에 찾아오면.

Q 가만히 생각해보니, 나는 일요일에 할 것이 없군요. 갈 곳도 없군요. 그래서 나는 당신 집을 방문하고 싶습니다. 내가 당신 집에 있는 동안에, 당신은 나를 어떻게 대접할 겁니까? 자세한 묘사를 해 보시겠어요?

Come to think of it, I don't have anything to do on Sunday. I don't have anyplace to go. so I want to visit your house. While I am in your house How will you treat me? Would you give me a detailed description of that?

→ 일요일 날 당신이 우리 집을 방문하면, 먼저 커피나 과일을 내놓습니다. 그리고 친구, 가족, 직업 등 많은 주제에 관하여 대화를 갖습니다. 그 사이에, 저녁 시간이 되면 내 아내(저)가 저녁을 차립니다. 저녁을 먹고 나서, 커피를 마시고 TV를 보고 카드놀이를 하고, 술을 마십니다. 많은 시간이 지난 후에, 당신이 집에 가기를 원하면 택시(버스) 정류장에 당신을 데려다줍니다. 버스가 오면 당신은 버스에 올라타고, 우리는 서로 인사를 합니다. 그리고 나는 집에 돌아옵니다.

→ On Sunday if you visit my house, first I'll serve coffee and fruit. And then we'll have a talk concerning many subjects such as friends, family and jobs etc. In the meantime,
When dinner time comes my wife sets the table. After eating dinner we have several cups of coffee and drink and play cards. After much time passes if you want to go to your home I'll take you to the bus or taxi stop. When the bus comes you get on the bus, we'll say goodbye to each other and I'll come back to my home.

5. 무역회사에 근무한다고 가정하여

Q 내가 알기로는 당신은 무역회사에 근무합니다. 외국인이 구매하러 회사에 오면, 무엇에 관하여 상담을 합니까? 그리고 상담이 끝난 후에 그에게 식사를 대접합니까? 자세한 묘사를 줄 수 있겠습니까?

To my knowledge, you are working for the trading company. When a foreigner comes to your office to buy goods, what kind of a conversation will you have concerning business? After your business talk, will you treat him to a meal? Would you give me a detailed description of that?

→ 당신이 아시다시피, 나는 무역회사에 근무합니다. 외국인이 회사에 구매차 방문하면 먼저 음료수나 커피를 내놓습니다. 그리고 인도 일자, 가격, 품질, 개수 등의 많은 주제에 관하여 상담을 합니다. 상담이 끝난 후에 나는 그를 좋은 식당에 데려가서, 한식을 대접합니다. 그리고 그를 그의 호텔에 태워다 줍니다.

→ As you know, I am working for the trading company. When a foreigner visits my office to purchase goods. First I'll serve coffee or soft drink. And we'll have a business talk regarding a lot of subjects such as the delivery date, price, quality and quantity etc. After the business talk, I'll take him to a nice restaurant and treat (entertain) him to Korean food. And then I'll drive him to his hotel.

6. 버스에 노인이 올라 왔을 때 (과거문장훈련)

Q 내가 알기로는, 당신은 어제 집에 갈 때 버스를 탔습니다. 버스에 올라가니깐 빈자리가 있었습니다. 그래서 앉았습니다. 그러나 다음 정거장에서 한 노인이 올라와서 당신 앞에 섰습니다. 그때, 당신은 일어나서 자리를 양보했습니까, 아니면 자는 척 했습니까? 당신의 행동을 자세히 묘사해 보시겠어요?

To my knowledge, on your way home yesterday, you took a bus. When you got on the bus there was a vacant seat and you took a seat. But at the next bus stop, an old man got on the bus and stood up in front of you. At that time, did you stand up and give your seat to the old man or pretend to sleep? Would you describe your behavior in detail?

→ 당신이 짐작하다시피, 어제 집에 갈 때, 나는 버스를 탔습니다. 내가 버스에 올라가니깐 빈자리가 하나 있었습니다. 나는 앉았습니다. 그러나 다음 정거장에서 한 노인이 올라탔습니다. 그는 내 앞에 섰습니다. 나는 피곤했습니다. 그래서 눈을 감고 자는 척 했습니다. 그러나 나는 배운 사람이라 죄의식이 들었습니다. 그래서 눈을 뜨고 그에게 자리를 양보했습니다. 그리고 나니깐, 마음이 편했습니다.

→ As you guess, on my way home yesterday, I took a bus. When I got on the bus there was a vacant seat. I took a seat immediately. But at the next station, an old man got on the bus and stood up in front of me. I was tired. So I closed my eyes and pretended to sleep. However, I felt guilty because I am an educated person. So I opened my eyes and gave him my seat. Then I(my mind) became comfortable.

※ 이 6개의 장문은 질문과 대답이 완벽해질 때까지 수차례 반복하여야 합니다.

제 16 장: 제 3부 수여동사, 사역동사, 접속사 중간시험

동사를 보는 순간 그 단어가 수여 동사인지, 사역동사인지 단번에 알아야만 문장을 정확히 만들 수 있다는 것을 주지하고 해당 쪽을 수차례 훈련해야 합니다.
다음 시험은 1번처럼 질문자의 질문에 대답자는 논리적으로 대답을 해야 합니다.

1. 나는 갈증이 나는군요. 당신은 나에게 물 좀 갖다 줄 수 있겠습니까?

   I am thirsty. Could you get me some water?   ←통역자
   → 예, 당신이 목이 마르다면, 물을 기꺼이 갖다 드리겠습니다.
   → Yes, I'm willing to get you some water if you are thirsty.   ←대답자

2. 나는 회사를 방문하러 가야 합니다. 나에게 택시를 불러 줄 수 있나요?

   I have to go visit company. Can you call me a taxi?
   → 예, 당신이 회사를 방문하러 가야 한다면, 나는 당신에게 택시를 불러드리지요.

3. 나는 그 집을 살 작정인데, 당신은 나에게 돈 좀 빌려줄 수 있나요?

   I intend to buy the house, Could you lend me some money?
   → 아니오, 나는 당신에게 빌려줄 돈이 없습니다. 나는 빌려드리고 싶지만,
   → No, I don't have any money to lend you. Although I want to~

4. 나는 배가 고픕니다. 당신은 나에게 저녁을 지어줄 수 있나요?

   I am hungry. Could you cook me dinner?

5. 나는 돈이 없군요. (빈털터리입니다) 당신은 나에게 마실 것 좀 사줄 수 있나요?

   I don't have money. (I am broke) Could you get me something to drink?

6. 어른들 앞에서, 당신은 다리를 모으고 앉을 겁니까 아니면 다리를 벌리고 앉을 겁니까?

   In front of elders, will you keep(put) your legs together and sit down or keep your legs apart and sit down?
   → 당연히, 나는 다리를 모으고 앉을 겁니다.   당연히 → Naturally.

7. 당신은 아들을 박사로 만들고 싶나요, 아니면 군인으로 만들고 싶나요?

   Do you want to make your son a doctor or a soldier?

8. 당신은 내가 들어오는 것을, 아니면 내가 노래 부르는 것을 목격했나요?

   Did you see me coming in or notice me sing a song?

9. 당신은 집에 있는 동안 집안일을 해야 합니까, 아니면 쉬어야 합니까?

   While you are at home, do you have to do the housework or do you have to take a break?
   → 나는 집에 있는 동안, 집안일을 하지 않습니다. 나는 쉴 필요가 있습니다.

10. 일요일에, 당신이 시간이 있다면, 제 부탁을 들어주실 수 있나요?

    If you have time on Sunday, could you do me a favor?
    → 비록 나는 시간이 있어도, 나는 당신 부탁을 들어줄 수 없군요.
       나는 일요일 날, 다른 약속이 있습니다.

11. 당신은 회사에 들어가면, 일을 잘하실 겁니까, 아니면 일을 잘 못할 겁니까?

    If you get in the company, are you going to do a good job or a bad job?

12. 당신은 집에 도착하면, 어떻게 나에게 연락할 겁니까?

    When you get home, how will you get in touch with me?

13. 당신은 12시 전에 잡니까, 아니면 12시 이후에 잠을 잡니까?

    Before 12 o'clock, do you go to bed or after 12 do you go to bed? →

14. 당신은 차가 있으니깐, 당신은 나를 집까지 태워다 줄 수 있나요?

    Because you have a car, can you give me a lift to my home?
    → 내가 차가 있으면, 태워드리지요. 그러나 나는 차가 없습니다. 미안합니다.

제 17 장: 현재완료 : have + p.p (과거분사) - 현재완료, 결과, 경험, 계속

● 현재완료나 결과문장으로 사용했을 때: ~ 했다.

1. **Have you had lunch?** ←비교→ Did you have lunch yesterday? (과거)
   → Yes, I've had lunch. → No, I haven't had lunch.
   ☞ Yes, I have./ No, I haven't. 식으로 짧게 답하지 말고 위와 같이 할 것!

2. **Have you been to school?**　　←　→ Did you go to school yesterday?
3. **Have you been here?**　　　　←　→ Did you come here an hour ago?
4. **Have you been out?**　　　　　　Where have you been?
5. **Have you finished the newspaper?**　Have you done that?
6. **Have you got through with all the tests?** →
7. **Has he gone home yet?**　　　→ Yes, he's gone home already.
   → Yes, he's gone for the day. = 그는 퇴근 했습니다.
8. **Has Miss Brown been here?**　　→
9. **Has Mr. James come in?**　　　→ No, he hasn't come in yet.
10. **Have you reserved a room in the hotel**?

11. You have right come.　　　You have right come for studying.
12. Have you read this book?
13. Have you seen this report?
14. Have you cashed a check?
15. Have you applied for visa?
16. Have you bought the airplane ticket?
17. **Have you made up your mind to enter a company?** →
18. **Have you decided what to buy?** →
19. Have you begun lesson yet?
20. Have you grown up in this city?
21. Have you broken your leg?

22. Have you travelled all over the world?
23. Have you had(gotton) your radio fixed?
24. Have you left your wallet at home?
25. Have you found out about the picnic schedule?
26. Have you found a good boarding house?
27. Has your English improved since you came here?

강의 현재 순간의 완료나 결과를 묻는 말로써 앞의 have는 아무 뜻도 없는 조동사이며, 뒤의 과거분사 단어가 의미를 나타내며 "~했어요? 했다." 로 해석합니다. 완료형은 before, since를 제외하고는 과거 부사를 쓸 수가 없습니다. 비교문장에서 보듯이, 과거 부사 yesterday, ago 등을 사용하려면 과거 문장으로 시작해야 합니다.

1. 당신은 점심을 먹었습니까?
   → 예, 나는 점심을 먹었습니다. → 아니오, 나는 안 먹었습니다.
   (점심때가 아니면 이 말을 쓸 수가 없습니다. 어제 점심 먹었니? 하려면,
   Did you have lunch yesterday? 라고, 해야 합니다.)

2. 당신은 학교에 갔다 왔습니까? →   "갔다 왔니?"는 be 동사로 표현해야 합니다.
3. 당신은 여기에 왔다 갔습니까? →
4. 당신은 밖에 나갔다 왔나요?   당신은 어디에 갔다 왔나요?
5. 당신은 그 신문을 끝냈습니까? (다 보았습니까?) → 그것을 해 놨니?
6. 당신은 모든 시험을 다 끝냈습니까? →

7. 그는 벌써 집에 갔나요? → 예, 그는 갔습니다.
   → 그는 퇴근했습니다. 는 for the day를 더 붙입니다.
8. 미스 브라운이 여기에 왔었나요? →
9. 제임스 씨가 들어왔나요?   → 아니오, 그는 아직 안 들어왔습니다.
10. 당신은 호텔에 방을 예약했나요? →
11. 당신은 마침 잘 왔습니다.   당신은 공부를 위해서 제때 왔습니다.
12. 당신은 이 책을 읽었습니까?
13. 당신은 이 보고서를 보셨습니까?
14. 당신은 수표를 현금으로 바꾸었나요?
15. 당신은 비자 신청을 했습니까?
16. 당신은 비행기표를 샀습니까?
17. 당신은 회사에 들어가기로 결심했나요? →
18. 당신은 무엇을 살지 결정했나요? →
19. 당신은 벌써 수업을 시작했나요?
20. 당신은 이 도시에서 컸나요?
21. 당신은 다리를 부러뜨렸나요?
22. 당신은 전 세계를 모두 여행했나요?
23. 당신은 라디오를 고쳤나요?
24. 당신은 집에다 지갑을 놔두었나요?
25. 당신은 소풍 일정을 알아보았나요?
26. 당신은 좋은 하숙집을 찾았습니까?
27. 당신의 영어는 여기에 온 이후에 개선되었나요?

제 17 장: 현재완료 : have + p.p (경험으로 사용할 때: ~ 한 적이 있으세요?)

1. Have you ever been to Japan?
   → Yes, I've ever been to Japan.
   → No, I haven't ever been to Japan. → No, I never been to Japan.
   ☞ Yes, I have. 또는 No, I haven't. 식으로 하면 안됩니다.

2. Have you ever been in Japan? →
3. Have you ever borrowed money? →
4. Have you ever changed your job? →
5. Have you ever gone camping? →   go shopping, fishing.--관용구를 쓴 것
6. Have you ever loved anyone before? →
7. Have you ever had any trouble with the equipment? →
8. Have you ever attended a conference? →
9. Have you ever kept a garden? →   keep은 모두 kept가 됨.
10. Have you ever worked for any company? →

11. Have you ever been out of Korea? →
12. Have you ever been in love? →   be in love with~연애에 빠지다.
13. Have you ever driven on the highway? →
14. Have you ever thought of me? →   You ever given a thought?
15.   you ever thought about becoming a president? →
16.   you ever ran out of money? →

17.   ever lived on a typical farm?
18.   ever tried to eat any foreign food?
19.   you ever had a sickness before?   *sore throat*

☞ 수동문장이 끝난 후에 할 것

20. Have you ever been paid?
21. Have you ever been helped?
22. Have you ever been late for class?
23. Have you ever been invited to America?
24. Have you ever sung a charming song?
25. Have you ever taken such an interesting trip?
26. Have you ever asked for money?
27. Have you ever been asked for money?

> 강의

이번에는 '~ 한 적이 있다.' 로서 경험을 묻는 표현입니다. 대답도 완료와는 전혀 다르므로, 다음과 같이 철저히 훈련해야 합니다. 의문문에서 have 또는 have you까지 생략해도 의사전달에 지장 없습니다.

* Yes, I've ever been to Japan. → have를 빼고 "예스, 아이 에버 벤 투 저팬". 여기서 been을 '빈' 아니고 '벤'처럼 발음합니다. bean(빈) -'콩'이 됩니다. 부정 대답은 두 가지 모두 훈련해야 합니다.

1. 당신은 일본에 가본 적이 있으세요? ("가본 적이 있다" go가 아니고 be로 함)
   → 예, 나는 일본에 가본 적이 있습니다. 로 답하거나, 또는
   → 아니오, 나는 일본에 가본 적이 없습니다. → 아니오, 절대 일본에 안 갔습니다. 로.
2. 당신은 일본에 있은 적이 있으세요? →   in은 장기체류.
3. 당신은 돈을 빌린 적이 있으세요? →
4. 당신은 직업을 바꾼 적이 있으세요? →
5. 당신은 캠핑을 가본 적이 있으세요? →
6. 당신은 전에 어떤 사람을 사랑한 적이 있으세요? →
7. 당신은 장비에 어떤 고장을 가진 적이 있으세요? →
8. 당신은 회의에 참가한 적이 있으세요? →
9. 당신은 정원을 가꾼 적이 있으세요? →
10. 당신은 어떤 회사에 근무한 적이 있으세요? →
11. 당신은 한국을 나가본 적이 있으세요?
12. 당신은 연애를 해본 적이 있으세요?
13. 당신은 고속도로를 운전해본 직이 있으세요?
14. 당신은 나를 생각해본 적이 있으세요?   = 같은 표현
15. 당신은 대통령이 되는 것을 생각해본 적이 있으세요?
16. 당신은 돈 떨어져 본 적이 있으세요?
17. 당신은 전형적인 농가에서 살아본 적이 있으세요?
18. 당신은 외국 음식을 먹어보려고 시도해본 적이 있으세요?
19. 당신은 병에 걸려본 적이 있으세요?   목아픔

> ☞ 수동문장이 끝난 후에 할 것

20. 당신은 급료를 받아본 적이 있나요?
21. 당신은 도움을 받은 적이 있나요?
22. 당신은 수업에 늦은 적이 있나요?
23. 당신은 미국에 초청받은 적이 있나요?
24. 당신은 매력 있는 노래를 불러본 적이 있나요?
25. 당신은 재미있는 여행을 해본 적이 있나요?
26. 당신은 돈을 부탁해본 적이 있나요?
27. 당신은 돈 부탁을 받아본 적이 있나요?

제 17 장: 현재완료 : have+p.p (계속으로 해석: ~해오고 있다, ~있어왔다)

1. **Have you been here a long time?**
   　　　→ Yes, I've been here a long time.　　→ No, I haven't been here long.
2. **Have you known Mr. Taylor a long time?** →
3. Have you studied hard ever since you have been here?
4. Have you spoken English for 10 years?
5. **Have you wanted to go to Africa for some time?** →
6. Have you lived in Seoul for 2 years?
7. **Have you had a cold for 3 days?** →
8. Have you played baseball very long?

(have been ~ ing 해오고 있다: 동작동사)

　　　　　과거부터 계속진행　　　　　　　　　　　　　　　　현재 순간진행

9. <u>Have you been typing</u> for 2 years?　　　　→ 비교→　　<u>Are you typing?</u>
10. Have you been studying English since middle school?
11. Have you been looking all over for me?
12. Have you been working for this company for 2 years?
13. Have you been waiting for me a long time?
14. **Have you been wearing the same clothes for many years?**
    　　　→ Yes, I've been wearing the clothes for many years.
15. **Have you been getting the newspaper for years?** →

16. **How long have you been in Korea?**　　　　　　→ Since I was born.
17. How long have you known Miss Kim? →
18. How long have you wanted to go to America? →
19. How long have you had a headache? →
20. How long have you been studying English? →
21. How long have you been working for your company? →
22. How long have you been wearing those clothes? →

23. It has been a long time since I saw you last.　　　　　→ Yes, it has.
24. I haven't seen you for a long time.　　　　　　　　　=Long time no see.
25. **How long has it been ever since you got in the company?**
    　　　→ It's been 2 years since I got in the company.
26. **How long has it been since you last had a drink?**
    　　　→ I can't recall how long it's been. 또는 It's been 2 days.
27. How long has it been ever since you first saw him?

☞ 이번에는 '~ 해오고 있다.' 로 해석하며, 시간부사가 오는 것이 통례입니다
   통역 훈련을 철저히 해서 1. 완료, 결과의 "~ 했어요?" 2. 경험의 "~ 한 적이 있으세요?" 3. 계속의
   "~해오고 있다. 해오고 있습니까?"를 자유자재로 구별할 수 있도록 해야 합니다.

1. 당신은 오랫동안 여기에 있었습니까?
   → 예, 나는 여기에 오래 있었습니다. → 아니오, 나는 오래 여기 있지 않았습니다.
2. 당신은 오랫동안 테일러 씨를 알아 왔나요? →
3. 당신은 여기에 온 이후 열심히 공부했습니까?
4. 당신은 10년간 영어를 말해왔습니까?
5. 당신은 오랫동안(한참 동안) 아프리카에 가기를 원해왔습니까? -
6. 당신은 2년간 서울에 살았습니까?   7. 당신은 3일간 감기에 걸려 왔습니까? →
8. 당신은 아주 오랫동안 야구를 해왔습니까?

【have been ~ing는 전부터 해오고 있다. 라는 공식】

9. 당신은 2년간 타이핑을 쳐오고 있습니까? (비교☞ 타이프치고 있습니까?)
10. 당신은 중학교부터 영어를 공부해 오고 있나요?
11. 당신은 사방으로 나를 찾아왔습니까?
12. 당신은 2년간 이 회사에 근무하고 있습니까?
13. 당신은 오랫동안 나를 기다려 왔나요?

14. 당신은 수년간 같은 옷을 입어 왔나요?
    → 예, 나는 수년간 그 옷을 입어 왔습니다. 식으로 답할 것.
15. 당신은 수년간 그 신문을 받아보고 있습니까? →
16. 당신은 얼마 동안 한국에 있었습니까?   → 태어나면서부터요.
17. 당신은 김 양을 얼마나 알았습니까?   → 여기에 온 이후부터요.
18. 당신은 얼마 동안 미국에 가기를 원해 왔습니까? →
19. 당신은 얼마 동안 머리가 아팠나요? →
20. 당신은 얼마 동안 영어 공부를 해왔나요? →
21. 당신은 얼마 동안 귀사에 근무해오고 있습니까? →
22. 당신은 얼마 동안 그 옷을 입어 왔습니까? →

23. 내가 지난번 당신을 보고 난 후 오랜만입니다. (오래간만입니다)
24. 나는 당신을 오랫동안 못 봤습니다.   오래간만이요. (약어)
25. 당신은 이 회사에 입사한 후 얼마나 됐습니까?
    → 나는 이 회사에 들어온 지 2년이 됐습니다.
26. 당신은 마지막으로 술을 먹은 후 얼마나 됐나요?   → 기억이 안 납니다.
27. 당신은 처음 그를 본 후 얼마나 됐지요?
    ※ How long since you first (last) saw him?처럼 줄여도 되고
       ever since에서 ever는 아무 뜻이 없으므로 생략해도 됩니다.

제 17 장: 현재완료 have + p.p

● Have you got = Do you have = 갖고 있다 ★필수부분★

1. Have you got a terrible toothache?
→ Yes, I've got a terrible toothache.   → Yes, I've got.

2. Have you got anything to offer me?
→ No, I haven't got anything to offer you. → No, I haven't got.

3. Have you got a vehicle operator's license? →

● Have you got to + v = Do you have to = 해야 한다. ★필수부분★

1. Have you got to leave for New York?
→ Yes, I've got to leave for New York.   → No, I haven't got to~

2. Have you got to report it immediately? →

3. Have you got to handle many goods? →

4. Have you got to set up a telescope? →

5. Have you got to take care of your family? →

6. Have you got to be here all day? →

☞ 이 부분은 3부 이후에 훈련할 것

1. Have you been helped by Mr. Kim?

2. Have you ever been beaten by your wife?

3. Have you been introduced to Miss Kim?

4. Have you gotten promoted?

5. Have you been busy this month?

6. Have you been interested in music?

7. Have you been fine?   How have you been? → I've been fine.

8. Have you ever gotten mad at anybody?

9. Have you ever been early for the company?

10. There have been much change in the last 20 years.

11. Has it been fixed yet?   Has it been tested?

● 기타공식: 가정문 등에서 사용할 때 ●

12. You should have come here. (should have + p.p)

13. You must have come here. (must have + p.p)

14. You will have known that. (will have + p.p)

15. You would have bought the house. (would have + p.p)

16. You could have bought the house. (could have + p.p)

> 강의

이것은 현재완료에서 파생되었으나 전혀 완료의 의미는 없고, Have you got은 단순히 'Do you have = 갖고 있다'의 의미로서 아주 중요하므로, have동사 쪽으로 옮겨서 더욱 철저히 훈련하세요. 또, Have you got to는 단지 'Do you have to = 해야 한다'라는 관용구이므로 확실히 훈련할 것.

● **Have you got = 갖고 있습니까? = Do you have ~? ★**

1. 당신은 심한 치통을 갖고 있나요?
   → 예, 나는 심한 치통을 갖고 있습니다.
2. 당신은 나에게 제공 할 것이 있나요?
   → 아니오, 나는 당신에게 제공 할 것을 갖고 있지 않습니다.
3. 당신은 차량 운전면허가 있나요? →

● **Have you got to = Do you have to = 해야 합니까?**

1. 당신은 뉴욕으로 떠나야 합니까?
   → 예, 나는 뉴욕으로 떠나야 합니다.
2. 당신은 즉시 그것을 보고해야 합니까? →
3. 당신은 많은 물건을 취급해야 합니까? →
4. 당신은 망원경을 설치해야 합니까? →
5. 당신은 가족을 돌봐야 합니까? →
6. 당신은 종일 여기에 있어야 합니까? →

☞ 이 부분은 3부 이후에 훈련할 것   --- 수동문장 및 형용사

1. 당신은 미스터 김에게 도움을 받았나요?   2. 당신은 부인에게서 맞은 적이 있나요?
3. 당신은 미스 김에게 소개받았나요?   4. 당신은 진급했나요?
5. 당신은 이달에 바쁘십니까?   6. 당신은 음악에 흥미를 가져왔습니까?
7. 당신은 그간 안녕하셨습니까?   어떻게 지내셨습니까?   → 잘 지냅니다.
8. 당신은 어떤 사람에게 화를 낸 적이 있나요?
9. 당신은 회사에 일찍 가본 적이 있나요?
10. 지난 20년간 많은 변화가 있었습니다.
11. 그것을 벌써 고쳐놨습니까?   그것을 실험해 놨습니까?

● **기타: 가정문 등으로 쓸 때** ●

12. 당신은 여기에 왔었어야 하는 건데 (~했어야 하는데)
13. 당신은 여기 왔었음에 틀림없다. (했었음에 틀림없다)
14. 당신은 그것을 알게 되어 있다. (~하기로 되어 있다 -- 미래완료)
15. 당신은 그 집을 샀을 텐데 (했을 텐데)
16. 당신은 그 집을 살수도 있었을 텐데 (할 수도 있었을 텐데)

제 18 장: 영어의 가장 중요한 만능동사 BE: '이다, 되다.' 일 때.

★영어의 가장 중요한 단어이며 2형식 자동사 (주어+자동사+보어) 로 사용할 때

1. **Are you a specialist?** 하고 질문하면, 대답자는 Yes와 No 중에서,
   → Yes, I am a specialist. → No, I am not a specialist. 식으로 훈련

2. Are you **single**? → − a chauffeur
3. Are you **a supervisor**? → − a priest
4. Are you **a new employee**? → − a professor
5. Are you a father-in-law? → − a hoodlum
6. Are you **an angler**? → − a clerk
7. Are you **a section chief**? → − a bachelor
8. Are you a manager? → − a labor worker

9. **Will you be a nurse?** 하고 물으면, 'be나 become=되다' 로 하여
   → Yes, I'll be a nurse. → No, I won't be a nurse. 로 훈련할 것.

10. Will you **become a millionaire**? → Yes, I'll become a millionaire.
11. Will you **be a heavy drinker**? → − a happy drinker
12. Will you be a college graduate? → − a pharmacist

13. **Is he your senior?**
    → Yes, he's my senior. 또는 → No, he isn't my senior. 로 훈련.

14. Is he **a gambler**? → − a virgin
15. Is he **a sanitary worker**? → − a swindler
16. Is he **a male**? → − a female
17. Is he **a secretary**? → − an instructor

18. **Is she a nun?** → Yes, she's a → nun. → No, she isn't a nun.
19. Is she **a soldier**? → − a civilian
20. Is she **a minister**? → − an ambassador
21. Is she **a hostess**? → − a host
22. Is she **a lawyer**? → − a congressman.

23. Are you **a prime minister** or **a vehicle operator**? 하고 물으면,
    → I'm a vehicle operator. 또는
    → I'm not a prime minister but a vehicle operator. 로 답할 것.

24. Are you **an old-timer or a chauffeur**? →

25. Are you **a government officer or a diplomat**? →

26. Are you **a pastor or a monk**? →

> **강의**

'입니다(되다)' 의미로 사용합니다. 당신은 독신입니다 →You are single. 즉, be(=am, are, is) 다음에 명사가 오면 '이다. 입니다' 로 해석이 되나, You'll be a boy처럼 will이 오면 원형인 be로 되며 '~되다(become)' 의 뜻으로 바뀝니다.

1. 당신은 전문가입니까?
   → 예, 나는 전문가입니다. → 아니오, 나는 전문가가 아닙니다.
2. 당신은 독신입니까? →   - 자가용 운전수
3. 당신은 감독 (지도원) 이십니까? →   - 성직자
4. 당신은 신입사원입니까? →   - 교수
5. 당신은 장인 (시아버지) 입니까? →   - 깡패
6. 당신은 낚시꾼입니까? →   - 서기 (점원)
7. 당신은 과장입니까? →   - 미혼남
8. 당신은 지배인 (관리인, 부장) 입니까? →   - 노동자
9. 당신은 간호사가 될 겁니까?
   → 예, 나는 간호사가 될 겁니다. → 아니오, 나는 간호사가 안 될 것입니다.
10. 당신은 백만장자가 될 겁니까? → 예, 나는 백만장자가 될 것입니다.
11. 당신은 폭주가가 될 겁니까? →   - 애주가
12. 당신은 대학 졸업생이 될 겁니까? →   - 약사
13. 그는 당신 선배입니까?
    → 예, 그는 나의 선배입니다. → 아니오, 그는 나의 선배가 아닙니다.
14. 그는 도박꾼입니까? →   - 처녀
15. 그는 위생근무자 (청소부)입니까? →   - 사기꾼
16. 그는 남성입니까? →   - 여성
17. 그는 비서입니까? →   - 강사
18. 그녀는 수녀입니까? → 예, 그녀는 수녀입니다. → 아니오, 수녀가 아닙니다.
19. 그녀는 군인입니까? →   - 민간인
20. 그녀는 장관입니까? →   - 대사
21. 그녀는 안주인입니까? →   - 바깥주인
22. 그녀는 변호사입니까? →   - 국회의원
23. 당신은 국무총리입니까 아니면 차량 운전수입니까?
    → 나는 차량 운전사입니다. 로 답하거나, 'not~but~(이 아니고~이다)'을 이용,
    → 나는 국무총리가 아니고 차량 운전사입니다. 식으로 적당히 답하시오.
24. 당신은 고참입니까 아니면 자가용운전수입니까? →
25. 당신은 공무원입니까 아니면 외교관입니까? →
26. 당신은 목사입니까 아니면 중입니까? →

제 18 장: 영어의 가장 중요한 만능동사BE - (2형식: 주어+자동사+보어)

27. Are you **a white-collar worker or a blue-collar worker?** →
    당신은 사무직 근로자입니까, 기능직근로자입니까?

28. Are you **a mechanic or a philosopher?**
    당신은 기능공입니까, 아니면 철학자입니까?

☞ **공식과 함께 사용하여 훈련**

29. Are you **not only** a thief **but also** a burglar?
    당신은 낮도둑이면서 밤도둑입니까?
    → Yes, I'm not only a thief but also a burglar.

30. Are you an employee **as well as** a president?
    당신은 종업원이면서 사장입니까? → 예, 나는 종업원이면서 사장입니다.

31. Are you an only son? 당신은 독자입니까?

32. Are you **not** a female **but** a male?   당신은 여성이 <u>아니고</u> 남성이지요?
    → 나는 여성이 <u>아니고</u> 남성입니다. =I'm not a female but a male.

33. Are you **no longer** a child?   당신은 더 이상 어린애가 아니지요?
    → 나는 <u>더 이상</u> 어린애가 <u>아닙니다</u>. =I'm no longer a child.

34. Are you **not** a child **any longer**?   당신은 <u>더 이상</u> 어린애가 <u>아니지요</u>?
    → 나는 <u>더 이상</u> 어린애가 <u>아닙니다</u>. =I'm not a child any longer.

35. Do you want to **be a psychologist?**   당신은 심리학자가 되고 싶습니까?
    → Yes, I want to be a psychologist. (싸이칼러지스트)   *psychiatrist*: 정신과 의사

36. Do you expect to **become an expert?**   숙련가가 되기를 기대합니까?
    → Yes, I expect to become an expert.   나는 숙련가가 되기를 기대합니다.

37. **Have you been** a teacher for 10 years?   10년간 선생을 해오고 있나요?
    → Yes, I've been a teacher for 10 years.   (완료가 되면 "해오고 있다"가 됨)

38. **Have you ever been** a soldier before?   전에 군인이 된 적이 있었나요?
    → Yes, I ever been a soldier before.   (된 적이 있다. 한 적이 있다)

39. **Being** single is bad, isn't it?   독신이 되는 것은 나쁘지요?
    → Yes, being single is bad, I think.   예, 독신이 되는 것은 나쁩니다.

40. **Becoming** a male is impossible, right?   남성이 되는 것은 불가능하지요?
    → Right, becoming a male is impossible, I think.
    그렇지요. 남성이 되는 것은 불가능 할 겁니다.

제 19 장: 동사를 명사로 사용하는 훈련 (동명사와 부정사)

영어 동사는 자동사 vi(1.2형식)와 타동사 vt(3.4.5형식)를 구별하면서 숙달해야 합니다. 또, 영어는 일부러 의문문 형태를 안 만들어도 평문 자체가 문장 끝 발음을 올리면 의문문이 됩니다. 동사 앞에 to를 붙이면 부정사의 명사적 용법이라 하여 명사가 되고, 동사 뒤에 ing를 붙여도 동명사라 하여 명사가 됩니다. 이것은 주어로 사용한 예문입니다. 동명사 쪽이 말이 쉽게 나옵니다.

> **지시** 여기를 끝낸 후 313쪽 '부가의문문'으로 넘어가서 훈련한 후 다시 올 것!

1. 학교에 가는 것은 성가십니다, 그렇지요?   하고 질문하면,
   Going to school is a nuisance, isn't it?   (동명사)
   To go to school is a nuisance, isn't it?   (부정사)
   → Yes, going to school is a nuisance.   식으로 답을 할 것

2. 간호사가 되는 것은 가능합니다, 그렇지요? →
   Being(Becoming) a nurse is possible, isn't it?

3. 비서가 되는 것은 좋은 일이지요?   →
   Is being a secretary a good thing?

4. 여기에 종일 있는 것은 흥미로운 경험이지요? →
   Is being here all day an exciting experience?

5. 나하고 같이 있는 것이 지겨운가요? →
   Being with me is boring, isn't it?

6. 나와 같이 얘기하는 것이 나쁜 건가요? →
   Is talking with me a bad thing?

7. 나에게 점심을 사주는 것은 당신을 행복하게 하나요? →
   Does buying me lunch make you happy?

8. 돈 쓰는 것이 당신에게 쾌락을 주나요? →
   Does spending money give you pleasure?

9. 나를 극장에 데려가는 것이 기쁨인가요, 아니면 부담이 됩니까?
   → **Is taking me to the theater a joy or an imposition?**

10. 부자가 되는 것이 당신의 소원입니까? →
    Is becoming rich your wish?

11. 당신이 여기 와서 나하고 영어로 얘기하는 것이 편리한가요? →
    Is your coming here and talking with me convenient?

12. 당신이 일하는 것과 내가 일하는 것은 다르지요? →
    Your working and my working are different?

※ You and I처럼 다른 사람이 하는 것으로 and를 연결하면 동사를 복수(are 또는 원형 동사)문장으로 처리하나, 동일인이 하는 것을 and로 연결하면 단수 처리합니다. 11번의 동명사 문장에서 주어는 소유격으로 바꿔 씁니다. 251쪽에서 자세히 훈련함. 9번의 joy처럼 명사에는 관사 'a'를 붙였으나, 형용사 different 앞에는 관사를 안 붙인다. 전치사 다음에는 부정사와 동명사 중 동명사만 오고, 동명사 앞에는 관사를 붙이지 않습니다.

제 20 장: 가장 중요한 만능동사 BE- '있다' (1형식: 주어+자동사 일 때)

1. **Will you be here today?**   하고 질문하면, 적당히 Yes와 No 중에서.
    → Yes, I'll be here today.   → No, I won't be here today. 식으로.

2. Will you be here tomorrow?   = come 뜻
3. Will you be there tomorrow?   = go 뜻
4. **Are you going to be in Korea a long time?** →
5. **Are you going to be at home?** →

6. Were you at home yesterday? → Yes, I was at home yesterday.
7. Weren't you at home last night? → No, I wasn't at home.
8. **Are you going to be off work this afternoon?** →
9. **Are you off(work) today?** →   *Were you off work?*
10. **Are you going to be at work today?**
11. Are you at work now?   *Were you at work?*
12. Are you going to be away from home?
13. Are you away from home?
14. **Are you going to be out soon?** →
15. **Are you out for lunch now?** →   *Have you been out for lunch?*

16. **Will you be with me soon?** → Yes, I'll be with you soon.
17. **Will you be there soon?**   →
18. **Will you be right back?** → Yes, I'll be right back.
19. **Will you be long?**   → No, I won't be long.
20. **Were you in the Army?**   → *Navy, Air force, Marine corps.*
21. **Are you here to see me?** → *Are you here alone?*

22. Is your wife from California?   *Where are you from?*
23. Is Judy home?   *Is doctor in?*   → *No, he isn't in.*
24. Is Mary here yet?   → Yes, she is here already.
25. Anybody home?   *Nobody here?*
26. Are we almost there? → Yes, we are almost there.
27. Here you are.   *Here it is.*   *There it is.*
28. There they are.   *There you are.*
29. I am not myself today.
30. I am not always like this.

강의 Be 동사 다음에 장소부사가 오거나 전치사가 옵니다. 처음에는 약간 혼동이 되지만, 곧, 익숙해집니다. 쉬운 단어이나 우리 사고방식하고는 상당한 차이가 있으므로 철저히 훈련하십시오. "당신은 나를 만나러 여기 오셨나요?" 하면, "Are you here to see me?" 라고, 해야 합니다.

1. 당신은 오늘 여기에 있을 겁니까?
   → 예, 나는 오늘 여기에 있을 겁니다.   → 아니오, 나는 여기에 안 있을 겁니다.
2. 당신은 내일 여기에 올 겁니까?
3. 당신은 내일 거기에 갈 겁니까?
4. 당신은 오랫동안 한국에 있을 겁니까?   →
5. 당신은 집에 있을 겁니까? →

6. 당신은 어제 집에 있었습니까?   7. 당신은 지난밤 집에 없었습니까?
8. 오늘 오후 일로부터 떨어져 있을 겁니까?   →   (일을 안 할 겁니까? 라는 뜻)
9. 당신은 오늘 쉽니까?   →   당신은 쉬었습니까?
10. 당신은 오늘 출근하실 겁니까?   →

◇ 언제 쉴 겁니까?- When are you off (work)? 또는 When will you be off? 하면, I am off (work) today. 또는, I'll be off work today. = 나는 오늘 근무 안 합니다, 로 답해야 합니다.
"몇 시까지 출근해야 합니까?" 하면, By what time do you have to be at work? 로 됩니다.

11. 당신은 지금 근무 중이세요?   근무했었나요?
12. 집에서 나와 있을 겁니까?   13. 집에서 나와 계십니까?
14. 당신은 곧 밖에 나갈 겁니까?   →   (go out 뜻)
15. 당신은 지금 점심 먹으러 나왔습니까? →   당신은 점심 먹으러 나갔다 왔나요?
16. 당신은 곧 나에게 오실 겁니까?   →
17. 당신은 곧 거기에 갈 겁니까?   →
18. 당신은 잠깐 나갔다 오실 겁니까?   →   (직역은 곧바로 돌아온다)
19. 당신은 오래 있다 올 겁니까?   →   아니오, 나는 오래있지 않을 겁니다.
20. 당신은 육군에 있었습니까?   →   해군, 공군, 해병대.
21. 당신은 나를 만나기 위해서 여기 오셨나요? →   여기 혼자 오셨나요?   (있나요?)
22. 당신의 부인은 캘리포니아 출신입니까?   당신의 고향이 어디세요?
23. 쥬디는 집에 있나요?   의사 계십니까?   → 아니오, 그는 안에 없습니다.
24. 메리가 벌써 여기에 와있습니까?   → 예, 그녀는 벌써 왔습니다.
25. 집에 누구 계십니까?   여기 아무도 없습니까? (방문시 쓰는 말)
26. 우리는 거기에 거의 다 왔습니까?   → 예, 거의 다 왔습니다.   (어디에 가면서)
27. 여기 있습니다. (물건을 주면서)
                                                        거기 있군요.
28. 그들이 왔군요.
29. 나는 오늘 제정신이 아닙니다.
30. 나는 항상 이렇지는 않습니다.

제 20 장: 영어의 만능동사 BE – 있다(존재): 1형식 '주어+자동사'로 쓸 때

31. **Where will you be today?** → I'll be at home.
32. **Where were you 3 days ago?** → I was in the hospital.
33. **Where have you been all this hour?** → I've been out for lunch.
34. **Where is Jessie?** → She is in the restroom. (ladies' room)
35. **Where are we?** =(Where am I ?) → We are in the classroom.

(Here we are. Here I am)

전치사와 함께

36. **Are you in big trouble?** → Yes, I'm in big trouble.
37. **Are you in a hurry?** →
38. We are in the same boat.
39. **Are you in agreement with me?** →
40. **Are you processing your passport?** =in the process of
41. **Are you in your 30's?** →   Are you in late 30's?   in early 30's?
42. **Are you in a black suit?** →   발음: '숫'
43. **Are you in good health?** →   Are you in the mood to drink?
44. Korea is in depression.   Our company is in the red. (the black)
45. He is in despair.   He is in the money.
46. He is in school.   He is in trade.
47. He is in a fix.   He is in the class.
48. **Are you in love with Helen?** →
49. **Are you in the middle of studying?**   → in the middle of talking

50. **Is the radio out of order?**   Is the radio out of use?
51. **Are you out of employment** →   Are you out of a job?
52. **Are you out of money?**   Are you out of your mind?
53. Money is out.
54. The secret is out.   Time is out.
55. Gas is out.

56. **Are you on your vacation?** →
57. **Are you on your monthly leave?**   Do you have ML to use?
58. **Are you on temporary duty?** →   (TDY로 줄여서 씀)
59. **Are you on duty?** →   Are you off duty?
60. **Are you on a business trip?** →

강의　의사는 어디 갔지요? 는 Where is the doctor? 이지 Where did the doctor go? 라고 하면 안 됩니다. 이것은 과거 문장이 됩니다. 대답으로, 그는 화장실에 갔습니다. → He is in the rest room. 이라고 해야지, He went to the toilet. 은 엉터리 영어입니다.

31. 당신은 오늘 어디에 있을 겁니까?　→ 나는 집에 있을 겁니다.
32. 당신은 3일 전에 어디에 있었나요?　→ 나는 병원에 있었습니다.
33. 당신은 여태 어디 갔다 왔나요?　→ 나는 밖에 나갔다 왔습니다.
34. 제시는 어디 갔습니까?　→ 그녀는 화장실에 갔습니다. (있다)
35. 여기가 어디입니까? (길 물어볼 때)　→ 우리는 교실에 있습니다.

　　　　　　　　　　　　　　　　　　　　　(다 왔습니다. 여깁니다)

전치사와 함께
36. 당신은 큰 애로에 처해있습니까?　→ 예, 나는 큰 애로에 처해있습니다.
37. 당신은 서두르고 있습니까? →
38. 우리는 같은 입장입니다.　　　= 직역은 "우리는 같은 배를 타고 있다."
39. 당신은 나에게 동의하십니까? →
40. 당신은 여권 수속 중에 있습니까? →
41. 당신은 30대입니까?　　　→ 30대 후반입니까? 30대 초반입니까?
42. 당신은 검정 양복을 입고 있나요? →
43. 당신은 건강합니까?　　　→ 당신은 술 마실 기분이 납니까?
44. 한국이 침체에 들어있습니다.　우리 회사는 적자에 들어있습니다. (흑자)
45. 그는 절망에 처해있다.　　그는 돈벌이가 잘된다.
46. 그는 학교에 갔다.　　그는 장사 중이다.
47. 그는 애로에 처해있다.　　그는 수업 중이다.
48. 당신은 헬렌과 연애 중입니까? →
49. 당신은 공부하는 중입니까? →　　말하는 도중입니까?
50. 그 라디오는 고장입니까? →　　그 라디오는 사용 안 합니까?
51. 당신은 실직했나요? →　　당신은 직업이 없나요?
52. 당신은 돈이 떨어졌나요? →　　당신은 정신이 나갔습니까?
53. 돈이 떨어졌습니다.
54. 비밀이 샜습니다.
55. 가스가 떨어졌습니다.　　시간이 넘었습니다.
56. 당신은 방학 중이세요? →
57. 당신은 월차휴가 중이세요? →　　사용할 휴가가 있으세요? ML이라고 줄여서 씀.
58. 당신은 임시 직무 중이세요?　→
59. 당신은 일직(당번)입니까? →　　비번입니까?
60. 당신은 출장 중입니까? →

제 20 장: 영어의 만능동사 BE – 존재의 뜻일 때

61. **Are you on my side?** →   *Whose side are you on?*
62. **Are you on the night shift?** →   *day shift, swing shift*
63. **This dinner is on you, isn't it?** →
64. This knife is on sale, isn't it?
65. Is the comedy on TV now?   *What's on TV tonight?*
66. **Are you on your way from company?**   *~ on the way to school?*
67. **Are you on your way out?** →   *Are you on the way in?*
    Where are you on your way from?   → *I'm on my way from home.*
68. The factory is on strike, right?
69. The garage is on fire, isn't it?

☆ 기타 전치사와 함께 ☆

70. **Are you behind in your work?** →   Yes, I'm behind in my work.
71. **Are you ahead of your class?** →
72. **Is cooking far from you?** →   *Cooking is beyond you.*
73. **Are you for me or against me?** →   I'm all for you.
74. **Is your school across from this building?** →
75. **Are you with Hyundai company?** →   *be with company.*

76. Time is over.   *Is the class over?*
77. Time is up.   *The tide is up.*   *His temper is up.*
78. The sun is down.   *The telex is down.*   *The price is down.*
79. Are you in front of me?   =before
80. Are you at the back of me?   = behind = in the back of
81. Are you by me?   = beside
82. You are at the cross-road, aren't you?   *I am at a loss.*

THERE IS… THERE ARE… 있다. 있습니다 (공식)

1. **Is there a bus stop near here?**
   → Yes, there is a bus stop near here. → No, there isn't a bus stop.
2. **Are there many people in front of Seoul station?**
   → Yes, there are many people in front of Seoul station.
3. **Is there anything to worry about?**   →   *Is there anything to do?*
4. **Are there approximately 10 people here?** →
5. **Isn't there any place to go this afternoon?** →

61. 당신은 나의 편입니까? → 당신은 누구의 편입니까?
62. 당신은 야간 근무조입니까? → 낮 근무. 오후 근무 (시계추가 흔들리는 시간)
63. 이 저녁은 당신이 사는 것입니다. 그렇지요? →
64. 이 칼은 헐값에 파는 것입니다. 그렇지요?　　　　　　　　on bargain sale 대매출
65. 코미디가 지금 TV에 합니까?　　　오늘 밤 TV에 무엇을 하지요?
66. 당신은 회사에서 오는 길입니까? → 학교에 가는 길입니까?
67. 당신은 나가는 길입니까? → 당신은 들어오는 길입니까?
　　당신은 어디서 오는 중인가요? → 나는 집에서 오는 중입니다.
68. 공장은 파업 중입니다. 맞지요?
69. 차고는 불이 났습니다, 그렇지요?

☆ **기타 전치사**

70. 당신은 일이 밀려 있습니까? → 예, 나는 일이 밀려 있습니다.
71. 당신은 수업에 앞서가고 있습니까? →
72. 요리는 당신과 거리가 멀지요? → 요리는 당신과 거리가 멀다.
73. 당신은 나에게 찬성합니까, 아니면 반대합니까?　→ 나는 전적으로 찬성합니다.
74. 당신의 학교는 이 건물 건너편에 있지요? →
75. 당신은 현대회사에 근무하십니까? → work의 뜻임.

76. 시간이 넘었습니다.　　　　　　　　　　　수업이 끝났습니까?
77. 시간이 됐습니다.　　　만조가 됐습니다.　그는 성질이 났습니다.
78. 해가 졌습니다.　　　　텔레스가 고장입니다.　값이 내렸습니다.
79. 당신은 나의 앞에 있습니까?　　　　　　before와 같음.
80. 당신은 나의 뒤에 있습니까?　　　　　　behind와 같음.
81. 당신은 나의 옆에 있습니까?　　　　　　beside와 같음.
82. 당신은 기로에 처해 있지요?　나는 어쩔 줄 모르겠습니다. (어리벙벙하다.)

THERE IS -- THERE ARE -- : 있다. 있습니다.

1. 근처에 버스 정류장이 있나요?　　(단수문장은 There is ~ 있습니다)
　→ 예, 이 근처에 버스 정류장이 있습니다. → 아니오, 버스정류장이 없습니다.
2. 서울역 앞에 많은 사람이 있나요?　(복수문장은 There are~ 있습니다)
　　　　→ 예, 서울역 앞에 많은 사람이 있습니다.
3. 걱정되는 것이 있습니까?　　할 것이 있습니까?
4. 여기에 대략 10명이 있나요? →
5. 오후에 갈 곳이 없나요? →　　★~없나요? 하면 "Isn't there. Aren't there"
　　☆There is, There are 는 있다. 라는 관용어(숙어)입니다. "저기에 책이 있다."
　　There is a book over there." --끝부분의 there가 **저기**라는 뜻임.

제 21 장: 수동문장 회화훈련 (BE+P.P)

한국인이 가장 이해하기 어려운 부분이 수동형태입니다. 우리말에는 이런 표현이 없으므로 수동문장을 우리말로 번역할 때도 능동으로 하는 경우가 허다하며, 이 수동을 모르면 영어를 아무리 잘하려고 해도 60% 이상밖에 못 합니다. 즉, 40% 정도가 수동이기 때문입니다. 별로 어려운 것이 아니고, 두 가지 형태로 분류하며, 그 첫 번째는 사람을 주어로 했을 경우입니다.

● 첫 번째 수동형태: 사람을 주어로 사용할 때

'You love me. (당신은 나를 사랑한다.)'처럼 주어가 '은, 는, 이, 가'로 하여 사전에 있는 뜻 그대로 사용하여 쓰는 것을 능동이라고 하며, 원칙적으로 타동사(목적어가 오는 단어)만 수동이 됩니다.

You **love** me → You **are loved** by me. 처럼 be loved로 바꾸면 "당신은 사랑을 받는다(사랑을 당하다)"로 해석합니다. be는 아무 의미 없는 조동사일 뿐이며 loved가 본동사로서, 뜻만을 반대로 「~받다. ~당하다」식으로 해석합니다. 즉, be loved 전체를 묶어서 한 개의 단어로 간주합니다.

△ I am loved. (by you) 사랑 받는다   (by you는 '너로부터'라는 행위자)
△ I was loved. (사랑 받았다) 는 과거의미   (am과 was로 현재와 과거 분리)
△ I will be loved. 사랑 받을 것이다.   (미래: will be loved가 한 단어로 간주)
△ To love and to be loved = Loving and being loved
   사랑하고 사랑받는 것(부정사), 사랑하고 사랑받는 것(동명사) ---명사가 됨.

지금부터 훈련에 들어갑니다.★   ☞ 1부터 39까지 녹음통역 REC

능동(사전에 있는 뜻 그대로)   수동(be+p.p get+p.p)
↓ 이 부분을 먼저 익힐 것   ↓능동문장을 익힌 후 이 쪽을 훈련할 것

1. **Do you love** me? →   **Are you loved** (by me)?
   당신은 나를 사랑합니까?   당신은 (나에게서) 사랑받습니까?

2. **Did you love** me? →   Did you **get loved?** Were you loved?
   당신은 나를 사랑했었나요?   당신은 사랑받았나요?   by me는 필요할 때 씀

3. Do you **want to love me**? →   Do you **want to be loved?**
   당신은 나를 사랑하고 싶나요?   당신은 사랑받기를 원합니까?

4. Will you **marry** her? →   Will you be married to her?
   당신은 그녀와 결혼할 겁니까?   당신은 그녀에게 결혼당할 겁니까? (할 겁니까?)

» '와'가 있다고 with라는 단어를 붙이면 안 됩니다. 수동일 때만 to를 쓸 것.
  Did you get married last year? 너는 작년에 결혼했니?
  결혼할 상대가 없는 경우에는 'Who will you marry?' 너는 누구하고 결혼할 거니?로 됨.

5. Can you **cure** me? →
당신은 나를 치료할 수 있나요?
→ Yes, I can cure you.

Can you **be cured**?
당신은 치료받을 수 있나요? (치료받다)
→ Yes, I can be cured. 식으로 훈련.

6. Can you **injure** me?
당신은 나를 부상시킬 수 있나요?

→ Can you **be injured**?
당신은 부상당할 수 있나요? (부상당하다)

7. Can you **pay** me? →
당신은 나에게 급료를 줄 수 있나요?

Can you **be paid**?
당신은 급료를 받을 수 있나요? (급료 받다)

8. Will you **promote** me? →
당신은 나를 진급시킬 겁니까?

Will you **be promoted**?
당신은 진급할 겁니까?(진급하다)

9. Will you **catch** me? →
당신은 나를 잡을 겁니까?

Will you **be caught** by the police?
당신은 경찰에 잡힐 겁니까? (잡히다)

10. Will you **kill** me? →
당신은 그이를 죽일 겁니까?

Will he **be killed**?
그는 살해될까요? (죽다로 해석도 함)

11. Will you **scold** me? →
당신은 나를 꾸중할 겁니까?

Will you **be scolded**?
당신은 꾸중 들을 겁니까? (꾸중듣다)

12. Will you **hurt** me? →
당신은 나를 상처 줄 겁니까?

Will you **be hurt**?
당신은 상처를 받을 겁니까? (상처받다)

13. Will you **help** me? →
당신은 나를 도와줄 겁니까?

Will you **be helped**?
당신은 도움을 받을 겁니까? (도움 받다)

14. Will you **introduce** me? →
당신은 나를 소개할 겁니까?

Will you **be introduced to** a girl?
당신은 소녀를 소개받을 겁니까? (소개받다)

15. Can you **invite** me? →
당신은 나를 초청할 수 있나요?

Can you **be invited to** Japan?
당신은 일본에 초청받을 수 있나요?

16. Can you **take** me along? →
당신은 나를 데려갈 수 있나요?

Can you **be taken to** Japan?
당신은 일본에 데려가질 수 있나요? (끌려)

17. Can you **support** me? →
당신은 나를 지원할 수 있나요?

Can you **be supported** by me?
당신은 나에게 지원받을 수 있나요?

18. Can you **cheat** me? →
당신은 나를 속일 수 있나요?

Can you **be cheated**?
당신은 속을 수 있나요 ? (속다)

19. Can you **deceive** me? →
당신은 나를 사기 칠 수 있나요?

Do you want to **be deceived**?
당신은 사기당하고 싶나요? (사기당하다)

20. Can you **beat** (hit) me? →
당신은 나를 때릴 수 있나요?

Do you want to **be beaten**? (be hit)
당신은 맞기를 원합니까? (맞다)

21. Can you **fire** me? →
    당신은 나를 해고 할 수 있나요?
    Do you want to **be fired**?
    당신은 해고당하고 싶나요? (해고당하다)

22. Can you **hire** me? →
    당신은 나를 고용할 수 있나요?
    Do you want to **be hired**?
    당신은 고용당하기를 원합니까? (고용되다)

23. Can you **undress** me? →
    당신은 나를 옷벗길 수 있나요?
    Do you want to **be undressed**?
    당신은 옷벗겨지고 싶나요?

24. Can you **dress** me? →
    당신은 나를 옷 입힐 수 있나요?
    Do you want to **be dressed**?
    당신은 옷 입혀지고 싶나요? (옷입다)

25. Can you **respect** me? →
    당신은 나를 존경할 수 있나요?
    Do you want to **be respected**?
    당신은 존경받고 싶나요? (존경받다)

26. Can you **treat** me to lunch? →
    당신은 나에게 점심을 대접할 수 있나요?
    Can you **be treated to** lunch?
    당신은 점심을 대접받을 수 있나요?

27. Can you **kick** me? →
    당신은 나를 찰 수 있나요?
    Do you want to **be kicked**?
    당신은 차이기를 원합니까? (차이다)

28. Can you **swindle** me? →
    당신은 나를 사기 칠 수 있나요?
    Can you **be swindled**?
    당신은 사기 당할 수 있나요? (사기 당하다)

29. Can you **pinch** me? →
    당신은 나를 꼬집을 수 있나요?
    Do you want to **be pinched**?
    당신은 꼬집히고 싶나요? (꼬집히다)

30. Can you **interview** me? →
    당신은 나를 면담할 수 있나요?
    Can you **be interviewed**?
    당신은 면접 받을 수 있나요? (면접받다)

31. Can you **send** me? →
    당신은 나를 보낼 수 있나요?
    Can you **be sent to** the US?
    당신은 미국에 파견될 수 있나요? (파견되다)

32. Can you **bear** a baby? →
    당신은 아기를 낳을 수 있나요?
    Do you want to **be born** again?
    당신은 다시 태어나고 싶나요? (태어나다)

33. Can you **protect** me? →
    당신은 나를 보호할 수 있나요?
    Do you want to **be protected**?
    당신은 보호받기를 원합니까? (보호받다)

34. Can you **attack** me? →
    당신은 나를 공격할 수 있나요?
    Do you want to **be attacked**?
    당신은 공격받기를 원합니까? (공격받다)

35. Can you **discard** your money? →
    당신은 당신 돈을 버릴 수 있나요?
    Do you want to **be discarded**?
    당신은 버려지길 원하십니까? (버려지다)

36. Can you **operate** on me? →
    당신은 나를 수술할 수 있나요?
    Can you **be operated on**?
    당신은 수술 받을 수 있나요? (수술 받다)

다음 문장은 수동이 되면 아예 형용사로 취급된 경우 (희·로·애·락 일 때)★

1. Can you **please** me? →
   당신은 나를 기쁘게 할 수 있나요?
   → Yes, I can please you.
   → 예, 기쁘게 해드릴 수 있습니다

2. Can you **worry** me? →
   당신은 나를 걱정 시킬 수 있나요?

3. Can you **satisfy** me? →
   당신은 나를 만족시킬 수 있나요?

4. Can you **tire** me?
   당신은 나를 피곤하게 할 수 있나요?

5. Can you **scare** me?
   당신은 나를 겁줄 수 있나요? (겁주다)

6. Can you **excite** me?
   당신은 나를 흥분시킬 수 있나요?

7. Can you **surprise** me? →
   당신은 나를 놀라게 할 수 있나요?

8. Can you **astonish** me? →
   당신은 나를 놀라게 할 수 있나요?

9. Can you **annoy** me? →
   당신은 나를 성가시게 할 수 있나요?

10. Can you **confuse** me? →
    당신은 나를 혼동시킬 수 있나요?

Are you pleased with this book?
당신은 이 책이 마음에 듭니까?
→ Yes, I'm pleased with this book.
예, 이 책이 마음에 듭니다.

Are you worried about your future?
당신은 미래가 걱정됩니까?

Are you satisfied with your job?
당신은 직업에 만족합니까? (만족하다)

Are you tired with your work?
당신은 일이 피곤합니까? (피곤하다)

Are you scared?
당신은 겁이 납니까?

Are you excited?
당신은 흥분했나요?

Are you surprised to see a ghost?
당신은 귀신보고 놀랬나요?

Are you astonished at his rudeness?
당신은 그의 무례함에 놀랐습니까?

Are you annoyed by your neighbors?
당신은 이웃 때문에 성가십니까?

Are you confused? Are you mixed up?
당신은 헷갈립니까? = 혼동이 됩니까?

★ 이 이하도 수동으로 잘 쓰는 문장이므로 훈련하시오 ★

1. Will you **be given** an address?
   당신은 주소를 받을 겁니까?

2. Will you **be told** by boss?
   당신은 사장에게서 말을 들을 겁니까?

3. Will you **be taught** English?
   당신은 영어를 배울 겁니까?

4. **Were you caught in** a traffic jam?
   당신은 교통 체증에 걸렸었나요?

(receive로 해석)

(hear로 해석: hear는 저절로 들리는 소리)
(be told는 억지로 들었다)

(learn으로 해석: 억지로 배운다)

be caught= 잡히다.

※ get caught는 동작, be caught는 상태표현입니다. 제4부 형용사 234쪽을 보시면 그 차이를 확실히 알 수 있습니다.

5. Did you ever **get lost** in Seoul? →   Are you lost?
당신은 서울에서 길을 잃은 적이 있나요?   당신은 길을 잃었나요?
→ Yes, I ever got lost in Seoul.

6. Did you ever **get hit** by a car? →   '차에 치이다'도 be hit. 로 표현.
당신은 차에 치인 적이 있나요?

7. **Are you interested in** art? →
당신은 예술에 흥미가 있으세요?   (interested의 in에 악센트가 있음)

8. **Are you interested in** taking a walk? →
당신은 산책하는 것이 흥미가 있으세요?

9. **Are you concerned about** politics? →
당신은 정치에 관심 있나요?

10. **Are you seen** by your wife?   be seen=be noticed 들키다. (보여지니깐)
당신은 부인에게 들켰나요?

11. **Are you divorced?** →   Are you settled down?
당신은 이혼했나요?   당신은 정착했나요?

12. **Are you mistaken about** that? →   Am I mistaken?
당신은 그것을 착각했나요?   내가 착각했나요?

13. Are you believed by your friends? →   You believe me와 비교.
친구들이 당신을 믿나요? (직역 불가하므로 적당히 번역함)

14. Are you missed by your family? →   You miss your family와 비교.
당신은 가족이 보고 싶으세요? (직접 해석 불가)

15. Are you liked by everybody? →   Everybody likes you와 비교.
당신은 모든 이가 좋아하나요? (직역 불가)

● 두 번째 수동형태: 무생물을 주어로 사용할 때

I close the door. (나는 문을 닫는다)에서 The door is closed. (문이 닫혀있다) 식으로. 이 경우도 is, am, are, were, was 등 be 동사는 아무 의미도 없는 조동사로서, is일 때 문장이 현재이고, was일 때 과거(닫혀 있었다)로 해석하는 시제 구별만 할 뿐입니다. be 동사와 과거분사가 'be closed' 식으로 같이 있을 때는 무생물을 주어로 하는 '한 개의 동사'가 되어버린 것입니다. closed가 과거와 모양이 같아도 앞에 be가 있으므로 과거분사이고, 이때는 원형 (close)과 같이 해석합니다.

You **make** a car. 당신은 차를 만든다.   → The car **is made**. 차는 만든다.
You **made** a car. 당신은 차를 만들었다.   → The car **was made**. 차는 만들었다.
You **can make** a car. 당신은 차를 만들 수 있다. → The car **can be made**.

☞ 앞서와 같이 능동 쪽을 훈련한 후에 수동 쪽을 훈련할 것. 48번까지
☞ 질문에 대하여 훈련 목적상 1번처럼 Yes와 No를 적당히 사용하여 대답자는 답할 것.

↓ 목적어가 무생물 　　　　　　　　　　↓ 주어가 무생물일 때

1. Can you close **the door**? → 　　　Is **the door** closed?
   당신은 문을 닫을 수 있나요?　　　　　그 문은 닫혀 있나요?
   → Yes, I can close the door.　　　　→ Yes, the door is closed.

2. Can you **lock** the door?　　　　　　**Is** the door **locked**?
   당신은 문을 잠글 수 있나요?　　　　　이 문은 잠겼습니까?

3. Can you **turn on** TV? →　　　　　　**Is** the TV **turned on** (off)?
   당신은 TV를 틀 수 있나요?　　　　　　이 텔레비전은 켜져(꺼져) 있나요?

4. Can you **do** the works? →　　　　　**Is** the works **done** by you?
   당신은 이 작품을 할 수 있나요?　　　　이 작품은 당신에 의해서 되었나요?

5. Is there anything to **do**? →　　　　Is there anything to **be done**?
   할 것이 있습니까? (본인이 직접 함)　　할 것이 있나요? (혼자서는 못하는 일)

6. Can you **damage** a car? →　　　　　Was your car **damaged**?
   당신은 차를 손상시킬 수 있나요?　　　당신 차는 손상되었었나요?

7. Can you **tear** the paper? →　　　　**Is** the paper **torn**?
   당신은 종이를 찢을 수 있나요?　　　　종이가 찢어졌나요?

8. Can you **raise** my pay? →　　　　　**Is** your pay **raised**?
   당신은 내 급료를 올려줄 수 있나요?　　당신의 급료는 올랐나요?

9. Can you **reserve** the seat? →　　　**Is** this seat **reserved**?
   당신은 자리를 예약할 수 있나요?　　　이 자리는 예약되었나요?

10. Can you **book** the plane? →　　　**Is** the plane **booked**?
    당신은 비행기를 예약할 수 있나요?　　그 비행기는 예약되었나요?

11. Can you **take** this seat? →　　　**Is** this seat **taken**?
    당신은 이 자리를 잡을 수 있나요?　　이 좌석은 잡아논 겁니까?

12. Can you **occupy** the room? →　　**Are** all rooms **occupied**?
    당신은 방을 잡을 수 있나요?　　　　모든 방은 찼습니까? (잡혔습니까)

13. Can you **fill** your stomach?→　　**Is** your stomach **filled**?
    당신은 배를 채울 수 있나요?　　　　당신 배는 찼습니까?

14. Can you **break** the radio? →　　**Is** your radio **broken**?
    당신은 라디오를 깨뜨릴 수 있나요?　　당신 라디오는 망가졌나요?

15. Can you **dent** the car? →　　　　**Is** your car **dented**?
    당신은 차를 찌그러트릴 수 있나요?　　당신 차는 찌그러졌나요?

16. Can you **iron** (press) your pants? →
    당신은 바지를 다릴 수 있나요?

    Is your pants **ironed** (pressed)?
    당신 바지는 다리미질했나요?

17. Can you **sell** apples? →
    당신은 사과를 팔 수 있나요?

    Apples **are sold** here.
    사과는 여기서 팝니다.

18. Can you **bring** the book? →
    당신은 책을 가져올 수 있나요?

    Is this book **brought** by plane?
    이 책은 비행기로 가져왔나요?

19. Can you **import** the pen? →
    당신은 펜을 수입할 수 있나요?

    Is the pen **imported** from Japan?
    그 펜은 일본에서 수입했나요?

20. Can you **export** the watch? →
    당신은 시계를 수출할 수 있나요?

    Can the watch **be exported**?
    그 시계는 수출될 수 있나요?

21. Can you **build** bridges? →
    당신은 다리를 지을 수 있나요?

    The bridges **were built** long ago.
    다리는 오래전에 건설되었지요.

22. Can you **establish** the company? →
    당신은 회사를 설립할 수 있나요?

    The firm **was established**.
    그 회사는 설립되었습니다.

23. Can you **scratch** the desk? →
    당신은 책상을 긁어버릴 수 있나요?

    The desk **is scratched**.
    그 책상은 긁혔습니다.

24. Can you **stain** your blouse? →
    당신은 블라우스를 얼룩지게 할 수 있나요?

    Is your blouse **stained**?
    당신 블라우스는 얼룩졌나요?

25. Can you **test** the machine? →
    당신은 그 기계를 실험할 수 있나요?

    Is the machine **tested**?
    그 기계는 실험하나요?

26. Can you **fix** the calculator? →
    당신은 계산기를 고칠 수 있나요?

    The calculator **can be fixed**.
    그 계산기는 고칠 수 있습니다.

27. Can you **produce** pears? →
    당신은 배를 생산할 수 있나요?

    Are pears **produced** in Korea?
    배는 한국에서 생산합니까?

28. Can you **block** my front? →
    당신은 내 앞을 막을 수 있나요?

    Is your front **blocked**?
    당신 앞은 막혔나요?

29. Can you **take** action? →
    당신은 조치를 취할 수 있나요?

    Action **will be taken** soon.
    조치는 곧 취해질 겁니다.

★ 아래의 can을 will, want to, have to 등으로 바꾸어서 능동을 훈련한 후, 오른쪽 수동을 훈련할 것.

30. Can you **print** this book? →
    당신은 이 책을 인쇄할 수 있나요?

    Is this book **printed** here?
    이 책은 여기서 인쇄하나요?

31. Can you **sprain** a finger? →
    당신은 손가락을 삐게할 수 있나요?

    Is your finger **sprained**?
    너의 손가락은 삐였니?

32. Can you **advertise** the goods? →
    당신은 물건을 선전할 수 있나요?
    Are the goods **advertised?**
    이 물건은 선전하나요?

33. Can you **hold** the game? →
    당신은 경기를 개최할 수 있나요?
    The olympic game **was held.**
    올림픽 게임은 개최됐었다.

34. Can you **use** tools? →
    당신은 공구를 사용할 수 있나요?
    Are tools **used** in your job site?
    공구는 당신 근무처에서 사용되나요?

35. Can you **wear out** the clothes? →
    당신은 옷을 입어서 떨어뜨릴 수 있나요?
    This suit **is worn out?**
    이 양복은 다 해어졌지요?

36. Can you **deliver** the package? →
    당신은 짐을 배달할 수 있나요?
    Is this mail **delivered** today?
    이 우편물은 오늘 배달하지요?

37. Can you **publish** a book? →
    당신은 책을 발간할 수 있나요?
    Many magazines **are published.**
    많은 잡지가 발간된다.

38. Can you **mess** up the room? →
    당신은 방을 어지럽힐 수 있나요?
    Is this room **messed up** now?
    이 방은 어지러워졌나요?

39. Can you **write** a novel? →
    당신은 소설을 쓸 수 있나요?
    This novel **is written** in English.
    이 소설은 영어로 쓰여있습니다.

40. Can you **ship** the cargo? →
    당신은 화물을 선적할 수 있나요?
    The cargo **will be shipped** today.
    이 화물은 오늘 선적될 겁니다.

41. Can you **organize** a group? →
    당신은 단체를 조직할 수 있나요?
    A group **will be organized** soon.
    한 단체를 곧 조직할 겁니다.

42. Can you **drive** me to school? →
    당신은 나를 학교에 태워줄 수 있나요?
    Do you want to **be driven** there?
    너는 거기에 태워다주기를 원하나요?

43. Can you **celebrate** your birthday? →
    당신은 생일을 기념할 수 있나요?
    Your birthday **is celebrated.**
    당신의 생일은 기념됩니다.

44. Can you **decorate** the house? →
    당신은 집을 장식할 수 있나요?
    Is your house **decorated** nicely?
    당신 집은 이쁘게 장식되어 있나요?

45. Can you **serve** some snacks? →
    당신은 간식 좀 내놓을 수 있나요?
    Some snacks **will be served** shortly.
    약간의 간식이 곧 나올 겁니다.

46. Can you **blow** your nose? →
    당신은 코를 풀 수 있나요?
    The leaves **get blown about** by the wind.
    나뭇잎이 바람에 나부낀다.

47. Can you **own** a firm? →
    당신은 회사를 소유할 수 있나요?
    Is your firm **owned** by the government?
    당신 회사는 정부가 소유하고 있나요?

48. Can you **drink** orange juice? →
    당신은 오렌지 주스를 마실 수 있나요?
    Is a lot of juice **drunk** here?
    많은 주스를 여기서 마시나요?

제 22 장: 수동문장 훈련: 공식정리 ☞고딕체 녹음통역

☆ 수동문장에서 나온 공식정리: 즉시 외워서 쓸 수 있도록 할 것 ☆

1. **Are you supposed to** have a business talk?   be supposed to
2. **Are you scheduled to** be promoted?   be scheduled to
3. **Are you forced to** please your superior?   be forced to
4. **Are you expected to** be sent to America?   be expected to
5. **Are you inclined to** have some beer tonight?   be inclined to
6. **Are you allowed to** use that safe?   be allowed to
7. **Are you convinced** that you know more about me?

1. 당신은 상담을 하기로 되어있습니까?   ~하기로 되어있다.
2. 당신은 진급할 예정으로 되어있습니까?   ~할 예정으로 되어있다.
3. 당신은 상관을 억지로 비위 맞춥니까?   ~억지로 하다.
4. 당신은 미국에 파견될 것을 기대합니까?   ~을 기대하다.
5. 당신은 오늘 밤 맥주 좀 마실 마음이 있습니까?   ~할 마음이 있다.
   ☞ 이것은 you feel like ~ing 와 같습니다.
   ~ 해도 된다.= may와 같습니다.
6. 당신은 그 금고를 사용해도 됩니까?
7. 당신은 나에 대하여 많이 안다고 확신합니까?

최종 비교정리

능동문장	수동문장
1. I **am helping** you. →	I **am being helped** by you.
[be + ing = 능동진행]	[be + being + p.p = 수동진행]
2. I **am serving** coffee. →	Coffee **is being served** now.
3. Have you ever loved me? →	**Have you ever been loved?**
4. Is it fixed? →	**Has it been fixed?** → Yes, it's been fixed.
5. Is it tested? →	**Has it been tested?** → Yes, it's been tested.

☆ **be + ing**=능동진행과 **be being + p.p** = 수동진행은 꼭 알고 있어야합니다.

1. 나는 당신을 도와주고 있는 중이다. → 나는 당신에게서 도움을 받고 있는 중이다.
2. 나는 커피를 제공하고 있는 중이다. → 커피가 제공되고 있는 중이다.

☆ 능동완료 **have + p.p** 와 수동완료 **have been + p.p** 도 물론 알아야합니다.

3. 당신은 나를 사랑한 적이 있나요? → 당신은 사랑을 받은 적이 있나요?
4. 그것 고칩니까? → 그것은 고쳐놨습니까? (물어보는 순간에) → 예, 고쳐놨습니다.
5. 그것 실험합니까? → 그것은 실험해놨나요? (물어보는 시점에서) → 예, 그렇습니다.

제 23 장: 수동문장 실력시험

1. 당신은 나를 일본에 데려가고 싶나요, 당신은 일본에 끌려가고 싶나요?

    Do you want to take me to Japan or do you want to be taken to Japan?

    → 나는 당신에 의해 일본에 끌려가고 싶습니다.

    I want to be taken to Japan by you. ☞ 이런 식으로 질문하고 답할 것.

2. 당신은 치료받고 싶나요, 수술받고 싶나요?

    Would you like to be cured or be operated on? →

3. 당신은 나를 속일 겁니까, 나에게 속고 싶나요?

    Will you cheat me or do you want to be cheated by me? →

4. 미국에 가기 위하여, 당신은 언제 면접을 받을 겁니까?

    When are you going to be interviewed to go to America? →

5. 당신은 나를 저녁 대접을 할 겁니까, 아니면 대접을 받고 싶나요?

    Will you treat me to dinner or do you want to be treated? →

6. 당신은 집에 가기 전에 해야 할 것이 있나요? (혼자 못하는 일)

    Is there anything to be done before you leave for home? →

7. 당신 집은 예쁘게 장식되었나요, 어질러져 있나요?

    Is your house decorated beautifully or messed up? →

8. 만일 길이 막히면, 지하철을 이용할 수 있나요?

    If the roads are blocked, can the subway be used? →

9. 당신은 언제 여기 다시 오기로 되어 있지요?   **When are you supposed to be here again?** →

10. 점심이 무료로 제공되고 있군요. 점심 먹을 마음이 있으세요?

     Lunch is being served free of charge.

     Are you inclined to have lunch?

11. 고용되는 것이 좋은가요, 아니면 해고 되는 것이 좋은가요?

     Which is better, being hired or being fired? →

12. 당신이 친절하게 행동하면 꾸중 들을까요, 칭찬 들을까요?

     If you behave nicely, will you be scolded or be praised? →

13. 사과는 국내에서 생산되나요, 외국에서 수입되나요? **Are apples produced in this country or imported from foreign countries?**

제 24 장: 명사절 (화법) 등 회화훈련

"You think of me." (너는 나를 생각한다)에서 think of 다음에 한 개의 단어를 목적어로 취했으나 이제는 평문을 한 개의 단어처럼 목적어로 사용하는 것을 '절'이 온다고 합니다. 이 경우에는 평문 앞에 'that'을 붙이면 that 이하가 명사로 인정됩니다. 이때, that은 해석을 하지 않기 때문에 생략해도 무방합니다. 또, 평문 앞에 if 나 whether(인지 아닌지), 의문사가 오는 세 경우로 대별할 수 있습니다. 예를 보십시오.

주어	동사	목적어
You	know	me 여기서 me 대신에 아래와 같이 올 수 있습니다.
You	know	that I have money. (당신은 내가 돈이 있다는 것을 안다.)
You	know	if I have money. (당신은 내가 돈이 있는지를 안다.)
You	know	whether I have money or not. (내가 돈이 있는지, 없는지를)
You	know	how much money I have. (내가 돈이 얼마나 있는지를)
		have 뒤에 있든 how much money가 I 앞으로 나온 것임
You	know	who came. (누가 왔었는지를 안다.)
		의문사 자체가 주어인 경우에는 그것을 한 단어로 간주함.

또, Do you think who came? (당신은 누가 왔었다고 생각하세요?)에서 본동사가 think, say, suppose, guess 등으로 되면, 특히 think, say일 때는 다음과 같이 의문사가 문장의 맨 앞으로 나가 버립니다. guess 등은 도치 안할 때도 있습니다.

Who do you **think** came?   When do you **think** you'll come again?

첫째: that 다음에 평문이 목적어로 온 경우

1. Do you think **that English is hard?**   하고 질문하면, 대답자는
   → Yes, I think (that) English is very hard.   식으로 할 것.
2. Do you think you'll be late for the lesson? →   that을 생략해도 됨
3. Do you think the patient can be cured? →
4. Do you think **men worry about styles as much as women do?** →

1. 당신은 영어가 어렵다고 생각하십니까?
   → 예, 나는 영어가 아주 어렵다고 생각합니다.   (반드시 이렇게 답한다)
2. 당신은 수업에 늦을 거라고 생각합니까?
3. 당신은 그 환자가 치료받을 수 있다고 생각합니까?
4. 당신은 남자가 여자만큼 스타일에 대하여 걱정한다고 생각합니까? →

5. Do you think **living in the city has an advantage?** →
6. Do you think public discussion is a good idea?
7. Do you think the meeting would turn out OK? *badly*
8. Do you think **you'll be able to go to sleep right away?** →

5. 당신은 도시에 사는 것이 이점을 갖고 있다고 생각합니까? →
6. 당신은 공공 토론이 좋은 생각이라고 생각합니까?
7. 당신은 그 회의가 좋은 결과로 나올 것이라고 생각합니까? *나쁘게*
8. 당신은 곧바로 잠들 수 있을 것이라고 생각합니까? →

9. Do you think **it's a good idea to take a taxi home?** →
10. Do you think **most adults are just children at heart?** →
11. Do you think you ought to work on Sunday?
12. Do you think drinking is relaxing? *exciting, interesting, boring,*

9. 당신은 집에 택시 타고 가는 것이 좋은 생각이라고 생각합니까? →
10. 당신은 대부분의 성인이 마음으로는 단순히 어린애라고 생각하십니까? →
11. 당신은 일요일에 근무해야 한다고 생각합니까? *ought to= 해야 한다*
12. 당신은 술 마시는 것이 기분전환이라고 생각합니까?
　　　　☞ 흥미진진한, 재미있는, 지겨운 등으로 바꿔볼 것.

13. Do you think **you did the right thing?** → *wrongdoing, misbehavior*
14. Do you think you can accomplish your mission?
15. Don't you think you should take X-ray?
16. Don't you think **it's convenient to live in the city?** →

13. 당신은 올바른 일을 했다고 생각합니까? → ☞ *부정한 일, 못된 짓. 으로 대치*
14. 당신은 당신의 임무를 완성할 수 있다고 생각합니까?
15. 당신은 X레이를 찍어야 한다고 생각하지 않나요?
16. 당신은 도시에 사는 것이 편리하다고 생각하지 않으세요? →

17. Do you suppose **you can stand(bear) the heat?** →
18. Do you believe I had made a mistake?
19. Do you believe **money is the most important thing in life?** →

17. 당신은 더위를 참을 수 있다고 생각하세요? →
18. 당신은 내가 실수를 했었다고 믿습니까?
19. 당신은 돈이 인생에 있어서 가장 중요한 것이라고 믿습니까? →

20. **Did you say you like coffee?** → Did you say you love me?

21. Did you say you wanted a glass of water?

22. Are you sure that you have a lot of property?

23. **Did you say you would remain here?** →

24. Do you mean you struck him with your car?

20. 당신은 커피를 좋아한다고 말했나요? →   당신은 나를 사랑한다고 말했나요?

21. 당신은 물 한 컵을 원한다고 말했나요?

22. 당신은 재산이 많다고 확신합니까?

23. 당신은 여기에 남아 있겠다고 그랬나요? →   (would는 시제 일치상의 will)

24. 당신은 당신 차로 그를 치었다는 뜻입니까?

※시제의 일치-- 주절의 동사와 종속절의 동사 (20번에서 you said you love me. say하고 love) 그 시제가 맞아야 합니다. 즉, **주절의 동사가 과거이면 종속절의 동사는 과거나 과거완료가 되어야 한다는 뜻입니다.** 단, 주절이 현재이면 제한이 없습니다. 그러나 20번은 say는 과거인데도 like와 love는 현재 동사입니다.
이것은 시제 일치의 예외로서 진리나 습관, 역사적인 사실일 때는 이렇게 예외가 됩니다.

둘째: 의문 문장이 목적어로 오는 경우

1. Do you know **how old I am?**   하고 질문하면, Yes와 No중에서 택하여
   → No, I don't know how old you are.   식으로 나머지 모두 훈련.

2. Do you know **how much he gets paid?** →

3. Do you know how much general admissions are?

4. Do you know what the population of Japan is?

1. 당신은 내가 몇 살인지 아십니까? →   문장 뒤의 how old가 I 앞으로 도치된 것.
   → 아니요, 나는 당신이 몇 살인지 모릅니다.   ☞ 가능하면 No로 훈련

2. 당신은 그가 급료를 얼마 받는지 아십니까? →

3. 당신은 일반 입장료가 얼마인지를 아십니까?

4. 당신은 일본의 인구가 얼마인지를 아십니까?

5. Do you know where I was educated?

6. Can you guess where I was born?   *where I live?*

7. Can you guess **what I'm thinking about right now?** →

8. Do you know **how this machine works?** →

5. 당신은 내가 어디서 교육을 받았는지 아세요?

6. 당신은 내가 어디서 태어났는지 짐작할 수 있나요?   *어디서 사는지?*

7. 당신은 내가 지금 무엇을 생각하고 있는지 알아맞힐 수 있나요?   →

8. 당신은 이 기계가 어떻게 동작하는지 아십니까? →

9. Do you know **what you should declare for customs?**
10. Do you happen to know **where the bank is**? →
11. Do you happen to know **who stays outside**? → *who is absent?*

9. 당신은 무엇을 세관에 신고해야 하는지 아십니까? →
10. 당신은 은행이 혹시 어디에 있는지 아세요? →
11. 당신은 누가 밖에 머무르고 있는지 혹시 아세요? 누가 결석했는지?

12. Do you wonder **how long I've spoken English?** →
13. Do you wonder how old I am?
14. Will you tell me where you put your belongings in the firm?
15. Do you have any idea **who is the richest in Korea**? →

12. 당신은 내가 영어를 얼마나 사용했는지 궁금하세요? →
13. 당신은 내가 몇 살인지 궁금하십니까?
14. 당신은 회사에서 어디다 당신의 소유물을 놔두는지 말해줄래요?
15. 당신은 한국에서 가장 부자가 누구인지 아십니까? →

셋째: if. whether or not~ 인지 아닌지, 가 목적으로 올 때

1. Do you know **whether or not** the train goes to your home?
    → Yes, I know whether or not the train goes to my home.
2. Can you guess **if I have money**? →
3. Did you ask me if I had relatives in US?
4. Will you let me know **whether** you'll come **or not**? →
5. Can you guess **if it will rain** tomorrow? →
6. Do you know whether to come here again or not?

1. 당신은 기차가 당신 집에 가는지 안 가는지 아세요? whether or not 형태
    → 예, 나는 그 기차가 집으로 가는지 안 가는지 안다.
2. 당신은 내가 돈이 있는지 알아맞힐 수 있나요? → if는 or not 없음
3. 당신은 내가 미국에 친척이 있냐고 물어봤나요?
4. 당신은 올지 안 올지를 나에게 알려주실 겁니까? → or not이 문장 끝에
5. 당신은 내일 비가 올지 알아맞힐 수 있나요? →
6. 당신은 다시 여기에 올지 안 올지 아세요?→ whether to--부정사를 사용했음

제 24 장: 명사절 등 훈련 (Think, say가 본동사 일 때의 의문사 도치문장)

☞ Do you know when I came here? 에서 know 가 think나 say로 바뀌면 when이 문장 맨 앞으로 나옵니다. suppose, guess 등도 그럴 경우가 있습니다. 이 훈련을 철저히 해서 제2부 문장을 이런 식으로 사용할 수 있도록 해야 합니다.

1. **When do you think I came here?**
   → I think you came here one hour ago.
2. **How long do you think it'll take to get to America?**
   → I think it'll take 10 hours to get to America by plane.
3. **When do you think you are going to be off(work)?**
   → I think I am going to be off work tomorrow.
4. **When do you think** you'll be promoted? →
5. **What time do you think** you'll be able to contact me? →
6. **Who do you think** will be here tomorrow? →
7. **Who do you think** will be our next president? →
8. **What do you think** happened yesterday?
   → I think nothing happened yesterday.   *interesting thing*
9. **How much do you think** it'll cost to get to your home? →
10. **How much do you think** you'll make all your life? →
11. **How much time do you think** you'll have today?
    → I think I'll have much time today.
12. **How often do you think** you should take medicine? →
13. **What do you think** I ought to get for you? →
14. **What do you think** you should do tomorrow? →
15. What company do you think you've got to get in?

16. How old do you think I am?
17. **How many hours do you think** you'll be able to be here? →
18. **When do you think** the end of the world will be? →

19. **How old did you say** you are? → I said I am 30.--- 시제일치 예외문장.
20. **What time did you say** you arrived here?
    → I said I got here about 12 o'clock.
21. What age did you say you wanted to get married?
22. What country did you say you would go see?

★ 이 훈련은 중요하므로 예문처럼 길게 답하시기 바랍니다.★

1. 당신은 내가 언제 왔다고 생각하십니까?   하고 질문하면,
   → 나는 당신이 1시간 전에 왔다고 생각합니다.
2. 미국에 가는데 얼마나 걸릴 것이라고 생각합니까?
   → 미국에 가는데 비행기로 10시간 걸릴 것 같군요.
3. 당신은 언제 쉴 것이라고 생각하세요?
   → 나는 내일 쉴 것 같군요. (I think-를 ~생각한다. 라고 직역하지 말 것)

4. 당신은 언제 진급할 것 같습니까? →   (여기서부터는 각자가 대답해 보세요)
5. 당신은 몇 시에 나에게 연락할 수 있을 것 같습니까? →
6. 당신은 누가 내일 여기에 올 것 같습니까? →   who가 주어 문장
7. 당신은 누가 우리의 다음 대통령이 될 것 같습니까? →   who가 주어 문장
8. 당신은 어제 무슨 일이 발생했었다고 생각합니까?   what이 주어 문장
   → 아무 일도 발생하지 않았다고 생각합니다.   *재미있는 일*

9. 당신은 집에 가는 데 비용이 얼마나 들것 같습니까? →
10. 당신은 일생동안 돈을 얼마나 벌 것이라고 생각합니까? →
11. 당신은 오늘 시간이 얼마나 있다고 생각합니까?
    → 나는 오늘 시간이 많을 것 같습니다.

12. 당신은 얼마나 자주 약을 먹어야 할 것 같아요? →
13. 당신은 내가 당신을 위해 무엇을 사야 한다고 생각하세요? →
14. 당신은 내일 무엇을 해야 한다고 생각하세요? →
15. 당신은 무슨 회사에 들어가야 할 것 같습니까?

16. 당신은 내가 몇 살이라고 생각하세요?
17. 당신은 몇 시간이나 여기에 있을 수 있을 것 같습니까? →
18. 세상의 종말이 언제 일 것 이라고 생각하세요? →

19. 당신은 몇 살이라고 했죠?
    → 나는 30살이라고 했습니다.
20. 당신은 몇 시에 여기에 도착했다고 말했나요?
    → 나는 12시에 여기에 도착했다고 했습니다.
21. 당신은 몇 살에 결혼하기를 원한다고 했죠?
22. 당신은 무슨 나라에 가볼 것이라고 했죠?

★ 13.14번의 ought to 와 should는 have to, must보다 강하게 의무의 성격을 띤 '해야만 하다'라는 조동사입니다.

제 25 장: 수동, 완료, 명사절 실력 시험

1. 당신은 점심 먹으러 나갔다 왔나요, 아니면 손님 만나러 나갔다 왔나요?

   Have you been out for lunch or for meeting customers?
   → I've been out for lunch.   식으로 적당히 답을 해야 합니다.

2. 미스 브라운이 여기 왔었나요, 아니면 누가 왔었나요?

   Has Miss Brown been here or who has been here? →

3. 당신은 전에 직업을 바꾼 적이 있나요?

   Have you ever changed your job before? →

4. 당신은 다시 태어나는 것을 생각해본 적이 있나요?

   Have you ever thought about being born again? →

5. 얼마 동안 당신은 신문을 받아보고 있나요?

   How long have you been getting the newspaper? →

6. 당신은 이 회사에 들어온 지 얼마나 됐나요?

   How long has it been ever since you got in the company? →

7. 당신은 나를 마지막으로 본 후 얼마나 됐나요?

   How long has it been since you last saw me?   → It's been~

8. 당신은 장남이니깐, 가족을 돌봐야 합니까?   (have you got to로 대답)

   Because you are the oldest, have you got to take care of your family? →

9. 당신은 시간이 많으니까 종일 여기에 있어야 합니까?

   Because you have got a lot of time, have you got to be here all day long? →

10. 당신은 영원히 독신이 되고 싶습니까, 아니면 결혼하기로 결심했나요?

    Do you want to be single forever or have you made up your mind to get married? →

11. 내일은 일요일이니깐, 당신은 쉴 겁니까 아니면 출근해야 합니까?

    Because tomorrow is Sunday, will you be off work or have you got to be at work? →

12. 나는 실직했습니다. 나에게 직업을 찾아줄 수 있나요?

    I am out of a job. Can you find me a job? →

13. 당신은 어디서 오는 길인가요?   → 나는 집에서 오는 길입니다.

    Where are you on your way from?   → I am on my way ~

14. 당신은 일이 밀려있나요, 아니면 일에 앞서가고 있나요?

    Are you behind in your work or ahead of your work? →

15. 당신은 나를 기쁘게 할 겁니까, 아니면 나를 속상하게 할 겁니까?

    Are you going to please me or upset me? →

16. 당신은 아기 옷을 벗기고 싶나요, 입혀주고 싶나요?

    Do you want to undress your baby or dress your baby? →

17. 당신은 나를 인터뷰할 겁니까, 아니면 인터뷰를 받을 겁니까?

    Are you going to interview me or will you be interviewed? →

18. 당신은 나를 미국에 보낼 겁니까, 아니면 당신이 파견되기를 원하나요?

    Will you send me to the US or do you want to be sent? →

19. 당신은 나를 진급 시킬 겁니까, 아니면 당신이 진급되기를 원하세요?

    Will you promote me or do you want to be promoted? →

20. 당신은 나를 공격할 겁니까, 아니면 나에게 공격을 받고 싶으세요?

    Will you attack me or would you like to be attacked by me?

21. 당신은 치료받기로 되어있나요, 아니면 수술받을 예정으로 되어있나요?

    Are you supposed to be cured or are you scheduled to be operated on?

22. 당신은 나하고 얘기하는 것이 기분전환이고 흥미 있다고 생각하세요?

    Do you think talking with me is relaxing and interesting? →

23. 당신은 욕을 듣는 것을 참을 수 있다고 짐작하세요?   ("생각하세요." 의 뜻)

    Do you suppose that you can bear being spoken ill of? →

    speak ill of= 욕하다. be spoken ill of = 욕을 당하다. 욕듣다. (수동)

24. 당신은 내가 왜 늦게 왔는시 아세요?

    Do you know why I came late?

25. 당신은 비가 올지 안 올지 알아맞힐 수 있나요?

    Can you guess whether it is going to rain or not? →

26. 당신은 집을 사는데 얼마나 걸릴 것이라고 생각합니까?

    How long do you think it'll take to buy (purchase) your house?

27. 당신은 오늘 돈을 얼마나 쓸 같습니까?

    How much do you suppose you spend today? →

28. 당신은 오늘 무엇을 해야 할 것 같습니까?

    What do you think you ought to do today? →

29. 당신은 누가 지각할 것 같습니까?   *tardy 지각한,*

    Who do you think will be tardy? →

30. 점심을 먹는 데 비용이 얼마나 들 것 같습니까?

    How much do you think it'll cost to eat lunch? →

> **지시**   여기서 제3부의 훈련을 마치고 제4부 형용사 회화훈련을 시작하십시오.

제 26 장: 명사절의 여러 형태

☞ 6부가 끝난후에 훈련할 것

다음의 문장들도 잘 쓰는 형태들입니다. I think는 '나는 생각한다'로만 직역하는 것이 아니고, 아래 1번처럼 "졸린 것 같다" 정도의 의미만 되어도 I think를 써서 말하게 됩니다. 아래 2번의 room이 무관사일때는 '여지, 여유'란 뜻입니다. 15번은 누가 일부러 어디에 마중 나올 때 쓰는 말이고, 20번, 21번은 가정문에서 훈련했습니다.

1. I think you are sleepy.   I think you want a new bike.
2. I think there is no room in this car.
3. I think there is no room to complain about that.
4. I've thought I'd like to make familiar with you someday.
5. I wonder what's on TV tonight.
6. I think they are televising the game tonight.
7. I wonder what time it is.
8. I wonder if the rumor is true.
9. I hope I don't want to meet him again.
10. I hope I am not disturbing you.
11. I understand you're marrying soon.
12. I understand you're Mr. Holler.
13. I wish I could speak English well.
14. I wish it would rain.   I wish I had a lot of money.
15. I wish you wouldn't do to that trouble.   (come to that trouble)
16. It seems you know everything.
17. I am afraid we are late for the train.
18. I didn't know you were behind me.
19. I guess you have an idea where he is now.
20. Suppose(Supposing, Providing) you were a president.
21. Suppose you are in my shoes.   Suppose you were in my place.
22. It's strange you shouldn't know it.
23. It's a miracle you are alive after an accident.
24. It appears that plane did not land at Rome.
25. It (so) happened that I was not in London at that time.
26. It appears to me that he went mad.

☞ 예를 들면, "누가 좀 해 주었으면 좋겠는데" 하면 I wish someone would do it for me.
"취직할 길이 있었으면 좋겠네. → I wish there were some way to get a job.",
"집에 갔으면 좋겠네. → I wish I were home.", "수업이 끝났으면 좋겠는데→ I wish the class were over." 처럼 I wish 다음에 과거 동사를 붙여서 "했으면 좋겠네." 하는 문장을 훈련해 보십시오.
☞ "그녀가 채식주의자인지 궁금하네.→ I am wondering if she's a vegetarian." 등 wonder도 잘 쓰는 단어입니다.

1, 당신은 졸린 것 같다.   나는 당신이 새 자전거를 원하는 것 같아.
2. 이 차 안에는 여유가 없는 것 같습니다.
3. 그것에 대해서는 불평의 여지가 없다고 생각합니다.   (room:여지)
4. 나는 언젠가 당신과 친해 보고 싶었습니다.
5. 오늘 밤 텔레비전에 무엇을 하는지 궁금합니다.
6. 오늘 밤 그 경기를 텔레비전에 중계할 것 같아.
7. 몇 시인지 궁금하군요.
8. 그 소문이 사실인지 궁금하군요.
9. 나는 다시는 그를 만나지 않기를 바랍니다.
10. 내가 당신을 방해하나요? (실례가 되는지 모르겠습니다)

11. 당신은 곧 결혼할 것이라고 알고 있습니다만.
12. 귀하가 할러 씨라고 알고 있습니다만.
13. 내가 영어를 잘할 수 있었으면 좋겠는데 (못한다는 뜻임) --   이것은 가정문
14. 비가 좀 왔으면 좋겠는데.   내가 돈이 많았으면 좋겠는데.
15. 이러실 것까지는 없으신데요.   (선물 받거나, 공항에 배웅 나온 사람에게)
16. 당신은 모든 것을 알고 있는 것 같군요.
17. 우리가 기차 시간에 늦을 것 같습니다. (I am afraid that~ = I think)
   ※ I am afraid that--다음에는 나쁜 내용의 문장이 오면서 --생각하다. 로 해석.

18. 나는 당신이 내 뒤를 따라온 것을 몰랐어요.
19. 나는 당신이 그가 지금 어디에 있는지를 안다고 봅니다.
20. 당신이 대통령이라고 가정합시다.   ---가정문
21. 내 입장이 돼보시오.   당신이 내 입장이 됐다고 가정합시다.

22. 당신이 그것을 몰랐다는 것이 이상한데요.
23. 당신이 사고 이후 살아있다는 것은 기적입니다.
24. 비행기가 로마에 착륙하지 않았던 것 같아요.
25. 공교롭게도 나는 그 당시 런던에 없었어요.
26. 그는 미친 사람인 것 같군요. (~ 인 것 같다)

제 27 장: 잘 쓰는 영어단어 200개 회화훈련

☞ 녹음기를 이용하든지 아니면 직접 통역을 해서 꼭 숙달할 것!

1. Do you want to **double-check** the paperwork? 두 번 조사하다
    → Yes, I want to double-check the paperwork.
2. Do you want to **confirm** the reference number? 확인하다
3. Do you want to **inform** me of your arrival? 통지하다
4. Do you want to **advise** me of the estimated time of arrival? 통지하다
5. Do you want to **verify** the estimated time of departure? 확인(입증)하다

1. 당신은 공문을 두 번 조사하기를 원합니까?   하고 질문하면, 훈련목적을 위해서
    → 예, 나는 공문을 두 번 조사하기를 원합니다.   또는 부정으로 적당히 답할 것.
2. 당신은 참고 번호를 확인하기를 원합니까? →
3. 당신은 도착을 나에게 통지하기를 원합니까? →   (통지받기를--be informed)
4. 당신은 예상 도착시간을 나에게 통지하기를 원합니까? →
5. 당신은 예상 출발시간을 조회(확인)하기를 원합니까? →

6. Do you have to **resign** your job? 사직하다
7. Do you have to **tender**(hand in, submit) your resignation? 제출하다
8. Do you have to **drop** studying English? 때려치다
9. Do you have to **forge** the resume(personal history)? 위조하다
10. Do you have to **transfer** him to the trading department? 전근시키다

6. 당신은 직장을 사직해야 합니까? →
7. 당신은 사직서를 제출해야 합니까? →
8. 당신은 영어를 때려치워야 합니까? —
9. 당신은 이력서를 위조해야 합니까? →   (이력서 발음-resume→ 레즈메이)
10. 당신은 그를 무역부로 전근시켜야 합니까? →

11. Do you intend to **switch** these chairs with each other? 바꾸다
12. Do you intend to **replace** this lamp? 바꿔 끼우다
13. Do you intend to **lay off**(fire) the lazy employee? 해고하다
14. Do you intend to **employ**(hire) an experienced technician? 고용하다
15. Do you intend to **arrange** books on the shelf? 정리하다

11. 당신은 의자를 서로 바꿀 작정입니까? →   change라고 하면 안 됩니다
12. 당신은 이 등을 교환할 작정입니까? →   교체한다→ replace
13. 당신은 게으른 종업원을 해고할 작정인가요? →
14. 당신은 경험 있는 기사를 고용할 작정인가요? →
15. 당신은 책을 선반 위에 정리할 작정인가요? →

16. Do you plan you **discard** the bad battery into the waste basket?   버리다
17. Do you plan to **show up** here tomorrow? =appear   나타나다
18. Do you plan to **distinguish** between Chinese and Korean?   구별하다
19. Do you plan to **deal with(transact)** a Japanese firm?   거래하다
20. Do you plan to **envy** the wealthy?   부러워하다

16. 당신은 폐전지를 쓰레기통에 버릴 계획입니까? →   폐품은 bad를 붙이면 됨
17. 당신은 내일 여기에 나타날 계획입니까? →
18. 당신은 중국인과 한국인을 구별할 계획입니까? →
19. 당신은 일본회사와 거래할 계획입니까? →
20. 당신은 부유한 사람들을 부러워할 계획입니까? →

☞ 여기서부터는 영어문장이 없는 한국어도 영작할 것.

21. Can you raise two children? raise a curtain?   기르다
22. Do you want to associate with me and her?   연관시키다
23. Do you need to compare with Japan and korea?   비교하다
24. Do you want to feed a baby with milk? Can you feed me?   먹이다
25. Do you intend to straighten out (resolve, solve) the problem?   해결하다
    When you encounter the complicated problem.

21. 당신은 두 자녀를 기를 수 있나요? →   당신은 커튼을 올릴 수 있나요?
22. 당신은 나와 그녀를 연관시키고 싶습니까? →
23. 당신은 한국과 일본을 비교할 필요가 있나요? →
24. 당신은 우유를 아기에게 먹이고 싶으세요? →   당신은 나를 먹여 살릴 수 있나요?
25. 당신은 문제를 해결할 작정이십니까? 복잡한 문제에 직면하면, →

26. Do you want to **praise** a boy for his honesty?   = admire   칭찬하다
27. Will you **slander** your boss on purpose? *insult me?*   중상모략하다
28. Have you ever **behaved** strangely? normally, particularly   행동하다, 처신
29. Do you intend to **neglect** your social responsibilities?   게을리 하다
30. How long have you been **subscribing to** the magazine?   구독하다

26. 당신은 정직함을 소년에게 칭찬하고 싶으세요? →
27. 당신은 고의로 사장을 중상모략하실 겁니까? →   *insult→ 모독하다*
28. 당신은 이상하게 행동한 적이 있었죠? →   정상으로, 별나게
29. 당신은 사회적 책임을 게을리하실 작정이세요?   충실할 겁니까? = *be faithful*
30. 당신은 잡지를 얼마 동안 구독하시고 계십니까? →

31. Do you need to **correspond with** your client? 통신하다
32. Are you going to **stick to** your profession? = cling to 달라붙다. 집착
33. Did you **mess up** the paper? 사병식당 = mess hall 꾸겨버리다
34. Do you **maintain** the car well? 유지하다
35. Do you need to **correct** the error? 수정하다

31. 당신은 고객과 통신할 필요가 있나요? →
32. 당신은 직업에 집착하실 겁니까? →
33. 당신은 종이를 꾸겨버렸죠?
34. 당신은 그 차를 잘 유지하고 계십니까? →
35. 당신은 오류를 수정할 필요가 있죠? →

36. Do you **belong to** any charitable organizations? 속하다
37. Would you like to **point** your camera at me? 들이대다. 가르키다
38. Do you **oppose or support** the presidential candidate? 반대. 지지하다
39. Could you **pour** milk into the glass and give it to me? 따르다
40. Did you **accomplish** your mission? perform → 수행하다. 완성하다

36. 당신은 어떤 자선 조직에 속해있지요?
37. 당신은 나에게 사진기를 들이대고 싶나요? →
38. 당신은 대통령 후보를 반대합니까, 지지합니까? →
39. 당신은 컵에다 우유를 따라서 갖다 줄 수 있나요? →
40. 당신은 임무를 완성했습니까? →

41. Have you ever **ignored** me? = disregard 무시하다
42. Do you intend to **destroy** the old building? 파괴하다
43. Do you want to **grab** a quick **bite**? =have a bite 한입 먹다
44. Are you inclined to **invest** money in stocks? 투자하다
45. Getting fresh air is the best way to **refresh** your mind and memory. 새롭게 하다

41. 당신은 나를 무시한 적이 있죠? →
42. 당신은 낡은 빌딩을 부술 작정입니까? →
43. 당신은 이 근처에서 빨리 한 입 먹고 싶으세요? →
44. 당신은 돈이 많다면 증권에 투자할 마음이 있으세요? →
45. 마음과 기억을 새롭게 하려면 신선한 바람을 쐬는 것이 최고죠?

46. How do you **judge** my misbehavior? 판단하다
47. What license do you **possess(own)**? 소유(소지)하다
48. Do you have to **co-operate with** the government? 협조하다
49. Do you want to **disturb** me? interrupt? =끼어들다 방해하다
50. If you **tie(bind)** this package, do you need paper or string? 묶다

46. 당신은 나의 못된 행동을 어떻게 판단하십니까? →
47. 당신은 어떤 면허를 소지하고 계십니까? →
48. 당신은 정부와 협조해야 합니까? 당신이 회사에 근무하는 동안. →
49. 당신은 나를 방해하고 싶으세요? 내가 만일 회사를 설립한다면, →
50. 당신은 이 짐을 묶는다면, 끈이 필요하나요, 아니면 종이가 필요하나요? →

51. Are you going to **claim** the damage of the box? 　　　　　　　　　　　　　청구하다
52. Are you able to **swear** before God 　　　　　　　piedge=맹세하다 　　　맹세하다
　　that you will never **commit a crime**?
53. When will you **retire from** your job? 　　　　　retiring age=퇴직나이 　　퇴직하다
54. Can you **admit** my innocence? 　　　　　　　　acknowledge=인정하다 　인정하다
55. Will you **deny** your wrongdoing? 　　　　　　　　　　　　　　　　　　　부정하다

51. 당신은 그 상자의 손상을 청구할 겁니까? →
52. 당신은 신 앞에서 맹세할 수 있나요, 절대로 죄를 짓지 않겠다고? →
53. 당신은 언제 직업을 정년퇴직합니까? → 　　　*당신 회사는 정년퇴직 나이가 있나요?*
54. 당신은 나의 선량함을 인정할 수 있나요?
55. 당신은 당신의 부정행위를 딱 잡아뗄 겁니까? →

56. Do you **observe** your birthday by the lunar calendar? 　　　　　　　준수하다
57. Have you ever **disappointed** your parents? 　　　　　　　　　　　　실망시키다
58. Do you want to **reduce** the expense? 　　shorten=줄이다 　　　　　감소시키다
59. Have you ever **refused** other's offering a job? 　　　　　　　　　　거절하다

56. 당신은 음력으로 생일을 쉽니까(준수합니까), 양력으로 쉽니까? →
57. 당신은 부모님을 실망시킨 적이 있으세요? →
58. 당신은 지출을 감소시키고 싶나요, 똑같이 유지하고 싶나요? →
59. 당신은 남의 직업제공을 거절한 적이 있나요? →

60. Can you **stretch** your legs and arms? 　　　　　bend==구부리다. 　　뻗다
61. Will you **encourage** your children? 　　　　　　discourage=낙담시키다. 격려하다
62. Are you able to **rescue** the drowned person? 　　　　　　　　　　　구조하다
63. Do you **desire** a high position? 　　　　　　　　long for= 염원하다. 　갈망하다
64. Do you **obey** your superior unconditionally? 　　　　　　　　　　　복종하다

60. 당신은 팔다리를 뻗을 수 있나요, 회사에 있는 동안. 　→ 가끔은 그러지요.
61. 당신은 자녀를 격려할 겁니까, 애들이 학교에서 잘하면,→ 　　　do well
62. 당신은 물에 빠진 사람을 구출할 수 있나요, 당신은 수영을 잘하니깐. →
63. 당신은 높은 직책을 갈망하세요? 부유해지기를 염원하세요? →
64. 당신은 무조건 상관에게 복종합니까? →

65. Will you **discontinue** or **continue** your major?   중단하다
66. Can you **obtain** any information to get a job?   입수하다
67. Do you intend to **confess** your mistakes and past?   고백하다
68. Do you **debate** the issue? = discuss   토의하다
69. Are you able to **anticipate** your total income?   예견하다

65. 당신은 전공을 중단할 겁니까, 계속할 겁니까? →
66. 당신은 취직을 위하여 새로운 정보를 입수할 수 있나요? →
67. 당신은 실수와 과거를 남편에게 고백할 작정입니까? →
68. 당신은 문제를 동료와 같이 토의합니까, 혼자서 숙고합니까? →   think over
69. 당신은 이달의 총수입을 미리 예상해볼 수 있습니까? →   미리→ in advance

70. Do you think all criminals are **captured?** =arrest   체포하다
71. Can you **proceed with** the conference?   계속 이끌다
72. How long is the quality of the radio **guaranteed**?   = warrant   보증하다
73. Can you **resist** your appetite? = control   자제하다
74. Will you **abandon** your property? = give up   포기하다
75. From when do you think the high speed train can be **utilized**?   이용하다

70. 범인들은 모두 잡힌다고 생각하세요? →
71. 당신은 회의를 항상 잘 이끌 수 있나요, 당신이 리더라면, →
72. 그 라디오의 품질은 얼마 동안 보증합니까?
73. 당신은 성인이니깐, 식욕을 자제할 수 있나요? →   성인→ adult
74. 부모가 재산을 주면 받을 겁니까, 포기할 겁니까? →
75. 언제부터 고속열차를 이용할 수 있을 것 같습니까? →

76. Do you **despise** me?   spit at me =내게 침을 뱉다. spit out: 침 뱉다.   경멸하다
77. Do you want to **perish or survive** at the end of the world?   죽다 살다
78. Can you **restore** your loss and health? = recover   회복하다
79. Will you **prohibit** me from parking a car? = ban   금지시키다
80. When are you able to **entertain** me with music and food?   즐겁게하다

76. 당신은 나를 경멸하십니까? 솔직히 말해서.→ Frankly speaking.
77. 당신은 세상의 종말에 살기를, 아니면 죽기를 원합니까? →
78. 당신은 손실과 건강을 회복시킬 수 있죠? →
79. 당신은 내가 차를 주차시키는 것을 금지시킬 겁니까? →
80. 당신은 언제 음악과 음식으로 저를 즐겁게(환대) 해주실 수 있나요? →

81. Do you **hesitate** about inquiring? 주저하다
    When you have something which you don't know.
82. Why do you **urge** me to purchase the house?   force=강요하다.   촉구하다
83. Do you want to **concentrate on** the meditation?   집중하다
84. Are you able to **overtake** the back work?   앞지르다
85. Do you have to **negotiate** the taxi fare?   협상하다

81. 당신은 모르는 것이 있을 때, 질문을 주저하십니까? →
82. 왜 당신은 나에게 집을 빨리 사도록 재촉하십니까? → 집값이 계속 오르니까요.
83. 당신은 한가한 시간(free time)이 있다면, 명상에 집중하고 싶으세요?→
84. 당신은 오후까지 밀린 일을 앞지를 수 있겠나요? →   by this afternoon
85. 당신은 택시를 탈 때는 요금을 협상해야 합니까?   미터대로→ according to

86. Do you **compromise** the price?   절충하다
87. Are you inclined to **extend** your business because things are getting better?   = enlarge
                                                                                        확장하다
88. Why don't you **compete** with your classmate?   경쟁하다
89. Do we have to **preserve** the good surroundings?   보존하다
90. Do you think the law and the Constitution should be **revise**d?   개정하다

86. 당신은 장 보러 가면, 가격을 절충합니까? →
87. 당신은 사업을 확장하실 마음이 있으세요? 경기가 좋아지니까요. →
88. 당신은 영어 공부를 하는 동안, 급우와 경쟁해보는 것이 어떻겠어요? →
89. 우리는 좋은 환경을 보존해야 합니까? 공해 (pollution)가 너무 심각하니까요. →
90. 법과 헌법을 개정해야 한다고 생각하십니까?

91. Do you **violate** the traffic law?   = break   어기다
92. Do you want to **consume** your hard-earned money?   소모(소비)하다
93. Can you **forgive** the misbehavior and bad manner of your co-worker?   용서하다
94. Will you **disclose** your beautiful legs?   hide=감추다   노출하다
95. Will you **interfere in** my private affairs?   간섭하다

91. 당신은 교통법을 어깁니까, 지킵니까? → keep(observe) the law
92. 당신은 어렵게 번 돈을 유흥에 써버리고 싶나요? →   for entertaining
93. 당신은 동료의 잘못된 행동과 나쁜 태도를 용서할 수 있나요? →
94. 당신의 예쁜 다리를 노출할 겁니까 →
95. 당신은 나의 개인 문제에 간섭하시겠어요? 당신은 나의 급우니깐. →

96. How can you **soothe** his anger? = ease					완화시키다
97. How can you **compensate** your lost energy? =make up for			보충하다
98. Do you **purify** the water and drink it or boil the water?			정수하다
99. Have you got to **refrain from** smoking? = restrain			삼가하다
100. At what time is this class **dismissed**?			해산시키다

96. 당신은 분노를 어떻게 완화시킬 수 있나요? → 밖에 나가서 바람을 쐽니다.
97. 당신은 잃어버린 정력을 어떻게 보충시킬 수 있나요? →
98. 물을 정수한 후 마십니까, 끓여서 마십니까? →
99. 당신은 교실에 있는 동안, 담배를 삼가야 하나요, 피워야 하나요?
100. 몇 시에 이 수업이 끝납니까? →

101. Can you **extract** my decayed tooth? = pull out			뽑다
102. If my opinion doesn't appeal to you, will you **contradict** me?		반박
103. Have you ever thought about **steal**ing the expensive jewels?		훔치다
104. Have you ever **commit**ted a crime?			범하다
105. Do you want to **deprive** me of money?			빼앗다

101. 당신은 내 충치를 뽑을 수 있나요? →
102. 내 의견이 당신 마음에 안 들면 나를 반박할 겁니까?
　　　　　　　　　　내가 당신 마음에 듭니까? → *Do I appeal to you?*
103. 당신은 비싼 보석을 훔친다는 것을 생각해본 적이 있나요?
104. 당신은 죄를 진적이 있나요? → 죄를 짓다. 실수를 범하다는, commit로 할 것.
105. 당신은 내 돈을 빼앗고 싶으세요? →			take away= 가져가다

106. Do you intend to **refer** to the travel agent for reservations?		문의하다
107. Would you **hang up** my coat in the closet?			걸다
108. Do you think the bad rules should be **abolish**ed?			폐지하다
109. Do you enjoy **chat**ting with your friends loud and noisily?		잡담하다
110. Do you want to **squeeze** your employees to make money?		짜다

106. 당신은 예약을 여행사에 문의하실 작정이세요? →
107. 내가 윗도리를 벗으면, 옷장에 걸어주시겠어요? →
108. 나쁜 규정은 폐지되야한다고 생각하십니까? →
109. 당신은 친구들과 큰소리로 시끄럽게 잡담하기를 즐기십니까? →
110. 당신은 돈을 벌기 위하여 종업원을 쥐어짜고 싶으세요? 만일 사장이라면. →

111. Can you **duplicate** the paperwork? 복사하다
112. Do lungs **expand and contract**? 확장하다, 수축하다
113. Does the electrical system **provide** electric power? 공급하다
114. Does the body **require** relaxation? 요구하다
115. Does your company **supply** you with lunch? 제공하다

111. 당신은 공문을 복사할 수 있나요? →   duplicate 명사일 때는 '사본'이란 뜻
112. 폐는 확장했다, 수축했다 합니다. 맞습니까? →
113. 전기시설이 전력을 공급합니까? 전기가 제대로 공급되요? →
114. 당신 육체가 오늘 기분전환을 요구하지요? 어떻게 기분전환 할 겁니까? →
115. 당신 회사가 점심을 무료로 제공하나요? →   무료=free of charge

116. Does perfume **smell** good? → Yes, it smells good.
117. Does your house **face** the north? → My house faces the south.
118. The lightning **strikes** suddenly. Does it cause any damage?

116. 향수는 좋은 냄새가 납니까? → 대개는(in most cases), 좋은 냄새가 나죠.
117. 당신 집은 북을 향해 있나요? → 우리 집은 남쪽을 향해 있답니다.
118. 번개는 갑자기 칩니다. 그것이 재앙을 초래합니까? →

제 28 장: 명령문

☞이 부분도 큰소리로 읽고 녹음기를 이용하거나 직접 통역 해보십시오.

1. Don't get in my way.
   방해하지 마!
2. Don't make me funny.
   나를 웃기지 마세요!
3. Don't be funny.
   웃기지마!
4. Don't be kidding.
   까불지 마!
5. Don't blame me for that
   그럴 수도 있잖아요. (직역하면 안됨)
6. Don't stare at me.
   빤히 쳐다보지 마!
7. Don't try to make me mad. 나를 성나게 만들지 마!
8. Don't forget to drop me a line when you arrive safely.
   거기에 안착하면, 내게 알려주는 것을 잊지 마세요!
9. Don't fail to call me up when you get home.   집에 도착하면, 꼭 전화해요!

Don't drive when tired or sleepy.
피곤하거나 졸린 땐 운전하지마세요!
Don't take more than 4 pills one day.
하루에 4알 이상 복용하지 마세요!
Don't release the brake yet.
아직 브레이크를 놓지 말 것.
Don't engage the wrong gears.
틀린 기어를 넣지 마세요!
I don't blame you.   It's no wonder.
당연하다(나는 책망하지 않는다).   당연하다.
Don't get mad(angry) at me.
나한테 성질 내지마!

10. Don't make noises. Shut up your mouth.
    떠들지 마! 입 닥쳐!
11. Don't worry about that. Don't care about that.
    그것을 걱정하지 마! 그것을 신경 쓰지 마!
12. Do not oil, clean or adjust a machine while it's in motion.
    동작 중에 기름치거나 기계를 조정하거나 닦지 말 것!
13. Don't become discouraged just because you get out of money.
    단지 돈이 떨어졌다고 기분쳐질것 없다.
14. Don't complain. Don't grumble.
    불평하지 마! 투덜대지 마!
15. Don't regret having used such a strong language.
    심한 말을 했다고 후회하지 마!
16. Don't tell me you're going to quit your job.
    설마 직업을 그만둔다는 것은 아니겠지! Don't tell me--를 '설마' 로.
17. Don't tell me you're going.
    설마 간다는 것은 아니겠지!
18. Don't let me do it. Don't keep me waiting long.
    나 시키지 마세요! 나를 오래 기다리게 하지 마세요!
19. Take care of my house while I am gone. 내가 멀리가 있는 동안 내 집 좀 봐주세요!
20. Look after this while I am out. 내가 외출해있는 동안 이것 좀 봐주세요!
21. Watch this package while I am away. 내가 멀리 가 있는 동안 이것 좀 봐주세요!
    ☞ 길이나 커피숍에서, 잠깐 이것 좀 봐주세요! 할 때는 Watch this! 라고 합니다.

22. Beat   Zip up your mouth.   Cut it out.
    집어쳐!   입 좀 다물고 있어!   때려쳐! (주의를 환기시킬 때 강한 표현)
23. Forget it.   Be quiet.
    잊어버려!   조용히 하세요!
24. Take my apology.   Accept my apology.
    제 사과를 받아주세요!   제 사과를 받아주세요!
25. Call me up. Telephone me. Ring me.   Give me a buzz.
    나에게 전화하세요! (똑같은 표현)
26. Lock up the office when you leave.   나갈 땐 사무실을 잠그십시오.
27. Do your assignment all over again.   과제를 몽땅 다시 하십시오!
28. Make it snappy.   Hurry up.   Step on it.
    빨리빨리! (세 가지 같은 표현)

    Step on it 은 자동차에서 악셀을 밟으면 빨리 가니까, 〈밟아라!〉가 〈빨리빨리!〉가 되었고 속어 표현임.

    Make it snappy! 그것을 잽싸게 해라! 이것도 문장이 기니깐, 그냥 Snappy, Snappy! 빨랑빨랑!

PART 4
형용사(ADJECTIVE)와 관련된 회화훈련

영어문장구조(영문법)는 형용사까지 훈련하면 거의 모두 끝납니다. 여기서는 형용사 300개와, 형용사절(관계사), 한정사를 훈련합니다.
형용사는 2형식 자동사 보어와 5형식 보어로 씁니다.
자동사 2형식 동사는 be, get, look, seem, feel, become, smell 등으로 몇 개 안 되지만, 아주 중요합니다.

제 1 장: 회화훈련에 앞서 알아야 할 형용사와 관련된 문법

1. 위치에 따라 형용사. 동사. 명사로 쓰이는 예

❶ You **dry** clothes. → 당신은 옷을 말린다. (타동사: 말리다)

　　Your shirt **is dry**. → 당신 셔츠는 말랐다. (자동사: 건조한. be와 합쳐, 말랐다)

❷ You **are fast** → 당신은 빠르다. (형용사: 빠른)　　　　→ Are you fast? 의문문

　　You **fast**. → 당신은 단식하다. (동사: 단식하다)　　　→ Do you fast? 의문문

❸ You **are like** me. → 당신은 나와 같다. (형용사: 같은)　→ Are you like me?

　　You **like** me. → 당신은 나를 좋아하다. (동사 : 좋아하다)　→ Do you like me?

❹ Will you **ship** the book? → 당신은 책을 선적할 겁니까?　ship→ 선적하다

　　Will you **book** the ship? → 당신은 배를 예약할 겁니까?　book→ 예약하다

2. 형용사는 명사 앞에 붙여서 명사를 길게 만듭니다.(수식합니다)

I have a beautiful picture. You like an obedient man.

　　　　아름다운 그림　　　　　　　순종하는 사람

3. 이다 (상태) be / 이다 (동작) get / 되다 become / 보이다 look / 인 것 같다 seem /느끼다 feel 등으로 바꿀 수 있습니다. 이것이 자동사 2형식 단어입니다.

It is dark. 어둡다. (상태)　　　　It gets dark. 어두워진다. (동작)

It seems dark. 어두운 것 같다.　　It becomes dark. 어둡게 된다.

It looks dark. 어둡게 보인다.　　　등으로 됩니다.

She gets young.　→　She is getting young. (동작진행 문장)

그녀는 젊어진다.　　그녀는 젊어지고 있는 중이다.

You are growing old. =You are getting old. → 너는 늙어가고 있는 중이다.

You are being childish. (현재상태진행)　→ 너는 유치하게 굴고 있는 중이다.

You are being particular. (현재상태진행)　→ 너는 별나게 굴고 있는 중이다.

4. 형용사는 다음처럼 원급, 비교급, 최상급이 있습니다. 세 단어를 바꾸어서 사용해도 된다는 의미입니다.

예: I am **young** →　I am **younger** →　I am the **youngest**.

　　나는 젊다.　　　나는 더 젊다.　　나는 가장 젊다.　　　식으로 대치함.

규칙변화

원급에 er(비교급) est(최상급)를 붙여서 만드는 법으로 대부분의 단어임.

원급	비교급	최상급
young 젊은	younger 더 젊은	(the) youngest 가장 젊은
old 늙은	older 더 늙은	oldest 가장 늙은
small 작은	smaller 더 작은	smallest 가장 작은

2음절 이상의 긴 형용사는 more, most를 별도로 붙입니다.

beautiful	more beautiful	most beautiful
difficult	more difficult	most difficult
expensive	more expensive	most expensive

불규칙변화

good, well 좋은	better 더 좋은	best 가장 좋은
ill, bad 나쁜	worse 더 나쁜	worst 가장 나쁜
much, many 많은	more 더 많은	most 가장 많은
little 적은	less 더 적은	least 가장 적은

5. 형용사의 사용을 다음과 같이 6가지로 정리해 볼 수 있습니다.

❶ **Things are bad.** 경기는 나쁘다. (상태)
　Things are worse. 경기는 더 나쁘다
　Things are the worst. 경기는 최악이다.
　Things get bad. 경기는 나빠진다. (동작)
　Things are getting bad. 경기는 나빠지고 있는 중이다. (진행)
　Things are getting worse and worse. 점점 더 나빠지고 있는 중이다.
　It's getting warmer and warmer. 점점 더 더워지고 있는 중이다. (진행)
　You are getting beautiful more and more. 당신은 점점 더 아름다워지고 있는 중이다.

Do the days get longer or shorter in the fall?
낮은 가을에 더 짧아집니까? 아니면, 더 길어집니까?

❷ You are **stronger than I am**. 너는 나보다 더 강하다. (비교문)
　It is more expensive than this. 그것은 이것보다 더 비싸다.
　Is this magazine better than that? 이 잡지가 저것보다 더 낫지요?
　It's better than nothing. 없는 것보다는 낫다.

❸ **as ~ as** (~만큼, ~ 같이, ~ 처럼)

You are **as tall as I am**. 너는 나만큼 키가 크다.

She is not as (or so) beautiful as you. 그녀는 너만큼 안 예쁘다.

- 뜻이 약간 달라진 표현들 -

He is not so much a scholar as a poet. 그는 학자라기보다 시인.

Now that we've come so far, we may as well go all the way.
지금까지 왔으니깐, 줄곧 더 가는 게 낫겠다.

So(as) far as I am concerned, 나에 관한 한,

We can do it so long as we have time.
우리가 시간이 있는 한 그것을 할 수 있습니다.

As long as time allows me, 시간이 허용하는 한,

❹ **So ~ that** (~너무 ~하여 ~하다)

He is so smart that he knows everything.
그는 너무 똑똑하여 모든 것을 알고 있다.

You are so rich (that) you are able to buy everything.
너는 너무 부자여서 무엇이든지 살 수 있다.

❺ **The 비교급 the 비교급** (~하면 할 수록 ~하다)

The sooner the better. 빠르면 빠를수록 좋다.

The more we study the more we know. 공부하면 할수록 더 알 수 있다.

❻ **기타**

I want to go to Paris rather than New York.
뉴욕보다는 파리에 가고 싶다.--- '보다도 더' 의 의미가 없어도 영어에서는 rather than을 붙여야 합니다.

When the worst comes to the worst. 최악의 경우에는.

형용사나 최상급 앞에 the가 오면 명사로 간주합니다.

He is the smartest in the class. 그는 학급에서 가장 똑똑한 소년입니다.

Can you make me happy? 당신은 나를 행복하게 만들 수 있나요?

5형식동사의 보어로 사용합니다.

제 2 장: 필수 형용사 300개 훈련

지시

angry의 예문을 참고로 하여, 어떤 형용사를 봐도 다음과 같이 사용할 수 있도록 통역 및 대화훈련 하시오.

1. **angry** 화가 난

   ① Are you angry? 당신은 화가 나 있어요? (현재 화가 난 상태)
   ② Do you get angry often? 가끔 화를 내세요? (미래 동작)
   ③ Are you going to be(get) angry? 화를 낼 겁니까? (조동사를 바꾸어서)
   ④ Do you want to get angry? 화를 내고 싶으세요?
   ⑤ Are you getting angrier and angrier? 점점 더 화납니까? (진행)
   ⑥ Are you angrier than I am? 당신은 나보다 더 화가 납니까?
   ⑦ Are you as angry as I am? 당신은 나만큼 화납니까?
   ⑧ You are so angry that you can not study. 너무 화가 나서 공부 못하겠다.
   ⑨ The angrier the worse. 화가 나면 날수록 더 나쁩니다.
   ⑩ Getting angry is relaxing, isn't it? 화를 내는 것은 기분전환이죠?

☞ 먼저 영어문장을 읽고, '→ 표'의 한국어 문장을 통역한 후, 영어로 묻고 대답해야 합니다.
묻고 답하는 방법은 앞서와 같습니다.

2. Do you get **hungry** before you get home? 배고픈
   → Yes, I get hungry before I get home. 식으로 이하 모두 답할 것.
3. In which case do you get **upset**? Tell me, please. 속상한
4. Are you **starved** right now or are you full? 굶주린
5. Are you **mad** at me? at과 함께 '성내다'로 해석. 미친
6. Are you **crazy about** your girlfriend? = lunatic 미친 광적인
7-8. Are you **exhausted** or Are you **worn out**? 기운 빠진, 녹초가 된
9. Do you get **nervous** when you have an exam? 떨리는(신경질나는)

2. 당신은 집에 가기 전에 항상 배가 고프세요? 항상=all the time
   → 예, 나는 집에 가기 전에 배가 고픕니다.
3. 어느 경우에 속상하세요?   → 나는 돈이 떨어지면, 속상합니다.
4. 당신은 지금 배고파 죽겠나요, 배가 부릅니까? →

5. 나한테 성질내는 겁니까?   → 내가 왜 당신한테 성질을 내겠습니까!
6. 너는 여자 친구에게 좋아서 미쳐있지?   → I am not crazy about her at all. (전혀)
7-8. 너는 기운이 빠졌니, 녹초가 되었니? →
9. 너는 시험 볼 때면 떨리게 되니 아니면, 차분할 수 있니?   = Can you be yourself
   → 나는 시험 볼 때는 떨린다. 차분할 수가 없다.   I can't be myself.

| 지시 | 영어문장을 보고서 훈련하지 말고, 아래쪽 한국어를 보면서 훈련 할 것★

10. Are you **afraid** of the dog? 두려운
11. Is talking with me like this **boring or pleasing**? 지겨운, 유쾌한
12. Are you **pleased with** my success? 기분 좋은
13. Is a baseball game **exciting or tiring**? 흥미진진한, 싫증나는
14. Are you **thirsty**? Shall I get you some water? 갈증나는
15. Are you **glad**(sad, pleased, happy) to know me? 기쁜
16. Are you **tired with**(from) traveling or tired of it? 피곤한
17. Are you **satisfied with** your job or tired of the job? 만족한
18. It is **nice** meeting you.   it을 주어로 함. 좋은
    It is nice of you to say so. →
19. Speaking fluent English is **satisfactory**, right? 더할 나위 없는(만족한)

10. 당신은 개가 두렵습니까? 몸이 큼에도 불구하고. → (Although you are big)
11. 나하고 이렇게 얘기하는 것이 지겹습니까, 기분이 좋습니까? →
12. 당신은 나의 성공이 기분이 좋으십니까? →
13. 야구는 흥미진진합니까, 싫증이 납니까? →
    ☆주의: excited, tired처럼 ed형의 형용사는 사람을 주어로 하며,
    exciting, tiring처럼 ing가 붙은 형용사는 무생물을 주어로 사용합니다.
14. 목이 마르세요? 물 좀 갖다 드릴까요? → No, thank you. (아니오, 괜찮습니다)
15. 당신은 나를 알아서 기쁩니까? →   (슬픈, 기분 좋은, 행복한)
16. 당신은 여행으로 피곤합니까, 여행이 싫증이 납니까?– tired of는 싫증 나다.
17. 당신은 일에 만족합니까, 싫증이 납니까? →
18. 당신을 만나서 좋아요.
    → 그렇게 말하니 고맙군요. (관용구)
19. 유창한 영어를 하는 것은 더할 나위 없는 것이지요? →

20. Are you like your father? 같은
21. Are you the same age as my son? 똑같은
22. It's all the same to me.
23. Are you different from me or similar to me? 다른, 유사한
24. Do you want to be famous or notorious? 유명한, 악명 높은

20. 당신은 아버지 같습니까? 그리고 모든 성인은 모두 당신 아버지 같은가요?
    → 천만에요, 남들은 내 아버지 같지 않습니다.   Not at all. others are not like my~
21. 당신은 내 아들과 똑같은 나이인가요?   → 말도 안 되지요. 나는 미혼이에요.
22. 그것은 나에겐 마찬가지입니다.
23. 당신은 나와 다릅니까, 나하고 비슷합니까?   → 나는 당신과 전혀 다르지요.
24. 당신은 유명해지고 싶나요, 악명 높고 싶나요? → 당연히(naturally), 유명해지고~

25. Seoul is **noted for** many historical places, correct? 유명한
26. Is this wall 2 inches **thick or thin**? 두꺼운, 얇은
27. Do you want to **cheer up and take heart**? (동사) 기운 내다, 가슴 펴다
28. Are criminals **strange and fishy** all the time? 이상한, 수상한
29. Do you need the **funny and helpful** comic books? 재미있고, 도움 되는
30. Is the scenery **wonderful and spectacular**? 기가 막히고, 장관인
31. A **useless** magazine and a **useful** magazine. 쓸모없는, 유용한
   of use=useful=유용한

25. 서울은 많은 역사적 장소로 유명합니다, 정확합니까? → 정확합니다. 서울은 ~
26. 이 벽은 2인치 두껍습니까, 얇습니까? → 글쎄요(Well), 두꺼운 것 같군요.
27. 당신은 기운을 내고, 가슴을 펴고 싶나요? → take heart= 가슴을 펴다.
28. 죄인들은 항상 이상하고 수상한가요? → 그들도 보통 사람과 똑같지요.
29. 당신은 재미있고 도움 되는 만화책을 필요로 하세요? →
30. 경치가 기막히게 좋고 장관이지요, 당신 집 근처가? →
31. 쓸모없는 잡지와 유용한 잡지는 무엇이 다릅니까? → What is the difference-

32. Would you like to be a **very important person**? (VIP) 귀빈
33. Are you **indispensable or dispensable** in Korea? 없어서는 안 되는
34. Do you have any **significant** issues? 중요한
35. TV has become an **essential** part of our life, right? 필수적인
36. Your boss is **finicky(finical)**, right? 까다로운
37. Is a headache never a **minor** illness? 간단한
38. Can a **serious** problem be solved, as time goes on? 심각한
39. Which is more, **the innocent or the cruel**? 선량한, 잔인한
40. Do you think an **ugly** face can be pretty? 추한

32. 당신은 아주 중요한 인간이 되고 싶나요, 평민(common people)이 되고 싶나요?
33. 당신은 한국에서 없어서는 안 되나요, 없어도 되는가요? →
34. 당신은 중요한 문제가 있으세요? → 나는 중요한 문제는 없습니다.
35. TV는 우리 생활의 필수 부분이 되었지요? →
36. 당신의 사장은 까다롭지요? → 그는 너무나 단순한 사람입니다. simple
37. 두통은 결코 간단한 병이 아니지요? → 두통은 간단한 병입니다. 쉬면 되니까요.
38. 심각한 문제는 저절로 해결될 수 있지요, 시간이 가면요? → 저절로: of itself
39. 선량한 사람과 잔인한 사람 중 어느 쪽이 많지요? → 당연히, 선량한 사람이 많지요.
40. 못생긴 얼굴도 예뻐질 수 있다고 생각합니까? → 어쩌면요.(In a way, yes), 성형 수술이 발달했으니까요.
   The plastic surgery has been developed.

41. Am I **wrong or right** if I tell a lie?   "뤙 오아   롸잇,"   옳은, 틀린
42. Can you be **polite** all the time? =gentle   점잖은
43. Is your girlfriend cute **and plain**?   귀엽고, 평범한
44. Are you **strict and radical** in all your ways?   엄격한, 과격한
45. Which is better, **good-looking or plain-looking**?   잘생긴, 평범한
46. Are you **brave or a coward**?   timid=소심한   용감한, 겁 많은
47. Do you want an **obedient or a stubborn** husband?   순종하는, 고집 센
48. Do I look **childish or honest**?   치사한, 정직한

41. 내 말이 틀립니까, 옳습니까, 만일 내가 거짓말하면? →   (I를 '내 말'로 번역함)
42. 당신은 항상 점잖을 수 있나요?   → 항상 점잖은 것은 어렵겠지요.
43. 당신 여자친구는 귀엽고 평범한가요? → 예, 귀엽지만, 평범하지는 않습니다.
44. 당신은 모든 면에서 엄격하고 과격한가요? → 나는 엄격하지만 과격하지는-
45. 어느 것이 더 낫지요, 잘생긴 것하고 평범한 것하고? → 당연히, 잘생긴 것이-
46. 당신은 용감합니까, 겁쟁이입니까?   → 나는 용감하지도 겁쟁이도 아닙니다.
47. 당신은 순종하는 남편을 원합니까, 고집 센 남편을 원합니까? →
48. 내가 치사해 보입니까, 정직해 보입니까?   → 당신은 정직해 보입니다.

49. Do I seem **naive or sophisticated**?   순진한, 닳고 닳은
50. In your opinion, do you look **greedy or childlike?**   욕심 있는, 순한
51. Do you desire to be **humble or noble**?   천한, 고상한
52. Is your character **diligent or lazy**?   부지런한, 게으른
53. If children make noises, can you be **patient**?   인내하는
54. Do you want to look **intelligent or ignorant**?   지적인, 무식한
55. Have you got a **complicated** problem at this moment?   복잡한
56. Are you **efficient** or do you take a lot of time off at work?   능률적인

49. 내가 순진해 보이나요, 닳고 닳아 보이나요?   → 당신은 성인이니깐, 닳고 닳았지요.
50. 당신 생각에, 당신은 욕심꾸러기로 보이나요, 순하게 보이나요? →
51. 당신은 천하기를 아니면, 고상하기를 갈망하세요? →
52. 당신의 성격은 부지런합니까, 게으릅니까? →
53. 아이들이 떠들면, 당신은 참을 수 있나요?   → 아이들이 떠들면, 나는 인내할 수 없습니다.
54. 당신은 지적으로 보이고 싶나요, 무식해 보이고 싶나요? →
55. 당신은 현재 복잡한 문제를 가지고 있나요? →
56. 당신은 일터에서 능률적입니까, 아니면 많이 놉니까? →

        ☆Be efficients (능률적이 되라!) 보다는, "농땡이 피지마라!"로 번역함.

57. Are you **loyal** to your friends or do you betray them? 의리 있는
58. Do you want to be **cheeky** in front of the crowd? 건방진
59. I may be **presumptuous**, but can I ask you for money? 주제 넘는
60. Are you a **thoughtful or a thoughtless** person? 지각 있는, 지각없는
61. The roads are **slippery**. 교활한, 미끄러운
62. Why do you think Koreans are **kind** to foreigners? 친절한

　　　　It's kind of you to say so. → 그렇게 말하니 고맙군요. (관용구)

57. 당신은 친구에게 의리 있나요? 그들을 배반합니까?　　→ 나는 친구에게 의리 있지요.
58. 당신은 군중 앞에서 건방 떨고 싶나요, 우쭐하고 싶나요? →　　　bossy= 우쭐하는
59. 제가 주제넘은 것 같습니다만, 당신에게 돈을 부탁할 수 있습니까? →
60. 당신은 지각 있는, 아니면 지각없는 인간입니까? →
61. 길이 미끄럽다면, 당신은 넘어질까요?　　→ Are you going to fall down?
62. 왜 한국인은 외국인에게 친절하죠?　　→ 원래, 우리는 순하고 착한 민족이었으니깐.
　　　　　　　　　　　Originally, we are the naive and decent race. So we are kind~

63. Are you **big-hearted or narrow-minded**? 마음이 큰, 마음이 작은
64. Are you **good-tempered or bad-tempered**? 성질이 좋은, 성질이 나쁜
65. Are you **good-natured or bad-natured**? 천성이 좋은, 천성이 나쁜
66. Are you **hot-tempered or a slow-poke**? 성질이 급한, 성질이 느린
67. Are you an **evil-hearted** person or a **faint-hearted** person? 악한, 약한
68. Do you have a **constructive** idea or a destructive idea? 건설적인
69. Do you ever been **unconscious** in a traffic accident? 무의식의
70. Do you have to be **enthusiastic** in your office? 열성적인
71. Which would you like to see, the sentimental movies 감상적인
　　　or the **romantic** movies? 낭만적인

63. 당신은 마음이 큽니까? 마음이 좁습니까?　　→ 나는 마음이 큰 사람이지요.
64. 당신은 성질이 좋습니까? 성질이 나쁩니까?　　→ 나는 성질이 좋습니다.
65. 당신은 천성이 좋습니까? 천성이 나쁩니까?　　→ 나는 천성이 좋습니다.
66. 당신은 성질이 불같습니까? 성질이 굼벵이입니까? → 나는 성질이 급합니다.
67. 당신은 마음이 악질입니까, 약한 마음입니까? →　　=weak-minded 약한 마음
68. 당신은 건설적인 생각을, 아니면 파괴적인 생각을 갖고 있나요? →
69. 당신은 교통사고로 정신을 잃은 적이 있었나요? → 나는 사고를 당한 적이 없습니다.
70. 당신은 사무실에서 일에 열중해야 합니까? → 봉급을 받기 위하여 열중해야지요.
71. 감상적인 영화하고 낭만적인 영화 중, 어느 것을 보고 싶으세요? →

　발음　wanted, hearted, minded처럼 '티드, 디드,'인 단어는 '원팃, 하팃, 마인딧'으로 발음함

72. Are you **overweight or underweight**?   과체중의, 표준 체중 이하의
73. Are you **near-sighted or far-sighted**?   근시인, 원시인
74. Are you **sensitive or dull**?   예민한, 무딘
75. Are you **friendly and generous** all the time?   다정한, 관대한
76. Are you **critical and talkative**?   비평적인, 수다스런
77. Do you want to be **tactful and clever**?   재치있는, 영리한
78. Is your taste in food **peculiar or particular**?   별난, 특별한
79. **Stupid, foolish**. He has a **screw loose**.   어리석은, 바보 같은, 모자라는
80. Can you be a **perfect and meticulous** person?   완벽한, 세심한

72. 당신은 과체중입니까? 저체중입니까? → 나는 같은 몸무게를 유지합니다.
73. 당신은 근시입니까, 원시입니까? →
74. 당신은 예민합니까, 무딥니까? → 나는 너무나 예민합니다. 무딘 사람이 부럽지요.
75. 당신은 항상 다정하고 관대합니까? → 그것은 기분이나 컨디션에 달렸지요.
76. 당신은 비평적이고 수다쟁이입니까? →   (남을 까기를 (헐뜯기를) =비평적인=같은 표현)
77. 당신은 재치 있고 영리하기를 원하세요? → 나는 재치 있기를 원합니다.
78. 당신의 음식에 대한 취향은 별나고 특별납니까? → 나의 취향은 보통입니다.
79. 당신은 바보짓을 하고 싶으세요, 당신은 좀 모자라니깐?
    → Do you want to do foolish things, because you have a screw loose?   (모자란다: 속어)
80. 당신은 완벽하고 꼼꼼한 인간이 될 수 있을까요?
    → 나는 그러한 사람이 되기를 희망하지 않습니다. (I don't hope to be such a person.)

81. Are you rather **conservative or liberal**?   보수적인, 진보적인
82. Would you like to be **thin or fat**? "딘 오아 뺏"   마른, 비대한
83. Do you feel **lower** than other people?   낮은
84. **Clean, dirty, loud, quiet, clear.**   깨끗한, 더러운, 소리가 큰, 조용한, 맑은
85. Is it getting **bright** or getting **dark** outside?   밝은, 어두운
86. Is your business going **slow or prosperously**?   느린, 번영하는
87. What is the **fast**est way to master English?   빠른

81. 당신은 꽤 보수적인가요, 아니면 진보적인가요?   → 나는 보수적입니다.
82. 당신은 마르고 싶어요, 더 뚱뚱해지고 싶어요?   → 나는 살찌고 싶습니다.
83. 당신은 남보다 쳐지는 것을 느끼세요, 패배자처럼?   → like loser
84. 당신은 옷을 더럽게 입나요, 깨끗하게 입나요?   → wear clothes dirtily, cleanly
85. 밖이 밝아지나요, 캄캄해지고 있나요? →
86. 당신의 사업은 잘 안됩니까, 번창하고 있나요? →
87. 영어를 통달하는 가장 빠른 길이 무엇인가요?   → 매일같이 영어를 사용하는 것.

88. The years go **quickly**. But sorrowful time passes slow. 빠른
89. Is the Han river **deep or shallow**, do you know? 깊은, 얕은
90. The buses are **full** of people all the time, right? '뿔' 채워진
91. Is the subway **crowded with** students at this time? 만원인
92. If all rooms are **filled**, could you put me in another hotel? 꽉 찬
93. Do you wear **heavy**-weight clothes in summer? 무거운
94. Do you want to be **close** to me or **far** from me? 가까운, 먼
95. Is it true that you and I have been **close** since we were born?

88. 세월은 빨리 갑니다. 그러나 슬픈 시간은 천천히 지나죠? → 당연하지요.
89. 한강은 깊은가요, 얕은가요? → 깊은 곳도 있고 얕은 곳도 있을 겁니다. There is-
90. 버스는 항상 사람으로 꽉 찼죠? → 지금은 낮 시간이니깐, 빈 버스도 많습니다.
91. 지하철은 이 시간에 학생들로 만원이죠?
    → 출퇴근 시간에는 (During the rush hour) 지하철은 사람으로 꽉 차지요.
92. 모든 방이 채워졌다면, 당신은 나를 다른 호텔에 넣어줄 수 있겠습니까? →
93. 당신은 여름에 무거운 무게의 옷을 입나요? → 그 반대이지요. On the contrary,
    여름에는 나는 가벼운 무게의 옷을 입지요.
94. 당신은 나와 가까이 지내기를 원해요, 멀리 지내기를 원해요? →
95. 당신과 나는 태어난 이후 가까이 지내고 있다는 것이 사실입니까? → 틀립니다.

96. Which would you rather have, **soft** bread or **hard** bread? 연한, 굳은
97. When you feel **stuffy**, will you go out get some fresh air? 답답한
98. If you have **enough** money, can you lend me some? 충분한
99. What is the **correct** time that you arrived here?=exect 정확한
100. Have you got an **accurate** ruler in your possession? 정교한
101. Are you going to be **busy** or **free** this afternoon? 바쁜, 한가한
102. Can you eat lunch **free of charge**? 공짜로
103. Do you think there is a **vacant** seat in your company? 빈

96. 어느 것을 차라리 드시겠어요, 부드러운 빵하고 딱딱한 빵하고? →
97. 당신은 답답함을 느낄 때, 밖에 나가 바람을 쐴 것입니까? →
98. 당신은 돈이 충분히 있으면, 나에게 빌려줄 수 있나요? →
99. 당신이 여기에 도착하는 정확한 시간이 언제죠? →
100. 당신은 수중에 정교한 자가 있나요? →
101. 당신은 오후에 바쁠 겁니까 한가할 겁니까? → free는 '쁘리', pretty는 프리, 프리리
102. 당신은 점심을 공짜로 먹을 수 있나요? → 나는 공짜를 좋아하지 않습니다.
103. 당신은 귀 회사에 빈자리가 있다고 생각합니까? → 빈자리가 없을 것 같습니다.

104. Do you have time **available** at this moment? (가용한) 유용한
105. Is your character **flexible** or hard? (유연한) 융통성 있는
106. Is your working performance **excellent**? 우수한
107. Does **salty** food agree with you? 짠
108. **Sweet, sour, bitter, hot. spicy.** 단, 신, 쓴, 매운, 싸한
109. Have you got a **sound** mind in a sound body? 건전한
110. Will you be a **corrupt** person or a sound person? 부패한

104. 당신은 현재 가용한 시간이 있나요? → 예, 현재 가능한 시간이 있군요.
☆ 주의→ available time이라고 하지 않습니다. 위처럼, 명사 뒤에 쓰는 형용사가 몇 개 있습니다.
anything, something 도 그 뒤에 형용사를 씁니다.
105. 당신의 성격은 융통성이 있나요, 딱딱한가요? → 나는 융통성 있는 사람입니다.
106. 당신의 근무 성적은 우수합니까? → 나의 근무성적은 특출합니다. =outstanding
107. 짠 음식이 당신에게 맞나요? → 짠 음식이 나에게 맞습니다.
109. 당신은 건전한 육체에 건전한 마음을 갖고 있나요? →
110. 당신은 부패한 인간이 될 겁니까, 건전한 인간이 될 겁니까? →   corruption=부패

111. Have you ever seen a **wild** tiger? '와일타이거'로 발음. 야생의
112. Will you be **absent** from the class tomorrow? 결석한
113. Are you going to be **present** at the meeting? 출석한
114. When the boss is **present** (in the presence of boss), will you speak ill of him?
115. Do you have a **previous** appointment? 사전의
116. Do you respect the **former(ex)** president? late=죽은 앞(전)의
117. Do you like a **delicate** color or a simple color? 우아한
118. Who is **responsible** for your family? liable=책임 있는 책임있는
119. Are you **a responsible person** with your finances? 책임자

111. 당신은 야생 호랑이를 본적이 있으세요? → 길들인(tame)호랑이는 봤지요.
112. 당신은 내일 수업에 결석할 겁니까? →
113. 당신은 회의에 출석할 겁니까? →
114. 사장이 있을 때 (사장 면전에서), 그를 욕할 겁니까? →
115. 당신은 사전 약속이 있습니까? →
116. 당신은 전 대통령을 존경합니까? → 나는 죽은 대통령(late)을 존경합니다.
117. 당신은 우아한 색을 아니면 단순한 색을 좋아합니까? →
118. 누가 당신 가족을 책임집니까? → 내가 내 가족을 책임집니다.
119. 당신은 재정 책임자입니까? → 아니오, 나는 무역 책임자입니다.

120. Are you the **person in charge** of the audit? 담당자
121. Does your **teacher in charge** appeal to you? 담임선생
122. Do you think you are **qualified** to be a president? 자격 있는
123. Does your company prefer a **capable** person? 능력 있는
124. When you catch (a) cold, will you take the **effective** 효과적인
    medicine or will you be patient?
125. In case you get caught in an accident, can you take the
    immediate measures? (prompt steps) 즉각적인
126. How many **immediate superiors and immediate subordinates** do you have?
    '이미딧 써피리어스'   '써버드닛스'   직속상관/직속부하

120. 당신은 회계감사 담당자입니까? → 나는 회계감사하고는 거리가 멉니다.
121. 당신 담임선생은 당신 마음에 듭니까? → 그는 내 마음에 안 들어요.
122. 당신은 대통령이 될 자격이 있다고 생각합니까? →
123. 당신 회사는 능력 있는 사람을 우대합니까? → 우리 회사는 능력자를 우대안합니다.
124. 당신은 감기에 걸리면, 효과적인 약을 복용할 겁니까, 참을 겁니까? →
125. 당신이 사고에 걸려들면, 즉각적인 조치를 취할 수 있나요? →   (신속한 조치)
126. 당신은 몇 명의 직속상관과 직속 부하를 갖고 있나요? → 나는 주부입니다.

127. Have you got an immediate family or a **dependent family**? 부양가족
128. Do you possess any **valuable** goods or 귀중한
    valueless goods? invaluable=무한한 가치 있는. 귀중하지 않는
129. Do you believe English is **worth** studying? 가치 있는
130. Do you have your **sense of values** and philosophy? 가치관
131. Do you **physical** exercise every day? 육체적인
132. Have you got a **mental** disease? 정신적인
133. Are you becoming **proficient** in speaking English? 숙달되는

127. 당신은 직계가족이나 부양가족이 있나요? → 나는 아직 미혼이라, 직계 가족뿐입니다.
128. 당신은 귀중품이나 가치 없는 물건을 소유하고 있나요? →
129. 당신은 영어는 공부할 가치가 있다고 믿습니까? →
130. 당신은 가치관이나 철학을 갖고 있나요? →
131. 당신은 매일 맨손체조를 하세요? → 가끔 하지만, 걷는 것이 운동이죠.
132. 당신은 정신병을 갖고 있나요?
    → 육체적으로, 정신적으로 나는 건강합니다. (Physically, Psychologically, I am healthy.)
133. 당신은 구어 영어에 숙달되고 있는 중인가요?
    → 숙달은 되고 있지만, 아직은 유창하고 완벽한 영어를 구사하지 못합니다.

134. Everything is **psychological** sometimes.
So we have to be wealthy and healthy psychologically and mentally, right?
135. When you have a headache. It's psychological, isn't it?　　　　　심리적인
136. Is this radio broken or out of use?　　　　　　　　　　　　　　　망가진
137. Are you broke or strong at the present?　　　　　　　　　　빈털터리인, 두둑한
138. Are you strong or weak?　　　　　　　　　　　　　　　　　　강한, 약한
139. Are you short of money or out of money?　　　　　　　　　　　　부족한
140. Old. Second hand. New. Brand new.　　　　　　　　　오래된. 중고. 새로운. 신품
141. Do you need a used car or a brand new car?
142. Are you new here or a stranger here today?　　　　　　　새로 온 사람, 초행인

134. 모든 것은 때로는 정신적입니다. (기분적이다) 그래서 우리는 정신적으로 심리적으로 부유하고 건강해야 합니다. 그렇지요? →
135. 당신은 머리가 아플 때 그것도 정신적이지요?　→　'싸이컬라지컬'
　☞ 우리말은 '정신적', '신경적'이라는 단어를 혼동해서 쓰고 있습니다.
136. 이 라디오는 망가졌나요, 사용 못 하나요? → The radio works ok.
137. 당신은 현재 두둑합니까, 동전 한 푼 없나요?　→　　　(속어임)
138. 당신의 힘은 강한가요, 약한가요? → 보시다시피, 내 힘은 약합니다.
139. 당신은 돈이 부족합니까, 돈이 떨어졌나요? → 나는 항상 돈이 부족합니다.
141. 당신은 중고차를 아니면 신품차를 필요로 합니까? → 나는 신품만 필요합니다.
142. 당신은 오늘 여기에 새로 온 사람인가요, 초행길인가요? →

143. Are you frugal or luxurious? '부르걸'　　　　　　　　검소한, 사치스러운
144. Would you like to be familiar with everyone?　　　　　　　　　　친한
145. Are you acquainted with a lot of people?　　　　　　　　　　알고지내는
146. When you drive a car, can you be aware of danger?　　　　　　알아차린
147. Are you confident that you can rake up money?　　　　　　　자신 있는

143. 당신은 검소한가요, 사치스러운가요?　→ 보시다시피, 나는 검소합니다.
144. 당신은 모든 이와 친하고 싶으세요?　　→ 나는 몇 명하고만 친하고 싶습니다.
145. 당신은 많은 사람을 알고 지내고 있나요?
　　　　　　→ 나는 그럴 필요성을 느끼지 않습니다. 나는 친한 친구가 세 명입니다.
　　　　　　(I don't feel such a need. I have 3 intimate friends).
146. 당신은 차를 운전할 때, 위험을 알아차릴 수 있나요? →
147. 당신은 돈을 갈퀴로 긁을 수 있다고 자신하십니까?
　　　　　　→ 나는 자신 있습니다. 그러나 노력도 중요하지만, (Although the effort is~) 운이 있어야 한다고 생각합니다.

148. **Confidently, certainly, surely,** can you contact me anytime?
149. Do you want to look **neat** and **tidy** or dirty?　　　　　　　산뜻한, 단정한
150. Are you fond of **terrible** and **horror** movies?　　　　　　지독한, 공포의
151. Do you own **fake** jewelry or **genuine** jewelry?　　　　　　가짜, 진짜의
152. Although you want to express yourself well,
153. The **proper** word doesn't come to you, does it?　　　　　　　적당한
154. To live in a **gorgeous** house is your wish, right?　　　　　　호화로운
155. Do you want to be an **elegant** or a **usual** person?　　　　고상한, 보통의

148. 자신 있게, 확실히, 틀림없이, 당신은 아무 때나 나에게 연락할 수 있나요?
149. 당신은 산뜻하고 단정하게, 아니면 더럽게 보이고 싶나요? →
150. 당신은 지독하고 공포적인 영화를 좋아합니까? →
151. 당신은 가짜 보석이나 아니면 진짜 보석을 소유하고 있나요? →
152. 비록 당신은 잘 표현하고 싶어도, 적당한 말이 떠오르지 않지요? →
　　☆ '떠오르지 않다'를 it doesn't come to me. it doesn't occur to me.
153. 호화로운 집에 사는 것이 당신의 소원이지요?　　→ 천만의 말씀 Not at all,
　　　　　　　　　　　　　　　　　　→ 현재로서는, 돈을 많이 버는 것이 나의 소원입니다.
154. 당신은 고상한 아니면 보통 인간이 되고 싶나요?　　→ 고상한 인간이 무슨 뜻인가요?

155. What color is **becoming** on you?　　　　　　　　　　　　　어울리는
156. Do you have lots of **common sense**? common people　　　일반상식
157. Do you think you've received an **adequate** education?　　적당한
158. From time to time, do you feel **cheap** or elegant?　　　　싼
159. Is it **expensive** or cheap to get married in Korea?　　　　비싼
160. Do you drink **moderately or excessively**?　　　　　　　　중용으로, 과도하게
161. Are you **proud** of your occupation or **sick of** it?　　　　자랑스러운, 역겨운

155. 무슨 색이 당신에게 어울리나요?　→ 빨간색이 나에게 어울립니다.
156. 당신은 많은 일반상식을 알고 있나요?　→ 나는 남만큼, 일반상식을 압니다.
　　　　　　　　　　　　　　　　as much as others have.=남이 아는 것만큼.
157. 당신은 적당한 교육을 받았다고 생각합니까?　→ 물론, 나는~
158. 때때로, 당신은 값싸게, 아니면 고상하게 느껴지나요?　→ 때때로, 나는 값싸게
159. 한국에서 결혼하는 것이 비싼가요, 싼가요?　→ 한국에서 결혼은 비쌉니다.
160. 당신은 적절하게, 아니면 지나치게 술을 드십니까?　→ 그건 상황에 달렸다.
161. 당신은 직업이 자랑스러운 가요, 넌더리가 납니까?
　　→ 일이 역겹습니다. 그러나 가족을 먹여 살리기 위해 (to feed my family) 나는 회사에 다녀야 합니다.

162. Don't you like it when the weather gets **hot**? 더운

163. When it gets warm, what clothes do you wear? 따뜻한

164. Do you drink coffee **after it gets cold or while it's warm**?

165. Is it **mild or chilly** for the spring season? 온화한, 쌀쌀한

166. Is it **freezing or foggy**? '프리징, 빠기' 아주 추운, 안개 낀

167. On a **snowy** day, will you put up an umbrella? 눈 오는

168. Is the weather these days **sultry or dry**? 찌는 듯한, 건조한

162. 날씨가 더워지면, 당신은 그것이 좋지 않은가요? → 나는 더운 날은 싫어요.

163. 따뜻해지면, 무슨 옷을 입으세요? → 가벼운 옷을 입지요.

164. 당신은 커피를 식은 후에 아니면 따뜻할 동안에 드시나요? → 따뜻할 동안에,
　　나는 커피를 따뜻할 동안에 마신다. 커피가 식은 후에는 맛이 없다.　It doesn't taste delicious.

165. 봄 날씨치고는 온화한가요, 쌀쌀한가요? → 봄 날씨치고는 쌀쌀하군요.

166. 안개 끼었나요, 아주 추운가요? → 　　　　　　　　☞ 실제로 대답할 것

167. 눈 오는 날에는, 당신은 우산을 쓸 겁니까? → 나는 우산을 쓸 겁니다.

168. 요즘 날씨가 무더운가요, 건조한가요? → 요즘은 날씨가 건조합니다. 비가 와야 합니다.

169. Taking a look at the sky, is it **threatening** now? 위협받고 있는

170. Is it **thundering and lightning** outside now? 천둥치고, 번개치고

171. Was the weather **sullen and humid** during the holiday? 우중충한, 습기 찬

172. Is it raining **cats and dogs or drizzling**? 이슬비

173. Is there **a cool breeze or a gusty wind** outside? 산들바람, 돌풍

169. 하늘을 보니깐, 지금 금방 무엇이라도 올 것 같은가요? → 금방 무엇이 올 것 같네요.
　　　　threatening→ 금방 무엇이라도 올 것 같은, 위협을 받고 있는,

170. 지금 밖에 천둥 치고 번개 칩니까? → 아니오, 밖은 맑고 해가 납니다.

171. 공휴일 동안, 날씨는 우중충하고, 습기가 있었나요? → 지금이 장마철이니까요.
　　　　　　　　　　　　　　　　　　　　　Because this is the rainy season.

172. 비가 억수로 오나요, 이슬비가 오나요? → 비는 억수로 오지 않고, 이슬비가 옵니다.
　　　　억수로: cats and dogs / 지독히: awfully / 구질구질하게 : miserably

173. 밖에 시원한 산들바람이 있나요 (부나요), 돌풍이 있나요?
　　　　　　　　　　　　　　→ 오는 길에, 아무 바람도 없습니다.

제 3 장: 공식형식으로 쓰는 형용사 (필수)

1. **Are you used to** the climate here?   be used to
   → Yes, I am used to the climate here. 식으로 이하 모두 훈련할 것.
2. **Are you accustomed to** the Korean weather?   be accustomed to
3. **Are you about to** go home now?   be about to
4. **Are you anxious to** run a grocery store?   be anxious to
5. **Are you eager to** behave strangely?   be eager to
6. **Are you able to** serve dinner at 7?   be able to
7. **Are you sure to** return to your home tonight?   be sure to
8. **Are you likely to** be here on time?   be likely to
9. **Is it likely to** snow or is it likely to be fine?

1. 당신은 여기 기후에 익숙합니까?   – 익숙한
   ☞ 예 또는 아니요 중에서 본인 의사대로 지금까지 해 온 것처럼 답을 하기 바랍니다.
2. 당신은 한국 날씨에 익숙합니까? →   – 익숙한
3. 당신은 지금 막 집에 가려고 하십니까? →   -막~하려 하다
4. 당신은 식료품점을 경영하길 갈망하십니까? →   ~하기를 갈망하다
5. 당신은 이상하게 행동하기를 갈망합니까? →   ~하기를 갈망하다
6. 당신은 7시에 저녁을 제공할 수 있나요? →   = can과 같음.   할 수 있다
7. 당신은 오늘 밤 집에 꼭 돌아갑니까? →   ~꼭 하다
8. 당신은 정각에 여기에 올 것 같습니까? →   ~할 것 같다
9. 눈이 올 것 같나요, 맑을 것 같나요?

10. Are you **through with** that paper?   be through with
11. Are you **through for** today?
12. Are you **fond of** sweet food?   '빤드'   be fond of
13. Are you **good at** playing cards?   be good at
14. Are you **ready** to go home?   be ready to
15. Will you **get ready** for dinner?

10. 당신은 그 신문을 다 보셨나요? →   get through with를 be로 바꾸어 씀
11. 당신은 오늘 일을 다 끝냈나요? →   (이것은 관용구입니다.)
12. 당신은 단 음식을 좋아하세요? →   like와 같음.
13. 당신은 카드놀이를 잘하세요?
14. 당신은 집에 갈 준비가 되었나요? →
15. 당신은 저녁 식사 준비를 할 겁니까? →   미래형.

16. Do you feel **sorry** for yourself or for the poor?
17. Are you **sorry** that you don't have a hidden secret?

16. 당신은 자신을 애석하게, 아니면 가난한 자들을 애석하게 느낍니까? →
17. 당신은 숨겨놓은 비밀이 없어서 섭섭하세요?→   sorry는 미안한, 애석한, 후회한.

※ **Early, late, tardy** 단어

18. Are you **late** for your class?   → Yes, I am 5 minutes late.
19. You're late! Will you be late again?   '유 레잇' 이라고만 발음할 것.
20. I am sorry to be late.   I'm sorry for being late.
                                I'm sorry that I am late.
21. You are **early** this morning!   Are you early every day?

22. You are **tardy** today!
23. Will you be **on time** (be punctual) ? Be on time!
24. Can you be **in time** for the work?
25. Why are you late? -와이 유 레잇!

18. 당신은 수업에 늦었나요? → 예, 나는 5분 늦었습니다.   (부사(5분)를 중간에 씀)
19. 당신 늦었군요! 또 늦을 겁니까? → 일찍 오셨군요. "유 얼리!" 라고 발음.

come 동사를 사용해서 표현하지 않습니다. "나는 여기에 당신을 보러왔어요" 는 "I am here to see you." 또는 "I have come here to see you."라고 해야지 "I came here."라고 하면, "나는 왔었습니다." 라는 과거문장이 됩니다. 사람이 나타는 것을 보고서 "일찍 오셨습니다=You're early!", "늦었습니다=You're late!" 하고 인사식으로 말하면, "Yes, I am."하고 답합니다.

20. 나는 늦어서 미안합니다.   --모두 같은 표현입니다.
21. 당신은 오늘 아침 일찍 오셨군요!   당신은 매일 일찍 오십니까?
22. 당신은 지각했군요!
23. 당신은 정각에 올 것입니까?   Be on time! 정각에 출근하세요!
24. 당신은 일터에 시간에 맞추어 갈 수 있나요?   Be in time! 시간에 맞추세요.
25. 왜 늦었나요?

제 4 장: IT으로 시작하는 문장 훈련 (한 문장을 한 개의 단어로 만드는 법)

> 강의

동사를 부정사와 동명사로 만들어 표현하는 것은 이미 공부했습니다.
여기서는 가짜 주어 IT를 쓰고 문장을 도치시켜 쓰는 훈련을 합니다.
→ "직업을 얻기가 어렵다."를 아래와 같이 is(동사)를 앞으로 옮겨 it를 붙임.

1. <u>To take a job</u> is hard. → It is hard <u>to take a job.</u>   (줄친 부분이 주어)
2. <u>Taking a job</u> is hard. → It is hard <u>taking a job.</u>   (줄친 부분이 주어)

→ 이번에는 '나는, 너는' 등의 주어를 포함한 하나의 평문을 한 단어로 사용하면,
"나는 직업을 얻기가" 어렵다. 의 세 가지 영작.
　For me to take a job is hard. (부정사)
　My taking a job　　is hard. (동명사)
　That I take a job　　is hard. (명사절) → 이렇게는 잘 쓰지 않음.

위의 문장을 앞에 가짜주어 It을 쓰고 다음과 같이 주어와 동사를 도치함.

　It is hard for me to take a job. ---for me to take a job이 주어
　It is hard my taking a job. ---my taking a job이 주어. is는 동사
　It is hard that I take a job. ---that I take a job이 주어.

» 부정사 앞에 for me to의 for는 아무런 뜻이 없는 의미상의 주어인 me를 감싸는 역할만 할 뿐입니다. for 다음에 목적격인 me, you, him, her, them, us 등을 사용하고, 해석은 <u>이, 가, 는</u> 식으로 합니다.

» 동명사 앞의 단어는 소유격인 my, your, his, her, our, their을 사용합니다. 해석은 <u>이, 가, 는</u> 을 붙여서 합니다.

» 다음의 경우에는 for me to 의 for를 안 쓰고 of를 쓰는 경우이니 유의.
　It's wrong/ rude/ cheeky of you to say that.
　당신이 그렇게 말한 것은 잘못/무례/건방지다.
　It is kind of you to say that. It's nice of you (to say that).
　당신이 그렇게 말하니 고맙군요. (친절하군요) = 고맙군요.

» 다음 같은 표현
　It's a great pleasure for me to be with you today.
　I assure you it's a great honor to be invited to U.S.
　내가 오늘 당신과 같이 있는 것은 크나큰 기쁨입니다.
　미국에 초청받은 것은 큰 영광 이라고 확신합니다.

제 4 장: IT으로 시작하는 문장 훈련

☞ **지금부터 1번처럼 답하면서 철저히 훈련하십시오.**

1. **Is it hard** for you to get in the company?   어려운
   → Yes, it is hard for me to get in the company.
2. **Is it easy** to get a visa?   → It depends on the country.   쉬운
3. **Is it difficult** to catch a taxi?   →   곤란한
4. **Is it convenient** for you to come here?   →   편리한
5. **Is it handy** to carry the briefcase?   →   편리한
6. **Is it inconvenient** for you to get in touch with me?   →   불편한
7. **Is it possible** for you to purchase the house?   →   가능한
8. **Is it impossible** for him to stop drinking?   →   불가능한
9. **Is it necessary** for us to co-operate with the U.S?   →   필요한
10. **Is it customary** to tip the driver in the U.S?   →   풍습인
11. **Is it essential** to express yourself in English?   →   필수적인
12. **Is it OK(all right)** for me to play in the class?   →   괜찮은
13. **Is it natural** that you are(should be) wealthy?   →   당연한
14. **Is it nice** sitting here and chatting with me?   →   좋은
15. **Is it wonderful** lying on the bed at home all day?   →   아주 좋은

1. 당신이 회사에 들어가는 것은 어려운가요?   하고 질문하면, 대답자는
   → 예, 나는 회사에 들어가는 것이 어렵습니다.   식으로 적당히 대답할 것.
2. 비자 받는 것이 쉬운가요?   → 그것은 국가에 달렸겠지요.
3. 택시 잡기가 곤란합니까?   → 예, 출퇴근 시간에는 어렵습니다.
4. 당신은 여기에 오는 것이 편리한가요?   → 예, 나는 여기에 오는 것이 편리합니다.
5. 그 손가방을 들고 가는 것이 편리한가요? →
6. 당신은 나에게 연락하는 것이 불편한가요? →
7. 당신은 집을 구매하는 것이 가능한가요? →
8. 그가 술을 끊는 것이 불가능한가요?   → 예, 그는 술 끊는 것이 불가능합니다.
9. 우리는 미국과 협조할 필요가 있나요? →
10. 미국에서는 운전사에게 팁 주는 것이 풍습인가요? →
11. 영어로 표현하는 것은 필수적인가요? →
12. 내가 교실에서 놀아도 괜찮아요? →
13. 당신이 부유한 것은 당연하지요? →   (이 문장에서 should는 해석하지 않음)
14. 나하고 여기 앉아서 잡담하는 것이 좋지요? →   동명사문장
15. 종일 집에서 침대에 누워있는 것이 아주 좋은가요? →

☞ 이번에는 would, will 등을 넣어서 훈련해 봅시다.

1. **Will it be possible** for you to offer me a job?
   → Yes, it'll be possible for me to offer you a job.
2. **Would it be necessary** for you to take care of your family?
   → Sure, it would be necessary to take care of my family.
3. Would it be convenient for you to cancel the booking? →
4. It would be necessary for her to keep her words? →

1. 당신은 나에게 직업을 제공하는 것이 가능할까요?
   → 예, 나는 직업을 제공하는 것이 가능할 겁니다.
2. 당신은 가족을 돌볼 필요가 있겠는지요?
   → 그럼요, 내 가족을 돌볼 필요가 있겠지요. (점잖은 표현)
3. 당신은 예약을 취소하는 것이 편리할까요? →
4. 그녀는 그녀 말을 지킬 필요가 있겠지요? →

5. **It is no good** crying over split milk, right? → That's right. It is---
6. **It is no good** complaining to your job? →
7. It won't be much good meeting your client?

5. 우유를 엎지르고 울어도 소용없죠? → 그래요, 울어도 소용없죠.
   ☆ no good ~ ing는 "소용이 없다"라는 관용구입니다.
6. 당신 직업을 불평해봐야 소용이 없지요? →
7. 당신 고객을 만나야 아무 소용이 없겠지요?

» 의문사와 함께 훈련 ☞ 여기 8개 질문은 필수이므로 적당히 넘어가면 안 됩니다.

1. **Why is it hard to take a taxi in the morning?**
→ Morning time is a rush hour. There are a lot of people who want to catch a taxi. However, there aren't many vacant taxis. So it's hard to catch a cab in the morning.

1. 왜 아침에 택시 타는 것이 어려운가요?   의 질문에 예문처럼 답할 것.
   → 아침시간은 출근 시간입니다. 택시를 잡기를 원하는 사람이 많습니다. 그러나 빈 택시는 많지 않습니다. 그래서 아침에는 택시 잡기가 어렵습니다.

2. **Why is it difficult for young men to get a job these days?**
    → There are many young men who desire to take a job.
       But there are no vacant seats. Because things are bad.
3. **Why is it convenient for us to come here every day?**
    → Because traffic is convenient and we can spare time for our studying.
       And our company is near here.
4. **Why is it essential for you to speak good English?**
    → Because my job demands fluent English and it is an international language.

2. 왜 요즈음 젊은이가 직업을 얻기가 어려운가요?
    → 직업을 얻기를 갈망하는 젊은이가 많습니다. 그러나 빈자리는 없습니다.
       경기가 나쁘니까요.
3. 왜 우리는 매일 여기에 오는 것이 편리합니까?
    → 교통이 편리하고 우리는 공부를 위해서 시간을 낼 수 있으니까요.
4. 왜 당신은 좋은 영어를 말하는 것이 필수적인가요?
    → 나의 직업이 유창한 영어를 요구하며, 영어는 국제 언어이니까요.

5. **Why would it be possible for you to visit America?**
    → Reason being, travel has been liberalized.
       And I have some money to make a trip to America.
6. **When will it be convenient for you to contact me?**
    → Anytime will be convenient to contact you.
7. **When is it OK for you to get me dinner?**
    → If you are OK, today is available(possible). 또는 it's possible today.
8. **Why is it natural for you to drive a car?**
    → Because I have a vehicle operator license and I own a car.

5. 왜 당신은 미국을 방문하는 것이 가능할까요?
    → 이유는요(까닭은요), 여행이 자유화되었습니다. 그리고 나는 미국을 여행할 돈이 있습니다.
6. 언제 당신은 나에게 연락하는 것이 편리할까요?
    → 아무 때나 당신에게 연락하는 것이 편리하겠지요.
7. 언제 당신은 나에게 저녁을 사는 것이 좋을까요?
    → 당신이 좋다면, 오늘이 가능합니다.
8. 왜 당신은 차를 운전 하는 것이 당연한가요?
    → 나는 차량 운전면허가 있고 차를 소유하고 있으니까요.

제 5 장: 한정사 (DETERMINER)

☞ 많고 적음 등을 나타내는 단어로서 20번까지는 외워서 훈련하시고, 그 이하는 이해를 하고 서서히 익히십시오.

1. Do you have **much** money?   much: 많은 (양에 사용)
2. Have you got **a great deal of** money?   a great deal of: 많은 (양)
3. Do you have **a good deal of** money?   a good deal of: 많은 (양)
4. Do you have **many** sponsors?   many: 많은 (수에 사용)
5. Have you got **a number of** sponsors?   a number of: 많은 (수)
6. Have you got **a host of** sponsors?   a host of: 많은 (수)
7. Have you got **a few** sponsors?   a few: 두서너 개 (수)

8. Have you got **few** friends?   few: 거의 없는 (수)
9. Have you got **a little** money?   a little: 조금 (양)
10. Have you got **little** water?   little: 거의 없는 (양)
11. Do you need **a lot of** time?   a lot of: 많은 (수, 양 공통)
12. Do you need **lots of** time?   lots of: 많은 (수, 양 공통)
13. Do you need **plenty of** time?   plenty of: 많은 (수, 양 공통)
14. Do you need **a couple of** weeks?   a couple of: 두서너 개의 (수)

1.2.3. 당신은 많은 돈을 갖고 있나요?   4.5.6. 당신은 많은 보증인을 갖고 있나요?
7. 당신은 보증인이 두서너 명 있나요?   8. 당신은 친구가 거의 없나요? (부정)
9. 당신은 돈이 조금 있나요?   10. 당신은 물이 거의 없나요? (부정)
11.12.13. 당신은 많은 시간이 필요하나요?   14. 두서너 주가 필요하나요?

ANY. SOME

15. Do you want coffee **so much**?   커피를 **이만큼** 원하세요?
16. Do you need money **that much**?   돈을 **그렇게 많이** 필요해요?
17. Do you have **any** pens? (좀, 어떤 ☞ 의문문에서)   펜 **좀** 있으세요?
18. → Yes, I have **some**. 약간 (긍정문)   → No, I don't have **any**. 전혀 (부정문)
19. Will you have **some** milk? (좀 ☞ 권유 시에)   우유 **좀** 드실래요?

20. **a little, a bit**   Would you open the door **a little**?
     a little bit   문을 조금만 열어 주시겠어요? (세 표현 모두 잘 씀)
     (조금)

21. **one의 용법.**   You need a pen. **a small one** is good?
        - 너는 펜이 필요하다. **작은 것도 좋지**? (대명사)
        One should obey one's parents.
        - 사람은 부모에게 순종해야한다. (일반 사람을 나타냄)

22. No one (단수)	**No one** knows my name. 아무도 내 이름을 모른다.	
None (복수)	**None of them** know my name. 아무도 내 이름을 모른다.	
23. one, other	I have two sons; **One** is a doctor **the other** is a soldier.	
	하나는 의사이고, **다른 하나**는 군인이다.	
24. None	**Any child** can do it. 어떤 아이도 그것을 할 수 있다.	
	None of them can do it. 그들 중에서 아무도 그것을 못한다.	

※ any는 부정문에서는 주어로 못 씁니다.

25. every, each	**Every member** was absent.	**모든 회원**이 결석했다.
(단수취급)	**Every boy and girl** was seen there.	**모든 소년 소녀**가 거기에 보였다.
	Each of them has his own book.	**각자** 자기 책이 있다.
	We love **each other**.	서로서로 (둘 이상)
	They help **one another**.	서로서로 (셋 이상)
26. all. both	**All of them** are students.	그들은 **모두** 학생이다.
(둘 다)	**All** is silent. 만사가 고요하다.	(단수 취급할 때도 있음)
	Both of them are going there soon.	**둘 다** 간다. (복수)
27. either	**Either** will do. 어느 것 이라도 좋다.	(둘 중의 어느 것이라도)
(둘 다)	Can you speak **either** English **or** French?	
(둘 중의 하나)	너는 **영어나 불어를** 할 수 있니?	
	I don't know **either of them**. 그들 중 아무도 모른다.	(전체)
28. neither	I **neither** drink nor smoke.	나는 **술도 담배도 안한다.**
(둘 다 아니다)	**Neither** you **nor** he has to go there.	
	당신도 그도 거기에 갈 필요가 없다.	(단수취급)

29. A, AN, THE : 관사

→ a, an은 '부정관사'라고 하고 단수의 명사 앞에 사용한다.

→ the는 '정관사'라고 하고, 단수 명사, 복수 또는 특정 명사 앞에 사용한다.

→ book, pen, apple, toy 등과 같은 명사는 '가산명사(셀 수 있는 명사)'며 관사·수사를 동반하여 쓰거나 복수형으로 쓰기도 합니다.

→ bread, knowledge, traffic, milk 등의 '불가산명사'는 보통 복수형으로 쓰이지 않고, 수사도 수반하지 않습니다. Bread is made of flour. (빵은 밀가루로 만든다)에서는 관사가 없습니다. 그러나 The bread (그 빵), a sheet of paper (종이 한 장)처럼, 셀 수 없는 명사도 특정지시나 수량을 나타내기 위해서는 한정사를 필요로 합니다. 솔직히, 영어에서 '관사' 사용법이 어려우며 시간이 지나야 터득됩니다.

* The old는 노인들 → 형용사 앞에 the를 붙이면 복수 인칭명사가 됩니다.

* A teacher and poet was present. 교사이자 시인인 분이 참석했다. (단수)

* A teacher and a poet were present. 교사와 시인이 참석했다. (복수동사)

→ 동일인으로 and를 연결하면 동사를 단수를 쓰고, 별개사람이면 복수 취급함.

제 6 장: 형용사절(관계사) 회화 훈련

형용사절, 즉 관계사가 영문법의 결실로서 열매에 해당합니다. 완벽해질 때까지 통역과 대화 훈련을 통하여 숙달해야 합니다. 문장으로 읽고 이해한 것은 아무 소용 없습니다.

> 강의

술을 즐기는 사람→ man who enjoys drinking- 식으로 명사가 앞으로 나가고 who를 쓴 다음 그 뒤에 '술을 즐긴다.' 식으로 영작합니다. 이 명사가 사람이면 who나 that을 쓰고, 물건이면 which나 that을 쓰는데 이 단어를 관계사라고 부르며 우리말에는 없습니다. 즉, 다리 역할을 하는 단어입니다. 앞 단어가 시간이면 when, 장소이면 where, 이유이면 why, 방법이면 how도 사용됩니다. 그리고 as, but, what (복합 관계사), whose 등을 사용합니다.

관계사 다음에 동사부터 오는 경우

1. 술을 즐기는 사람 → a person who enjoys drinking. (단수)
2. 돈이 많은 여자 → a woman who has a lot of money.
3. 음악을 전문으로 하는 커피숍 → a coffee shop that specializes in music.
4. 진실이 아닌 이야기 → the stories which are not true. (복수)
5. 재미있고 짜릿한 영화 → the movie that is interesting and thrilling.
6. 내 마음에 안 드는 것 → the thing which doesn't appeal to me.
7. 내 마음에 드는 사람 → any one who appeals to me.
8. 자기 직업에 맞는 사람 → the man who is suited for his job.
9. 능력이 있는 나 → I who have an ability.
10. 변두리에 사는 사람들 → the people who live in the suburbs.

☞ 앞 단어(선행사)가 3인칭 단수이면, 관계사 다음 동사에 s를 붙인다. 선행사가 I이면 am이나 have 등이 오고, you이면 are 등 복수, 단수 등의 격 변화를 따른다. 위의 문장에서는 절대로 관계사를 생략해서는 안 된다.
3번은 강조하려고 that을 사용했음.

관계사 다음에 평문이 오는 경우 (목적격으로 사용했다고 함)

11. 내가 미국에 갈 수 있는 길 → the way that I can go to America.
12. 당신이 해외에 갈 수 있을 것 같은 가능성 → the possibility that you'll be able to go abroad.
13. 당신이 즐길 수 있는 오락시설 → the rec-facility you can enjoy.
14. 당신이 더 좋아하는 신문 → the newspaper which you prefer.
15. 조용한 장소 → the place where it's quiet. (장소)
16. 내가 여기에 도착한 시간 → the time when I arrived here. (시간)
17. 그녀가 오지 않는 이유 → the reason why she doesn't come. (이유)
18. 내가 살고 싶은 집 → the house in which I want to live. (in이 도치)

19. 내가 쓸 수 있는 돈 → the money that I can spend. (강조that)
20. 내가 만나고 싶은 소녀 → a girl I want to meet. (관계사 생략)
21. 생각이 좋은 사람 → the person **whose idea** is good. (생략불가)

☞ 선행사가 사람이든 사물이든, 강조하고 싶으면 관계사 that을 사용하고 필요 없다고 생각되면 아예 생략해도 됩니다. 21번 whose는 '그의'라는 의미가 있는 소유격 형용사이므로 that으로도 대치할 수 없고 생략도 불가합니다. 그 외의, 모든 관계사는 that으로 쓸 수 있습니다. 18번의 in which는 문장 끝에 있던 in이 which 앞으로 도치된 것입니다.
정리해 봅니다. → that은 whose를 제외한 모든 관계사를 대치할 수 있습니다.

☞ 이제부터는 주어에다 관계사 문장을 사용하여 부가 의문문으로 통역합니다.

1. 당신이 갖고 있는 돈은 20불이죠?   하고 질문하면,

   The money that you have is 20 dollars, isn't it?
   → 예, 내가 갖고 있는 돈은 20불입니다.   식으로 이하 모두 적당히 훈련할 것.
   → Yes, the money that I have is 20 dollars.

2. 당신이 방문하고 싶은 나라는 일본입니다. 그렇죠?
   The country that you'd like to visit is Japan, isn't it? →

3. 당신이 해야 될 일은 중요하죠?
   The work that you should do is important, right?
   → Right, the work that I should do is very important.

4. 돈이 많은 당신은 취미가 없죠?
   You that have a lot of money do not have a hobby, do you?

5. 직업이 있는 이는 집을 살 수가 있죠?
   The one who has a job can buy a house, right? →

6. 사람이 많이 사는 장소는 시끄럽죠?
   The place where many people live is noisy, isn't it? —

7. 당신이 만난 남자는 크고 잘 생겼죠?
   The man you met was handsome and tall, wasn't he? (관계사 생략)

8. 당신이 본 영화는 흥미 있었나요, 지루했나요?
   Was the movie you saw exciting or dull? →

9. 당신이 사랑했던 남자는 결혼했나요?
   The man you loved is married now, isn't he?
   → Yes, the man I loved is married and has 2 children.

제 6 장: 형용사절(관계사) 회화 훈련

이번에는 관계사 부분을 목적어나 보어 쪽으로 해서 훈련합니다.

1. 당신은 돈을 많이 갖고 있는 숙녀입니까?

   Are you **a lady who has a lot of money?** 하면,
   → Yes, I am a lady who has lots of money. 식으로 답해야 합니다.

2. 당신은 이 장소를 담당하고 있는 사람입니까?

   Are you **a person who is in charge of this place?** →

3. 당신은 3학년을 담당하고 있는 선생입니까? (3학년 담임이십니까?)

   Are you **a teacher (who is) in charge of 3rd grade?** → (관계사 생략)

4. 당신은 날씬하고 예쁜 소녀를 찾고 있습니까?

   Are you seeking **a girl who is slender and pretty?** →

5. 당신은 음악을 전문으로 하는 술집을 아십니까?

   Do you know **any bar which specializes in music?** →

6. 당신은 많은 사람이 거주하는 곳을 싫어합니까?

   Do you dislike **the place where many people reside?** →

7. 당신은 내가 여기에 도착한 시간을 기억하십니까?

   Do you remember **the time I got here?** →

8. 당신은 당신 재능에 맞는 직업을 원하세요?

   Do you want **a job which is suitable (right) for your talent?** →

9. 나는 전화를 제외하고 당신에게 연락할 길이 있나요?

   Is there **any way that I can reach you besides the phone?** →

10. 당신은 오늘 사야 할 것이 있나요?

    Is there **anything you have to get (buy) today?** →

11. 당신 마음에 안 드는 것이 있나요?

    Is there **anything which doesn't appeal to you?** →

12. 당신이 유명해질 수 있는 가능성이 있나요?

    Is there **any possibility that you'll be able to be famous?** →

13. 당신이 즐길 수 있는 어떤 오락거리가 있나요?

    Is there **any entertainment that you can enjoy?** →

14. 당신은 당신이 하고 있는 일을 좋아하세요?

    Do you like **the work you are doing?** →

15. 당신이 지금 있는 방에 금연이라는 표지가 있나요?

    Is there a 'NO SMOKING' sign in **the room where you are now**?
    → No, there is no 'no smoking' sign in the room I am now.

16. 당신은 근무 조건이 좋은 회사에 근무하십니까?

   Do you work for **the company which has good working conditions?** →

17. 당신은 집을 나온 시간을 알고 있나요?

   Do you know **the time you left your house?** →

18. 당신은 많은 사람이 모이는 여기를 좋아하세요?

   Do you like it **here where so many people get together?** →

19. 당신은 아이디어가 좋은 사람을 존경하세요?

   Do you respect **the person whose idea is good?** →

20. 당신은 당신 회사 근처에 있는 식당에서 점심을 드세요?

   Do you eat lunch in the **restaurant which is near your office?** →

21. 당신은 전망이 있고 강한 신념이 있는 남자를 원하세요?

   Do you want **a man who has prospects and a strong conviction?** →

22. 당신은 순하고 능력 있는 남자를 찾고 있나요?

   Are you looking for **a man who is naive and capable?** →

23. 당신은 주일마다 나오는 잡지를 이름들 수 있나요?

   Can you name **a magazine that is put out weekly?** →

관계사의 분사구문 훈련 (생략 문장)

☞ 관계사 다음에 진행(이것을 '현재분사'라고 부름)이나 수동(과거분사)일 때 be동사와 관계사를 생략할 수 있습니다. 이것을 분사구문이라고 합니다.

1. 당신은 은행에서 근무하는 숙녀입니까?   (현재분사)

   Are you the **lady (who is) working in the bank?** →   --who is 생략

2. 당신은 힐튼호텔에 체류하고 있는 분이십니까?

   Are you the **person staying at the Hilton hotel?** →   --who is 생략

3. 당신은 사장에게서 꾸중 들은 사람입니까?

   Are you a **man (who is) scolded by the boss?** →   (과거분사)

4. 당신은 100번이라고 표시된 버스를 탑니까?

   Do you take **the bus (which is) marked 100?** →

5. 당신은 우연히 만들어진 중요한 발견을 아십니까?

   Do you know of **any important discoveries (which is) made by accident?** →

6. 당신은 귀사에서 사용되는 물질을 이름 댈 수 있나요?

   Can you name the **materials used in your company?** →

7. 당신은 정부로부터 지원받는 사람들을 이름들 수 있나요?

   Can you name some of the **people supported by the government?**

   → Yes, the people who are supported by the government are the destitute and patriots.

   빈민자와 애국자

8. 당신은 회사에서 취급하는 품목을 나에게 말해 볼 수 있나요?

   Can you tell me the **items handled in your company?**

   → Yes, the items handled in my company are cosmetics.

복합 관계사 WHAT 훈련

1. 이것이 당신이 찾고 있는 것입니까?   -thing which(that)를 what으로 대치

   Is this the thing which you are looking for?

→ *Yes, it is* **the thing that** *I am looking for.*

2. 저것이 당신이 원하는 것입니까?   → 예, 저것이 내가 원하는 것입니다.

   Is that **what you want?**   → Yes, that's what I want.

3. 당신은 남이 좋아하는 것을 좋아합니까?

   Do you like **what others like?** → Yes, I like what others like.

4. 당신은 모든 이가 즐기는 것에 관심 있나요?

   Do you care for **what everybody enjoys?** →

5. 당신은 지금 내가 말한 것을 이해합니까?

   Do you understand **what I told you** now? →

6. 당신은 당신이 원하는 것을 하고 싶으세요?   비위 맞는 것을

   Do you want to do **what you want?**   → **what you please?**

7. 당신은 나의 이대로를 좋아하세요?

   Do you like what I am? → Yes, I like what you are.

8. 내가 생각하는 것이 당신과 무슨 상관있나요?   → 상관없다.   → 상관이 많다.

   Does what I think make any difference to you?

   → No, what you think doesn't make any difference to me.

   → Yes, what you think makes much difference to me.

강의

너는 내가 먹는 것을 먹을래? → Will you eat the thing that I eat?
식으로 '것'을 thing which나 thing that으로 표현하면 구체적이고 강조하는 식이 되지만, Will you eat what I eat? 를 보통 사용하고, "당신이 생각하는 것은 나빠." 하면→ What you think is bad.
당신이 생각하는 것은 나와 상관없어. → What you think doesn't matter to me. 식으로 문장도 짧게 되어 아주 잘 씁니다. what과 thing that을 '것'으로 해석.

제 6 장: 관계사를 의문문으로 훈련

☞ 이번에는 의문사와 함께 훈련합니다. 반드시 아래 1번처럼 대답할 것.

1. 당신이 본 가장 큰 동물이 무엇입니까? → 내가 본 가장 큰 동물은 코끼리입니다.

    What is **the biggest animal that you saw?**
    → The biggest animal I saw is an elephant.

2. 당신 집에 가는 버스는 어디에 있습니까?
    → 우리 집 가는 버스는 학교 앞에 있습니다.

    Where is **the bus that goes to your house?**
    → The bus that goes to my house is in front of the school.

3. 당신이 가고 싶은 명승지는 어디입니까?   (어디라는 것을 what으로도 가능)

    What are **the sights you want to go see?** → The sights I want to~

4. 당신이 오늘 해야 하는 일이 무엇입니까?

    What is **the work you should do today?** → The work I should-

5. 당신이 운전하기를 좋아하지 않는 것은 무엇이지요? (왜 그렇지요?)

    What is **it you don't like about driving?**
    → 내가 운전하기를 좋아하지 않는 것은, 차량이 많아서이다.
    → The thing I don't like about driving is all the traffic.

6. 당신이 나에게 주고 싶은 것이 무엇이죠? → 내가 당신께 주고 싶은 것은~

    What is **it you'd like to give me?** → The thing I'd like to give~

7. 당신이 오늘 점심에 먹고 싶은 음식이 무엇인가요? → 내가 먹고 싶은 음식은~

    What is **the food you'd like to eat for lunch today?** →

발음주의

6번에서, What is it를 What's it으로 줄이면 안 됩니다. 또 발음은 "워- 리즈잇?" 즉, "워 리즈잇 유드라이크투 깁미 ? " 라고 해야지 "홧쓰잇" 식으로 하면 안 됩니다. What is it은 일상생활에서 줄여서 사용하지를 않습니다. 여기서 it은 the thing을 지칭합니다. 답을 하는 사람은 "The thing I'd like to~"식으로 답해야 합니다.

☞ 아래의 문장도 읽고 훈련해 보십시오. ☆

1. 당신은 내가 갖고 있는 것과 같은 책이 있나요?   (as를 관계사로 사용)
    Do you have a book **as** I have? →   (that으로 하면 바로 똑같은 책을 지침)

2. 예외가 없는 규정은 없다.   (but을 관계사로 사용)   as, but은 드물게 사용함.
    There is no rule **but** has some exceptions.   (but은 not의 의미 포함)

3. 당신은 그가 생각한 것을 항상 말하는 사람을 좋아합니까?
    Are you fond of a person who always says he thinks? →

4. 필요로 하는 어떤 민주제도가 있나요? → 예, 필요로 하는 민주제도가 있지요.
    Are there any democratic systems that are necessary? →

제 7 장 : 제 4 부 관계사 실력 시험
☞ 관계사는 회화 구사력의 최종결실 임

1. 당신은 집이 있고, 돈이 많은 사람입니까?   하고 질문하면,
   → 예, 나는 집은 있으나, 돈이 많은 사람은 아니다.   라고 답할 것.
   Are you a person who has a house and has a lot of money?
   → Yes, I have a house but I'm not a person who has much money.

2. 당신은 술과 담배를 즐기는 사람입니까?
   Are you a person who enjoys drinking and smoking? →

3. 당신은 음악을 전문으로 하는 술집을 아십니까?
   Do you know any bar which specializes in music? →

4. 당신은 사야 할 것이 있나요? **Is there anything that you have to buy?**

5. 당신 마음에 드는 사람이 있나요? **Is there any one who appeals to you?** →

6. 당신은 돈 많고 오로지 당신만을 사랑할 남자를 찾고 있나요?
   Are you seeking a man who has a lot of money and only loves you?

7. 당신이 본 가장 아름다운 산은 어디인가요?
   What is the most beautiful mountain that you saw? →

8. 당신이 현재 보러 가고 싶은 영화는 무엇인가요?
   What is the movie that you want to go see at present? →

9. 당신이 오후에 만나야 할 사람은 누구인가요?
   Who is the person you have to see this afternoon? →

10. 당신이 찾고 있는 직업은 무엇입니까?
    What is the occupation that you are looking for?
    → 내가 찾고 있는 직업은 돈 많이 주는 직업입니다.
    → The occupation that I am looking for is the one that pays well.

11. 당신을 좋아하는 여자는 누구인가요?   → 나를 좋아하는 여자는 스텔라입니다.
    Who is the woman that likes you?   **The woman that likes me~**

12. 당신이 사랑하는 남자는 누구인가요?   → 내가 사랑하는 남자는 내 남편입니다.
    Who is the man (that) you love?   **The man I love is~~**

13. 당신을 따라다니는 남자가 있나요?   → 나를 따라다니는 남자는 없어요.
    Are there any men who follow you? →

14. 당신이 결혼하기를 원하는 여자가 있나요?
    Are there any women that you want to marry?
    → 결혼하고 싶은 여자는 많지만, 그들은 모두 나와 결혼하지 않을 겁니다.
    There are many women that I want to marry, but they all will not marry me.

15. 당신이 집에 도착하자마자, 해야 할 임무는 무엇인가요?

    What is the duty you've got to do as soon as you get home?

    → 내가 해야 할 임무는 없습니다. There is no duty I've got to do.

16. 당신은 나에게 돈을 얼마나 빌려줄 수 있나요? →

    How much money can you lend me? →

17. 부산에 가는 기차는 어디에 있나요?   → 부산 가는 기차는 서울역에 있습니다.

    Where is the train that goes to Busan? →

18. 일본에 가는 비행기는 어디에 있나요? → 일본에 가는 비행기는 김포공항에 ~

    Where is the plane that goes to Japan? →

19. 당신하고 같이 가는 사람이 누구죠? → 나하고 같이 가는 사람은 없습니다.

    Who is the person that goes with you? → There is no one who~

20. 당신이 나를 싫어하는 것은 왜 그렇지요? (무엇이지요) → 당신이 나보다 더 예쁘다

    What is it you don't like about me? → Because you are more beautiful than I am.

21. 당신이 자주 가는 술집이 어디에 있나요? → 내가 자주 가는 술집은 명동에 있다.

    Where is the bar you go to very often? →

22. 당신 마음에 안 드는 여자가 누구입니까? → 내 마음에 안 드는 여자는 고집통이~

    Who is the woman that doesn't appeal to you? →

23. 당신이 받고 싶은 봉급이 얼마입니까? → 내가 받고 싶은 봉급은 많을수록 좋습니다.

    What is the salary you'd like to receive(get, be given)?

    → The salary I want to be given is the more the better.

24. 당신이 생각하고 있는 남자는 누구입니까? → 내가 생각하고 있는 남자는 ~

    Who is the man you are thinking about? →

25. 당신이 바라고 있는 소원이 무엇입니까?   → 내가 바라는 소원은 부자가 되는 ~

    What is the wish you are longing for? →

26. 당신은 하고 싶은 것이 무엇입니까, 만일 돈이 많이 있다면?

    What is it you'd like to do, if you have lots of money?

    → 내가 하고 싶은 것은, 전 세계를 여행 하는 것 입니다.

    → The thing I want to do is to make a trip all over the world.

27. 당신은 늙어가므로, 무슨 말을 했는지 잊어버리곤 합니까?

    As you get older, do you ever forget what you said?

    → 당연하지요. 늙어 가니깐, 나는 무슨 말을 했는지 잊어버리곤 합니다.

28. 당신의 기억력이 나빠지니까, 말하는 도중에 무슨 말을 하고 있는지도 잊어버립니까?

    As your memory is getting worse, in the middle of talking,

    do you forget what you are talking about?

    → 맞습니다. 내 기억력이 점점 더 나빠지므로, 말하는 도중에도 내가 무슨 말을 하는지 잊어버리곤 합니다.

제 8 장: 형용사구 정리 (이해만 하고 필요시 보는 부분)

☞ 한 문장을 한 개의 단어로 사용하는 것을 '절'이라고 하고 두세 개 정도의 단어를 한 단어로 취급하는 것을 '구(숙어)'라고 합니다. 앞에서 공부한 '형용사 + 명사' 외에도 다음처럼 명사를 다른 단어와 결합시켜서 한 개의 구로 만들 수 있습니다.

1. 명사와 결합: 명사+명사는 자유로이 만든다.

화원	→ a flower garden	일기예보	→ the weather forecast
왕복표	→ a return ticket	흉기	→ the murder weapon
연관	→ lead pipes	털양말	→ woolen stockings (woollen)
나무 때는 화로	→ a wood fire	나무상자	→ wooden box

2. 분사와 결합 : 현재분사와 과거분사와 결합 (관계사 문장으로 바꿀 수 있음)

저명한 남자	→ a distinguished man	자는 아이	→ a sleeping child
흐르는 물	→ running water	불타는 건물	→ a burning building
미소 짓는 부인들	→ smiling women	죽어가는 병사	→ a dying soldier
다음 장	→ the following chapter	금후 수개월	→ the coming months
날치	→ a flying fish	자라는 아이들	→ growing children
기혼남자	→ a married man	놀란 표현	→ a surprised look
깨진 컵	→ a broken cup	숨겨논 부인	→ a hidden wife
기대한 만남	→ an expected meeting	비무장군대	→ unarmed troops
부어오른 입술	→ swollen lips	줄어든 천	→ shrunk cloth
부당한 처벌	→ undeserved punishment	지나친 자만	→ swelled head

새로 도착한 손님 → the newly arrived guests

3. 동명사 : 이때 강세는 동명사에 놓으며 명사에 하지 말 것. (동명사 다음은 무생물)

산책용 지팡이	→ a walking stick	비등점	→ boiling point
식용사과	→ eating apples	식당	→ a dining room
퇴직연령	→ retiring age	침낭	→ a sleeping bag
비행복	→ a flying suit		

4. 전치사가 이끄는 구

1. 훌륭한 사람 → men of honour(honourable men)
2. 저녁 산책 → a walk in the evening(an evening walk)
3. 달빛 아래서의 수영 → a swim in the moonlight(a moonlight swim)
4. 해변 도시 → towns by the sea(seaside towns)
5. 편지지 → paper for writing(writing paper)
6. 갓난아이를 안고 있는 부인 → the woman with a baby in her arms

7. 안경 쓰고 있는 소년	→	the boy with glasses
8. 코가 긴 남자	→	the man with a long nose
9. 흰 윗도리 입은 사람	→	a man with a white jacket (a white-jacked man)
10. 곱슬머리 소녀	→	a girl with curly hair (a curly-haired girl)
11. 연금이 적은 사람들	→	people with small pensions
12. 머리 나쁜 소년	→	a boy without intelligence (an unintelligent boy)
13. 무일푼의 남자	→	a man without money(a penniless man)
14. 근거 없는 소문	→	a rumor without foundation (an unfounded rumor)
15. 나무랄 데 없는 공연	→	a performance without faults
16. 문 근처에 있는 남자	→	the man (who is) near the door
17. 북풍	→	a wind(that is) from the north
18. 우체국 맞은편 가게	→	the shop (that is) opposite of the post office
19. 6세의 어린이	→	a child of six years old

5. 부사와 결합 : 많지 않으며, above, then, after, up, down, away, home 같은 부사뿐이다.

상술한 바	→	the above statement	당시의 시장	→	the then mayor
후년에	→	in after years	상/하행 열차	→	the up/down train
상행 플랫폼	→	the up platform	홈 그라운드시합	→	home matches
원정 시합	→	away matches	안표지	→	inside cover

아래에 진술한 바 → the statement below (the below statement는 틀림)
최신 사전 → an up-to-date dictionary

6. 소유격 (of의 용법과 's를 붙이는 법)

산기슭	→ the foot of the mountain
테이블 다리	→ the legs of the table(the table legs)
뉴욕시	→ the city of New York(New York City)
그의 뒷머리	→ the back of his head
병마개	→ the cap of the bottle(the bottle cap)

» 단수형 명사에는 s를 붙인다.

부인모자 → a woman's hat		잠깐 생각한 후에 → a moment's thought
도보로 3시간 → a three hours's walk		금년의 수확 → this year's harvest
What's the opinion of the doctors? (복수)		

» 어미가 s의 복수형이면

존스씨 아이들 → Mr. Jones' children		양심상 → for conscience's sake
제발, 아무쪼록 → for goodness' children		그 소년들의 책 → the boy's books
What's the doctor's opinion? (단수)		what's the opinion of the doctors? (복수)

PART 5
전치사(PREPOSITION) 부사(ADVERB)와 관련된 회화훈련

여기서는 마지막으로 영어의 마무리에 해당하는 전치사 (약 45개 정도)와 관용구 200여 개를 훈련합니다.
한마디로 '시간(when), 장소(where), 이유(why), 방법(how)'의 4가지 의미에 속하는 말을 부사라고 합니다.

예: <u>나는</u> <u>12시에</u> <u>친구와</u> <u>공항에서</u> <u>미국으로</u> <u>떠날 것이다.</u>
　　주어　시간부사　방법부사　장소부사　방향부사　　동사
　　　　　　at　　　with　　　at　　　　for

제 1 장: 시간과 때로 사용할 때의 전치사 회화훈련   ※ 고딕체만 먼저 훈련

1. **at**: (정시)에
당신은 12시에 점심을 먹나요? Do you eat lunch at 12?
밤에: at night /새벽에: at dawn /자정에: at midnight

2. **in**: 주, 달, 년에
봄에: in spring.
1960에: in 1960 / 학창시절에: in my school days

3. **on**: 날짜 앞에
일요일에 수업이 있나요?
→ Do you have school on Sunday? 2000년, 9월 9일 태어났나요?
→ Were you born on September 9, 2000?

4. **by**: 까지 (정확하게)
6시까지 끝낼 겁니까? Will you finish it by 6?
몇 시까지 출근해야 하나요? By what time do you have to be at work? →
I have to be at work by 7.

5. **until**: 까지 (부정확하게)
6시까지 여기 체류 할 겁니까? Will you be here until 6?→
당신은 언제까지 영어 공부 할겁니까?
Until when will you study English?

6. **in**: 만에, 지나서, 있다가
당신은 10분 만에 집에 도착할 수 있나요?
Can you get home in 10 minutes?
몇 시간 있다가 갈겁니까? How many hours until you go?

7. **within**: 이내에
오늘 이내에 그것을 해야 합니까?
Have you got to do it within today? →

8. **before**: 전에
어둡기 전에 돌아와야 합니까?
Do you have to come back before dark? →

9. **after**: 후에
6시 이후에 돌아와야 합니까?
Do you have to be back after 6? →
4년 후에, 학위를 받을 겁니까?
After 4 years, will you receive a degree? →

10. **later**: 나중에
당신은 2시간 후에 돌아올 겁니까?
Will you be back 2 hours later? →

11. **ago**: 전에
3일전에 여기 왔었나요? Did you come here 3 days ago?

12. **since**: 이후, ~ 부터
작년부터 여기 있었나요? Have you been here since last year?
언제부터 나를 알았지요? Since when have you known me? →
고대로부터: Since ancient times

13. **from**: 부터
월요일부터 금요일까지 일하세요?
Do you work from Monday through(to) Friday? →
아침 일찍부터 밤늦게까지 from early in the morning until late at night.
9시부터 5시까지 from 9 to 5

14. **for: 동안 (숫자, 날짜)** 2시간 여기 있을 겁니까? Will you be here for 2 hours

15. **during: 동안**   휴가 동안 → during my leave.   휴일 동안 → during holiday.

     (단어)   당신이 여기 체류하는 동안 → during your stay here.

16. **through : ~도록**   밤새도록 비가 왔다. → It kept raining through the night.

17. **about: 경에**   12시30분경에 점심 먹으러 나갑니까?

                   Do you go out for lunch at about 12:30? →

                   당신은 몇 시경에 아침에 일어납니까? →

                   About what time do you get up in the morning?

시간, 기간으로 사용할 때의 전치사 시험: 필수 ★

1. 당신은 몇 시까지 그 서류를 처리할 수 있나요?

    By what time can you take care of the document? →

2. 귀하는 언제까지 한국에 체류하실 겁니까?

    How long(Until when) will you stay in Korea? →

3. 몇 년 있다가 귀하는 집을 이사할 작정이세요?

    How many years from now do you intend to move into your house?

4. 몇 시간 있다가 귀하는 잘 겁니까?

    In how many hours from now will you be going to bed? →

5. 휴일 동안 당신은 어디서 시간을 보낼 겁니까?

    During the holiday, where will you spend your time? →

제 2 장: 장소와 방향으로 사용할 때의 전치사 훈련

1. **at: (정해진 장소)에**   우리는 서울역에서 만날까요?

                      Shall we get together at Seoul station?

2. **in: (장소의) 안에**   그는 방 안에 있습니다. He is in the room.

3. **into: 안쪽으로**   그는 방 안으로 들어왔습니다. He came into the room.

4. **out of: 밖으로**   그는 방에서 나갔습니다. He went out for the room.

5. **between: (둘) 사이**   당신과 나 사이에 거리감이 있나요? (어색합니까?)

                      Is there some distance between you and me?

6. **among: (셋 이상) 사이**   여자들 사이에 질투심이 있나요?

                      Is there any jealousy among women?

7. of: 중에서   호기심에서 **out of curiosity**, 동정심에서 **of sympathy**
여러분 중에서, 누가 커피를 살래요? (out은 안 붙여도 됨)
Out of all of you, which one will by the coffee?

8. before: 앞에   in front of와 동일.

9. behind: 뒤에   at the back of와 동일.

10. by: 옆에   beside와 동일.   내 옆에 앉고 싶어요?
          Do you want to sit by me?

11. along: ~따라서   강을 따라 걷고 싶으세요?   Do you want to walk along the river?

12. across: ~건너편에   당신 회사는 우리 집 건너편에 있나요?
Is there your company across from my home?

13. through: ~통하여   숲을 통과하여 운전했었나요?
Did you drive through a forest?

14. round, around: 지구는 해 둘레를 돕니까?
    ~돌아서, ~둘레에   Does the earth turn around (round) the sun?

15. after: 쫓아서   나를 따라서 복창할 수 있나요?   먼저 하세요!
Can you repeat after me →   After you!

16. to: ~로, 에   일본에 가실 겁니까? Are you going to Japan? →
    (go, come과 함께 씀)

17. for: ~향해서, ~로
(leave, start, take off, be off, depart, head 등 「출발하다」라는 단어와 함께 씀.)
          어디로 출발할 겁니까? Where will you leave for? →
          어디로 향할 겁니까? Where will you head for? →
          → 나는 집으로 향할 겁니다. I'll head for my home.

18. toward: ~쪽으로   내 방 쪽으로 망원경을 설치할 겁니까?
Will you set up a telescope toward my room?

19. from: ~부터   여기서 거기까지(from)here to there: from은 생략함.

20. on: (표면) 위에   책상 위에 시계가 있나요? Is the watch on the desk?

21. over: (바로) 위에   길 위에 육교가 있나요?
Is there an overpass over the street?

22. under: (바로) 밑에   지하도가 길 밑에 있나요?
Is there an underpass under the street?

23. above: (보다) 위에   비행기가 하늘 위에 날아가고 있나요?
Is an airplane flying above the sky?

24. below: (보다) 밑에   우리 밑에 있는 시가지를 볼 수 있나요?
Can you see the entire city below us?

25. beyond: (멀리) 저편에   요리는 거리가 멀다. Cooking is beyond me.
말로 형용할 수 없다. It is beyond description.

26. up: 위쪽으로   산위로 올라가다. I go up to the mountain.
27. down: 아래쪽으로   일층으로 내려가다. I go down to the 1st floor.
28. forward: 앞쪽으로   일보전진 A step forward!
29. backward: 뒤쪽으로   머리를 뒤로 젖히세요! Put your head backward!

30. against: ~대항하여   너는 문에 부딪쳤니? Did you run against the door?
    ~부딪혀서   너는 그녀에게 부딪쳤니? Did you bump against her

제 3 장: 수단·방법으로 사용할 때의 전치사 훈련

1. of: (물리적 변화)로,   책상은 나무로 만든다. This table is made of wood.
2. from: (화학적 변화)로,   포도주는 포도로 만든다. Wine is made from grapes.

3. in: ~로,   당신은 잉크로 편지를 씁니까? **Do you write a letter in ink?**
  ~하면서,   당신은 영어로 말합니까?   **Do you talk in English?**
    당신은 일하는 데 문제가 있으세요? **Do you have a problem working?** →

4-1. by: (수단) ~로   버스로 여기에 옵니까? **Do you come here by bus?**
   ~ 하면서   당신은 신문을 보면서 하루를 시작합니까?
Do you begin the day by reading a newspaper?

4-2. by: (수단) ~로   당신은 보면서도 모르겠어요?
   ~에 의하여   **Don't you see that by looking at it?** →
당신은 척 보면 다 압니까?
Do you know everything by just looking at it? →

외모로서는 by looks, by appearance
이 포도주는 컵으로 팝니까? Is this wine sold by a cup? (단위)
내 시계로는 by my watch   교대로 by turns
아슬아슬하게 by a hair's breadth
한국인 태생 by birth a Korean.
내 예감으로 by my hunch   억지로 by force
내 직관으로 by my intuition   실수로 by mistake
한 방울씩 drop by drop   조금씩 little by little
서서히 step by step   한 개씩 piece by piece

한사람씩 one by one		한쪽씩 page by page	
나란히 side by side		얼굴을 맞대고 face to face	
팔을 끼고 arm in arm		손잡고 hand in hand	
해마다 year by year		그건 그렇고 by the way	

옛일은 과거지사로 보냅시다! (옛일은 제쳐둡시다)
Let by gones be by gones.

5. with: ~함께
   (도구)~을 가지고,

당신은 칼로 빵을 자를 겁니까?
Will you cut the bread with a knife?

당신은 나와 함께 갈 겁니까? **Will you go with me?**

당신은 집을 전기로 불을 밝힙니까?
Do you light the house with electricity? →

그 라디오가 전지로 작동합니까?
Does the radio work with(by) batteries? →

6-1. for: (돈의 단위)
     찬성하는

2불에 그것을 샀나요? **Did you buy it for 2 dollars?**

당신은 그 계획에 찬성합니까? **Are you for the plan?**

너는 스지에 맞는 남자니? **Are you a man for Susie?**

6-2. for: ~ 때문에

당신은 공부할 목적으로 미국에 갈 겁니까?
Will you go to the US for (the purpose of) studying?

   ~위하여
   ~치고는

당신은 나이치고는(비해서) 어려 보입니까?
Do you look young for your age? →

7. on: ~관하여

그것에 관하여 조치를 취할 수 있나요?   (about을 쓰지 않음)
 Can you take steps on that?→

당신은 수학에 관한 책이 있나요?
 Do you have books on mathematics?→

8. except: ~제외하고

당신을 제외하고 여기에 6명이 있나요?
 Are there 6people here except you?→

9. regarding, concerning, as to, pertaining to: ~관해서 (about과 같음)

당신은 업무에 관하여 대화를 할 겁니까?
 Will you have a talk regarding our business?

10. as: ~로서
    ~같이
    ~만큼
    ~처럼

나를 어린애로 취급할 겁니까?   Will you treat me as a child?

이유는 다음과 같다.   The reason is as follows.

위와 같이 as above   앞서 같이 as before   아래같이 as below

말하자면   as it were=so to speak

나도 그 정도는 생각했다.   I thought as much.

제 4 장: 전치사 종합시험

1. 실수로 당신은 지하철을 탔나요? **Did you take the subway by mistake?**

2. 당신은 여자를 만나면, 나란히 앉나요, 마주 보고 앉나요?
   When you meet a woman, do you sit side by side or face to face?

3. 당신은 남편과 산보할 때, 팔을 끼고, 아니면 손잡고 걸으세요?
   When you go for a walk with your husband, do you walk arm in arm or hand in hand?

4. 내가 나이치고는 어려 보여요, 아니면 늙어보여요? **Do I look young or old for my age?**

5. 당신은 똑똑하니깐, 척 보면 모든 것을 아세요?
   Because you are smart, do you know everything by just looking at it?

6. 그 라디오는 배터리로 동작합니까, 아니면 전기로 동작하나요?
   Does the radio work with batteries or electricity?

7. 달력을 보면, 이달에 며칠이 남았나요?
   By looking at the calendar, how many days are there remaining in this month?

8. 이 거리에 지하도가 있습니까, 아니면 육교가 있습니까?
   Is there an overpass or an underpass at this street?

9. 내 얼굴을 보고, 나의 성격을 알아맞힐 수 있나요? **By looking at my face, can you guess my character?**
   → 얼굴을 보고는 성격을 알아맞히기는 어렵다.

10. 당신과 나 사이가 어색하지요? **Is there some distance between you and me?**

11. 한국 여자 중에서 누가 가장 예쁘지요? **Of all Korean women, who is the→**

12. 당신은 책을 읽으면서 여기에 왔나요, 아니면 신문을 읽으면서 왔나요?
    Did you come here by reading a newspaper or reading a book?

13. 휴가를 얻으면 어디로 향할 겁니까? **Where will you head for if you have leave?**

제 5 장: 중요한 부사구 100개 회화훈련

☞ 부사는 문장 뒤에 오는 것이 통례이나, 문장 중앙 그리고 앞 어디든지 위치합니다. well, badly, hard 같은 부사는 항상 문장 뒤에만 옵니다. 그러나 '시간'의 부사구는 문장 앞에 올 수 있으나, '장소나 방향'의 부사는 문장 앞에 오지 않습니다.

☞ 해석 부분의 한국어 부사구를 영어로 수차례 옮기는 훈련을 한 후 통역할 것!

1. Did you come here **the other day**?
2. Shall we get together **sometime tomorrow**?　　　　　　　　　　　　*sometime today,*
3. Shall we meet **some other time**?　　　　　　　　　　　　　　　　　　*someday, one day*
4. Did you come here **the day before yesterday**?
5. Will you visit me **the day after tomorrow**?
6. Will you call me **later(on)**?
7. Did you come here **3 days ago**?
8. Do you have to leave for Japan **in 3 days**?
9. Did you see her **last time**?
10. Will you stay here longer **this time**?
11. Will you be here longer **next time**?
12. Have you been busy **these days**?
13. Have you written to your uncle **lately**?　　　　　　　　late=늦게까지 nowadays=요즈음
14. Will you see a movie **one of these days**?　　　　　　　　　　　　*one of those years*
15. Will he be back **any minute**?　　　　　　　　　　　　　　　　　*soon, before long*
16. Will you go to Japan **in the near future**?　　　　　　　　　　　　　*in the future*
17. Are you busy **all the time**?　　　　　　　　　　　　　　　　　　　　*at all times*
18. Are you free **at other times**?
19. Will you be here **all through the year**?　　　　　　　　　*all year round=일 년 내내*
20. Did you dance **all night**?　　　　　　　　　　　　　　　　　　　　*all day(long)*

21. Have you got to go to church **every other day**?　　　　　　　　　　*every 2 years*
22. Can you reside in Seoul **for the time being**?
23. Are you busy **at this moment**?　　　　　　　　　　　*at present=at the moment*
24. Have you got to change your job **year in and year out**?

　　　　　　year by year= from year to year= year after year=(모두 같음) 해마다

25. Is it raining in Busan **at this time**?　　　　　　　　　　　　　　　　*at that time*
26. Do you get angry **once in a while**?　　　　　　　　　　　*from time to time=때때로*
27. Do you take medicine **on a daily basis**?

1. 일전에   당신은 여기에 왔었나요?   *the other night*= 일전의 밤에
2. 내일 언제쯤   우리 모일까요?   오늘 언제쯤   *sometime this year* 금년언제
   금주 언제쯤 시간이 있으세요? (자주 쓰는 표현)
   Do you have time sometime this week?
3. 다음 기회에   우리 만날까요?   someday=(미래)언젠가, oneday =(과거)언젠가
4. 그저께   당신은 여기에 왔었나요?
5. 모래   당신은 나를 방문할 겁니까?
6. 나중에 (이따가)   나에게 전화할 겁니까?
7. 3일전에   당신은 여기 왔었나요?
8. 3일 후에 (3일 있다가)   당신은 일본으로 떠나야 합니까?

9. 지난번에   당신은 그녀를 보았나요?
10. 이번에   당신은 여기에 오래 체류할 겁니까?
11. 다음번에   당신은 여기에 오래 계실 겁니까?
12. 요즈음   바쁘십니까?   그전 때에 (그 당시에) =in those days
13. 최근에   당신은 삼촌에게 편지 썼나요?   late과 lately의 차이 주의
    당신은 늦게까지 일하세요? *Do you work late?* →

14. 요즘 어느 날   당신은 영화를 볼 겁니까?   그해의 어느 때
15. 곧   그는 돌아올까요?   곧, 금방
16. 가까운 미래에   당신은 일본에 갈 겁니까?   미래에
17. 항상   당신은 항상 바쁘세요?   항상
18. 평소에는   당신은 평소에는 한가하세요?
19. 일 년 내내   당신은 여기에 있을 겁니까?   *all through the day* 하루 내내
20. 밤새도록   당신은 춤을 추었나요?   하루 종일

21. 하루 걸러서 (이틀마다)   교회에 가야 합니까?   2년마다. every는 걸러서, 마다.
22. 당분간   서울에 거주할 겁니까?
23. 현재 순간에   바쁘십니까?
24. 해마다   당신은 성격을 바꾸어야 합니까?
25. 지금쯤 (이 시간에)   부산에 비가 오고 있나요?   그 당시에
26. 가끔   화내십니까?   *at times*=때때로
27. 하루주기로   약을 드십니까?
    on a weekly basis : 일주일 주기로 **on a monthly basis** : 한 달 주기로
    on a rotational basis : 교대로 **on a temporary basis** : 수시로, 아무 때나
    on a regular basis : 정규적으로 **on a two-day basis** : 이틀 주기로

28. Do you leave the house **at the same time or at a different time?**
29. **At one time**, have you ever wanted to be a musician?
30. Do you ride the bus **for 30 minutes or so?**
31. Will you be promoted **as of 1st March?** *as of today, as of this time*
32. **So far so good.** Everything is Ok so far.

(by this time, up to now, until now= 지금까지)

33. Did you come in **just now?** *a minute ago. a while ago*
34. Do you want to talk to me **for a little while?** *for a minute*
35. **No matter when(Whenever)** you have time, will you call me?
36. Where will you be **during the month of July?**

37. Come in one **at a time!** *(two at a time=두 사람씩)*
38. Did you do it **on purpose?** *intentionally*
39. Did you handle it **carelessly?** *with care= 조심해서*
40. Do you want to leave the office **secretly?** *with saying= 말하고*
41. Did you see her **a long time ago?** *a long long time ago= 옛날 옛적에*
42. Can you do **as you want?** *what you like. = 원하는 것을*
43. Did he depart here **suddenly?** *all of a sudden= 갑자기*

44. Will you take a taxi **against your will?** *by force= 억지로*
45. Will you ask me **constantly?** *continuously=계속해서*
46. Did you go to hospital **for nothing?** *for cure= 치료를 위해서*
47. Do you want to make reservations **in advance?** *before hand= 미리*
48. Will you let me know your name **in(after) a little while?**
49. Do you drink a lot **by nature?** *originally=원래*
50. Do you have a book **like this?** *for sure= 확실히*

51. Can you eat **this much(that much)?**
52. Did you meet him **by chance?** accidentally = by accident= 우연히
53. The telephone is disconnected **of itself.**
54. Have you studied English **by yourself?** =alone for yourself=스스로
55. Can you give me your book **free of charge?**
56. Did he call you up **for no reason?**
57. Can you bring **at least** 40,000 won? at the most= 기껏해야
58. You have bought a big house **at last.**

276

28. 똑같은 시간에   매일 집을 나옵니까, 다른 시간에 집을 나옵니까?
29. 한때는   당신은 음악가가 되기를 원한 적이 있나요?
30. 30분정도   당신은 버스를 타십니까?
31. 3월 1일부로   진급 할 겁니까?   *오늘부로, 이시간부로*
32. 지금까지   모든 것이 좋습니다.
33. 금방   당신은 들어왔나요?   *조금 전에, 아까*
34. 잠깐 동안   나하고 얘기 좀 하고 싶습니까?   *잠깐 동안*
35. 시간이 있을 때마다   나에게 전화할 겁니까?   whenever도 같음
36. 7월 달 동안에   어디에 있을 겁니까?

37. 한 번에   한사람씩 들어오세요!
38. 일부러(고의로)   당신은 그 짓을 했지요?
39. 부주의하게   당신은 그것을 다루었나요?
40. 몰래   사무실을 나가고 싶으세요?
41. 옛날에(오래전에)   그녀를 보았나요?
42. 원하는 대로   할 수 있어요?
43. 갑자기   그는 여기를 출발했나요?

44. 의시외는 반해서 (어지로)   당시은 택시를 탈 겁니까?
45. 계속해서   나에게 물어볼 겁니까?
46. 괜히 (거저, 공짜로, 할 일 없이)   당신은 병원에 갔었나요?
47. 미리   예약하고 싶으세요?
48. 조금 있다가   나에게 이름을 알려줄래요?
49. 원래   당신은 술을 많이 마십니까?
50. 이렇게 생긴(이런)   책이 있으세요?

51. 이만큼   먹을 수 있나요?
52. 우연히   그를 만났습니까?
53. 저절로   전화가 끊겼다.
54. 혼자서   영어공부를 했습니까?
55. 공짜로(무료로)   책을 나에게 줄 수 있습니까?
56. 이유 없이   그가 당신께 전화했었나요?
57. 최소한(적어도)   4만원은 가져올 수 있나요?
58. 마침내   당신은 큰 집을 샀군요.

제 6 장: 문장 중앙에 쓰는 부사 훈련

1. Does the sun **always** rise in the east?
   → Yes, (it does) the sun always rises in the east.
2. Do you **occasionally** go to the cinema?
3. Do you **generally** have tea at four?
4. Do you **usually** cycle to school?
5. Does he **sometimes** go to bed very late?
6. Don't you **sometimes** eat at a nice restaurant?
7. Have you **ever** been to Japan?
8. Do you **ever** go shopping?
9. Will you **probably** travel to Japan?
10. Don't you **often** take a walk?
11. Can you **generally** get here in time?
12. Have you **almost** finished the work?

1. 항상	해는 동쪽에서 뜹니까?	→ 예, 해는 동쪽에서 뜹니다.
2. 종종	당신은 영화를 보러 갑니까?	
3. 일반적으로	4시에 차를 드십니까?	
4. 보통	학교에 자전거로 통학하세요?	
5. 가끔	아주 늦게 그는 잠자러 갑니까?	
6. 가끔	멋진 식당에서 식사하지 않습니까?	
7.	일본에 가본 적이 있으세요?	
8.	시장에 가곤 하세요?	ever는 '곤' 을 의미합니다.
9. 아마 (혹시)	일본에 여행하실 겁니까?	
10. 가끔	산책하지 않으세요?	
11. 일반적으로	시간에 맞춰 여기에 도착할 수 있나요?	
12. 거의	일을 끝마쳤습니까?	

★ 부정부사 –not 을 별도로 쓰지 않아야 합니다.

13. Do you **seldom** smoke and drink? → 거의 술담배를 안 하지요? ~거의 않다
14. Do you **rarely** write to your uncle? → 삼촌에게 거의 편지를 안 쓰지요?
15. Do you **hardly ever** play tennis? → 거의 테니스를 안치지요?
16. Can you **scarcely** see the bridge? → 거의 다리가 보이지 않지요?
17. Do you **never** go to temple? → 절대로 절에 안가지요? (100% 부정)
18. He is **scarcely** seventeen. → 그는 가까스로 17살이 될까 말까 합니다.

제 6 장: 문장 중앙에 쓰는 부사 훈련

1. I am so tired I can **hardly** walk.
   나는 너무 피곤해서 걸을 수가 없다.
2. I **rarely** go to drink.   She is **rarely** pretty.
   나는 좀처럼 술 마시러 가지 않는다.   그녀는 드물게 보는 미인이다.
3. I can **hardly** rest under these circumstances.
   이런 상황에서는 나는 거의 쉴 수가 없어요.
4. They had **just** finished breakfast.   그들은 금방 아침을 끝냈다.
5. She has **quite** changed.   그녀는 아주 변했다.
6. We shall **soon** be there.   우리는 곧 거기에 갈 것이다.
7. You **nearly** miss the train.   당신은 기차를 거의 놓쳤다.
8. She **just** caught the train.   그녀는 알맞게 기차를 잡았다.
9. You are **rather** odd and particular. 당신은 꽤 괴짜이고 별나다.

☞ 이 부사들도 읽고 훈련합니다.

10. luckily=fortunately → 운좋게   publicly → 공공연하게   separately → 따로따로
11. consequently → 결과적으로   artificially → 인공적으로 personally → 개인적으로
12. naturally → 자연적으로, 당연히 exactly → 정확히   presently, currently → 현재
13. automatically → 자동적으로   voluntarily → 자진해서   reluctantly → 마지못해서
14. willingly → 기꺼이   unwillingly → 내키지 않는 comparatively → 비교적으로

부사구 시험   필수 부분

1. 당신은 주택복권에 당첨되고 싶나요?
   Do you want to win the housing lottery?
2. 당신은 부모와 따로따로 사세요, 아니면 함께 사세요?
   Do you live with your parents or separately?
3. 당신은 개인적으로 나하고 대화를 하고 싶으세요?
   Would you like to have a talk with me personally?
4. 당신은 중국을 전혀 모르세요, 아니면 좀 아세요?
   Do you know nothing of China or do you know something about China?
5. 당신은 자진해서 저녁을 사시겠어요, 아니면 마지못해 사실 겁니까?
   Will you buy dinner voluntarily or unwillingly?
6. 비교적으로, 당신의 수입은 많지요?
   Comparatively, is your income a lot?
7. 비교적으로 금년 봄 날씨치고는 쌀쌀하지요?
   Relatively speaking, is it chilly for this spring weather?

제 7 장: 중요한 관용구 100개 회화훈련

1. **Come to think of it**, did you have a good day or a bad day?
2. **To some degree,(To some extent)** do you need Chinese?
3. **By the way,** what do you do when you have leisure time?
4. **In other words,(In a word)** do you know nothing of Russian?
5. **On the other hand (Meanwhile)**
6. **In the mean time,** time is over and one hour goes by too fast.
7. Do you have hot rice and soup **in addition to** several side dishes?
8. Can you come any day **except Sunday?**   besides=but= 제외하고
9. Would you like to have a talk **regarding** the business?

(concerning, as to, pertaining to= 관하여)

10. **In what respect (In this respect),** are you a specialist?
11. **In the respect of appearance (looks),** do you like women?
12. **In case of you,** what transportation means do you use?
13. Can you sing any song **off hand (instantly)?**
14. **As for me,** I am mixed up these days. Are you confused?
15. **On this occasion,** can you achieve your goal?
16. **As a matter of fact,** can you afford to buy the house?   *In fact, Actually*

17. Do you have to confirm the fax **prior to sending?**
18. **In spite of the rain,** have you come here to see me or to improve your spoken English?
19. Are you young and cute, **considering your age?**
20. Our nation seems to be getting better **considering the circumstances**, doesn't it?
21. Do you look old **for your age?**
22. Is this mild or freezing **for winter weather?**
23. **Frankly speaking(To be frank with you),** are you in agony?
24. **Honestly speaking, (Strictly speaking)** are you a devoted husband?

25. **To make a long story short,** (to be brief=briefly) are you a swindler?
26. **To make matters worse,** is the weather miserable and awful?
27. **Point-blank,** do you want any emigration?
28. Can you live in peace **under these circumstances**?
29. **According to the weather forecast,** is it going to be foggy?
30. Can you contact me **according to the promise**?
31. Do you want to run errands **instead of going to the company**?
32. **Instead of offering assistance**, will you hurt my pride?

1. 가만히 생각해보니, 오늘이 좋은 날 이었나요, 나쁜 날이었나요?
2. 어느 정도까지 (어느 범위까지) 당신은 중국어를 필요로 하세요?
3. 그건 그렇고, 한가한 시간이 있으면, 무엇을 하세요?
4. 바꿔 말해서 (한마디로), 당신은 러시아어를 전혀 모르지요?
5. 반면에, (한편)
6. 그럭저럭 하다보니깐, 시간이 넘었고, 한 시간이 아주 빨리 가지요.
7. 반찬과 더불어, 당신은 밥과 국을 먹으세요?
8. 일요일을 제외하고, 당신은 아무 날이나 올 수 있지요?
9. 업무에 관하여, 당신은 대화를 갖고 싶으세요?

10. 어느 점에서 (이점에 있어서는) 당신은 전문가입니까?
11. 외모면에서, 당신은 여자들을 좋아하세요?
12. 당신의 경우에는, 무슨 교통수단을 사용하세요?
13. 즉석에서, 당신은 아무 노래나 부를 수 있나요?
14. 나는요, (나로 말하면요) 나는 요즘 헷갈려요.   혼동이 됩니까?
15. 이 기회에, 당신은 목표를 달성할 수 있나요?
16. 사실인즉 당신은 그 집을 살 여유가 있으세요?   *사실, 실제로*

17. 보내기 전에 당신은 팩스를 확인해야 합니까?
18. 비에도 불구하고 나를 만나러, 아니면 영어를 개선하러 왔나요?
19. 나이에 비해 당신은 어리고 귀여운가요?
20. 상황을 고려해보면 우리나라는 더 나아지고 있는 것 같지요?
21. 나이치고는 당신은 늙어 보이나요?
22. 겨울 날씨치고는 온화한가요, 아주 추운가요?
23. 솔직히 말해서 당신은 고민이 있나요?
24. 정직히 말해서 (엄격히 말해서) 당신은 헌신적인 남편(애처가)입니까?

25. 간단히 말해서 당신은 사기꾼인가요?
26. 설상가상으로 (엎친 데 겹친 격으로) 날씨가 구질구질하고 지독한가요?
27. 단도직입적으로, 당신은 이민을 원하세요?
28. 이런 상황하에서, 당신은 평화롭게 살 수 있나요?
29. 일기예보에 의하면, 안개가 낄까요?
30. 약속대로, 당신은 나에게 연락할 수 있나요?
31. 회사 가는 대신에, 심부름 가기를 원하세요?
32. 도움을 제공하기는커녕, 당신은 내 자존심을 상하게 할 겁니까?

33. Were you late yesterday **because of the traffic jam?**
34. Did you take a taxi **due to the bad weather (on account of)?**
35. Please, call before you come. **Otherwise** I might be out.
    → Sure, I'll call you **beforehand**.
36. **At this point**, do you need to improve your English?
37. **At this stage**, do you want to take care of yourself?
38. **To my knowledge.**   To my best (poor) knowledge.
39. **To begin with.**   **At(In) the beginning**, did you make mistakes?
40. **As far as I am concerned.**   As far as I know,
41. **In my opinion,**   From my point of view,
42. **As I might say.**   As I recall.

43. Will you take a taxi **so as not to be late?** =in order not to be late.
44. **As you see. As you already know.**   As you guess.
45. **From listening to you** (what you said),
46. I'll make a long story short **without further ado**.
47. **I can talk a long time**, but I'll tell you briefly.

48. Please, **take some of this cake.**   Eat this. Try this.
49. Does this food **agree with** you?   Does it like you?
50. Please, **help yourself to** these fruits **to your heart's content**.
51. Will you present this **in return for** his help?
52. Will you send the goods **at your own risk?**
53. Will you pay for the radio **on the installment plan (on time)?**
54. Will you pay **for each of us** after eating lunch with your friend?
55. **Under the influence of** a Typhoon, traffic is dismembered.

56. You are **only too** happy to pass the exam, right?
57. Today is a good day **compared with (to)** yesterday.
58. Why are you **losing yourself like that?**   (lose yourself)
59. How much did you give **to each of them?**   for each head.
60. Did you lose sleep over **the matter?**
61. **In view of his behavior**, don't you think he is a nice guy?

                                                                                          in light of= 비추어 보건데.

62. Will you pay for it **in cash or on credit?**

33. **교통 혼잡 때문에,** 당신은 어제 늦었나요?
34. 나쁜 날씨 관계로, (나쁜 날씨로 인하여) 당신은 택시를 탔나요?
35. 오기 전에 전화를 하세요. 그렇지 않으면, 나는 외출할지도 몰라요.
   → 그럼요, 미리 전화하지요.
36. 이 시점에서, 당신은 영어를 개선할 필요가 있습니까?
37. 이 단계에서, 당신은 몸조심하고 싶으세요?
38. 내가 알기로는,   내가 잘 알기로는 (내가 조금 알기로는)
39. 우선 제일 먼저,   처음에는, 당신은 실수를 했나요?
40. 나에게 관한한,   내가 알기로는.
41. 내 의견으로는,   나의 견해로는.
42. 내 생각으로는,   내 기억으로는.

43. 늦지 않으려고, 당신은 택시를 탈 겁니까?   so as not to: '쏘어스투'로도 발음
44. 당신이 보시다시피,   이미 아시다시피,   짐작하시다시피,
45. 당신 말을 듣고 보니,
46. 더 이상 쓸때없는 소리 안 하고, 나는 긴말을 줄이겠습니다.
47. 나는 말을 하면 한이 없습니다만, 간단히 말하지요.

48. 이 케이크 "좀 드세요.",   이것을 "먹어라.",   "시식하세요."
49. 이 음식이 "입에 맞습니까?"   이것이 "입에 낮나요?" (같은 표현)
50. "실컷" (직역하면--가슴이 만족할 때까지) 이 과일을 "잡수십시오."
   ☞ 드세요!: take this. 잡수세요!: help yourself!
51. 그가 도와준 '답례로 (대가로)' 당신은 이것을 증정 할 겁니까?
52. 귀하가 '위험을 부담하고' 물건을 보낼 겁니까?
53. '할부로 (분할제로)' 이 라디오를 지불할 겁니까?
54. 친구와 점심을 먹은 후에 "모두 지불할 겁니까?"   separately=따로따로
55. 태풍의 '영향으로' 교통이 두절되었다.

56. 당신은 그 시험에 합격해서, '더할 나위 없이' 기쁘지요? →   too ~ to 용법이 아님.
57. 오늘은 '어제에 비하면', 좋은 날이다.
58. 왜 그렇게 '어리둥절'하십니까?
59. '한 개당' 얼마씩 주었니?   한 두당 (배추, 무우 등의 한 다발) =for each head.
60. '그 문제로' 잠을 설쳤나요?
61. '행동으로 비추어 보건대', 그는 좋은 녀석이라고 생각하지 않으세요?
62. 당신은 그것을 '현금으로' 아니면, '외상으로' 살 겁니까?

제 8 장: 제 5 부 부사구 관용구 종합 실력 테스트

1. 돈이 부족한 관계로, 당신은 집 사는 것을 포기할 건가요?
   Due to the shortage of money, will you give up buying the house?
2. 내 생각으로는, 오늘 눈이 종일 올 것 같군요, 안 그래요?
   As I might say, it looks like snow all day, don't you think so?
3. 늦지 않으려고, 당신은 택시를 탔나요?
   So as not to be late, did you catch a taxi?
4. 당신은 미국 음식을 먹습니다. 그것이 입에 맞는지 안 맞는지, 조금씩 먹어 볼 겁니까?
   You eat American food. Whether this agrees with you or not, will you try some of it?
5. 비교적으로, 오늘은 여가시간을 즐길 수 있나요?
   Comparatively, can you enjoy your leisure time today?
6. 가만히 생각해보니, 당신은 과거가 후회됩니까? Come to think of it, do you regret your past?
7. 봉급 면에서, 큰 회사에 들어가시렵니까?
   In the respect of salary, will you get in the big company?
8. 모든 상황을 고려해보면, 경기가 좋아질까요?
   Considering every circumstance do you think that things will be better?
9. 나는 말하면 한이 없습니다. 우리의 대화를 당신은 중단하고 싶으세요?
   I can talk forever. Would you like to terminate our conversation?
10. 그럭저럭하다 보니깐, 하루가 갔네요. 세월이 이다지 빠릅니까?
    In the meantime, the day has passed. Are years this fast?
11. 당신은 기꺼이 내일 올래요? 아니면 마지못해서 출석할 겁니까?
    Are you coming tomorrow willingly or will you be present against your will?
12. 당신은 바빠서 담배는 거의 안 하죠?
    Because you are busy, do you seldom smoke?
13. 당신은 같은 시간에, 아니면 다른 시간에 점심을 드십니까?
    Do you have lunch at the same time or at a different time?
14. 당신은 금방 아니면, 아까 왔어요? Did you come here just now or a while ago?
15. 당신은 괜히, 아니면 이유가 있어서 여기 왔나요?
    Have you come here for nothing or for a reason?
16. 문이 저절로 열리네요. 귀신이 들어오나요?
    The door has opened by itself. Is this because a ghost is coming in now?
17. 금년 언제쯤 당신은 미국으로 출발하실 겁니까?
    Are you going to depart for America sometime this year?
18. 수시로, 아니면 한 달 주기로, 당신은 영화를 보세요?
    Do you see the movies on a temporary basis or on a monthly basis?

PART 6 이 책에서 가장 중요한 부분

최단기에
유창한 영어를
가능하게 해주는
주제대화 29개 훈련

지금까지는 문장 구성(문법)을 익히는 부분적인 훈련을 하였으나, 이제부터는 일상생활에서 필수적으로 사용하는 문장을 주제별로 통역 후 영어로 대화합니다. 이 주제 대화 훈련이 가장 중요하며 제1권 6부와 제2권에서 40개 주제 이상을 통역 대화하여 익숙하게 되면, 실제로 유창한 회화를 구사할 수 있는 것을 느끼고 자부할 수 있게 됩니다. 따라서 유창한 영어가 급히 필요한 분은 처음부터 이 6부를 먼저 시작하고 1~5부를 나중에 해도 됩니다.

» 주의
한국어를 듣고 큰 소리로 영어로 통역 SPEAKING(발성) 훈련을 하십시오. 발음이 정확하게 될 때까지 여러 번 반복합니다. 그렇게 되면, 영어로 묻고 답하는 것은 저절로 해결됩니다. 그 후 영어로 묻고 답하는 것을 더욱더 반복하셔야 합니다. 영어로 대화할 상대방이 없으면 자기 입으로 녹음된 영어 질문을 듣고 수차례 숙달하십시오.

» 경고
6부 주제 대화 문장이 쉽다고 하여 적당히 문장을 훑어보고서, 큰소리로 발성 훈련도 하지 않은 채 다 말할 수 있는 것처럼 넘어간다면, 당신은 능통한 영어를 실제로 원하는 사람이 아니라고 간주되므로, 독해나 하는 단계에서 현 상태의 영어를 유지하시기 바랍니다.

» 대화 훈련 시 주의 사항
1. 혼자서는 녹음기를 이용하여 통역하고, 친구와 둘이 그룹을 만들어서 이 책의 지시대로 질문과 대답을 훈련하십시오.
2. 영어로 통역하거나 주제 대화를 할 때 절대 한국어를 사용하지 마십시오.
3. 한 주제를 시작하면 그 주제를 벗어난 엉뚱한 질문을 하지 마십시오.
4. 질문 후에는 상대방의 대답에 귀를 기울일 것이며, 자신이 물어볼 문장에만 신경을 쓰면 청취가 안 된다는 사실을 명심하십시오. (특히 '난 독해력은 되는데 청취가 안 된다' 하시는 분들)

대화주제: 말을 걸때 쓰는 3가지 질문훈련

☞ 질문자와 대답자로 나누어 지금부터 큰 소리로 훈련을 시작하십시오.

1. 당신은 길에서 외국인에게 말을 걸고 싶으면, 어떻게 말합니까?

   If you want to talk to a foreigner on the street, what do you say?
   → 길에서 외국인에게 말을 걸고 싶으면 나는 다음과 같이 말합니다.
   "내가 잠깐 말을 하면 실례가 되겠습니까?"
   → If I want to speak to a foreigner on the street, I'll say as follows,
   "Do you mind if I talk to you a minute?"

   Do you mind (Would you mind) if ~는 꼭 숙달해야 하는 표현입니다.

2. 길에서 외국인이 당신에게 말을 걸어오면, 당신은 어떻게 대답할 겁니까?

   If a foreigner talks to you on the street, how do you answer?
   → 다음과 같이 대답할 겁니다. "무슨 일이십니까?"
   → I'll say as follows, "What can I do for you? or May I help you?"

3. 만일 외국인이 너무 빨리 말해서 금방 알아듣지 못하면, 어떻게 하시겠어요?

   If a foreigner speaks too fast and you don't understand him quickly, what should you do?
   → 그 경우에는 다음과 같이 말하겠습니다. 천천히 다시 말해주면 고맙겠습니다.
   나는 당신 발음에 익숙하지 않습니다.
   → In that case. I'll say as follows.
   I'll appreciate it if you speak slowly and say it again.
   I'm not accustomed to your pronunciation.

☞ 발음주의: 아울 어프리쉐이딧, 이프유 스피크 스로우리. 아임 낫 어커스텀투 유어 프러난씨에이션.
(어커스텀투 투, 라고 하지 말 것)

외국인에게 말을 걸면, 영어를 잘하는 줄 알고 자기들 습관대로 말을 합니다. 그때는 전혀 당황할 필요도 없고, 그 말을 못 알아듣는 것은 초보자에겐 지극히 당연한 일 입니다. 그때 막연히 "Pardon! (뭐라고!)" 또는 "Say again, please! (다시 말해봐!)" 해도 되지만 가능하면 배운 사람처럼 고상하게 I'll appreciate it if you say it again and slowly." 하면 깜짝 놀라서 미안해가지고 천천히 다시 말해줄 겁니다. 따라서 이 3개의 질문은 항상 습관적으로 나올 수 있게끔 연습해두시기를 바랍니다. 이 문장은 if쪽을 뒤쪽으로 보냅니다. '길에서'는 in the street이나 미국에서는 on the street 라고도 합니다.

☞ 각 주제는 간격을 두고 3회 이상 완벽히 숙달할 것.
짝이 없어서 대화를 못하는 경우나 혼자서 공부할 때는 녹음기를 이용할 것.

통역 및 응용훈련

1. 내 앞에서 담배를 피우고 싶다면 어떻게 말하시겠어요?

   If you want to smoke in front of me, what do you say?

   → 나는 다음과 같이 말할 겁니다. "담배 좀 피우면 지장 있겠습니까?"

   → I'll say as follows, "Do (Would) you mind if I smoke?"

2. 당신은 비행기 안에서 물이 먹고 싶습니다. 어떻게 말하시겠어요?

   If you want some water in an airplane, what do you say?

   → 물 좀 갖다 주시겠어요?

   → Would you mind getting me some water?

3. 당신은 외국인과 사진을 찍고 싶다면 어떻게 말하시겠어요?

   When you want to get your picture taken with a foreigner, what do you say?

   당신은 사진 한 장 같이 찍으면 지장 있겠습니까?

   → Would you mind if I get my picture taken with you?

4. 잠깐 문을 열면 지장이 있겠습니까? → 아니오, 좋습니다.

   Do you mind if I open the door a minute? → No, I don't.

5. 내가 여기에 앉으면 지장이 있겠습니까? → 물론 아닙니다. 어서 하세요.

   Do you mind if I sit down here? → Of course, not. Go ahead.

6. 이 짐을 내 방에 갖다주면 고맙겠습니다.

   I'd appreciate it if you would take my package to my room.

7. 문 좀 닫아주면 고맙겠습니다.

   I would very appreciate it if you closed the door.

1. 대화주제: LUNCH   훈련횟수:1☐ 2☐ 3☐ 회

☞ Yes 와 No 의 대답에 따라 문장을 과거와 미래로 훈련

1. 잠깐 말을 걸면 지장이 있겠습니까? → 아니오. Of course not.
   Do you mind if I take to you a minute? → 하세요. Go ahead.
2. 오늘 점심(또는 저녁)을 먹었습니까? → 예, 먹었습니다.
   Did you have lunch today? → Yes, I did. (Sure, I did)
3. 몇 시에 먹었습니까? → 1시에 먹었습니다.
   What time did you have lunch? → I had it at 1 o'clock.
4. 어디서 점심을 먹었습니까? → 식당에서 먹었습니다.
   Where did you have lunch? → I had it in the restaurant.
5. 점심으로 무엇을 먹었습니까? → 밥과 국을 먹었습니다.
   What did you have for lunch? → I had rice and soup.
6. 누구하고 점심을 먹었습니까? → 혼자 먹었습니다.
   With who did you have lunch? → I had lunch alone.
7. 점심으로 얼마를 지불했나요? → 7,000원을 냈습니다.
   How much did you pay for lunch? → I paid 7000 won for lunch.
8. 점심을 왜 먹었습니까? → 나는 배가 고파서요. 살기 위해서.
   Why did you have lunch? → Because I was hungry. In order to live.
9. 당신은 점심을 먹는데 얼마나 걸렸나요? → 30분 걸렸습니다.
   How long did it take you to have lunch? → It took 30 minutes.
10. 대답해 주셔서 감사합니다. → 천만에요.
    Thank you for your answer. → You are welcome.

(얘기가 재미있었습니다. =I've enjoyed talking to you.   저도 그래요 So have I)

☞ 이 '식사' 주제를 저녁밥으로 바꾸어서 훈련할 것.
당신은 저녁 먹었습니까? 하면, 아니오, 아직 안 먹었습니다. 하고 답하면,
그러면, 몇 시에 먹을 겁니까? → 집에 도착하면 먹을 겁니다. 식으로.

☞ 해당 주제를 본문을 안보고 다섯 질문 이상만 할 수 있으면, 이 질문은 성공한 것으로 간주합니다.

2. 대화주제: 학교 (학원, 회사) 에 오고가기   훈련횟수:1☐ 2☐ 3☐ 회

나는 당신에게 여기에 오는 것에 대해서 질문을 하겠습니다. 대답할 수 있겠습니까?
I'll give you questions about coming here. Could you answer me?

→ 물론입니다. 어서 하세요.

→ Of course. Go ahead.   (고헤드!, 라고 해야지, 고어헤드 라고 하지 말 것)

1. 당신은 몇 시에 여기에 오나요? (미래일 때는 '올 겁니까?') → 9시에 도착합니다.
   What time do you get (come) here? → I get here 9 o'clock.
2. 왜 여기에 매일 오세요? → 영어를 개선시키러요.
   Why do you come here every day? → In order to improve English.
3. 어떻게 오십니까? → 버스로 옵니다.
   How do you get here? → come here by bus.
4. 여기에 오는데 얼마나 걸립니까? → 30분 걸립니다.
   How long does it take to get here → It takes 30 minutes.
5. 일주일에 며칠을 여기에 오십니까? → 일주일에 6일 옵니다.
   How many days a week do you come here? → I come 6 days a week.
6. 하루에 몇 시간 공부를 합니까? → 나는 2시간 공부합니다.
   How many hours a day do you study? → I study 2 hours a day.
7. 당신은 얼마동안 여기에 계실 겁니까? → 유창한 영어를 말할 때까지.
   How long will you be here? → Until I speak fluent English.
8. 수업은 몇 시에 시작해서 끝납니까? → 7시에 시작해서 8시에 끝납니다.
   What time does the class begin and finish? → It begins 7, finishes 8.
9. 수업이 끝난 후에 어디로 향하십니까? → 나는 집으로 곧장 향합니다.
   After the class is over, where do you head for? → I straight head for my home.
10. **Thank you for your answer.** → You are welcome.

☞ 이중에서 다섯 질문 이상을 안보고 할 수 있이야함

3. 대화주제: 영화구경 (GOING TO THE MOVIES)   훈련횟수:1☐ 2☐ 3☐ 회

나는 당신에게 영화에 대하여 물어보면 지장있나요?   Do you mind if I ask about the movies?
   → 아니오, 괜찮습니다. 어서하세요.   → No, I don't. Go ahead.

1. 요즈음 영화구경 하셨어요?   Did you see any movies these days?
   → 예, 물론입니다.   → Of course.
2. 무슨 영화를 보셨나요?   What movie did you see?
   → 나는 터미네이터를 보았습니다.   → I saw Terminator.
3. 어디서 그 영화를 보셨나요?   Where did you see the movie?
   → 나는 집에서 (대한극장) 보았습니다.   → I saw it at home.
4. 누구하고 그 영화를 보셨나요?   With who did you see the movie?
   → 나는 그 영화를 가족과 같이 보았습니다.   → I saw it with my family.
5. 그 영화가 어땠습니까?   How did you like that movie?
   → 재미있었습니다.   → It was exciting.

6. 그 영화가 얼마 동안 상영하던가요?   How long did the movie last?
   → 2시간 했습니다. → It lasted 2 hours.
7. 입장료를 얼마를 지불했나요?   How much did you pay for the admission fee?
   → 테이프를 빌려왔다. (4000원 냈다) → I borrowed the tape.
8. 얼마나 자주 영화를 보십니까?   How often do you see the movies?
   → 수시로 봅니다. → On a temporary basis.
9. 어떤 종류의 영화를 좋아하십니까?   What kind of films do you like?
   → 전쟁영화를 좋아합니다. → I like the war movies.
10. 영화를 보는 동안에 무엇을 먹었습니까?   While watching the movie, what did you eat?
    → 나는 팝콘을 먹었지요. → I ate popcorn.
11. 됐습니다. 대답해 줘서 고맙습니다.   That's it. Thanks for your answer.
    → 천만에요. → You are welcome.

4. 대화주제: 영화구경 (대답이 NO 일 경우)   훈련횟수:1□ 2□ 3□ 회

1. 요즘 영화 보셨나요?   Did you see any movies these days?
   → 아니오. → No, of course, not.

2. 왜 영화를 못 보셨나요?   Why didn't you see the movies?
   → 시간이 없고 흥미가 없습니다.
   → Because I don't have time and I am not interested in the movies.

3. 만일 기회가 있으면 영화 보러 가보고 싶으세요?
   If you get a chance, would you like to go see the movies?
   → 기회만 있으면 가보고 싶어요. → Of course, if I get a chance. I'd like to go see the movies.

4. 어떤 종류의 영화를 보러 가고 싶으세요?   What kind of movies do you want to go see?
   → 흥미진진한 영화를 보고 싶어요.

5. 누구하고 가고 싶으세요?   Who do you want to go with?
   → 나는 당신과 가고 싶어요. → I want to go with you.

6. 혹시 요즘 입장료가 얼마인지 아십니까?   Do you happen to know what the admission fee is?
   → 그건 극장에 달려 있습니다. → It depends-

7. 영화를 보는 동안에 무엇을 먹을 겁니까?   While seeing the movies, what are you going to eat? →

8. 기회가 있기를 바랍니다. 질문을 끝내겠습니다.
   I hope you get a chance. I'll finish (terminate) my question.

5. TOPIC: 영어공부(STUDYING ENGLISH) 훈련횟수:1☐ 2☐ 3☐ 회

영어 공부에 대하여 물어보고 싶군요. 좋습니까?
I'd like to give you questions regarding the studying of English. OK?

1. 당신은 영어 공부를 얼마 동안 해왔습니까? **How long have you been studying English?**
   → 아시다시피, 중학교 때부터요. → As you know, since middle school.

2. 어디서 지금 영어 공부를 하고 계십니까? **Where are you studying English now?**
   → 보시다시피, 학원에서, 학교에서. → As you see, in the academy,

3. 언제까지 영어 공부를 하실 겁니까? **Until when will you study English?**
   → 잘할 수 있을 때까지요. → Until I can speak English well.

4. 하루에 몇 시간이나 훈련하십니까? **How many hours a day do you practice?**
   → 한 시간 합니다. → One hour a day.

5. 지금 어느 정도 의사소통할 수 있나요? (어느 정도 표현할 수 있나요?)

   How well do you make yourself understood in English?

   How well do you express yourself in English?

   → 제 영어는 유창하지는 못하나, 저는 하는 만큼은 할 수 있습니다.

   → My English is not fluent. But I can speak as well as I can.

6. 무엇 때문에 영어 공부를 하십니까? **What do you study English for?**
   → 내 직업이 영어를 요구하며, 미래를 위해서.
   → My occupation demands fluent English and for my future.

7. 영어를 잘 할 수 있는 길이 무엇이라고 생각합니까?

   What do you think is the best way to speak English well?

   → 내 의견으로는, 한국에서건 미국에서건 매일 영어를 말하고 읽고 하는 것입니다.
      물론, 미국이면 더 좋지요.

   → In my opinion, we have to speak and read every day either in Korea or in America.
      Of course, America is much better.

8. 왜 영어를 말할 때 실수를 하십니까? **Why do you make mistakes when you speak English?**
   나는 아직 구어 영어에 익숙하지 않기 때문입니다.
   → Because I am not accustomed to spoken English as yet.

9. 알겠습니다. 그만 질문을 끝내겠습니다. **I see. I'll terminate my question.**

6. TOPIC: 미국여행: AMERICAN TRIP ☞ 가본 적이 있다고 대답할 것   훈련횟수:1□ 2□ 3□ 회

☞ 나는 당신에게 미국 여행에 대하여 질문하겠습니다. 대답해 줄 수 있겠습니까?
 I am going to make inquiries about an American trip. Could you answer me?
  → 그럼요. 거기에 대해서는 의심할 여지가 없습니다.
  → Sure, there is no doubt about it. (노 다웃 어바우릿)

  (There is) No doubt about it. ☞ 이 표현을 숙달될 때까지 계속 사용할 것.

1. 미국에 가본 적이 있으세요?   **Have you ever been to America?**
    → 그럼요, 의심할 여지가 없죠.   → Sure, no doubt about it.
2. 언제 거기에 갔었나요?   **When did you go there?**
    → 작년에 갔었어요.   → I went there last year.
3. 무엇 하러 갔었나요?   **What did you go there for?**
    → 시장 개척하러 In order to open market.
    → 시장 조사하러 In order to survey market.
4. 누구하고 같이 갔었나요?   **Who did you go there with?**
    → 혼자 갔었어요. → I went alone.
5. 미국에 갈 때, 무슨 비행기를 탔었나요?
  When you were going to America, what flight did you take?
    → '칼'기를 탔었죠.

6. 거기 있는 동안, 무슨 호텔에 투숙했었나요? **While you were there, what hotel did you stay at?**
    → 힐튼호텔에 있었습니다.
7. 미국에 있는 동안, 어디를 가 보았나요? **While in America, what did you go see?**
    → 많은 곳을 보지 못했습니다. 시간관계로. → I didn't see many places.
8. 돌아올 때, 무엇을 가져왔나요?   **When you were coming back, what did you bring?**
    → 나는 아무것도 가져오지 않았습니다.
9. 알겠습니다. 대답해주셔서 감사합니다.
    → 천만에요.

☞ 8개의 질문 중에서 5개 이상만 안 보고 질문할 수 있으면 성공입니다.

7. 대화주제: 미국여행   ☞ 안 가봤다고 대답할 것   훈련횟수:1□ 2□ 3□ 회

1. 미국에 가본 적이 있으세요?   **Have you ever been to America?**
    → 아니오, 가본 적이 없습니다.   → No, I've never been there.
2. 언제 미국에 가볼것 같습니까?   **When do you think you'll go to America?**
    → 나는 내년에 갈 것입니다.   → I'll go there next year.

3. 무엇 하러 거기에 가실 겁니까? (미국을 방문하는 목적이 무엇입니까?)
   What are you going there for? (What is the purpose of your visit?)
   → 관광하러 For the purpose of sightseeing.
   → 시장 개척하러 For the purpose of opening market.

4. 미국에 갈 때, 누구하고 같이 가실 겁니까?   **When you go to America, who will you go with?** →
   → 나 혼자 갈 겁니다.

5. 미국에 가는 길에, 무슨 비행기를 타기를 원합니까?
   On your way to America, what flight do you want to take?
   → 나는 한국인이니까, 대한항공을 이용할 것입니다.
   → Because I am Korean, I am going to use KAL flight.

6. 거기에 도착하면, 무슨 호텔에 체류할 겁니까?
   When you get there, what hotel are you going to stay at?
   → 거기에 도착한 후, 머물 곳을 알아볼 것입니다. 힐튼호텔에 체류할 것입니다.
   → After I get there, I am going to find out about the place to stay.

7. 미국에 있는 동안, 어느 장소를 가보고 싶나요?
   While you are in America, what places would you like to go see?
   → 시간이 허용하는 한, 많은 유명한 곳을 가보고 싶군요.
   → As long as time allows, I want to go see a lot of famous places.

8. 얼마 동안 거기에 계실 겁니까?   **How long are you going to be gone there?**
   → 일주일 있을 겁니다.   →

9. 거기에 도착하는데, 얼마나 걸릴 거라고 생각합니까? **How long do you think it'll take to get there?**
   → 비행기로 10시간 걸림.   → It takes 10—

10. 당신의 여행에 비용이 얼마나 들것이라고 생각합니까? **How much do you think it'll cost for your trip?**
    → 통틀어서, 1000불은 들 것 같군요.   → I think it'll cost 1000 dollars totally.

11. 한국에 돌아올 때, 무엇을 가져오실 겁니까?
    When you come back to Korea, what will you bring with you?
    → 한국에는 모든 상품이 있으므로, 아무것도 안 가지고 올 것입니다.
    Because there are all kinds of goods in Korea, I won't bring anything.
    I will buy some presents in Korea.

12. 좋은 여행이 되기를 바랍니다. 질문 끝내겠습니다. **Let me terminate my question.**
    → 마음대로 하십시오. → OK. It's up to you.

8. 대화주제: 외국인에게 길에서 말을 걸을 때   훈련횟수:1☐ 2☐ 3☐ 회

교실에서는 미국인으로 가정하여 훈련하고, 실제로 외국인과 대화할 때는 하고 싶은 말을 많이만 하면 될 겁니다. 초면에 개인 사생활에 관한 질문은 맨 나중에 물어보는 것이 예의입니다.

1. 당신은 미국에서 왔다고 가정해보세요. 지금부터 질문을 하겠습니다. 상상력을 사용하여 대답해주시기 바랍니다.

   Suppose you are from America. From now on, I am making inquiries.

   (By) Using your imagination. Could you give me answers?

   → 물론. 얼마든지 하세요. → Of course. Go ahead. As much as you can.

2. 어디서 (어느 나라) 왔습니까?   **Where are you from?**

   → 나는 미국에서 왔습니다.   → I am from America.

3. 얼마 동안이나 한국에 있었습니까? **How long have you been in Korea?**

   → 한 달 여기 있었습니다.   → I've been here for a month.

4. 체류하는 동안 (그동안) 많은 곳을 방문해 보셨습니까?

   During your stay (While you are in Korea), have you seen(visited) many places?

   → 예, 많은 곳을 봤습니다.

5. 어느 곳을 가보셨습니까? **What places did you go see?**

   → 나는 박물관, 남산, 고궁들을 가 보았습니다.

   → I visited(went to see) the national museum, the old palaces and Namsan mountain etc.

6. 거기가 어땠습니까? **How did you like those places?**

   → 그 장소들은 아름답고, 장관이고, 기가 막히게 좋았습니다.

   → Those places are beautiful, spectacular and breath-taking.

7. 관광 다닐 때, 누구하고 같이 다니세요? **When you go sightseeing, who do you go with?** →

8. 어떤 교통수단을 이용하십니까? **What transportation means do you use?**

   → 나는 택시, 기차, 버스를 이용합니다. I use ~

9. 만일 기회가 있다면, 유명한 곳을 모두 가보고 싶으세요? →

   If you get an opportunity, do you want to go see all of the famous places? →

10. 기회가 있기를 바랍니다. **I hope you get a chance.**

    → 감사합니다.

11. 한국에 얼마나 계실건가요?   **How long will you be in Korea?**

    → 나는 한 달 동안 있을 거예요. → I'm going to be for a month.

12. 실례가 안 된다면, 어디에 체류하고 계십니까? **If you don't mind me asking, where are you staying?**

    → 힐튼호텔에 체류합니다.   →

13. 한국에서 무엇을 하고 계십니까? (무엇하러 한국에 왔나요?)   **What are you doing in Korea?**

    → 나는 관광객입니다.   → I am a tourist.

14. 알겠습니다. 얘기 재미있었습니다. **I see. I've enjoyed talking with you.**
    → 저도 그렇습니다.   → So have I.

9. 대화 주제: 외국음식. 술 : FOREIGN FOOD. LIQUOR   훈련횟수:1□ 2□ 3□ 회

이번에는 외국 음식이나 술에 관해서 물어보겠습니다. 좋습니까?
This time, I'll give you questions regarding foreign food and liquor. Is this OK?
    → 좋습니다. 하세요.   → OK. Go ahead.

1. 미국 음식을 먹어본 적이 있으세요?   **Have you ever tried American food?**
    → 그럼요, 말할 필요가 없죠. → Sure, (it's) needless to say. (이 표현도 자연스럽게 될 때까지 사용할 것)
2. 무슨 음식을 먹어보았나요?   **What kind of food did you try?**   →
3. 그것이 입에 맞았나요?   Did it suit your taste?

   그것이 맛있던가요?   **Was it delicious?**
4. 누구하고 먹어보았나요?   **With who did you try it?**   →

5. 만일 기회가 있으면, 다른 음식도 먹어보길 원하십니까?

   If you get an opportunity, would you like to eat another food?   →
6. 당신은 미국 음식에 익숙해 있나요? **Are you accustomed to American food?**
    → 아니오, 나는 한국 음식에 익숙해 있어서, 미국 음식만으로는 살 수 없습니다.
    → No, I am used to Korean food, I can't live on American food.
7. 기분전환으로 미국 음식을 드십니까? **Do you eat American food for a change(for relaxing)?**
    → 맞습니다. 기분 전환할 겸, 맛있는 음식도 먹을 겸, 외식을 합니다.
      That's right. For relaxing as well as for eating delicious food, I eat out.

8. 술을 얼마나 자주 드십니까? **How often do you have a drink?**
    → 나는 위스키를 가끔 마십니다. → 나는 술에 손대지 않습니다.
    → I sometimes drink whiskey. → I don't touch liquor.
9. 혹시 집에 양주병 있습니까? **Do you happen to have foreign liquor bottles in your house?**
    → 아니오, 나는 술을 끊었습니다. → I stopped drinking.
10. 담배는 얼마나 자주 피웁니까? **How often do you smoke cigarettes?**
    → 나는 이틀에 한 갑 핍니다. (건강에 해롭기 때문에 나는 담배를 삼갑니다.)
    → I smoke one pack of cigarettes on a two-day basis. (in two days)
      Because smoking is harmful to my health, I am trying to refrain from smoking.

11. **I see, let me terminate my questions. Thank you.**
    → You're welcome.

10. 대화 주제: 학교 SCHOOL   훈련횟수:1☐ 2☐ 3☐ 회

이번 주제는 학교입니다. 당신은 KS대학에 다닌다고 합시다. 당신의 학교에 대하여 대답해 주실 수 있겠습니까?
→ 그럼요, 말할 필요가 없지요. 어서 질문하세요.

This topic is about the school that you are attending, the KS College. Are you able to answer me about your school?
→ Sure, it goes without saying. Go right ahead.

1. 어느 학교에 다니십니까? **What school are you attending(going)?**
   → 아시다시피, 나는 케이에스 대학에 다닙니다. → As you see, I am atte~

2. 몇 학년이십니까? **What year are you in? (What's your year?)**
   → 나는 4학년입니다. I am a senior. 또는 I am in the 4th year.

   What's your grade?(몇 학년이냐?-고등학교까지는 grade로 하고, 대학만 year로 함.) :1st grade= 일 학년.
   I am in the 1st grade. 식으로 대답. freshman= 일 학년, sophomore= 이 학년, junior=3학년, senior=4학년.

3. 전공이 무엇입니까? 그리고 부전공이 있습니까? **What is your major? Do you have a minor?**
   → 전공은 영어이고, 나는 부전공이 없습니다.

4. 학교는 몇 시에 시작해서 끝납니까? **What time does your school begin and finish?**
   → 수업에 따라 다르지만, 학교는 9시에 시작합니다.
   → It depends on the class. But my school begins at 9.

5. 일 학기 수업료가 얼마입니까? **What is your school tuition for one semester?**
   → 그것은 약 400만원입니다. → It's approximately 4,000,000 won.

6. 언제 졸업하실 겁니까? **When will you graduate from your school?**
   → 나는 내년에 졸업합니다.

7. 졸업 후에 무엇을 할 계획이십니까? **What do you plan to do after graduation?**
   → 나는 회사에 들어갈 계획입니다. → I plan to get in the company.

8. 학교에서 잘하고 있나요? **Are you doing well in your school?**
   (☞우리는 공부 잘하느냐고, 하지만 그런 표현이 없습니다.)
   → 나는 4학년 동안 A학점을 만들었습니다. 장학금 받았어요.
   → I made all A's during my senior and received a scholarship.

9. 무슨 말인지 알겠습니다. 질문 끝내겠습니다. **I know what you mean. Let me finish my question.**

11. 대화 주제: 직업을 찾고 있다고 가정하여   훈련횟수:1☐ 2☐ 3☐ 회

자, 당신은 학교를 곧 졸업할 예정입니다. 직업을 찾고 있는 중입니다. 상상력을 사용하여 대답을 만들 수 있나요?
Well, you are scheduled to graduate from school soon. You are looking for a job. Can you make a reply using your imagination?
→ 물론입니다. 하세요. → Of course. Go ahead.

1. 직업을 찾고 계십니까?　**Are you seeking a job?**
   → 물론입니다. 말하면 잔소리지요.　→ Of course. Needless to say.
2. 그렇다면, 어떤 직업을 찾고 계십니까? 아니면, 어떤 회사에 들어가기를 원하세요?
   Then, what kind of occupation are you looking for or what company do you want to get in?
   → 나는 돈 많이 주고 내 전공에 맞는 직업을 원합니다.
   → I want a job which pays very well and which is right for my major and talent.
   ('봉급 많이 주는 직업' 하면→ a job which gives much salary 또는, a job which offers a lot of salary. 식으로 '주다'라는 단어인 pay, give, offer를 사용하면 됩니다.
3. 회사에 들어가면 어떤 직책을 원하세요?　**If you get in the company, what position do you want?**
   → 나는 경험이 없으므로, 초보직을 원합니다.
   → Because I don't have any experience. I want a beginner's position.
4. 봉급은 얼마 받기를 원하십니까? 받기를 원하는 급료가 얼마입니까?
   How much do you want to get paid?　(받다:be given, receive, get)
   What is the salary that you want to be given?
   → 저는 최소한 200만 원을 받고 싶습니다. 그러나 그 점에 있어서는 회사 규정에 따르겠습니다. 많으면 많을수록 좋겠지요.
   → At least, I'd like to receive 2,000,000 won. But in that respect, I'll follow (obey) the company regulation. I think the more the better.
5. 그러면, 어떻게 취직할 겁니까?　**How win you take a job?**
   → 나는 아는 사람이나 빽이 없으므로, 시험을 통해서 취직할 겁니다.
   → Since I don't have any acquaintances or pull, so I'll get a job through an examination.
   ※ background는 우리가 말하는 빽이 아니고 경력이라는 뜻입니다. 빽은 pull입니다.
6. 왜 요즈음 취직하기가 어렵다고 생각하십니까?
   Why do you think it is difficult to get a job these days?
   → 아시다시피, 취직하려는 사람은 많고, 직장이 없기 때문이다. 경기가 나쁘기 때문에.
   → As you see, there are a lot of people who want to get a job. But there aren't many occupations. Because things are bad.
7. 행운이 있기를 바랍니다.　**I hope you have a good luck.**

12. 대화 주제: 직업이 있다고 가정하여　　훈련횟수:1□ 2□ 3□ 회

이번에는 당신은 KS 회사에 근무합니다. 지금부터 질문합니다.
This time, you are with the KS company. From now on, I will be asking you questions.
   → 예, 하세요.　→ OK, shoot!
1. 무슨 회사에 근무합니까? 또는 직업이 무엇입니까?
   What company do you work for? What is your occupation? What are you doing for a living?
   → 나는 케이 에스 회사에 근무합니다. 나는 봉급쟁이입니다.

6부 주제대화 29개 훈련　297

→ I am working for the KS company. I am a salaried worker,

working woman= 직장여성. business woman= 창녀 =prostitute enterprise mam기업인.
I run my own shop.=내 가게를 경영하다. 봉급쟁이는 salary man이 아니고, 봉급 받는 사람 salaried man 이라고 할 것.

2. 직책이 무엇입니까?   What is your position(post)?

→ 나는 과장입니다.   I am a section chief.

3. 하는 직무가 무엇입니까? What is your job duty?

→ 서류정리 = arranging documents, 선적 =shipping, 타이핑, 무역 = trading.
부하감독 =supervising my men(subordinate)

4. 회사에 얼마 동안 근무하셨습니까? How long have you been working for your company?

→ 나는 5년간 근무했습니다.

5. 언제까지 그 회사에 근무할 작정입니까?

How long (Until when) do you intend to work for the company?

→ 정년퇴직할 때까지. Until I retire.

6. 만일 더 좋은 직업을 찾으면 그 직업으로 옮길 겁니까?

If you find a better job, are you going to move closer to the job?

→ 그럼요. 더 좋은 직업을 찾으면 즉시 옮길 겁니다.

7. 실례가 안 된다면, 당신은 얼마를 받습니까?

How much do you get paid, if you don't mind me asking?

→ 나는 조금 받습니다. 언급하고 싶지 않습니다.

→ I get poorly paid. I don't want to mention it.

8. 언제 봉급을 받습니까? 급여일은 언제입니까? When do you get paid? When is your payday?

→ 나는 그달의 25일에 받습니다.   월초에

→ I get paid on 25th of the month. at the beginning of the month.

중순에 =in the middle of the month 월말에 =at the end of the month

9. 회사에 종업원은 몇 명입니까? How many employees are there in your company?

→ 약 500명입니다.   → There are approximately 500 people.

10. 회사의 복지나 근무조건은 어떻습니까?

What is the working condition and welfare of your company?

다른 회사와 비교해 보면, 근무조건은 그다지 나쁘지 않습니다.

→ The working conditions are not so bad compared with another company.

11. 회사가 얼마나 큽니까? How large is your company?

→ 우리 회사는 중간 크기입니다. → My company is a medium size.

12. 더 이상 물어볼 것이 없네요. 질문 끝내지요.   I have nothing further, let me finish my inquiry.

13. 대화 주제: 결혼 — 미혼이라고 대답할 것   훈련횟수: 1☐ 2☐ 3☐ 회

당신은 결혼을 안 했습니다. 아시겠지요. 지금부터 결혼에 대하여 물어보면, 대답을 하셔야 합니다.

You are not married. You see! From now on I am going to give you some questions concerning your marriage. You've got to answer me.

→ 예, 알겠습니다. 질문하십시오.   → Yes, I see. Go ahead.

1. 결혼하셨습니까?   **Are you married?**

   → 아니오, 나는 독신입니다.   → No, I am single. I am not married yet.

2. 그러면, 언제 결혼할 계획입니까?   **When are you going to marry? (get married)**

   → 30살이 되면   → When I become 30 years old.

   신붓감이 생기면=When I find a bride-to-be. 신랑감 = a groom-to-be. 남편감=a husband to be 부인감=a wife to be. 나는 생각해 본 적이 없어요.=I never thought of that. 또는, I never given a thought.

3. 어떤 타입의 여자(남자)를 신붓감으로 마음에 두고 있나요?

   What type of woman do you have in mind for your bride-to-be?

   또는,

   누구와 결혼하고 싶으세요? = **Who do you want to marry?**

   → 나는 예쁘고, 순종하고, 순한 여자를 원합니다.

   → I want a woman who is pretty, obedient and naive.

   → 나는 잘 생기고, 돈 많고, 나만을 사랑하는 남자를 원합니다.

   → I want a man who is handsome and has a lot of money and only loves me.

4. 어디서 결혼식을 거행할 겁니까? 또는, 당신의 결혼은 어디서 개최될까요?

   Where will you hold your wedding ceremony?

   Where do you think your wedding will take place?

   → 전통 결혼식장에서. =in the traditional wedding house.

   교회에서 = in the church. 절에서=in the temple. 강변에서=on the riverside.

5. 결혼식이 끝나고 어디로 신혼여행을 가고 싶으세요?

   After the wedding, where would you like to go on your honeymoon?

   → 나는 가능하면, 전 세계를 여행하고 싶군요.

   → If possible. I'd like to travel all over the world.

6. 결혼에 비용이 얼마가 들것이라고 생각합니까? **How much do you think it'll cost to get married?**

   → 정확히는 모르지만, 요즘 사회 돌아가는 것으로 보아, 약 천만 원은 들 겁니다.

   → I don't know exactly. As the society goes on, I think it'll cost over 10 million won.

7. 결혼에 무엇을 선물로 준비해야합니까? What do you have to prepare for your wedding?
   → 글쎄요. 옷, 시계, 반지, 가구 등을 준비해야겠지요.
   → Well, I'll have to prepare clothes, watch, ring and furniture etc.

8. 결혼 후, 부모와 같이 살기를 원합니까, 아니면 따로따로 독립해 살기를 원합니까?
   After getting married, do you want to live with your parents or
   do you want to live separately(independently)?
   → 나는 부모로부터 독립하기를 원합니다. → I want to be independent from my parents.

9. 자녀는 몇 명을 갖기를 희망하십니까? How many children do you wish to have?
   → 한 명이면 외로우니깐, 두 명이면 좋겠지요.
   → Because one child is lonely. Two children would be good.

   한 명이면 좋지요.   정부 정책에 따라서. → according to the government policy.

14. 대화 주제: 결혼   기혼이라고 대답할 것   훈련횟수:1□ 2□ 3□ 회

이번에는 내가 결혼했느냐고 물으면, 당신은 했다고 대답해야 합니다.
When I ask you this time, you got to answer "You're married." OK?

1. 결혼을 언제 하셨습니까?   When did you get married?
   → 나는 10년 전에 했습니다.   → I got married 10 years ago.
2. 어디서 결혼식을 올렸습니까?   Where did you hold your wedding?
   → 예식장에서.   → In the wedding house.
3. 결혼 비용이 얼마가 들었습니까?   How much did it cost for your wedding?
   → 정확히 기억이 안 나는군요.   → I can't recall exactly.
4. 자녀는 몇 명이십니까?   How many children do you have?
   → 아들하나 딸 하나입니다.   → I have one son and one daughter.
5. 현재, 부모님과 같이 사십니까, 독립해 사십니까?
   At present, do you live with your parents or independently?
   → 저는 장남이므로 같이 삽니다.   → Because I am the oldest son. I live with my parents.
6. 신혼여행은 어디로 갔었습니까? Where did you go on your honeymoon?
   → 나는 제주도에 갔었습니다.
7. 결혼기념일이 오면 축하를 합니까, 아니면 그냥 지나칩니까?
   When the wedding anniversary comes, do you celebrate it or miss it?
   → 나는 결혼기념일을 매년 축하합니다.   (fall, come 과 같은 의미입니다)
   → I celebrate it every year.

8. I see. Thank you for your answer.
   → You're welcome.

15. 대화 주제: 친한친구 INTIMATE FRIENDS 훈련횟수:1□ 2□ 3□ 회

주제를 친구로 바꾸겠습니다. I'll change the subject into a friend. →

1. 친한 친구가 몇 명이나 있습니까?   How many intimate friends do you have?
   → 나는 3명의 친한 친구가 있습니다.   →

   ☆close friends=가까운 친구들. far friends= 먼 친구들. real friends=진정한 친구

2. 언제 친한 친구를 만났나요?   When did you see your intimate friends?
   → 한 달쯤 됐군요.   → It's been a month.

3. 어디서 당신은 그들을 만납니까?   Where do you meet them?
   → 친구 집에서. 식당에서.

4. 왜 당신은 친구를 만납니까?   Why do you meet your friends?
   → 할 얘기가 있어서   → I have something to talk.

   우정으로→ for friendship, 그냥→ for nothing.

5. 만나는 동안, 당신은 무슨 주제를 얘기합니까?   While meeting, what subjects do you talk about?
   → 생각나는 대로 많은 주제에 관하여 얘기합니다. 친구, 미래 등등.
   → We have a talk concerning many things that enter our minds such as friends, future etc.

6. 얘기하는 동안, 당신은 무엇을 먹거나 마시나요?   While talking, what do you eat and drink?

7. 대개, 당신은 몇 시에 만나서 몇 시에 헤어지나요?

   Mostly, what time do you meet them and part with them?
   → 만나는 시간이 정해져 있지 않습니다. 그때그때 다르지요.
   → Meeting time is not fixed. It all depends.

8. 당신은 많은 친구를 갖고 있나요? 아니면, 비교적 친구가 없나요?

   Do you have many friends or comparatively do you have few friends?   (few는 거의 없는)
   → 나는 사람 사귀는 것을 좋아합니다. 그래서 친구가 많습니다.
   → I'd like to keep company with people. So, I have a lot of friends.

9. I see, I've enjoyed talking with you.   → So have I.

16. 대화 주제: 군복무 MILITARY SERVICE   훈련횟수:1□ 2□ 3□ 회

당신은 여자(학생)이지만, 군 복무를 마쳤다고 가정합시다. 내가 묻는 말에 답할 수 있나요?
Although you are a lady (student), suppose you finished your military service.
Could you answer my questions?

  → 왜 못하겠어요? 질문하세요.   → Why not! Go.

1. 군 복무를 마쳤습니까?   **Have you finished your military service?**
   → 물론입니다. 마쳤습니다.   → Of course, I have.

2. 군무병과 (무슨군)가 무엇이었나요?   **What was your branch of service?**
   → 육군에 있었습니다.   → I was in the Army.
   Air force=공군. Navy=해군. Marine corps=해병대

3. 언제 입대했었습니까?   **When did you join (get in) the Army?**
   (언제 징집됐었나요?   When did you get drafted into Army?)
   → 10년 전에 입대했었지요.   → I got in the Army 10 years ago.

4. 얼마 동안 복무했었나요?   **How long were you in the Army?**
   (복무기간은 얼마 동안이었나요? What was your length of service?)
   → 3년간 복무했습니다.   → I was in the Army for 3 years.

5. 어디에 근무했었나요? **Where did you serve?**
   (어디에 주둔했었나요?   Where were you stationed?)
   → 나는 전방에 있었습니다.   → served in the front line.

6. 군에서 무엇을 했었나요? **What do you do in the Army?**
   (군대에서 직무가 무엇이었나요?   What was your job duty in the Army?)
   → 나는 통신 중대에 있었습니다.   → I was in the signal company.
   ☆infantry= 보병, military police=헌병, special troops=특수부대, artillery=포병, engineers=공병

7. 언제 (군 복무) 제대했습니까? **When did you get discharged from the military service?**
   (언제 군복을 벗었나요? When did you take off your military uniform?)
   → 나는 7년 전에 제대했습니다. → I got discharged 7~

8. 제대할 때 계급이 무엇이었나요?   When discharged, what was your rank?
   → 나는 병장이었습니다.   → I was a Sergeant.
   ☆ Sergeant= 병장, 하사관. Captain=대위.

9. 군대 있을 때, 당신은 고생했나요, 재미있었나요?
   While in the Army, did you have a hard time or a good time?

→ 돌이켜보면, 비교적 고생했습니다. 왜냐하면, 나는 전방에 있었으니까요.

→ Looking back on it, relatively, I had a hard time. Because I was in the front line.

10. **I see. I'll retire from my questions.** 알겠습니다. 질문으로부터 물러나지요.

(그만두지요. 라는 뜻으로 이렇게도 표현할 수도 있음)

17. 대화 주제: 여행 TRIP, TOUR   훈련횟수:1☐ 2☐ 3☐ 회

당신에게 여행이나 관광에 관하여 물어보고 싶군요. 대답해 줄 수 있겠지요?
I'd like to ask you about a trip or sightseeing. Could you reply?
→ 그럼요. 질문하세요. → Sure, shoot your question!

1. 한국에 얼마나 있었나요? **How long have you been in Korea?**
   → 보면 모르겠어요. 나는 태어나면서부터 한국에 있었습니다.
   → Don't you see that by looking at. I've been here in Korea since I was born.

2. 지금까지 많은 곳을 구경하셨습니까? **Have you seen(visited) many places so far?**
   → 그것은 말할 필요가 없지요. 나는 안 가본 곳이 없습니다.
   → It goes without saying. I've seen a lot of places.

3. 방문했던 곳 이름을 댈 수 있겠습니까?   (방문했던 곳을 나에게 말할 수 있나요?)
   Could you name(tell me) the places where you have visited?
   → 나는 국립박물관, 국립공원, 유명한절, 고궁 그리고 많은 산을 가보았습니다.
   → I went to see the national museum, national parks, famous temples, and old palaces and many mountains etc.

4. 당신은 남산 위에도 올라가 보셨습니까? **Have you ever been up to the top of Namsan mountain?**
   → 그럼요, 의심할 여지가 없지요.   → Sure, no doubt about it.

5. 당신이 남산 위에 올라갔을 때, 기분이 어떻든가요?
   When you were on the top of Namsan mountain, how did you feel? (how did you like it?)
   → 남산 꼭대기에서, 서울시 전경을 다 볼 수 있었고, 경치가 좋고 장관이었습니다.
   → On the top of the mountain, I could enjoy the entire city of Seoul and the scenery was beautiful and spectacular.

6. 만약 돈과 시간 여유가 있다면, 유명한 명승지를 방문해 보고 싶으세요?
   If you can afford time and the money, would you like to go see the famous sights?
   → 물론입니다. 나는 안 가본 명승지를 가보고 싶습니다. 예를 들면, 유명한절.
   → Of course, I'd like to visit the sights where I didn't go see. For example, the well-known temples.

7. 현재, 당신이 가보고 싶은 곳이 어디입니까?
   At this moment, what is the place that you'd like to go see?
   → 내가 가보고 싶은 곳은 제주도입니다.   → The place I'd like to go see is~

8. 관광이나 여행할 때, 누구하고 같이 다닙니까, 아니면 혼자 갑니까?
   When you go sightseeing or travelling, who do you go with?
   → 혼자 다니면, 편하고 좋으나 위험하므로 친구와 같이 다닙니다.
   → If I go sightseeing by myself it's convenient and comfortable.
      But it's dangerous. So I go with my close friends.

9. 저에게 추천하고 싶은 장소가 있습니까?   **Is there any place that you want to recommend to me?**
   → 설악산은 어때요. 만일 안 가보았다면, 아마 즐거울 겁니다.
   → How about 'Sorak mountain'? If you haven't been there. I think you'll like it.

10. 여행 다닐 때, 당신은 무슨 교통수단을 이용하십니까?
    When you go on a trip, what transportation means do you use?
    → 나는 기차 , 버스 또는 내 차를 이용합니다.   → I use~~

11. 얘기 재미있었습니다.   **I've enjoyed talking with you.**
    → 피차일반입니다.   → So have I.

18. 대화 주제: 기후와 날씨: CLIMATE AND WEATHER   훈련횟수:1☐ 2☐ 3☐ 회

나는 기후와 날씨에 관하여 대화를 하고 싶습니다. 나의 첫째 질문은~~
I'd like to have a conversation concerning the climate and the weather. My first question is ~~

1. 어제 날씨가 어땠지요? **What was the weather like yesterday?**
   → 어제는 종일 비가 왔습니다.   → Yesterday it rained all day.

2. 오늘 날씨는 어떻습니까? **What is the weather like today?**
   → 오늘은 굉장히 춥고 구름이 꼈습니다. (아주 덥고 습기가 있군요)
   → It's awfully cold and cloudy today. (It's hot and humid)

3. 내일 날씨는 어떻게 될까요? **What will the weather be like tomorrow?**
   → 일기예보에 의하면, 맑을 것 같습니다.
   → According to the weather forecast, I think it's going to be fine.

4. 현재 온도가 얼마입니까? 당신이 알기에는.
   What is the current(present) temperature? As you know(To your knowledge)
   → 내 생각으로는, 섭씨 20도 정도 됩니다.
   → As I might say, the temperature is 20 degrees centigrade (farenheit= 빼런하잇 = 화씨).

5. 오는 길에 비 오던가요? 눈 오던가요? **On the way here, was it raining or snowing?**
   → 비는 안 오고, 하늘은 맑고 구름이 꼈습니다.
   → It wasn't raining. The skies are fair to partly cloudy.

6. 눈(비)이 오면, 당신은 눈을 맞고 싶으세요?
   When the snow comes(it snows), do you want to get snowed on?
   → 어렸을 적에, 나는 눈을 맞았었지요. 그러나 지금은 전혀 그런 생각이 없어요.
   → When I was younger, I got snowed on. But now I don't have any such an idea.

7. 비가 오면, 당신은 빗속에서 젖고 싶으세요? **When it rains, do you wish to get wet in the rain?**
   → 나는 감상적인 예술가나 철학가 아닙니다. 일부러 젖는 것은 이상하고 더러운 것이지요.
   → I am not a sentimental artist or a philosopher.
      To get wet on purpose is strange and dirty.

8. 비 오는 것이 그쳤나요? 아니면 계속 옵니까? (비 오는 날은 꼭 연습할 것)
   Did it stop raining(=Did the rain stop?) or is it still raining?

9. 언제 비 올 것 같습니까? **When do you think it's going to rain?**
   → 하늘을 보면, 비 올 것 같지 않습니다. → By looking at the sky, I don't think it's going to rain.

10. 언제 날씨가 따뜻해질 것 같습니까? **When do you suppose it's going to be warm?**
    → 봄이 오면, 날씨가 따뜻해지지요. → When spring comes, the weather gets warm.

11. 4계절 중에서, 당신은 어느 계절을 너 좋아합니까? **Of the 4 seasons, which season do you prefer?**
    → 나는 봄을 가장 좋아합니다. 봄은 시작을 의미하고, 따뜻함을 의미하니까요.
    → I like spring best. Because spring means beginning and warmth.

12. 10월이 가면, 무슨 달이 따라오지요? **When October goes, what month follows(comes)?**

13. **That's all(That's it). I'll terminate my question.**

19. 대화 주제: 상담(무역)   훈련횟수:1□ 2□ 3□ 회

당신은 무역회사에 근무합니다. 나의 질문에 대답할 수 있습니까?
You are working with a trading company.   Could you answer me?
   → 그렇고 말고요.   → Sure thing. Go ahead.

1. 무역회사에 근무하십니까?   **Do you work for a trading company?**
   → 그렇고말고요.   → Sure, I do.

2. 얼마나 자주 외국인이 회사에 옵니까?   **How often do foreigners come to your office?**
   → 수시로 옵니다. 정해져 있지 않습니다.   → They come on a temporary basis. It's not fixed.

3. 외국인이 사무실에 상담 차 왔을 때, 당신은 무엇을 제공합니까?
   When foreigners visit your office to talk business, what do you serve?
   → 나는 커피나 음료수를 내놓습니다.   → I serve coffee or soft drink.

4. 커피를 마시면서 무슨 주제에 관하여 얘기를 합니까?   What subjects do you talk about over coffee?
   → 우리는 많은 주제에 관하여 상담합니다.
   예를 들면, 가격, 인도 일자, 품질, 수량, 포장 등등 그리고 계약을 합니다.
   → We have a business talk concerning a lot of subjects such as(for example)
   the price, delivery date, quality, quantity and packing etc. and we make the contract.

5. 상담이 끝난 후에, 당신은 어디로 그들을 데리고 가서 저녁을 대접할 겁니까?
   After you talk business, where will you take them and treat them to dinner?
   → 나는 그를 일류식당에 데려가서, 좋은 음식과 술로 유흥을 시킵니다.
   → I'll take them to a nice restaurant and entertain them with good food and drink.

6. 그들을 유흥시킨 후에, 당신은 그들을 이번엔 어디로 데려갈 겁니까?
   After entertaining them, where will you take them to next?
   → 나는 그들을 호텔에 데려다 줄 겁니다.   → I am going to take them to the hotel.

20. TOPIC: YES 와 NO 외의 대답 훈련   훈련횟수:1☐ 2☐ 3☐ 회

여기서는 Yes, No 외의 대답 훈련을 다시 한번 정리해봅니다. 철저히 훈련하시기 바랍니다. **Here, we have to practice how to answer besides yes and no. I want you to do it thoroughly.**   (또로울리=철저히)

1. Can you come here again? → 다시 올 수 있습니까? 하면, Yes, 와 No를 쓰지 말고,
   → **Of course.** 물론입니다.
   → **Sure.** 확실합니다.
   → (There is) **No doubt about it.** 의심할 여지가 없지요. (노다웃어바우릿)
   → (It's) **Needless to say.** 말할 필요가 없지요. (니드리쓰투쎄이)
   → It goes without saying. 말할 필요가 없지요.
                          ☞ 이 대답은 습관화될 때까지 자주 사용하도록 하십시오.

2. Would you get some water?   물 좀 갖다주시겠어요? 하면,
   → **Certainly** 그럼요. I'd be glad to 기꺼이
   → **Why not.** 왜 안 되겠어요.   **By all means** 아무렴요.

3. Have you finished the work? 그 일을 끝냈어요? 하면,
   → **Sure** 또는 **Sure thing** 확실히. **Definitely** 명백히. **Naturally** 당연히

4. Are you right? 당신 말이 옳습니까? 하면,
   → **Absolutely** 절대적으로. **Confidently** 자신 있게. Exactly 정확히.

5. Do you think he has a lot of money? 그가 돈 많다고 생각합니까?
   → **I don't think so.** 그렇게 생각지 않습니다. **I think so.** 그렇게 생각합니다.

6. Do you think he can make a lot of money? 그가 많은 돈을 벌 수 있다고 생각하나요?
   → **I doubt it.** 그렇게 생각 안 합니다. (나는 그것을 의심한다)

7. Could you help me with this bag? 이 가방 좀 들어 주시겠어요?
   → **Gladly** 기꺼이. Happily 행복하게.

8. Shall we talk a short while? 잠깐 얘기 좀 할까요?
   → **Good, it would be pleasant.** 좋아요, 그거 좋겠지요.

9. Does she look old for her age? 그녀는 나이에 비해 늙어 보입니까?
   → **In a way, yes.** 어떻게 보면 그래요. That's right. 맞습니다.

10. You got 1 dime, right? 너 일 다임 있니?   *dime: 10센트짜리 동전
    → **Right.** 그래요. Here you are. 여기 있습니다. =Here it is.
    You got it. 그래요. **You are right.** 맞습니다.

11. He's polite in every manner, isn't he? 그 사람 모든 행동이 점잖지요?
    → **That's it.** 그렇습니다. **You said it.** 지당한 말씀입니다. (그렇고 말고요)

12. You are wasting too much money. 너는 돈을 너무 낭비해.
    → It doesn't matter. 상관없어. =It doesn't make any difference.

13. I am sorry to be late. 늦어서 미안합니다. 하면,
    → **That's OK.= That's all right.** 아주 괜찮습니다. 염려 놓으세요.

14. Exam is difficult to me. 시험은 나에게 어려워. 하면,
    → There's nothing to it. 그것은 별거 아니야.   Try 시도해봐.
      There's no harm in trying. 밑져야 본전이야. (못 먹는 감 찔러보는 거야)

15. Is it expensive? 그것은 비쌉니까? 하면,
    → (It's) **On the contrary.** 그 반대입니다.

16. Help yourself to this cake. 과자 좀 드십시오. 하면,
    → Thank you, after you. 먼저 드십시오. (After you는 먼저 하라는, 표현)

17. Did you send the fax? 그 팩스 보냈니? 하면,
    → **That's affirmative.** (positive) 명확합니다.   No, negative. 아니오.

18. Can I do this? 이것 해도 됩니까? 하면,
    → No, you can't do that. 안 됩니다.   No can do. 안 돼. (강한표현)

19. Do you happen to know Miss Brown? 브라운 양을 아세요? 하면,
   → **Of course, not.** 몰라요.　　　　　　　　　　　On the contrary 반대입니다.

20. Is this all right? 이거면 되나요? 하면,
   → Yes, that's just about right. 응, 그 정도면 돼.

21. Do you really mean it? 정말이야? 하면,
   → **Sure, I really mean it.** 그래, 정말이고말고.　　　　　It's true. 진실이야.

21. 대화주제: 인사에 관한 표현과 소개하는 법　　훈련횟수:1☐ 2☐ 3☐ 회

☞ 이 부분은 읽고 이해하시면 됩니다.

❶ 일상 "안녕하십니까?"는 → Good morning (아침에), Good afternoon (오후에),
　　　　　　　　　　　　　　Good evening (저녁에), Good day (낮에는)
　　시간에 관계없이는 → How are you? 또는, How are you doing? 하면, → I am fine.

❷ 헤어질 때, "안녕히 가세요."는 Goodbye. 또는 보통 Bye bye. 하고,
　다시봐요→ See you again.　　　　내일봐요→ See you tomorrow.
　꼭 또오세요.→ Be sure to come again.　　So long 은 친구끼리 "잘가"

❸ 어느 장소에서 나오면서, 일하고 있는 사람에게 "수고 하세요"는 "**Take it easy**.테이키리지" 하고,
　상관에게는 "Take it easy, sir."이라 합니다.
　많이 파세요.→ Take it easy. 성질내고 있는 사람에게도, 성질내지마 → Take it easy.
　그냥 쉬고 있는 사람에게는 "재미 많이 보세요." → Have a nice day.
　놀이를 하고 있는 사람에게는 "재미있게 노세요." → Enjoy yourself.
　그러나 어느 장소에 접근하면서, "수고하십니다."는 → Take your time. 라고 씁니다.

❹ "안녕하십니까?"는 How are you? 외에도,
　→ How is the world treating you? How is the world using you?
　→ How goes the world with you? 가 있습니다.

❺ 대답으로 '그저 그렇다'는 Fair to middling 이고 '기분이 최고로 좋다'는 Never felt better.
　또는 **Couldn't be better.** 라고 합니다.

❻ "What's new?" 또는 Anything new, today. '오늘 좋은 일 있어?' 하면,
　→ **No, nothing much.** 아니, 별거 없어. (그저그래)

❼ 오늘 아침 무슨 새로운 일이라도 있나요? 그렇지 않으면 그저 그렇고 그런가요?
　→ Anything new this morning or is it just the same six of one and half-a-dozen of
　the other? → 하면, "Just the usual." (별일 없습니다)

소개할 때 쓰는 표현들

❽ 초면인사 때의 "처음 뵙겠습니다." → How do you do? 또는, Hello, there.

"Hi 는 How are you?" 의 줄인 표현입니다.

❾ 이렇게 알게 되어 기쁩니다. → I am glad(pleased) to know you.
　I am happy to meet you like this. 또는, Pleasure is mine. (기쁩니다)
　안면을 갖게 되어 기쁩니다 → I am glad to be acquainted with you.

❿ 남을 소개할 때 "서로 인사 하셨습니까?"→ **Have you met each other?**
　저 신사와 인사하셨습니까? → **Have you met that gentleman?**
　즉, 'meet'는 '인사하다' 라는 뜻입니다.
　나는 당신 사장과 인사를 하고 싶습니다. 소개 좀 해주시겠습니까? 한다면,
　→ **I'd like to meet your president. Would you introduce me?**

⓫ 본인 혼자서 남에게 소개하고 싶을 때 "인사나 할 수 있을까요?" 는
　→ I don't think(suppose) we've met.
　"저를 소개해도 될까요?" 는 → May I introduce myself?

⓬ 중간에서, "이분과 인사하십시오." 는
　→ I want you to meet this gentleman. 또는 간단히,
　"인사하세요. → Meet this gentleman. 라고 합니다.

⓭ "내일 인사차 들리겠습니다." 는 → I'll stop by and say hello tomorrow.

〈실제로 초면 인사를 해 보기: 이 부분은 실제처럼 훈련해 보십시오.〉

1. 우리 서로 인사나 할까요? (인사를 못 한 것 같군요.)
　I don't suppose we've met.

2. 내 이름은 김민호입니다. 처음 뵙겠습니다. 이렇게 여기서 알게 되어 기쁩니다.
　My name is Minho Kim. How do you do? I'm glad to know you here like this.

3. 저는 박미아입니다. 처음 뵙겠습니다. 저도 이렇게 같이 공부를 하게 되어 기쁩니다.
　Mine is Mia Park. How do you do?　Pleased to study with you here like this.

4. 우리가 여기 있는 동안, 나는 당신과 친구가 되고 싶습니다. 가능할까요?
　While we are here, I'd like to be friends with you. Is it possible?
　그건 제가 원하는 것입니다. 저도 당신과 친하고 싶습니다.
　That's what I want. I want to be familiar with you.
　☞ 영어에서는 "잘 부탁합니다. 라는 말이 없습니다.

22. 대화주제: 장보기 (SHOPPING)　　훈련횟수:1□ 2□ 3□ 회

This topic is about shopping. I'd like to ask you questions. Are you ready to answer?
　→ Certainly. No doubt about it. Go ahead.

1. 가끔 장 보러 가곤 하십니까?　(do you ever go 의 '곤'=ever 에 주의)
　Do you ever go shopping once in a while?　→ Of course.

2. 장 보러 갈 땐, 어디로 가곤 하십니까? **When you go shopping, where do you go?**
   → 보통 때는 일반 시장에 가고, 어떤 때는 백화점에 갑니다.
   → Usually I go to a nearby market and sometimes go to a department store.

3. 누구하고 같이 장 보러 갑니까? **With who do you go shopping?**
   → 나는 부인(남편, 친구)하고 같이 갑니다.

4. 장 보러 가기 전에, 당신은 살 것을 미리 결정합니까?
   Before you go shopping do you decide what to buy(get) in advance?
   → 대개는 나는 살 것을 미리 결정합니다.   → I usually decide what to get beforehand.

5. 장 보는 동안, 당신의 마음에 드는 것이 있으면 당신은 삽니까?
   While shopping, if there is anything which appeals to you, do you pick it up?
   → 예, 만일 내 마음에 드는 것을 발견하고, 돈 여유가 있으면, 나는 삽니다.
   → Yes, if I find a good thing that appeals to me and I can afford money, I pick it up.
   (pick up=get=buy=purchase=사다)

6. 똑같은 상표, 똑같은 품질의 경우에, 왜 그것이 백화점에서는 비싸고, 일반 시장에서는 쌉니까?
   그 이유를 설명할 수 있습니까?
   In the case of the same brand and same quality, why is it expensive in the department store and why is it cheap in the general market? Are you able to explain to me the reason?

   → 그것은 간단한 질문입니다. 아시다시피, 백화점들은 좋은 시설을 갖고 있고 종업원도 많고, 텔레비전이나 신문에 선전합니다. 그런 이유로 값이 비싼 것은 당연합니다. 반면에 일반시장은 시설도 나쁘고, 선전도 안 하지요. 그러니 값이 싸지요.
   → That is a simple question. The department stores have good facilities and many employees and they put an advertisement in the paper and TV. Therefore, it's natural that the price is high. On the other hand, the general markets do not have good facilities and they do not advertise. Naturally the price is cheap.

8. 당신이 모피나 가죽 코트를 싸게 사고 싶으면, 어디에 가서 삽니까?
   If you want to get a fur or leather coat cheap, where do you go and get it at?
   → 세일 기간 중에 사면 싸지요.
   → During the sale period, we can pick up the leather coat on sale.
   (on sale은 cheap=싸게, 라는 부사구)

9. **I see. We'd better stop our conversation.**   알겠습니다. 대화를 끝내는 것이 좋겠군요.

23. 대화주제: 취직 면담

당신은 우리 회사에 들어오길 원합니다. 나는 사장입니다. 지금부터 당신을 인터뷰하겠습니다. 솔직히 대답할 수 있겠습니까?

You want to get in our company. I am a president. From now on, I am going to interview you. Can you answer me frankly?

→ 예, 정직히 대답하겠습니다.   Yes, sir. I will answer you honestly and frankly.

1. 우리 회사에 들어오기를 원하는 동기가 무엇입니까? (왜 우리 회사에 근무하기를 원합니까?)

    What is the motive that you'd like to get in our company?
    (Why do you want to work for our company?)

    → 소문에 듣자니깐, 봉급도 많이 주고, 근무조건도 좋고 해서요. 그래서 지원했습니다.
    → I heard from someone. The pay(salary) is high and working conditions are excellent. So I am applying.

2. 우리 회사에 고용이 되면, 무슨 직책을 원합니까? **If you are hired, what position do you wish to get?**

    → 저는 경험이 없으므로, 초보직을 원합니다.
       Because I don't have any experience, I want a beginner's position.

3. 봉급은 얼마를 원하십니까? 받기를 원하는 액수를 말해보세요?

    How much do you want to get paid? Please, tell me the amount that you'd like to be given?

    → 최소한 백만 원은 받고 싶습니다. 그 점에 있어서는 회사 규정에 따르겠습니다.
       많으면 많을수록 좋겠지요.
    → I'd like to get at least one million won. But in that respect, I'll obey the company regulation. I think the more the better.

4. 우리 회사는 하루에 10시간 근무, 일주일에 6일, 그리고 가끔 일요일에도 특근을 요구합니다. 그 점에 있어서 어떻게 생각합니까?

    Our company demands 10 hours-work a day, 6 days-work a week and overtime on Sunday. In that respect, what do you think about that?

    → 그것은 문제가 되지 않습니다. 모든 한국 회사들은 10시간 근무를 요구하고 있습니다. 근무조건을 이해합니다.
    → (It would be) No problem. Almost all of Korean companies demand 10 hours-work-a day. I can understand working conditions.

5. 당신은 특별한 재능이나 주특기 또는 면허가 있습니까? **Do you have a license or any special talents?**

    → 운전면허와 사서 자격증을 소지하고 있습니다.
       I possess a driver's license and a librarian certificate.

6. 우스운 소리 같습니다만, 당신의 성격을 얘기할 수 있겠습니까, 당신을 이해할 수 있도록?

    Funny to say, would you tell me your character so that I can understand you.

→ 저는 명랑하고, 부지런하고 능률적이고 누구하고나 쉽게 친할 수 있습니다.
→ I am genial, diligent, efficient and I can be friends with others easily.

7. 만일 당신이 고용된다면, 어떤 태도로 근무하시겠어요?
   If you are hired, with what attitude are you going to work?
   → 귀사에 근무할 기회를 주신다면, 귀사의 발전을 위해서 최선을 다하겠습니다.
   이 말만을 현재 제가 할 수 있습니다.
   → If the opportunity is given to me to work for your company,
   (If I am offered an opportunity)
   I'll do my best with all my might for the development of the company.
   (I'll perform to the best of my ability=능력의 최선을 수행할 것임)
   This is the only word that I can say now.

8. 좋습니다. 집에 가셔서 소식을 기다리십시오. 행운을 빕니다.
   Good. I'd like you to go home and wait for the good news. I wish you good luck.
   → 좋은 소식 듣기를 학수고대하겠습니다.   수고하십시오.
   → I am looking forward to hearing a good news. Take it easy, sir.

24. 대화주제: 미국이민 또는 유학 인터뷰

나는 미 대사관의 영사입니다. 당신은 유학을 위해서 비자를 필요로 하고 있습니다. 간단히 묻는 말에 답하십시오.
→ 예, 알겠습니다.
I am a consul of the US embassy. You need a visa for studying in America. Please, answer my inquiries briefly. → Yes, sir.

1. 무엇 때문에 미국에 가기를 원하십니까? **What do you want to go to America for?**
   → 더 좋은 생활을 위해서 그리고 미국은 좋은 나라이기 때문입니다.
   → For my better life and US is a good country, I think.

2. 미국의 어느 주에 정착하길 원하십니까? **What state of America do you wish to reside in?**
   → 저는 뉴욕주에 살고 싶습니다.

3. 미국에 있는 동안 돈이 떨어지면, 누가 재정을 지원합니까?
   While you are in America, when you run out of money. Who will support you financially?
   → 저의 부모님이 돈을 보내 주실 겁니다.
   → My parents will send me money.

4. 돈을 얼마나 미국에 가져가실 겁니까? **How much money will you take with you?**
   → 저는 오천 불을 가져갈 것입니다.

5. 당신의 전공은 무엇입니까? 어떤 면허나 주특기가 있습니까?
   What is your major? Do you have a license or any talents? →

6. 당신의 영어는 미국 생활에 충분하다고 생각합니까?
   Do you think your English is good enough to live in the U.S.?
   → 제 영어는 유창하지는 않으나 충분히 의사소통을 할 수 있고, 계속해서 공부하고 있습니다.
   → My English is not fluent yet, but it is enough to make myself understood and I keep studying now.

7. 당신의 건강은 어떻습니까? **How is your health?**
   → 보시다시피, 저는 아주 건강합니다.

8. 미국에 얼마 동안 거주하기를 원합니까? **How long would you like to reside there?**
   → 가능하면, 저는 영원히 정착하고 싶습니다.
   → If possible, I want to settle down forever.

9. 됐습니다. 당신은 가도 됩니다. **I see. That's all. You may go now.**
   → Take it easy, sir. I am grateful to your kindness.
   　수고하십시오. 친절에 대하여 감사드립니다.

25. 대화주제: 부정 의문문, 부가 의문문 훈련　　훈련횟수:1☐ 2☐ 3☐ 회

☞ 이 부정문 훈련은 철저히 하십시오. **질문에 관계없이 Yes와 No를 완벽히 구별해야 합니다.** 그리고 부가 의문문이 아니어도 평문 그 자체도 끝부분을 올리면 의문문이 됩니다. 다음과 같이 의문문의 종류를 정리해 봅니다.

(제 1부 put동사에서 미리 여기를 훈련하라고 했던 지시를 따를 것!)

Do you go to Japan?	→ 일반 의문문
Where are you going?	→ 의문사 의문문
You will be here, won't	→ 부가 의문문
He went to Busan?	→ 평문 형태의 의문문

부정의문문

1. **Don't you want to come here tomorrow?** → 오고 싶지 않으세요?
   → Yes, I want to come here.　　→ 예, 오고 싶습니다.
   → No, I don't want to come here.　　→ 아니오, 오고 싶지 않습니다.

2. **Don't you have an appointment?** → 약속이 없으세요? (표준부정문)
   → Yes, I have an appointment.　　→ 예, 있습니다.
   → No, I don't have an appointment.　　→ 아니오, 없어요.

3. **Do you have no ability at all?** → 능력이 없나요? (강조부정문)
   → Yes, I have an ability.　　→ 예, 능력이 있습니다.
   → No, I have no ability at all.　　→ 아니오, 능력이 없습니다.

4. **Don't you have to take a taxi?** → 택시 탈 필요가 없나요'? → "돈츄헵투"
   → Yes, I have to take a taxi.　　→ 예, 나는 타야 합니다.
   → No, I don't have to take a taxi.　　→ 아니오, 탈 필요가 없습니다.

5. **Didn't you come here yesterday?** → 어제 안 왔었지요?
   → Yes, I came here yesterday. → 예, 왔었습니다.
   → No, I didn't come here yesterday. → 아니오, 안 왔었습니다.

6. **Didn't you take yesterday off?** → 어제 안 쉬었나요?
   → Yes, I took yesterday off. → 예, 어제 쉬었습니다.
   → No, I didn't take yesterday off. → 아니오, 안 쉬었습니다.

7. **Didn't you have lunch?** → 점심 안 먹었나요?
   → Yes, I had lunch. → 예, 먹었습니다.
   → No, I didn't have lunch. → 아니오, 안 먹었습니다.

8. **Won't you be going?** → 가지 않을 겁니까? "원츄 비 고잉?" 로 발음
   → Yes, I will be going. → 예, 갈 겁니다.
   → No, I won't be going. → 아니오, 안 갈 겁니다.

9. **Won't you go to the company tomorrow?** → 회사에 안 갈 겁니까?
   → Yes, I will go to the company. → 예, 갈 겁니다.
   → No, I won't go to the company. → 아니오, 안 갈 겁니다.

10. **Aren't you going to call me up later on?** → 나중에 전화하지 않겠어요?
    → Yes, I'm going to call you. → 예, 나중에 전화를 하지요.
    → No, I'm not going to call you. → 아니오, 안 할 겁니다.

11. Doesn't Miss Park study Japanese? → 박양은 일어를 공부 안 합니까?

12. **Can't you take time off?** → 잠시 쉴 수 없나요?
    → Yes, I am tired. → 예, 쉴 수 있습니다.
    → No, I can't no tired. → 아니오, 쉴 수 없습니다.

13. **Aren't you tired?** → 피곤하지 않으세요? "안츄 타이어드?"로 발음
    → Yes, I am tired. → 예, 피곤합니다.
    → No, I am not tired. → 아니오, 피곤하지 않습니다.

14. Haven't you finished working? → 일 끝나지 않았어요?
    → Yes, I've finished it. → 예, 끝났습니다.
    → No, I haven't finished it. → 아니오, 끝나지 않았습니다.

15. Don't you try to take a job? → 취직하려고 노력하지 않으세요?

16. Don't you plan to cancel reservations? → 예약을 취소할 계획이 아닌가요?
    → Yes, I do. → 예, 취소할 계획입니다.
    → No, I don't. → 아니오, 취소할 계획이 아닙니다.

17. **Wouldn't you like to take a trip abroad?** → 여행하고 싶지 않으세요?
    → Yes, I'd like to take a trip. → 예, 여행을 하고 싶습니다.
    → No, I wouldn't like to take a trip. → 아니오, 여행하고 싶지 않습니다.

18. **Didn't you get married last year?** →작년에 결혼 안 했나요?
    → Yes, I got married last year. → 예, 작년에 했습니다.
    → No, I didn't get married last year. → 아니오, 작년에 결혼 안했습니다.

19. **Doesn't he want to go home?** → 그는 집에 가고 싶어 하지 않나요?
    → Yes, he wants to go home. → 예, 그는 가고 싶어 합니다.
    → No, he doesn't want to go home. → 아니오, 그는 가고 싶어 하지 않습니다.

부가 의문문 =TAG QUESTION ★

1. **You have a spouse, don't you?** → 배우자 있지요, 그렇지요?
    → Yes, I have a spouse. → 예. 있습니다.
    → No, I don't have a spouse. → 아니오, 없습니다.

2. **He went, didn't he?** → 그 사람 갔지요?
    → Yes, he did. → 예, 갔습니다.   No, he didn't. → 아니오, 안 갔습니다.

3. **You won't come here, will you?** → 여기에 안 올거지요, 그렇지요?
    → Yes, I will come here. → 예, 올 겁니다.   No, I won't. → 아니오, 안올 겁니다.

4. **You will go straight home, won't you?** → 집에 곧장 갈 겁니까?
    → Yes, I will.→ 예, 그렇습니다.   No, I won't. → 아니오, 안 갈 겁니다.

5. She didn't come, did she? → 그녀는 안 왔지요?
    → Yes, she did.→ 예, 왔었지요.   No, she didn't. → 아니오, 안 왔었지요.

6. They haven't gone home, have they? → 그들 집에 안 갔지요?
    → Yes, they have. → 예, 갔어요.   No, they haven't. → 아니오, 안 갔습니다.

7. He shouldn't take a job, should he? → 직업을 얻지 않아야 되지요?
    Yes, he should.→ 예, 얻어야합니다.   No, he shouldn't.   → 얻지 않아야 합니다.

8. You'd like to leave, wouldn't you? → 떠나고 싶으시죠?
    Yes, I would.→ 떠나고 싶습니다.   No, I wouldn't. → 아니오, 떠나고 싶지 않습니다.

9. You can't come, can you? → 당신은 올 수 없나요?
    Yes, I can. → 예, 올 수 있습니다.   No, I can't.   → 아니오, 올 수 없습니다.

☞ 다음부터는 본인이 긍정과 부정을 확실히 대답해 볼 것☆

10. **Talking with me is a nuisance, isn't it?** 나와 얘기 하는 것이 성가시죠? →
11. **Your work is quite routine, isn't it?** 당신의 일은 아주 틀에 박혀있습니다, 그렇지요? →
12. **The opposite of fat is thin, isn't it?** 뚱뚱하다의 반대는 마른입니다, 그렇죠? →
13. **This is your first visit(trip)here, right?** 이것이 당신의 첫 번째 방문(여행)이다. 맞습니까?→
14. Is a medical degree academic or professional?
    의과학위는 학문적입니까? 아니면 직업적입니까?→
15. Having a picnic near the river is a wonderful experience, isn't it?
    강 근처에서 소풍을 갖는 것은 기가 막힌 경험이지요? →
16. **Crossing the street against the law is a good joke, isn't it?**
    법을 어기고 길을 건너는 것은 좋은 장난이지요?→
17. **You are coming tomorrow, aren't you?** 당신 내일 올 거죠?
    Yes, I am. → 예, 올 겁니다. No, I am not.→ 아니오, 안 올 겁니다.
18. You aren't going to stop in a coffee shop, are you? 커피숍에 안 들를 거죠?
    Yes, I am. → 예, 들를 것입니다.   No, → 안 들를 것입니다.

평문자체 의문문

1. It's all right to sit down here, huh? → 여기 앉아도 괜찮아요?
   Yes, it is.→ 좋아요. No, it isn't.→ 안 됩니다.
2. Miss Kim is out now? → 김 양은 밖에 있나요?
   Yes 또는 Yes, she is out. 또는 Right, she's out.
3. You went to Busan? → 부산 갔었지요?
   Yes. 또는 Right, I went there. No, I didn't go there.
4. It cost 2000 won to get home? → 집에 가는데 2,000원 들었지요?
   Yes, it did. 또는 Right. 또는 No, it didn't cost 2,000 won.
5. You can speak Germany? → 독어 할 수 있습니까?
   Yes. 또는 Right, I can speak Germany. 또는 No, I can't.

부정평문이 의문문일 때

6. She didn't come? → 그녀는 안 왔지요?
   a. Right, she didn't come. → 아니오, 안 왔습니다. (a, b, c 모두 부정대답)
   b. No, she didn't come. → 아니오, 안 왔습니다.
   c. Yes, she didn't come. → 아니오, 안 왔습니다. → 혼동의 우려가 없는 경우
   d. She came but then she left. → 왔었다가 갔습니다.
7. She isn't going to take a bus? → 버스 안 탈거죠?
   a. Right. (또는 No, Yes, 모두 같고--she isn't going to take a bus.)
   b. She is going to take a bus but she'll be going later.
      → 6.7번은 반드시 혼동의 우려가 없어야 Yes 나 Right를 쓸 수 있습니다.

26. 대화주제: 전화 대화에 쓰는 표현   훈련횟수:1☐ 2☐ 3☐ 회

☞ 먼저 다음 문장을 읽고 이해한 다음 27번 주제를 훈련하십시오.

1. May I speak to Mr. Brown? → 브라운 씨와 얘기 좀 할 수 있을까요?
2. Would you put Miss Brown on the line? → 브라운 양을 바꿔 주시겠습니까?
3. Would you put me through to Mr. Kim? → 나를 김씨에게 연결해 주시겠어요?
4. Could you transfer me to Mr. Puller? → 나를 풀러씨에게 돌려주시겠어요?
5. Urgent telephone. Emergency phone. Collect call. → 긴급전화. 비상전화. 수취인 요금부담전화

6. Hold the line. → 전화를 들고 계십시오.
7. Please, hang up. → 전화를 끊어주세요.
8. Line is busy.(line is engaged) → 통화중입니다. (괄호는 영국)
9. Extension is busy. → 구내선이 통화 중입니다.
10. You're through.(you are connected) → (상대방이) 나왔습니다. 연결됐습니다.
11. Your party is on the line. → 상대방이 나왔습니다.
12. When the line is free. I'll put him on the line. →
    통화가 끝나면, 그를 연결해 드리겠습니다.

13. A person-to-person call. A station to station call. → 지명통화. 국통화
14. Line is disconnected of itself. → 회선이 저절로 끊겼습니다.
15. He is on the phone. → 그는 전화 받고 있습니다.
16. He is on the another phone. → 그는 다른 전화를 받고 있습니다.
17. She is coming to the phone now. → 그녀는 전화 받으러 오고 있습니다.
18. She is on her way to the phone. → 그녀는 전화 받으러 오고 있습니다.
19. You are wanted on the phone. → 당신에게 전화 왔습니다.
20. Would you get(answer) the phone? → 전화받아 주십시오!
21. Take(pick) up the receiver. → 수화기를 들으세요.
22. If you have any message, pass it on to me. I'll copy it down. →
    전할 말이 있으면, 전달하세요. 내가 받아 써 놓겠습니다.

23. Do you have any message? → 전하실 말씀 있으세요?
24. Can you take down my message? → 내 메시지를 받아놓을 수 있습니까?
25. You have the wrong number. → 전화 잘못 걸으셨습니다.
26. You dialed the wrong number. → 번호를 잘못 돌렸습니다.
27. Please, speak louder. → 더 크게 말해 주세요.
28. I can't hear you. Speak slowly. → 안 들립니다. 천천히 말하세요.

29. Who is on the line?	→	누구한테서 온 전화입니까?
30. Who is calling? Who is this?	→	누가 전화하시는 겁니까?
31. There is no one by that name.	→	그런 이름의 사람은 없습니다.
32. Who am I speaking to?	→	받는 분이 누구십니까? (누구세요?)
33. Who do I have on the line?	→	누가 전화 받고 계십니까? (누구세요?)
34. Could you get hold of Miss Brown?	→	브라운 양 좀 대 주시겠어요?
35. Do you have Miss Kim available?	→	김 양이 가능합니까?
36. Let me see if she's available	→	어디 가능한지 알아봅시다.
37. Let me check if he is in now.	→	어디 그가 있는지 조사해 봅시다.
38. Do you have anything further?	→	더 이상 뭐 있나요? (더 할 말이 있나요?)

27. 대화주제: 전화문답 (Questions and Answers for the phone) 훈련횟수: 1☐ 2☐ 3☐ 회

☞ 고딕체 질문부터 철저히 훈련해야 합니다.

1. 김 양 있습니까? 좀 연결해주시겠어요?

   Miss Kim is in. (또는 Miss Kim is available.) Would you put her on the line?

   → 예, 옆에 있습니다. 바꿔드릴게요. → Yes, she is beside me. I'll put her on.

2. 사장님 가능합니까? 좀 대 주시겠어요?

   Do you have your boss available? (또는 Is your boss available?)
   Could you put him on the line?

   → 현재 안 계십니다. 가능하지 않습니다. → At this moment. He is not in.

3. 당신 옆에 누가 있나요? 바꿔 주시겠어요?

   Who is beside you? Could you put me through?

   → 아무도 내 옆에 없군요. 모두 퇴근했습니다.

   → Nobody is by me. Everyone has gone for the day.

4. 내가 언제 당신께 전화하는 것이 가능하겠습니까? **When is it possible for me to call you up?**

   → 내일이 가능합니다. (아무 때나 좋습니다) → Tomorrow is possible. (Anytime is OK)

5. 나는 당신 남편과 얘기 좀 하고 싶군요. 언제 그분과 대화하는 것이 가능합니까?

   I'd like to speak to your husband. When is it possible for me to talk to him?

   → 내일 가능합니다. → He is available tomorrow.

6. 당신 사장이 들어오고 계신다면, 바꿔 주실 수 있겠습니까?

   If your boss is on the way in, (or coming in) could you transfer me to him?

   → 그는 다른 전화를 받고 있습니다. → He is on the another phone.

7. 내가 얼마 동안 들고 있어야합니까?   **How long do I have to hold the line?**
    → 끊었다 다시 하는 것이 어때요.   → Why don't you hang up and try again?

8. 전화 왔습니다. 받으시겠어요. 아니면, 없다고 그럴까요?
    You are wanted on the phone. Would you get it or shall I tell him you are not here?
    → 나는 받고 싶지 않으니깐, 없다고 하세요.
    → I don't want to get it. Please, tell him I'm not here.

9. 누가 전화에서 찾네요. 받을래요? 아니면, 내가 처리할까요?
    Someone wants you on the phone. Would you answer it or do you want me to take care of it?
    → 내가 받겠습니다.

    전화 왔습니다, 라는 두 표현을 잘 익히십시오
    능동: Somebody wants you on the phone.
    수동: You are wanted on the phone.

10. 이 전화를 수취인 부담으로 하고 싶으세요?   Do you want to make this a collect call?

11. 이 요금은 누구에게 부담시킬 겁니까?   Who will you bill this call?
    → 나에게 영수증을 청구하십시오.   → Please, bill on me.

12. 사장님이 가능한지 좀 조사해서 알려 주시겠어요?
    Would you check if your boss is available, and let me know?
    → 예, 조사해서 있는지 알려 드리지요.
    → Yes, let me check if he's available and let you know.

13. 당신 주머니에 돈이 있는지 봐주시겠어요?
    Would you see if money is available in your pocket?
    → 어디 봅시다. 있는지.   → Let me see if it's available.

14. 더 이상 나는 할 말이 없군요. 끊겠습니다.   I have nothing further. I'll hang up.
    → 나 역시 할 말이 없군요. 끊습니다.   I have nothing, either. I'm hanging up.

15. 나는 전달 사항이 있습니다. 받아놨다가 김 양이 들어오면, 전해주시겠어요?
    I have a message. Could you take it down and when Miss Kim comes in, would you pass it on to her?
    → 예, 받아놨다가 그녀가 들어오면, 전해드리지요. 주세요.
    → Yes, I'll take it down and when she comes in I'll pass it to her.

16. 내가 나중에 전화하겠다고 사장에게 얘기해 주시겠어요?

　　Would you tell your boss I'll call later?

　→ 예, 그가 들어오면, 당신 말을 전하지요.

　→ Yes, when he comes in, I'll pass your words on to him.

17. 전화가 울리면, 즉시 받습니까? 아니면, 울리게 내버려 둡니까?

　　When the phone is ringing, do you get it right away or let the phone ring?

　→ 나는 전화가 울리면 즉시 받지요. 나는 전화가 울리게 내버려 두지 않습니다.

18. 내가 지금 누구하고 대화하고 있습니까? (누구십니까?)

　　Whom(who) am I speaking to? → 저는 김입니다. → This is Kim speaking.

19. 경리담당자 있습니까? 좀 대주시겠어요?

　　Do you have a person in charge of finance?
　　Would you put her on the line?

　→ 그녀가 지금 들어오고 있군요. 들고 있으세요. 바꿔드릴게요.

　→ She is on the way in now. Hold the line a moment. I'll put her on.

28. 대화주제: 공중전화 (PUBLIC PHONE)　　훈련횟수:1☐ 2☐ 3☐ 회

I'll give you several questions regarding the public phone. My first question is ~~
공중전화에 관하여 몇 개의 질문을 하겠습니다. 나의 첫 번째 질문은 ~~

1. 내가 알기로는 당신은 종종 길에서 공중전화를 사용합니다. 그 사용법을 묘사해 보시겠어요?

　　To my knowledge, you use a public phone on the street. Would you describe how to use the phone in detail?

　→ 먼저 공중전화부스에 들어갑니다. 수화기를 들고 동전을 구멍에 집어넣습니다. 그러면, 신호음이 들립니다.
　상대방 번호를 돌리면, 상대방 전화가 울립니다. 상대방이 전화를 받습니다. 우리는 서로 얘기를 하고 통화가 끝나면 수화기를 내려놓습니다. 그리고 전화박스를 나옵니다.

　→ First, I get in a telephone booth(box), pick up the receiver and deposit coins in the slot. And then I can hear the signal. I dial the number that I want(I dial my party number). When my party phone rings, my party gets the phone and we talk to each other. After talking, I hang up the receiver and leave the box.

☆상대방을 party라고 합니다.

2. 그러나 가끔 전화는 울리는데 아무도 받지를 않습니다. 그러면 수화기를 내려놓습니다. 그 순간 어떤 일이 일어납니까?

   But sometimes the phone is ringing. Nobody answers. Then you hang up the receiver. At that moment, what will happen to the phone?

   → 수화기를 내려놓으면 동전이 나옵니다. 집어서 주머니에 넣고 전화통을 나옵니다.
   → At the moment, I'll hang up the receiver. Then coins come out. I pick them up, put them in my pocket and leave the phone.

3. 어쨌든, 당신이 수화기를 들고 구멍에 돈을 넣었습니다. 전화가 고장이어서 돈을 먹었습니다. 당신은 어떤 행동을 취하시겠습니까?

   In any case, you pick up the receiver and deposit the coins in the slot. But the phone is out of order and eats your coins. What action are you going to take?

   → 나는 전화기를 흔들고 때리고 할 겁니다. 만일 동전이 안 나오면, 그것을 포기하고 다른 전화로 갈 겁니다.
   → I'll shake and beat the phone. If the coins don't come out, I'll give them up and go to the another phone.

4. 교환을 대려면 몇 번을 돌려야 합니까?

   What number should I dial to get the operator?

   → 114번을 돌려야 합니다. → You should dial 114 to get the operator.

5. 전화가 고장일 때, 그것을 전화국에 신고합니까? 당신은 선량한 시민이니까?

   When the public phone is out of order, will you report it to the phone office because you are an innocent citizen?

   → 왜 내가 그것을 전화국에 신고해야 합니까? 그것은 나와 아무 상관도 없습니다. 나는 지나쳐 버립니다.
   → Why do I have to report it to the phone office? It doesn't make any difference to me. I'll pass it up.

6. 당신은 어느 경우에, 그리고 언제 공중전화를 사용합니까?

   In which case and when do you use the public phone?

   → 그건 일반상식이지요. 집에, 회사에, 친구에게 연락을 할 때 사용하지요.
   → It's a common sense. When I contact my home, my firm, and my friends I utilize the public phone.

7. **I see. Let me terminate my question. Thank you.**

   → You are welcome. I've enjoyed talking with you.

29. 대화주제: 최종 종합시험 (Final Total Test)   훈련횟수:1☐ 2☐ 3☐ 회

자, 당신 자신을 시험해 봅시다. 만일 이 질문에 논리적이고, 앞뒤가 맞게 대답을 하면 당신의 영어는 유창하고 우수하게 되었다는 뜻이고, 대답을 못 하면, 처음으로 돌아가서 중요 부분부터 3회 이상을 모두 다시 훈련해야 합니다. 이 책을 무작정 끝냈다는 것보다 영어 회화가 숙달되었느냐 하는 '결과'가 더 중요합니다.

Now, you have to test yourself. If you reply to these questions logically and consistently. It means your English has become fluent and excellent. Otherwise, you ought to go back to the beginning and review all over again more than 3 times. The important point is not going through the book quickly but "the result".

→ 자, 준비가 됐으면, 시작합니다. → Well, if you are ready, here we go. → OK.

1. 당신은 아침에 일어난 후에, 욕실로 들어갑니까 아니면, 운동을 하기 위하여 밖으로 나갑니까?
   After you get up in the morning, do you go into the bathroom or go out for some exercise?
   → 나는 일어난 후에 욕실에 들어갑니다. 운동을 할 시간도 없고, 회사(학교)에 가야 합니다.

2. 당신은 돈이 있다면, 증권에 투자하시겠어요, 아니면 땅(부동산)을 사시겠어요?
   If you have the money, are you going to invest in stocks or buy land(real estate)?
   → 내가 돈 여유가 있다면, 나는 땅을 구매하지요. 증권에는 흥미가 없습니다.
   purchase→ 구매하다.   be interested in→ 흥미 있다.   동산→ personal estate (property)
   동산은 얼마나 있으십니까? → 통틀어서 천만 원 있습니다.

3. 솔직히 그리고 정직히 말해서, 당신은 검소합니까 아니면 사치스러운가요?
   Frankly and honestly speaking, are you frugal or luxurious?
   → 단도직입적으로 말해서(point blank), 나는 돈이 있으면 쓰고 싶습니다.
   물론, 나는 사치스러운 것은 아닙니다.

4. 시간이 지나면서, 당신은 젊어지고 있나요 아니면 늙어가고 있나요?
   As time passes, are you getting younger and younger or older and older?
   → 세월이 가면, 인간은 늙어가지요. 내가 어떻게 젊어질 수가 있습니까?
   If years go, human grows old. How can I become young?
   물론, 나는 점점 더 젊어지고 싶군요.

5. 그럭저럭하다 보면, 하루가 금방 갑니다. 당신은 오늘을 기쁘게 보냈나요, 아니면 나쁘게 보냈나요?
   In the meantime, a day passes quickly. Did you spend today pleasantly or badly?
   → 나는 오늘을 평소처럼 보냈지요. 하여튼 시간은 빨리 갑니다.
   as usual→ 평소처럼. anyway→ 하여튼.

6. 당신이 친한 친구와 길에서 우연히 마주치면, 어디로 데려가서 무엇을 하시겠습니까?
   If you run into your intimate friend on the street by chance, where will you take him to and what will you do?

   마주치다: come across, confront, encounter

   → 친한 친구와 우연히 조우하면, 시간이 있다면, 근처 커피숍에 들어가서 얘기를 잠깐 할 것이고, 시간이 없다면 바쁘다고 하고, 한두 마디 한 후에 헤어질 겁니다.
   → I'll say I am busy and say a word or two and say goodbye.

7. 비가 오면, 우산을 쓸 겁니까, 아니면 빗속에서 젖을 겁니까?
   When it rains, will you put up an umbrella or get wet in the rain?

   → 비가 오면 나는 우산을 씁니다. 나는 감상적인 사람도 아니고, 10대가 아닙니다.

   a sentimental person→ 감상적인 사람.

8. 여기에 오기 전에, 당신 뱃속을 채웠나요, 아니면 지금 허기집니까?
   Before coming here, did you fill your stomach or are you starved now?

   hungry→ 시장한, 배고픈./starved→ 허기진, 배고파죽겠는.

   → 여기 오기 전에 나는 간식을 먹었지요. (take snack) 시장하지 않습니다.

9. 당신은 회사에 있는 동안, 일을 열심히 해야 하나요, 많은 시간을 놉니까?
   While you are in your company, have you got to work hard or do you take a lot of time off?

   → 회사에 있는 동안은 일에 열중합니다. 솔직히 많이 놀고 싶지요.

   be enthusiastic for→ 열중인.

10. 당신은 눈이 오는 것을 보면, 낭만을 느끼나요, 아니면, 어떤 것을 느끼세요?
    When you see snow coming, do you feel romantic or do you feel anything at all?

    → 눈이 오는 것을 보면, 나는 낭만적이고 인상적이 됩니다. 눈 속에서 산책하고 싶은 마음이 듭니다.

    impressionistic→ 인상적인, feel like ~ing→ 하고 싶은 마음이 든다.

11. 가만히 생각해보면, 우리가 서로 안지 얼마나 됐나요?
    Come to think of it, how long has it been ever since we've known each other?
    (how long have we known each other?)

    → 우리가 서로 알게 된 것이 2달 됐습니다. → It's been 2 months-

12. 오는 일요일 날, 날씨가 좋으면, 집에서 텔레비전을 볼래요. 소풍 갈래요?
    Coming on Sunday, if the weather is fine, will you stay home and watch TV or go on a picnic?

    → 날씨가 좋으면, 산에나 가고 싶군요. 산에 간 지도 오래됐으니까.
    (It's been a long time since I went to mountains)

13. 직속상관에게서 꾸중을 들으면, 말대꾸할 작정인가요 아니면 순종합니까?

    When you are scolded by your immediate superior, do you intend to talk back to him or be obedient?

    → 내가 상관에게 꾸중 들으면, 순종합니다. 회사에 다니는 한(as long as~) 상관에게 말대꾸해야 이로울 것이 없지요. (benefit→ 이익)

14. 당신 마음에 드는 여자를 보면, 그녀를 따라갈 겁니까 아니면 지나칠 겁니까?

    In case you see a woman who appeals to you, are you going to follow her or pass her up? →

15. 만일 회사에서 진급을 못 하면, 직업을 그만둘 건가요, 아니면 계속 일할건가요?

    If you can't be promoted in your company, will you quit your job or are you going to continue working?   (have a promotion=진급하다)

16. 비록 기운이 빠지고 피곤해도 직무를 수행해야 합니까, 아니면 일을 치워 버리고 빨리 집으로 퇴근할 겁니까?

    Even though you are exhausted and tired, have you got to perform your duty or will you put things away and go home quickly? →

17. 당신은 길에서 거지를 보면, 주머니에서 돈을 꺼내서 그에게 줍니까 아니면 못 본척합니까?

    When you see a poorly dressed man (beggar), do you take money out of your pocket and give it to him or pretend not to see him?

18. 당신이 돈이 부족하면, 우리는 서로 잘 아니깐, 나에게서 빌리고 싶으세요, 아니면 결코 부탁하지 않을 겁니까?

    If you are short of money, now that(because) we know each other very well, do you want to borrow some from me or never ask me for any money at all? →

19. 노인이 버스에 올라오면, 기꺼이 그에게 자리를 양보하겠습니까, 아니면 방관할 겁니까?

    When an old man gets on the bus, are you willing to give your seat to him or Just look at him?

    → 나는 젊고 배운 사람이므로,   →

20. 하늘을 보니, 비가 올까요, 아니면 햇빛이 날까요?

    By looking at the sky, (Taking a looking at the sky) is it going to rain or is it going to be sunny? →

21. 수업에 늦지 않으려고 서둘러 왔나요, 아니면 천천히 걸어왔나요?

    So as not to be late for the class, did you hurry here or did you walk slowly?

    → 나는 시간이 많아서, 천천히 걸어왔어요.

22. 우연히 나와 마주치면, 나에게 인사할 겁니까 아니면 못 본 척할 겁니까?

When you confront me by accident, will you say hello(greet) to me or will you ignore(cut) me?

cut→ 못 본 척하다. 안면몰수하다. ignore→ 무시하다

23. 몸이 안 좋으면, 하루 놀 수 있나요 아니면 반드시 출근해야 합니까?

If you don't feel well, are you able to take a day off or have you got to be at work no matter what?

inevitably→ 반드시, 필연적으로.

24. 매일 영어를 사용하는 한, 당신 영어는 나아지고 있나요, 퇴보하고 있나요?

As long as you use English every day, your English is improving or retrograding?

→ 매일 영어를 쓰는 한, 당연히 내 영어는 나아지고 있습니다.

25. 수업이 끝난 후에, 책을 집에 가져갈 겁니까, 아니면 책상 위에 놔둘 겁니까?

After the class is over, will you take your book home or leave it on the desk? →

put=leave=place=놔두다.

26. 당신이 병이 나는 경우에는, 출석할 겁니까 아니면 결석할 겁니까?

In case you get sick, will you be absent or be present?

→ 그것은 병의 정도에 달렸죠. 병이 심각하면, 나는 결석할 겁니다.

→ It depends upon the degree of the sickness.

27. 당신이 금년에 가보고 싶은 곳은 어디입니까?   ☞관계사로 답할 것.

What is the place that you want to go see this year?

→ 내가 금년에 가보고 싶은 곳은, 금강산입니다.   → The place I want to~

28. 회사에 들어가면, 받고 싶은 봉급이 얼마입니까?   ☞관계사로 답할 것.

What is the salary you want to be given when you get in the firm? →

29. 당신하고 같이 점심 먹는 사람이 누구입니까?   → 나하고 같이 점심 먹는 사람은,

Who is the person that has lunch with you?   →

30. 당신은 어디를 가든지, 집에 알립니까, 아니면, 집에 알리지 않습니까?

Wherever you go, will you let your family know or do you never advise your family of your whereabouts?

→ 나는 집에 아주 늦는 경우에 집에 알립니다. 부모님(부인)이 걱정하니까요.

31. 당신은 고객을 방문합니다. 그는 바쁩니다. 그때, 당신은 "수고하십시오." 라고 합니까, 아니면 "수고하십니다."라고 합니까?

    You visit a client. He is busy working. At that moment, will you say "Take it easy" or "Take your time?"

    → 그가 일하느라고 바쁩니다. 당연히, 나는 "수고하십니다." 라고 말합니다.

32. 속상하거나 방이 답답할 땐, 밖에 나가서 바람을 쐽니까? 음악을 듣습니까?

    When you get upset or the room is stuffy, do you go out and get fresh air or listen to music? →

33. 부인과 산보할 땐, 그녀의 손을 잡습니까, 아니면 따로따로 걷나요?

    When you go for a walk with your wife, do you take her hand or do you walk separately? →

34. 집을 나올 때(나오는 순간에) 문을 잠급니까, 아니면 문을 열어서 놔두나요?

    The moment(By the time) you leave your house, do you lock the door or keep the door open? →

35. 미스김을 볼 때마다 나에게 연락하라고 할 수 있나요, 아니면, 나에게 연락하라고 하는 것이 불가능한가요?

    Whenever you see Miss Kim, can you have her contact me or is it impossible to get her to contact me? →

36. 단지 부유하지 않다고 해서, 당신은 용기를 내야 합니까, 기가 꺾여야 합니까? (풀이 죽어야 합니까?)

    Just because you are not wealthy, do you have to be encouraged or discouraged?

    → 단지 돈 좀 없다고 기가 죽을 순 없죠.

37. 외국인이 당신에게 말을 겁니다. 당신은 금방 이해를 못합니다. 아무 말도 안 할 겁니까, 아니면 "다시 천천히 말해주면 고맙겠습니다!"라고 할 겁니까?

    If a foreigner talks to you and you don't understand quickly, will you not say any words or will you say "I would appreciate it if you could say it again slowly?" →

38. 우리는 나이가 들어감에 따라, 기억력이 쇠퇴 하나요, 더 나아지나요?

    As we are getting older, is our memory getting poorer and poorer or better and better? →

39. 친구하고 식당에 가는 경우에는, 자진해서 당신이 낼 겁니까, 친구에게 내도록 할 겁니까?

    In case you go to a restaurant with your friend, will you pay voluntarily or will you let your friend pay for it? →

40. 커피를 마실 땐, 따뜻할 때 마시나요, 아니면 식은 후에 마시나요?

    When you drink coffee, do you drink it while it's warm or after it gets cold?

    → 식으면 맛이 없으니깐(If it gets cold, it doesn't taste delicious) 따뜻할 때 마십니다.

41. 당신에게 전화 왔습니다. 받으시겠습니까 아니면 내가 끊어 버릴까요?

    You are wanted on the phone. Would you get it or shall I hang up?

    → 나에게 전화가 왔다면, 내가 받겠습니다.

42. 당신이 교통법규를 어기는 경우, 경찰에 잡혀서 벌금을 당할까요, 아니면 용서받을까요?

    In case you break a traffic law, will you be caught and fined by the police or will you be forgiven?

    fine→ 벌금을 물리다. be fined→ 벌금 물다

43. 복잡한 문제는 저절로 해결되나요, 아니면 시간이 해결합니까?

    Can a complicated problem be solved by itself or does time solve it?

44. 여름이 오면, 날씨가 더워지나요, 아니면 추워지나요?

    When summer comes, does the weather get hot or get cold? →

45. 일이 끝나면, 집으로 향합니까 아니면 술집으로 출발합니까?

    After work is over, do you head for your home or take off for a bar?

    leave=be off=take off=depart =출발하다

46. 할 일이 없기 때문에, 낮잠을 잘 겁니까 아니면 느긋한 산책을 나갈 겁니까?

    Because there is nothing to do, will you take a nap or go out for a leisurely walk? →

47. 여가시간(한가한 시간)에는, 뭔가 가치 있는 일을 하고 싶습니까, 아니면 재미있는 일을 하고 싶나요?

    In your leisure time(spare time), do you want to do anything valuable or anything interesting?

    (anything, something은 그다음에 형용사를 가져옵니다.)

    → 한가한 시간에, 나는 보통 일을 하고 싶습니다. 가치 있는 일이라는 것이 무엇인지 잘 모르겠습니다.

48. 나하고 같이 있는 것이 성가십니까 아니면 기쁩니까?

    Is being with me a nuisance or a pleasure? →

49. 외국인과 말하는 것이 좋은 경험인가요, 아니면 나쁜 일인가요?

    Is talking with a foreigner a good experience or a bad thing? →

50. 내가 당신에게 오늘 저녁을 사고 싶군요. 대신에 당신은 언제 사실래요?

    I'd like to buy you dinner tonight. When are you going to buy me dinner instead? →

51. 봄이 되면, 나뭇잎이 자랍니까, 아니면 나뭇잎이 떨어지나요?

    When spring comes, do the leaves on the trees grow or fall down?

52. 여름이 접어들면, 어떤 종류의 과일이 나옵니까?

    When summer sets in, what kind of fruits come out(are produced)?
    → 여름이 접어들면, 우리는 참외나 딸기 그리고 수박을 볼 수 있습니다.

53. 운전을 할 때는, 당신은 술을 마셔야 합니까, 아니면 술을 삼가야 합니까?

    When you drive, do you have to drink or do you have to refrain from drinking? →

54. 사람이 많은 장소에서는, 당신은 담배를 삼가야 합니까, 아니면 담배를 즐깁니까?

    If you are in a place where there are many people, do you have to refrain from smoking or do you enjoy smoking? →

55. 이번 주말에 당신은 할 것이 없습니다. 갈 곳도 없습니다. 어떻게 시간을 보낼 겁니까?

    This weekend, you have nothing to do. You have no place to go. How will you spend your time? →

56. 당신이 미국에 이민을 간다면, 영원히 거기에 정착할 겁니까, 아니면 한국에 돌아올 겁니까?

    If you emigrate to America, are you going to settle there forever or will you come back to Korea? →

57. 남의 실수를 보면, 그것을 눈감아 줄 수 있나요, 아니면 지적할 겁니까?

    When you see other's mistakes, can you look over it or do you point it out?

58. 지구의 종말이 온다면, 당신은 살기를 희망합니까, 아니면 죽을 작정인가요?

    If the end of the world comes, do you hope to survive or do you intend to perish? →

59. 당신의 견해로는, 한국경제(경기)는 회복될까요, 아니면 전망이 없나요?

    From your point of view, will the Korean economy(things) be recovered or do you think there is no prospect? →

60. 당신은 영어에 집중하고 싶나요, 아니면 운동에 몰두하고 싶나요?

    Do you want to concentrate on English or indulge in sports? →

61. 물과 공기가 오염되었습니다. 공해가 심각합니까, 아니면 걱정이 없나요?

    Water and air are polluted. Is pollution serious or is there nothing to worry about? →

62. 당신은 인간이므로, 가끔 잘못을 범합니까, 아니면 완벽합니까?

    Because you are a human, do you sometimes commit mistakes or are you perfect? →

    범하다, 저지르다=commit

63. 시내에서 주차가 금지되어 있나요, 아니면 허용됩니까?

   Is parking in downtown prohibited or allowed?

   → 그것은 지역에 따라 다르겠지요. 주차가 허용되는 곳도 있고, 금지된 곳도 있을 겁니다.

   prohibit=ban→ 금지하다, allow=permit→ 허용하다.

64. 늙으면, 시골에서 여생을 보낼 겁니까, 아니면 도시에서 여생을 보내고 싶나요?

   When you grow old, will you spend the rest of your life in a country town or in a city? →

65. 집에서 회사에 점심을 가져갑니까, 아니면 밖에 나가서 사 먹습니까?

   Do you carry a lunch from your house to your company or do you go out and get your lunch? →

66. 당신은 나에게 차를 사기를 재촉할 겁니까, 집을 먼저 사기를 원합니까?

   Will you urge me to buy a car or do you want me to get the house first?

   → 나는 당신에게 집을 먼저 사기를 권고합니다. 살 곳이 중요합니다.

67. 당신은 외출할 때, 진한 화장을 하나요, 아니면 가벼운 화장을 합니까?

   When you go out, do you wear heavy make-up or a light amount of make up? →

   (화장을 입는다고도 표현함)

68. 얼마나 자주 당신은 식당에 전화해서 음식을 가져오라고 (배달시킵니까) 합니까?

   How often do you call the restaurant and have them deliver food?

69. 당신은 머리가 길면, 어디로 가서 깎아야 합니까?

   When your hair is long, where do you have to go to get your hair cut? →

70. 이빨이 아프면, 당신은 수술을 받아야 합니까, 치료를 받아야 하나요?

   If you have a toothache, do you have to be operated on or have you got to be treated (cured)? →

71. 당신은 무역회사에 근무합니다. 외국인이 물건을 사러 옵니다. 그에게 점심을 대접합니까, 아니면 그로부터 대접을 받습니까?

   You are working for a trading company. A foreigner comes to buy goods. Will you treat him to lunch or will you be treated by him?

72. 당신의 성질은 급하지요. 그리고 천성도 나쁘지요, 내 말이 맞습니까?

   Your temper is hot and your nature is bad, am I right?

   → 틀립니다. 내 성질은 아주 급합니다. 그러나 내 천성은 순합니다. =tender.

여기서 이 책 제1권의 훈련은 모두 끝납니다.
질문을 듣고, 95% 이상을 영어로 답하고, 영어를 복창하고 한국어로 통역할 수 있으면 제2권을 시작하십시오!.
숙달이 안 된 분은 '각부의 실력시험'과 주제 대화를 다시 해야 합니다.

MEMO

MEMO

유창한 영어회화를 꼭 원하는 분1

초판 1쇄 발행 2023년 6월 30일

지은이   강성구
펴낸이   아델북스 편집팀
편집   앨리, 최경
기획   앨리
펴낸곳   아델북스
출판등록 제 353-2022-000021호

블로그   blog.naver.com/adelbooks
인스타그램 instagram.com/adelbooks24
contact   adelbooks@naver.com

ⓒ강성구, 2023

ISBN 979-11-92771-92-2 03740

이 책은 많은 곳에서 영어회화 교재로 사용되고 있습니다.
주문을 원하시는 분은 이 책을 구입하신 서점이나 출판사로 문의해주시기 바랍니다.

- 이 책 내용의 전부 또는 일부를 이용하려면 반드시 저작권자와 아델북스의 서면 동의를 받아야 합니다.
- 잘못 만들어진 책은 구입하신 곳에서 교환해 드립니다.
- 책값은 뒤표지에 있습니다.

※ 본 저작물은 저작권법 제 50조에 의거하여 이용 승인을 얻은 저작물임(법정허락-2023.04.27.)